汀州古城今貌

客家母亲河汀江的上杭段

上杭瓦子街

客家母亲雕塑（1995年立于长汀县城汀江左岸）

台湾黄子尧先生在公祭客家母亲河大典上奉读祭文（2011年10月）

台北淡水河

2011 年首届海峡客家风情节——"定光佛文化节"在武平县岩前定光佛祖庙举办

台湾彰化定光佛庙的分香祖庙——永定金谷寺

台湾彰化定光佛庙内景

作者调研台北淡水的定光庙鄞山寺（2014 年 10 月）

永定下洋中川胡氏家庙前林立的石旗杆

永定胡焯猷始建的台湾明志书院今貌

上杭稔田镇南坑村"发公别业"
书堂旁的敬字塔

上杭蛟洋镇文昌阁

永定下洋初溪新雕的石旗杆

永定高头乡的五角楼

作者带学生在永定土楼现场教学

台湾客家青年到上杭李氏大宗祠拜谒寻根（2017年8月）

台湾美浓开基伯公

台湾彰化魏氏开基地

台湾美浓钟氏夥（伙）房颍川堂内景

作者拜访台北永定同乡会（2015 年 10 月）

闽西木偶戏发源地——上杭白砂镇水竹洋村的田公堂

上杭木偶戏表演

永定高陂镇西陂村天后宫为戏台

台北客家文化园的"戏棚"

上杭民间盲艺人丘永发在说唱（2016 年 10 月 4 日）

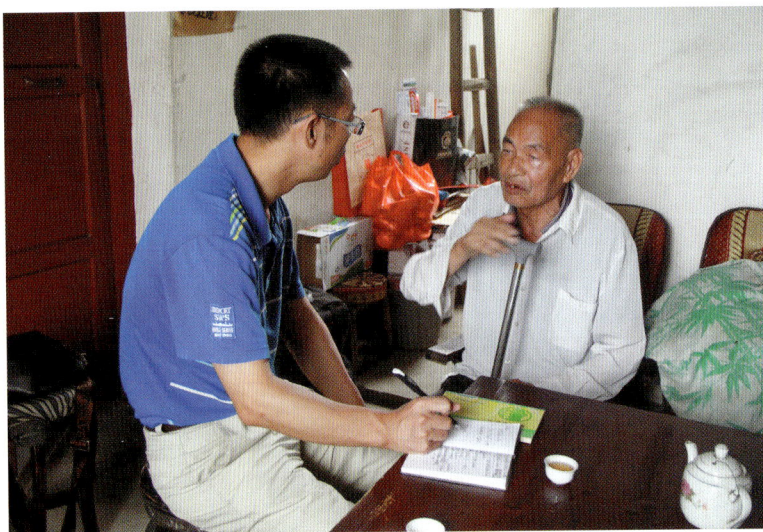

作者调研武平客家说唱时采访石进福先生（2016 年 7 月 18 日）

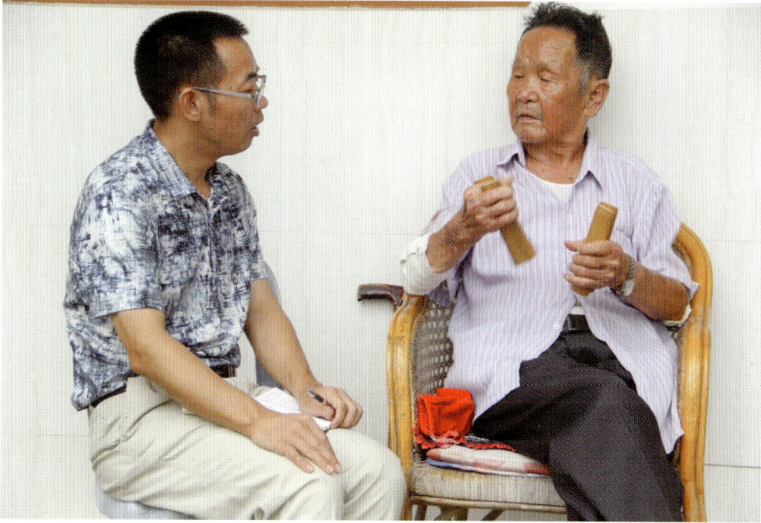

作者采访永定竹板山歌大王李天生先生（2016 年 8 月 26 日）

作者拜访台湾高雄师范大学客家文化研究所（2014 年 10 月）

龙岩学院客家学研究中心 2012 年主办的"客家文化与闽台文化关系"研讨会

作者参加台湾联合大学客家研究院举办的客家文化研讨会（2015年10月）

教育部人文社会科学一般项目"闽台客家文化亲缘关系研究"（15YJAZH059）

龙岩学院奇迈书系

闽台客家
文缘关系研究

邱立汉　著

九州出版社 全国百佳图书出版单位
JIUZHOUPRESS

图书在版编目（CIP）数据

闽台客家文缘关系研究 / 邱立汉著. -- 北京：九
州出版社，2021.7
ISBN 978-7-5225-0168-0

Ⅰ．①闽… Ⅱ．①邱… Ⅲ．①客家人－民族文化－研
究－福建②客家人－民族文化－研究－台湾 Ⅳ.
①K281.1

中国版本图书馆CIP数据核字(2021)第118430号

闽台客家文缘关系研究

作　者	邱立汉　著
出版发行	九州出版社
责任编辑	邹　婧
地　　址	北京市西城区阜外大街甲 35 号（100037）
发行电话	(010)68992190/3/5/6
网　　址	www.jiuzhoupress.com
电子信箱	jiuzhou@jiuzhoupress.com
印　　刷	三河市九洲财鑫印刷有限公司
开　　本	710 毫米 ×1000 毫米　16 开
印　　张	20.5　彩插 1
字　　数	310 千字
版　　次	2021 年 7 月第 1 版
印　　次	2021 年 7 月第 1 次印刷
书　　号	ISBN 978-7-5225-0168-0
定　　价	86.00 元

序

福建与台湾隔海相望,一衣带水。闽台之间存在"地缘相近、血缘相亲、文缘相连、商缘相通、法缘相系"的亲缘关系,这种血浓于水的亲缘关系始终值得我们进行更广泛、更深入的研究。

早在 1995 年,福建教育出版社曾出版"客家文化丛书"共 10 种,比较全面系统地介绍了客家源流以及客家的信仰、礼俗、民居、宗族、方言、服饰、艺能、名人、饮食等各领域的历史与现状,可惜其中未有专谈闽台客家文化亲缘关系的专著。2009 年 5 月,国务院印发了《关于支持福建省加快建设海峡西岸经济区的若干意见》,明确指出福建要"发挥独特的对台优势","拓展闽南文化、客家文化、妈祖文化等两岸共同文化内涵","加强祖地文化、民间文化交流,进一步增强闽南文化、客家文化、妈祖文化连接两岸同胞感情的文化纽带作用"。之后,闽台关系研究成为福建学者高度关注的重要课题,相关成果相继问世。其中值得一提的是,2013 年出版了由刘登翰、林国平主编的"闽台文化关系系列丛书",共 11 册,从闽台的先民文化、方言、教育、民俗、民间信仰等多个角度论述闽台文化的渊源关系,但该研究成果主要以闽南族群为主体论述闽台关系,对客家族群的论述显然不足。正是在这一背景下,立汉能够应时而动,抓住这一机遇,申报了教育部课题"闽台客家文化亲缘关系研究",并获得立项。在课题成果出版之际,立汉嘱我为之作序,我欣然应允。

客家是一个特殊的族群。闽台客家的亲缘关系,包括文化亲缘关系,十分值得我们去深耕。

众所周知，闽西是客家祖地。明清时期，闽西地狭人稠，"八山一水一分田"，有限的土地资源与人口急剧膨胀的矛盾愈演愈烈，促使闽西客家人外迁谋生图存。客家人向广东、广西、海南、台湾、江西、湖南、四川、贵州、浙江等地四面播迁，甚至下南洋。在迁台的客家人中，有从闽西汀州直接迁台的，也有从汀州辗转迁徙广东、闽南后再迁台的。因此，不论台湾客家人是从汀州直接迁台，还是辗转间接迁台，他们与闽西客家人都存在着血脉相连的关系，他们都传承了客家人俭朴、质直、坚韧刻苦、开拓奋斗的精神。"汀州客"迁到台湾后，不仅把保佑客民的原乡信仰神祇带到台湾，也把原乡的语言、生产生活习俗、教育、民间文艺、民居建筑等客家传统文化带到了台湾。因此，闽台客家的文化亲缘关系随处可在。

近年来，闽台之间的客家文化交流越来越频繁，台湾客家人回闽西祖地寻根谒祖的也越来越多。如，闽西武平县连续举办了六届的"海峡两岸定光佛文化旅游节"，武平定光佛祖庙金身还被护送到台湾巡游，在彰化、台北等定光寺庙做佛事，接受台湾信众朝拜；中国国民党前主席吴伯雄也多次回闽西祖地永定下洋谒祖访亲。当然，闽台客家之间的亲缘关系远不止这些见诸媒体的报道所述。闽台客家之间还有更多千丝万缕的渊源关系，需要在学术上做进一步深入探究。

立汉的这部专著紧扣闽台客家文化亲缘关系研究现状，有较强的问题意识，在研究策略上，从充分分析学者对闽台客家文化研究不够充分、专题性论著不多等状况展开，围绕"闽台客家亲缘关系"确立研究对象，以客家形成发展史为背景，集中阐述闽台客家一脉传承的"土楼精神"及闽西原乡对台湾客家的影响。全书共五章，从"文化亲缘"这一角度切入，通过分析闽西和台湾客家地区的戏剧、民间文学、建筑等多个文化事项的内在关联，对闽台客家文化进行了较深入的研究，客观、翔实、科学地阐述了闽台客家在文化上的共性，深入分析了台湾客家与闽西客家一脉相承的关系。其研究内容既注重历史的内在逻辑论述，也顾及各章节内容的横向联系，这样就避免了以往研究多面展开和均衡用力的问题，更加注重专题性和创新性，做到小而深，以点带面。除了分析视角与研究内容的创新之外，立汉还深入台湾多个客家地区开展具有明显人类学倾向的田野调查研究，并且创造性地大量使用碑记、文学作品以及实地访谈材料，进行宏观的时空把握与微观的细部考察，力图对闽台客家文化亲缘关系做出符合客观实际的史实研判和论述，这是本专著又一创新之处。

台湾现有四百多万客家人，客家是台湾第二大族群，客家人在两岸和平发展中发挥了积极作用。就两岸关系而言，这本专著的出版，不仅具有推动两岸关系研究的学术价值，也具有推动两岸文化交流的社会价值，对促进两岸和平统一也有裨益。

我和立汉有师生之谊，2007 年他到福建师范大学攻读古代文学专业硕士学位，我是他的导师。那时，他一边工作，一边学习。我发现，他很珍惜来之不易的学习机会，勤奋好学，经常到我家里汇报、商谈、交流学习情况，让我留下了深刻的印象。他的毕业论文评审还获得了一等奖，这奠定了他从事学术研究的基础。回龙岩学院工作以后，他一边从事古代文学的教学与研究，一边拓展研究领域，开展客家文化研究。立汉是努力的。去年他到北京师范大学做访问学者，既开拓了他的学术视野，又获取了大量的学术资料。短短的几年内，他大获丰收，在先后主持并完成教育厅、省社科、教育部课题研究后，去年又获得了国家社科项目立项。这本书是他学术研究道路上的第一本专著，也是他近年来一头扎进客家文化研究结下的硕果。看到立汉的进步，我由衷地感到欣慰！祝贺立汉！

最后，祝福他在学术道路上越走越坚实，在学术园地里结出更多硕果！
是为序。

福建师范大学教授、博士生导师　郭丹
二〇一九年四月二十日

目　录

导　论

　　本书研究的核心是闽西客家与台湾客家文化的亲缘关系，但涉及研究对象是闽西客家和台湾客家的文化事象，"客家"是其中重要的关键词。什么是客家？客家民系是如何形成的？台湾客家与闽西客家的关系是什么？显然，弄清"客家"与"台湾客家"这两个概念是本书展开论述的前提。

　　首先，我们来了解"客家"。

　　清嘉庆年间，广东东莞、博罗一带发生的"土客械斗"，开始引起对"客家"的关注。有别于广府人语言习俗的"客民"到底是一个怎样的民系？嘉庆十三年（1808年），和平县进士、惠州丰湖书院山长徐旭曾召集门人，叙述客家原委①，其内容被博罗韩姓弟子记下，后来以《丰湖杂记》为题被载入和平县《徐氏族谱·总谱》卷二。这是迄今发现的最早论述客家源流的文献资料，被誉为论述客家源流的"开山之作"。

　　19 世纪中叶到 20 世纪 30 年代，与"客家"相关的事件频发，轰动一时。主要表现在：一、清咸丰同治年间，广东西部发生大规模的"土客械斗"，历时

---

　　① ［清］徐旭曾：《丰湖杂记》，载《徐氏宗谱》总谱卷二，内部刊行，1991，第 18 页。《丰湖杂记》全文仅一千二百字，开篇叙述客人（客家）来源："今日之客人，其先乃宋之中原衣冠旧族，忠义之后也。自宋徽、钦北狩，高宗南渡，故家世胄先后由中州山左，越淮渡江从之，寄居苏、浙各地。迨元兵大举南下，宋帝辗转播迁，南来岭表，不但故家世胄，即百姓亦多举族相随。有由赣而闽、沿海至粤者；有由湘、赣逾岭至粤者。"

十二年，双方死伤五六十万人。二、客家多次遭受污名①。三、客家人领导或作为主力，参与了太平天国运动、"抗日保台"、辛亥革命、新民主主义革命等影响中国政局乃至推动中国历史发展的重大事件。这一时期，"客家"引发中外学者极大关注，不少西方及日本学者投入研究客家源流或编写客语词典；国内燕京大学积极倡导客家研究，除广东客籍名流坐镇外，还有著名学者如历史学家顾颉刚、民族学家潘光旦、语言学家王力也参与其间。②

1933 年，罗香林出版《客家研究导论》。该书主要运用历史学、社会人类学、民族学、语言学及谱牒学等多学科方法，综合、系统地论析了客家民系的形成、发展，以及相关的客家民系文化，成为研究客家的奠基之作。罗香林认为，"客家"是"客而家焉"的意思，是中原汉人经过五次大南迁到闽粤赣形成的民系；强调客家"根在中原"，是"汉族里头一个系统分明的支派"。③受英国传教士艮贝尔氏（George Campbell）和美国耶鲁大学教授韩廷敦氏（Ellsworth Huntington）对客家特性研究的启发，罗香林认同客家是"中华民族里的精华"。④他的"客家形成说"提出后，在此后的长达半个世纪时间里被客家研究者奉为圭臬。

但在 20 世纪 80 年代，客家研究复兴后，不少学者把罗香林的"客家界定"概括为"种族论"或"血统论"，并进行质疑和否定，提出若干"新说"——土著说、文化论等。⑤如谢重光先生提出，"'客家'是一个文化的概念"，认为：

"客家"是一个文化的概念，而不是一个种族的概念。因为种族的因素即自

---

① 主要经历了四次污名事件:第一次，土客械斗平息不久，客家之"客"先后被《新会县志》《四会县志》污名为带"犭"旁的"猪""犵"。第二次，1905 年，广东顺德人黄节编著的《广东乡土历史》，称客家"非粤种，亦非汉种"。第三次，1920 年，上海商务印书馆出版乌耳葛德（R.D.Wolcott）编的英文《世界地理》，称客家为"野蛮的部落，退化的人民"。第四次，1930 年，广东省府建设厅编辑的第三十七期《建设周报》称客家"语言啁啾，不甚开化"。客家每次被污，均激起广东客籍名士的义愤和声势浩大的联合反击，丁日昌、黄遵宪、丘逢甲等名流也加入论析客家源流，为客家正名。参见罗香林《客家研究导论》（影印本），上海文艺出版社，1992，第4—10页。
② 罗香林：《客家研究导论》（影印本），上海文艺出版社，1992，第2—11页。
③ 罗香林：《客家研究导论》（影印本），上海文艺出版社，1992，第1页。
④ 罗香林：《客家源流考》（影印本），中国华侨出版社，1989，第1—2页。
⑤ 各种"新说"详见谢重光《二十年来客家研究的回顾与反思》一文，收入福建省炎黄文化研究会、龙岩市政协编《客家文化研究》（上），海峡文艺出版社，2007，第1—36页。"新说"的代表性论著主要有：房学嘉《客家源流探奥》（1994），谢重光《客家源流新探》（1995），陈支平《客家源流新论》（1997），王东《那方山水那方人：客家源流新说》（2007）。

北方南移的大量汉人固然是形成客家的一个因素，但单有南移的汉人还不能形成"客家"，还有待这批南移汉人在某一特定的历史时期，迁入某一特定地区，以其人数的优势和经济、文化的优势，同化了当地原住居民，又吸收了原住居民固有文化中的有益成分，形成了一种新的文化——迥异于当地原住居民的旧文化，也不完全雷同外来汉民原有文化的新型文化，那么这种新型文化的载体——一个新的民系，即客家民系才得以诞生。①

诚然，这种论述是符合客观实际的，即符合客家民系得以形成的最基本三要素：大量南迁的中原汉人、特定时空和与土著融合。其中"与土著融合"被当成一些"新说"的利器，否定罗香林的所谓"血统论"。

事实上，罗香林在《客家研究导论》第二章《客家的源流》中，对客家的血缘问题及南迁汉人与土著融合问题的认识就是持理性的、科学的态度。

首先，罗香林不同意韩廷敦提出的"客家人是十分纯粹的华人，他们可以说完全没有和外族的血统发生过混合"的观点，他认为"可以说客家'是今日中华民族里的精华'，但因此便谓'他们是很纯粹的华人'，则亦殊可不必"，并从历史上民族大融合史实判定"所谓华人，根本上就没有'纯粹'的血统可言"②。那客家民系的血统呢？他论述如下：

所谓南系汉族呢，……湘赣一系，亦多与南蛮一族相混；虽说混化的程度，有深有浅，或不如北系汉人厉害，然其非纯粹的汉族，那是毫无疑问的；至于客家，与外族比较虽少点混化，然此亦只是少点而已，到底与"纯粹"有别。③

罗香林在论述中旗帜鲜明地否认了客家汉族血统的纯粹性。因此，他的"客家界定说"就无所谓"种族论""血统论"了。

其次，罗香林并没有忽略南迁汉人与土著包括血缘和日常生活文化在内的融合问题。他为了说明"客家究竟与何种异族曾发生相当的混化"，一口气征引了九条史料来证明客家与畲族发生"相当的混化"。代表性的论述有：

客家初到闽赣粤的时候，不能不与畲民互相接触，接触已多，就想不与他们

① 谢重光：《客家源流新探》，福建教育出版社，1995，第3页。
② 罗香林：《客家研究导论》（影印本），上海文艺出版社，1992，第72页。
③ 罗香林：《客家研究导论》（影印本），上海文艺出版社，1992，第73页。

互相混化，亦事势所不许。

…………

可知当时客家和畲民的接触繁多了，唯其接触繁多了，所以免不了要发生混化的作用，而那些畲民亦因须与客家盛营贸易的缘故，渐渐习染客人的语言和文化，久而久之，遂把他们固有的语言都消失了。

…………

客家昔时，与之相处，一方吸收了他们一部分的血统，一方感受了他们活动所生的影响，觉得男男女女，皆非全体动员，勤苦操作，必不能与之相竞。①

从上面的论述来看，罗香林的用意正是要表达谢重光先生所说的"以其人数的优势和经济、文化的优势，同化了当地原住居民，又吸收了原住居民固有文化中的有益成分"。

在这里，罗香林"客家界定"的问题症结并不在什么"种族论""血统论"，而在于对"客家"的表述，即他把"客家"与"客家先民"及"中原南迁汉人"混为一谈。在客家民系尚未形成之前，初到闽赣粤的"客家"只能说是"中原南迁汉人"或"客家先民"。从畲汉融合形成客家而言，客家先民应该包括中原南迁汉人和当地土著（畲民），但后者常常被忽视。

"'客家'是一个文化的概念"，就论述内容而言，已经不算是新鲜事了。就其概念而言，可以谓之"新说"。不过，文化本身是一个复杂的概念，很难给它下确切的定义，一种文化既可以被建构，也可以被解构。任何民系或族群都是一个文化的概念，汉族本身也是一个文化的概念。罗香林认为客家是"汉族里头一个系统分明的支派"，是根据南迁汉人人数的优势和客家族谱世系脉络所做出的判断，有其合理性，也有其局限性。此"系统"应包含文化系统和血缘系统两方面内涵。

若从文化来看，此"系统"应该是"分明"的。在客家的基本住地闽西，汉人是强势族群。笔者曾在《客家地区畲族的族群意识流变及与客家的内在关系》一文里指出，为了摆脱民族歧视，畲族干脆迁离含"畲"字的祖宗开基地或更改

---

① 罗香林：《客家研究导论》（影印本），上海文艺出版社，1992，第74—76页。

带"畲"字的村名，隐去畲民身份。上杭庐丰丰济村《蓝氏家谱》真实地记下了此事："四世祖伯十郎公世居畲里（今庐丰扶洋村），被呼畲民……然而要摆脱畲族身份又非远徙他方不可，因此立下远徙初衷……五世祖子荣公生于永乐年间，初居扶阳畲里，及壮偕同诸弟俱各携眷迁徙他方。为掩盖真相，对扶阳故居（畲里）改称金竹陂，此举亦公与诸弟之明智也。"①庐丰至今还是畲族聚居地，是上杭县两个畲族乡之一，但他们的语言、习俗文化早已经汉化了，与当地汉族（客家）几无二致。在族群势力悬殊的畲汉两族接触中，汉文化必然占上风，最终同化畲族文化。由此，客家的汉族文化系统分明。若从血缘来看，该"系统"就未必"分明"了。仅以上杭丘姓为例，畲汉早在宋末就开始频繁通婚了②，最终形成了"你中有我，我中有你"的交融格局。

在"后罗香林时代"，学者对"客家"的界定仍然纠缠不清时，周建新教授提出"客家文化既是一种地域文化，又是一种族群文化"③的理论观点，将客家研究纳入族群人类学的学科范畴，发展出新的研究取向。这一理论创见既符合客家文化史实，又富有阐释力，拓宽了阐释空间。

总之，客家是大量中原汉人，经过西晋末年、唐朝末年、宋元之际等三次历史节点，主要因为战乱，大南迁到闽粤赣交界的边区，与当地土著融合而成的汉民族支系。客家既有汉族民系的鲜明特征，又有与他族交融的多元文化特点。客家民系的形成和发展经历了一个漫长的过程，大致经历了唐宋时期孕育于赣南、宋末形成于闽西、明清时期发展和壮大于粤东的三个阶段。客家不仅有自己独特的语言、习俗和文化，还有强烈的基于血缘的族群意识。

随着客家民系的形成和发展，人口迅速增长，"八山一水一分田"的农耕环境已经无法满足客家人的生存需求。于是，客家进行了第四次大规模迁徙：一方

① 邱立汉：《客家地区畲族的族群意识流变及与客家的内在关系》，《赣南师范学院学报》2013年第4期，第13页。
② 邱立汉：《客家地区畲族的族群意识流变及与客家的内在关系》，《赣南师范学院学报》2013年第4期，第12页。
③ 周建新：《客家学的知识体系与理论进路》，《中国社会科学报》2017年7月28日，第5版。作者在2012年已经提出此观点，见周建新《人类学与客家研究的对接与深化》，《赣南师范学院学报》2012年第1期。

面，明清之际，闽西客家人为寻求生存空间主动出击，大量迁往广东、广西、海南、台湾，甚至抵达东南亚一带；另一方面，为响应康熙时期发起"湖广填四川"的移民号召，粤东、粤北、闽西有大量客家人迁到四川、重庆、湖南，或倒迁入赣。

第五次大规模迁徙发生在清朝咸丰、同治年间广东西部的"土客械斗"后，客家人再次迁徙到广西、海南、台湾，或远渡东南亚。客家民系在后两次的大迁徙中发展壮大起来，足迹遍布于世界各地，所谓"凡有海水的地方就有华人，有华人的地方就有客家人"。

接下来，我们来了解"台湾客家"。

上述客家第四、五次大迁徙，也揭示了台湾客家的来源。台湾客家主要来自粤东、闽西南的客家移民。闽西是客家祖地。[①]有大量族谱表明，粤东客家和闽南（南靖县、诏安县、平和县等）客家的先祖基本来自闽西，台湾客家人是从闽西直接迁入，或从闽西迁到粤东、闽南再迁往台湾的。[②]早在明郑时期，就有闽西客家人跟随郑成功的部将、汀籍人刘国轩渡台。清廷平定台湾之后，随着"海禁"松弛，开始有大量闽粤客家人渡台垦殖，其中以汀州府所属永定、上杭、武平三县民为多。而地处汀江下游、与漳州毗邻的永定，因水陆两便，渡台垦殖人数最多，永定也因此与台湾形成了特殊的渊源关系。

永定客家人对台湾早期开发做出了巨大贡献。

永定下洋的胡焯猷是北台湾（大甲溪以北）的早期开发者，是开发台湾的杰出代表。他约于清朝康熙末年或雍正初年渡台创业，定居台湾淡水新庄山脚，白手起家，开垦兴直堡一带，于乾隆十三年（1748年）与林作哲、胡习隆合组"胡林隆"垦号，多次回永定动员乡亲赴台一起垦殖，"不十数年，启田数千甲，岁入租谷数万石，翘然为一方之豪英"[③]。清末光绪十年（1884年），李乾祥、苏廷福等人联手开垦台湾铜锣圈地，并倡导种茶、制茶叶等，其茶叶远销美国，获利颇多，使附近乡民竞相植茶。

---

① 张佑周：《客家祖地闽西》，作家出版社，2005，第139—180页。
② 严雅英：《客家族谱研究》，黑龙江人民出版社，2007，第74—83页。
③ 连横：《台湾通史》，台湾商务印书馆（台北），1983，第565页。

在文教方面，永定胡焯猷为台湾私人办学先驱。胡焯猷在开发台湾农业的同时，发现北台湾淡水文风未启，乡里子弟读书困难，遂于乾隆二十八年（1763年）献出新庄山脚旧宅，又捐水田八十余甲作膏火，创办义塾，后改名为"明志书院"，是北台湾第一所书院。因对北台湾文教有开拓之功，胡焯猷被清廷和台湾总督分别授予"文开淡北""功滋丽泽"的奖匾，成为"文开淡北第一人"，《台湾通史》也为之立传。此外，还有不少永定籍人，如胡檀生、王之玑、沈鸿儒、卢应鹏、卢跋等文士，在台湾任儒学教授、教谕、训导，为当地文教事业的发展做出了贡献。

如今，祖地在永定的台湾客家人有 50 多万，其中，从永定直接迁居台湾的有 47 个姓氏，约 25 万人，另外还有近 30 万人是从永定迁到第三地（如漳州南靖、平和县等）再迁移到台湾。① 为了永远铭记原乡——永定，入台的永定移民给落脚的乡村、街里冠名为"永定"，如台湾云林县二仑乡今永定村、安定村，原名为"永定厝"；台中市南屯区今永安里，原名亦为"永定厝"；彰化县永靖乡就是永定与南靖的合名。

中国国民党前主席吴伯雄多次回祖地永定下洋思贤村祭祖。他在《永定客家台湾缘》一书的序言中感慨：

我对永定有特别的情感，因为永定是许多台湾客家乡亲的祖籍地，我自己的根也在永定下洋镇思贤村！我是北宋天圣年间吴氏入闽始祖承顺公第二十七代裔孙，也是思贤村开基祖念纲公第十六代裔孙，我的曾祖父吴胜昌在清咸丰六年（1856 年）携妻儿自汕头迁至台湾桃园县中坜乡（今中坜市），传至我已是第四代。我父亲 97 岁过世时，最大的遗憾是没能回永定祭拜祖先。我有幸于 2000 年完成父亲的遗愿，带着家人，代表家族，回乡谒祖。②

吴伯雄这段回乡感言，展现出客家人念祖思宗的传统美德，清晰地表达了对祖籍地永定的思念之情，也传达出了两岸亲情血浓于水的渊源关系。

---

① 毛高良：《发挥优势　加强合作——永定县对台工作调研报告》，《台湾工作通讯》2012年第4期，第27页。

② 吴伯雄：《期待永定成为两岸客家文化交流重镇》，载两岸客家文化研究院编《永定客家台湾缘·序言一》，中国评论学术出版社（香港），2012，第8页。

　　台湾客家与祖地闽西关系如此紧密,从发展两岸关系出发,本书着重探讨的闽台客家文化亲缘关系就显得意义重大。

　　加强两岸人文交流和经贸合作,推动两岸关系发展,最终实现两岸和平统一,是"中国梦"的重要组成部分。福建与台湾隔海相望,闽台两地具有深厚的历史渊源关系,福建在发展两岸关系、促进两岸和平统一大业上可以发挥不可替代的作用。闽台之间"地缘相近、血缘相亲、文缘相承、商缘相连、法缘相循"的"五缘"关系,成为福建对台工作的重要指导方针。为充分利用闽台"五缘"优势,发挥海峡西岸经济区先行先试的前沿平台作用,福建省政府于 2009 年开始设立以"扩大民间交流、加强两岸合作、促进共同发展"为主旨的"海峡论坛",迄今已经在福建各地连续举办了十一届,两岸人民广泛开展交流,互动频繁,形成两岸多层次的交流合作格局,取得了令人瞩目的成绩。此外,在台湾中华海峡两岸客家文经交流协会与北京联合大学的发起下,以海峡两岸客家为纽带,于 2006 年设立了"海峡两岸客家高峰论坛",先后在北京、厦门、台北及客家大本营龙岩、梅州、赣州、三明等两岸多地举办了七届,推动了两岸民间与官方的交流,在两岸文经交流合作上取得了丰硕的成果。

　　回望过去的几年,尽管两岸在经贸和文化交流上取得了历史性成果,两岸关系在朝着和平发展的大道上不断前进,但仍有暗流涌动。近年来,"台独"分子搞"隐性台独"动作不断,进而由隐性走向显性,由幕后走向台前,企图通过"文化台独"达到"去中国化",割断台湾与大陆的血脉脐带,直言叫嚣"台独"。在"台独"分子的操弄下,台湾高中语文课纲和历史教科书被屡次调整和修改,刻意造成台湾青年学生对中华民族历史文化认知的缺失。2016 年 5 月,台湾当局领导人蔡英文上台后,拒不承认"九二共识",更是给两岸和平发展蒙上了一层阴影,妨碍了两岸和平统一的进程。因此,我们在做"两岸一家亲"工作方面不能有丝毫松懈。

　　客家是台湾的重要族群。据台湾客家委员会 2016 年度公布,台湾客家人口数约 453 万,占台湾人口的五分之一,客家是台湾第二大族群。客家人对台湾的早期开发做出了极大贡献,在"抗日保台"等重大事件中发挥了重要作用。20 世纪中叶，国民党在台湾实施"牺牲农业、发展工业"的经济策略，并推行普通话教育，多数客家人放弃了传统农业，混迹于以"福佬人"①为主体的都会区，一度成为"隐形人"，出现客家母语危机。台湾"解严"后，客家人为争取族群权利，于1988年走上街头，发动震惊台湾的"还我母语运动"万人游行。此后，台湾客家人在政治舞台上也由幕后逐渐走向台前，吴伯雄、马英九、江丙坤、饶颖奇等客家人②纷纷登上台湾政坛。在台湾地区领导人选举中，竞选人必须到客家区拜票，客家票成为选举中"关键的少数"。2016年台湾选举时，蔡英文为拉客家选票，就曾把自己包装成"客家妹"南下拜票。

尽管如此，台湾客家文化的传承与研究不容乐观。

2014年10月，笔者赴台考察调研台湾客家，收集有关台湾客家方面的资料。通过实地走访发现，台湾客家话流失严重，很多上了年纪的客家人已经不会讲客家话了。其中，台湾客家人最重要的信仰庙宇之一——彰化定光佛庙的守护人及信众基本上不会讲客家话，都讲闽南话。另外，在资料收集时发现，台湾客家学者涉及与大陆原乡历史渊源与文化传承变迁的著述不多，强调所谓的台湾客家"在地化"研究。

台湾交通大学客家文化学院院长张维安在思索台湾客家研究时说，"这段时间内（1988年客家运动以来——笔者注），台湾客家记忆逐渐地在地化，不论是《渡台悲歌》的移民记忆（黄荣洛，1991），还是义民信仰从褒忠到客家社区的转化（张维安、张翰璧，2008），客家论述虽然还是牵涉到大陆原乡记忆，但是台湾客家族群的历史，族群互动的记忆，以及新创的客家文化传统，已经渐渐在地化"③。显然，台湾一些学者已经在有意无意中淡忘大陆原乡记忆，在建构族群记忆时，"更多是讨论客家人在台湾在地的打拼，从来台湾开疆辟土到民主发展的奋斗，无疑的，客家记忆不再强调'石壁村'的中原南下迁徙历史，一样是移民

---

① 福佬人：指属闽南方言系的汉民系，即福佬民系。

② 吴伯雄是祖籍闽西永定的客家人，饶颖奇是祖籍闽西武平的客家人，马英九是祖籍湖南湖田的客家后裔，江丙坤是祖籍闽南诏安的客家后裔。马英九、江丙坤不会说客家话，但都认同自己是客家人，属于隐性客家人。

③ 张维安：《族群记忆与台湾客家意识的形成》，载张维安《思索台湾客家研究》，"中央大学"出版中心（桃园），2015，第206页。

和迁徙，所讨论的却是在台湾本地的奋斗历程以及在台湾的族群经验"①。讨论客家人在台湾本地的历程固然重要，一定程度上可以缓解台湾客家人作为弱势族群的"悲情意识"，但因此而"不再强调"大陆原乡历史记忆却容易制造麻烦。

两岸"五缘"关系中，除了相近的地缘是不会改变的客观事实之外，其他的"血缘相亲、文缘相承、商缘相连、法缘相循"都有可能因为台湾的复杂因素而人为地发生改变。加强两岸客家文化研究，深入探析两岸亲缘关系，不仅显得重要，而且显得紧迫。"闽台客家文缘关系研究"就是在这样的背景下展开的。

目前，学者在闽台客家文化关系研究上已经取得一定成果。因此，如何在前人研究的基础上开展创新性研究，值得思考。

近年来，随着对闽台"五缘"关系的阐述，有关闽台文化关系的论著一下多了起来，但主要侧重论述闽台之间闽南文化的渊源关系。如陈支平主编的《台湾文献汇刊》第三辑《闽台民间关系族谱》（2004），其谱牒资料丰富，但涉及范围多是闽南民系族谱；林国平主编的《文化台湾》（2007），及刘登翰、林国平主编的迄今为止内容最为丰富翔实、全面系统的"闽台文化关系系列丛书"（共11册，2013），主要以闽南文化为考察对象，从先民文化、方言、教育、民俗、民间信仰、文学、戏曲、音乐和建筑等不同侧面追寻台湾文化的来路，论述闽台文化的渊源关系，该丛书把谢重光早年出版的《闽台客家社会与文化》（2003）纳入其中，以示丛书之完整。

闽台客家关系研究的论著尽管不多，但成果还是可圈可点，为进一步深入研究做了有益探索。代表作主要有刘大可所著《闽台地域社会与族群文化新探》（2004）、《闽台地域人群与民间信仰研究》（2008），谢重光所著《闽台客家社会与文化》（2003），刘海燕与郭丹编著的《闽台客家宗教与文化》（2009）及严雅英所著《闽台客家血缘关系》（2006）。总体特点是围绕闽台民间信仰、客家文艺及迁台族系，论述闽台客家渊源关系。其中，刘大可先生的两部著作均通过大量田野作业获取一手资料，主要就闽台客家共同的民间信仰（民主公王和定光古佛）

---

① 张维安：《族群记忆与台湾客家意识的形成》，载张维安《思索台湾客家研究》，"中央大学"出版中心（桃园），2015，第208页。

及口传文化，运用人类学的方法，结合历史文献资料，分析闽台客家族群与社会和文化之间千丝万缕的联系。就其涉及的研究对象来看，主要着力于对闽西武北村落社会及客家与畲族关系的深层思考。谢重光先生所著的《闽台客家社会与文化》以扎实的史学理论和丰富的史料论述了客家的形成史、福建客家民俗事象、福建客家迁台创业以及客家文化在台湾的传承与变迁，其对闽西在客家民系形成过程中的作用和地位及社会变迁的论析，既客观翔实也不乏新意，同时揭示了客家文化在台湾发展和演变的内在规律，但其重心还是落脚在前者。

台湾客家研究如前所述，近三十年来偏向客家文化的"在地化"研究，包括台湾客家奋斗历程、客家意识建构以及客家文化创意产业研究。在闽台客家渊源关系研究上，基本上还没有超越陈运栋的《客家人》（1983）。

本书研究的对象是一个具有历史性、地域性和移民性的汉民族独特民系——客家，研究内容主要为闽台两地客家人的文化传承和文化亲缘特征，需要运用文化人类学理论，从文化传播的视角，考察闽台客家文化的历史关联性。论析出闽台两地客家具有一致或相似的文化要素，则闽台两地客家文化必然存在历史上同根同源的亲缘关系，那么，应考察客家文化在不同历史时期、不同地域范围的发展和变化情况，探索闽台客家文化的特质和本源，便成为本书的重要任务。

因此，本书在研究策略上，首先确定研究重点和研究范围，突出"专题性"，即重点围绕"闽台客家亲缘关系"，以论析闽台客家文化渊源为主，以客家形成发展史为辅，集中阐述闽台客家一脉传承的"土楼精神"及闽西原乡对台湾客家的文教、戏剧、民间文学、建筑的影响。同时，以闻名于世的"客家土楼"为文化意象和文化符号，以"土楼精神"为主线贯穿整体论述，深入分析台湾客家与闽西客家、土楼文化和祖地精神一脉相承的关系，既注重历史的内在逻辑论述，也顾及各章节内容的横向联系。原乡以永定为考察分析点，是出于永定与台湾具有特殊的渊源关系的考量。这样，可以避免以往研究多面展开和均衡用力的问题，更加注重专题性和创新性，力求做到小而深，以点带面。

其次，在资料的使用上，注重闽西文史资料、田野资料和台湾文史资料相结合，收集使用能够充分反映闽台客家渊源和两地文化传承与传播特点的台湾材料，如采访资料、碑记、附录中的《渡台悲歌》及《台湾番薯哥歌》和大量台湾的口传歌谣资料等，以期更真实地反映闽台客家亲缘关系内涵。

再次，在研究方法的运用上，采用文献法、田野作业法和比较分析法，运用人类学、民族学与文化学、历史学、社会学、民俗学、戏剧学、文学、建筑学等多学科的交叉研究，通过纵向的历史变迁与横向的某个时期不同地区的比较研究，进行宏观的时空把握与微观的细部考察，力图对闽台客家文化亲缘关系做出符合客观实际的史实研判和论述，以达到本课题研究的预期效果。

本书一共五章，分别从土楼精神在台湾的传承、"文开淡北"与化育台湾、闽台客家戏剧的传承、闽台客家民间文学渊源、闽台客家建筑文化等五个方面进行论述。

第一章论述土楼客家渡台的背景、渡台的艰辛，到台湾汀众在台湾建立精神家园，再从客家祖训激励子孙向外发展谋生，"任从异地立纲常"，树立"日久他乡即故乡"的发展理念，揭示出客家渡台创业不仅是受生存环境等客观因素影响，也是怀揣创业之志和宗族发展意识的主观体现。客家人在建立土楼家园的过程中养成的不畏艰险、勇于拼搏的"土楼精神"，通过渡台垦殖的闽西移民在台湾发扬光大，形成台湾客家敢于挑战困难的"硬颈精神"。

第二章论述永定胡焯猷渡台垦殖，献地捐资创办明志书院，成为"文开淡北第一人"，为北部台湾的文教事业做出重大贡献。永定翰林兄弟巫宜福、巫宜楔两度入台，对台湾乡亲的关怀泽被后世，文启后昆。不少永定籍文士也在台任教授、教谕、训导等职，使台湾客家崇文重教风气日盛。台湾六堆地区的美浓客家文教尤盛，人才辈出，美浓的文化现象是永定下洋"中川现象"的翻版。

第三章论述闽西木偶戏、闽西汉剧的形成与发展，及其在台湾的传承与流变，以及闽台客家戏剧的交流互动。

第四章论述客家先辈渡台垦殖时不忘"祖宗言"，把客家原乡口传的民间文学、民间文艺带到了台湾。口传不绝的歌谣、俗语、说唱、故事滋润了一代又一代的台湾客家子弟，台湾客家人至今能够通过亲切的客家母语真切地感受到客家原乡的温度，了解悠久的客家历史文化和风俗习惯。原乡用客语写成的《元初一》

是台湾客语写作的典范。

第五章论述客家建筑文化是客家文化的重要组成部分。客家土楼建筑造型各异，举世闻名，是客家民系对中原传统居住文化的传承与创新。明清时期，随着客家人迁徙渡台，客家建筑文化也被传播到台湾客家住区。台湾客家民居、祠庙、楼阁等建筑，至今仍然保留了客家传统风格。

本书内容与其他同类著述相比，更加突出"文"的表达，从土楼人文精神到文教、戏剧、歌谣、俗语、说唱、故事，无不尽然。在论述闽台客家建筑时也注意到凝固在客家建筑楹联匾额中的客家文化内涵，尽量彰显闽台客家"文缘相承"的特点与文化亲缘关系。

第一章
土楼精神在台湾的传承

　　土楼是客家人特有的民居形式，被联合国教科文组织誉为"世界上独一无二的神奇的山区民居建筑，是中国古建筑的一朵奇葩"。土楼建筑蕴含了客家人勤劳、坚毅、质朴的优秀品质，具有客家文化的普遍意义，是客家文化的符号，是客家人的精神家园！

　　那土楼精神究竟是什么？要做出准确的回答，并非易事。读者诸君，若观看福建永定土楼艺术团编演的大型原生态客家风情歌舞剧《土楼神韵》，便能心会。该剧分成序幕《石笔春秋》、第一篇《土楼夯歌》、第二篇《土楼人家》、第三篇《四海流芳》、尾声《天下客家》五个部分，是一部客家先辈经历千里大南迁，开启山林、夯建土楼家园，以及行走天下、再创辉煌的奋斗史，展现出了客家耕读传家、土楼习俗、田园山歌等一幅幅充满诗情画意的生活情景，表现了客家人不畏艰险、团结奋进、开拓创新、乐观豪迈的积极进取精神。

　　《土楼神韵》于2009年上演后，从县市逐步走进国家大剧院，成为首个荣登国家大剧院演出的"草根"剧目。该剧于2010年5月首次赴台，在台北演出时，台湾地区领导人马英九发出演出贺电，中国国民党荣誉主席吴伯雄先生亲临现场观看。演出结束时，吴伯雄与全场观众起立，手拉着手，跟着尾声一起唱"你有心来倕有意，唔怕山高水又深；山高自有人开路，水深还有造桥人"，久久不愿离去。之后，应台湾客家乡亲要求，该剧先后在桃园、苗栗、高雄巡演五场，从台北到台南掀起了一股"土楼热""客家热"。《土楼神韵》在台湾演出获得巨大成功，是因为闽西祖地客家的形成、发展与闽西客家人不畏艰险、流播四海的经历，犹如悲壮的史诗打动了台湾观众，土楼精神感染了台湾观众。

明清时期，大量土楼（闽西）客家人为了拓宽生存空间，走出土楼，渡台创业，以土楼客家精神立足台湾，拓荒垦殖，建设新的家园，传承客家文化，弘扬客家精神。

第一节　渡台创业

"客家形成说"普遍认为，客家源自中原，是中原汉人因西晋末年、唐朝末年、宋元之际的战乱以及中原的自然灾难，先后多次举族大南迁至闽粤赣交界的边区，与当地土著交融发展而形成的一个独特的汉民族支系。迁徙与离散，不仅是客家民系形成过程中一个难以忘怀的族群记忆，也是客家民系发展壮大过程中的一个显著特征。清代中叶，大量闽粤客家人漂洋过海，一部分渡台创业，一部分远涉重洋，抵达东南亚谋生。这种壮举在客观上促进了客家民系的发展壮大，光大了客家人披荆斩棘的创业精神。

一、渡台的背景

客家人渡台的目的是谋生。那客家人为何要冒着巨大风险，选择漂洋过海谋生呢？这既有自然环境和客家社会发展的客观因素，也有客家人自身的主观原因。

闽粤赣交界的边区，崇山峻岭，山高林密，沟壑纵横，在中原汉人大量涌入之前，中央王朝疏于对此边区的控制，当地土著畲蛮、山都、木客等"化外之民"活跃其间，架茅为居，山野自足，过着刀耕火种的原始生活。中原汉人迁入后，凭借先进的农耕技术，在这片原始的处女地上开山造田、筑陂修圳，使不毛旱地变为碧绿水田，荒野山丘变为层层梯田，还就地取材建造起高大坚固的土楼。在长期开发并建立土楼家园的过程中，客家人积累了山地垦殖的丰富经验，习成了敢于与自然作斗争的刚毅精神及吃苦耐劳的品格。随着客家地区的社会发展，人口快速增长，"八山一水一分田"自然大格局下有限的农耕资源难以满足客家人的生存与发展需求。耕地的缺乏，粮食的不足，迫使客家人不断地向外发展，因此，出现了"客家一般精壮的男子多数都出外经营工商各业，或从事军、政、学各界的活动与服务，向外扩展的精神为国内任何民系所不及"①的现象。当然，不是说客家人有向外发展的天性或野心，"是因为他们居住的地域，山岭太多，要想维持一家大小的生存和温饱，只好努力地向外发展以求改善经济地位的缘故"②。

客家人具有强烈的发展壮大宗族的意识。他们鼓励儿孙到异地开基创业，通过"开枝散叶"来壮大宗族。宗族的人口发展计划虽然没有在祖制中定下规矩，也没有明文写入族谱，但在宗族长老的脑海里从来没有被遗忘过。在客家人的祖祠对联里，除了饮水思源、敬宗睦族、光耀祖德的主旋律外，根深叶茂、瓜瓞绵绵也是重要的主题，比如"如松之茂"四个醒目大字就常常被题写在土楼的门楣之上。

这种宗族发展意识促使客家人鼓励、鞭策年轻力壮的后生阿哥要敢于出去拼搏；反之，那些不愿出门创业、固守在家的客家男子，会被人嘲笑为留守厨房啄食的"灶下鸡"。客家谚语"情愿在外讨饭吃，不愿在家撑灶炉"就是他们的人生信条。

在自然条件、社会因素和宗族发展意识的影响下，客家人发扬老祖宗百折不挠的精神，"而今迈步从头越"，向下一个目标挺进。

对客家人来说，迁徙、永远在路上是常态。不过，安定之后的迁徙，并不是前面诸次逃离家园的悲剧重演，而是向外寻求发展、拓宽生存空间，以创建土楼家园的昂扬精神开疆拓土、变异地他乡为故乡的发展壮举。从宋元到明清，闽西客家人便陆续往外播迁，迁徙的脚步由缓到急、由近及远、由内而外。于是，闽西客家裔孙遍布闽南、广东、广西、海南、四川、重庆、贵州、湖南、香港、澳门、台湾乃至东南亚等地区，闽西成为名副其实的客家祖地。

当大陆客家区域开发达到一定限度和人口发展到相对饱和时，客家人想要继续拓展，必然要向外拓展，甚至放眼海外。

宝岛台湾与福建隔海相望，早在明郑时期，就有不少闽西客家人跟随郑成功

---

① 罗香林：《客家源流考》（影印本），中国华侨出版社，1989，第60页。
② 罗香林：《客家源流考》（影印本），中国华侨出版社，1989，第60页。

渡海前往台湾。客家人在中原传统文化熏陶下，具有较为浓厚的爱国保族思想，当明朝被清朝取代时，"客家士夫，痛国家骤然易主，咸思出而复明，如宁化李世熊，上杭刘坊，曲江廖燕，宁都魏喜兄弟等"①，土楼客家志士更是风起云涌，扛起"反清复明"的大旗。据《永定县志》"大事记"载：

顺治五年（1648 年）四月，一支以"反清复明"为旗号的十三营队伍，围攻县城。十月，郑成功部将江龙，率军万余人从大埔进攻永定县城，围城三个月后撤去。

顺治六年（1649 年），郑成功部将招讨大将军苏荣（又名苏逢霖）在古竹率众起义，李天成湖坑召众响应。

顺治十一年（1654 年）十月，郑成功自海澄班师回厦门，派黄兴、万礼等到永定筹集军饷。②

从以上史料可知，永定是郑成功"反清复明"的重要阵地之一。南明永历八年（清顺治十一年，1654 年），原清军漳州协守、汀州人刘国轩举事，加入郑成功反清队伍。郑氏据台后，主掌明郑军务的刘国轩曾多次亲率精兵进攻闽南、粤东，甚至直入闽西。

抗清失败后，大批闽西义军将士或与郑氏集团有瓜葛的民众纷纷渡台。如据永定高头《江氏族谱》和《台湾江氏大族谱》载，永定开基祖江添澄的长子继富（十世）派下的十八世秋贵、阿龙（《台湾江氏大族谱》载'阿龙渡台祖'）和十九世魁妹的儿子去东都（明郑时台湾的别称）。另外，十八世江汉鼎、江汉壮兄弟也于此时迁台。另据《武平魏氏族谱》载，元代开基于武平的魏侃夫，传至十五世魏伟生，有六子，名鼎龙、玉龙、成龙、伯龙、飞龙、夫龙，第五子飞龙于南明永历十五年（清顺治十八年，1661 年，即郑成功收复台湾当年）迁居台湾桃园音潭乡开基。在此之前，还有十三世龙世，十四世洪恩、圣受、盛受，十五世光英，十七世勤创、雨来、粮连、路连等相继渡台，徙居于桃园、苗栗等地垦荒。③

其后，清廷为封锁据守台湾的郑成功，施行海禁，于康熙元年（1662 年）由

---

① 罗香林：《客家研究导论》（影印本），上海文艺出版社，1992，第 160 页。
② 永定县地方志编纂委员会编：《永定县志》，中国科学技术出版社，1994，第 3 页。
③ 张佑周：《客家祖地闽西》，作家出版社，2005，第 156 页。

辅政大臣下令"迁海",令沿海居民内迁 50 里,严防两岸往来,不许片帆出海,直至康熙二十二年(1683 年)终止。康熙二十四年(1685 年),施琅又"请申严海禁"①,讫康熙三十五年(1696 年),海禁开始松弛,闽粤客家人才得以再次赴台。

如据永定下洋《胡氏族谱》(民国十三年,1924 年)记载,永定下洋中川胡氏,在康熙年间从其开基祖万七郎公所传第 17 至 25 世渡台者就有 209 人,乾隆初年去台垦殖的胡焯猷,经营垦号时回永定招募了大批乡亲。据下洋洋背《谢氏重抄族谱序》载,从乾隆年间至清末,永定下洋谢氏从第 15 至 20 世迁台者有 42 户。前述永定高头江姓在海禁既开后,更是蜂拥赴台,据当地东山、北山、南山各房族谱记载,数十年间去台者多达 460 多人,其中一家兄弟多人全部去台者也不乏其例。②

二、渡台的艰辛

据清代《石窟一徵》卷三"教养"云:"邑地狭民稠,故赴台湾耕佃者十之二三。……邑中贫民往台湾为人作场工(长工),往往三四十年始归,归至家,尚以青布裹头,望而知为台湾客也。"③石窟即今梅州之蕉岭县,与闽西武平接壤。因"地狭民稠",百分之二三十的贫民不得不赴台耕佃谋生。

闽西各县之情形与梅州各县基本相同。他们有的"春去秋来",候鸟式移垦。据蓝鼎元《平台纪略》云:"广东潮惠人民,在台种地佣工,谓之客子。所居庄曰客庄。人众不下数十万,皆无妻孥,时闻强悍。然其志在力田谋生,不敢稍蒙异念。往年渡禁稍宽,皆于岁终卖谷还粤,置产赡家,春初有复之台,岁以为常。"④有的则一去"往往三四十年始归至家",青发出门,白发归家。还有一些人没有归家路费,只得落籍台湾。少部分巧于经营而成就事业发迹致富后,索性就地安居乐业,传承薪火。

① 连横:《台湾通史》,台湾商务印书馆(台北),1983,第 536 页。
② 张佑周:《客家祖地闽西》,作家出版社,2005,第 156—157 页。
③ [清] 黄钊:《石窟一徵》卷三,载广东省地方志办公室辑《广东历代方志集成》卷四〇《潮州府部》,岭南美术出版社,2009,第 237—238 页。
④ [清] 蓝鼎元:《平台纪略》,载周宪文等编《台湾文献史料丛刊》(影印本)第七辑第 126 册,人民日报出版社,2009,第 163 页。

当然，渡台移垦是一条铺满荆棘、异常艰辛的险路。

关于客家人渡台垦殖生活的细节描述，在大陆与台湾的方志史料中较为少见，但在两岸客家民间文学中，以歌谣的形式把渡台垦殖异常艰辛的生活及难以忍受的苦情，用客家方言生动而翔实地记录了下来，并广为传唱，感人至深。其中《渡台悲歌》《台湾番薯哥歌》《十寻亲夫过台湾》等，真实再现了客家人渡台谋生的辛酸血泪史。

《渡台悲歌》篇幅很长，共有 178 句，1246 字，全文见本书附录一。下面节录出开头部分与结尾部分①：

（开头部分）

劝君切莫过台湾，台湾亲像鬼门关；百侪入门百鬼缠，喊生喊死又样般。

来到台湾无路行，左弯右弯千万难；头前学老②隔牛栏，一半潮州一半泉。

毋知某人系某姓，样知生番③也熟番；生番歌到牛窝坪，专杀人头带入山。

带入山中食粟酒，食酒唱歌喜欢欢；也有熟番知人性，来来去去歌对山。

学老头家一般型，相打相斗尽野蛮；台湾头路微末做，空手空脚耐做田。

（结尾部分）

拜托叔侄并亲戚，切莫信人过台湾；系有子弟要来信，打死连棍豁路边。

一纸书音句句实，并无半句系虚言。

开头起句就奉劝大陆的客家人不要过台湾，并概括地点明了台湾"鬼门关"般的生活：行路艰难、生番杀人、野蛮学老、做田苦差，结尾再一字一句强调大家不要去台湾，与开头形成呼应。

《渡台悲歌》叙述了赴台行程之艰，其中最为险恶的行程海路，是渡台的鬼门关："撑船漂浮天连海，船肚受苦苦难言；晕船呕出青黄胆，东横西翘病一边。"船舱里难受，晕船呕吐，未到台湾先大病一场。若是遇到顺风行船还好些，三日两夜就抵达了台湾，若遇上暴风巨浪，重则葬身大海，轻则偏离航向，漂泊孤岛，生死难料。

---

① 黄恒秋：《台湾客家文学史概论》，客家台湾文史工作室（新庄），1998，第181—187页。

② 学老：指不同方言区、语言不通的人。这里专指潮州人、泉州人（闽南人）。

③ 生番：指保留原始生活习性的台湾少数民族。

渡台之后仍面临各种生存风险和苦难。首先，生命受到生番严重威胁。"生番歇到牛窝坪，专杀人头带入山"，"遇到生番铳一响，燃时（随时）死在树林边。走前来到头斩去，无头鬼魅落阴间"。生番杀人之残忍，闻之毛骨悚然。其次，日常饮食起居条件十分恶劣。"一碗净饭百粒米"，吃饱米饭是奢望，倘若吃上米饭，也没有"火油炒菜"下饭，只有"臭馊脯咸菜"，连咸鱼也只有等过年才能享用了。无奈之下，天天吃番薯充饥，"番薯三餐九隔一，煮汤四日三日饼；台湾番薯食一月，当过唐山食半年"，一日三餐不是番薯汤就是番薯饼，导致患上"屙脓滑痢"等极易毙命的胃肠疾病。即便如此，他们还是舍不得浪费，"头餐食过毋盼（不舍）得（扔掉），又想留来第二餐"。晚上睡觉"无床无帐分（被）蚊咬，杆草烂布准（当）被毯"，没有床，没有蚊帐，蚊子肆虐，以稻秆为毯、烂布当被。这种生活形同牛马，生存面临严峻的考验。再次，劳动强度大到常人难以忍受。"鸡啼起身做到暗，无力没气吞口澜（口水）；一年三百六十日，日日拼命拼不完"，"睡到子时下四刻，米槌舂臼在垄间"，凌晨两点就起身舂米，白天外出耕田到天黑，日日如此拼命地干活。如此高强度的劳动，加上低劣的饮食，使身体很容易生病垮掉。

《渡台悲歌》还痛斥"客头"（带路人）为了赚取"乌心钱"，竟花言巧语诱惑贫民。悲愤之余，诅咒"千个客头千代绝"，也悔恨当初"千错万错该当日，不好信人过台湾"。于是，开篇即唱"劝君切莫过台湾，台湾亲像鬼门关"，告诫"叔侄""亲戚"，"切莫信人过台湾"。从行文看，是在以当事人的口吻来描述渡台艰辛，抒发渡台悲情。

《台湾番薯哥歌》收录于台湾黄荣洛编著的《台湾客家传统山歌词》①一书中，原为"台湾歌"手抄本，歌名是编著者加上去的，大概是因渡台垦殖者一日三餐吃番薯充饥而得名。歌词共256句，1792字，篇幅长于《渡台悲歌》，全文见书后附录二。其内容主要描述了清朝嘉庆、道光年间，梅县人取道闽西，到永安小陶，由水路抵达福州，再出海赴台的沿途见闻，以及渡台过程、在台的生活状况，

---

① 黄荣洛：《台湾客家传统山歌词》（第2版），新竹县文化局（新竹县竹北市），2002，第27—29页。

把渡台之艰刻画得淋漓尽致。

如队伍抵达福州，暂宿于庵庙，等候洋船时困苦不堪的情况：

又无床时又无帐，听见蚊虫苦青天，乌蝇（苍蝇）狗虱官蝉恶，日夜无眠真可怜。不知何日开船去，一月半月实难堪……等船不开日多久，几多卖了衣和衫。几多典了男和女，几多当了钗和簪……无水食时口无泉，忽然吐出几多痰，刑（行）船刑（行）得十分苦，茶水如金一般般。不会食时不会坐，又被虱麻咬万口……

有形容台湾耕田之苦：

台湾耕田甚艰苦，缺少手脚请长年，请个长年非小可，每年工银廿二三。做着长年无容易，浸种犁耙百事能，农工百件晓挥发，园头圃尾要周全……台湾零工是何样，恰似牛驴一般般……

这些人一旦生病，无人理会，听天由命，十分凄惨：

亦有病得几日好，亦有病得一年半，若无亲兄并胞弟，扛在禾寮草埔边。恰似六畜疮瘟气，或生或死命由天，此时自坐追想起，眼中流出泪涟涟。

《台湾番薯哥歌》也极力渲染渡台垦殖之艰难，其歌词与《渡台悲歌》有多处雷同。徐胜一等通过比较分析歌词，认为"两篇文章是同一作者，成文时间约在清代嘉庆、道光年间"[1]。从两篇歌词所描述的渡台路线及路途的一些细节来看，笔者认为，两篇歌词的作者应该都是亲身经历者，两者出发的地点和路线完全不一样，因此，两篇歌词不可能是同一作者所作。《台湾番薯哥歌》末尾的"丢下世情休要唱，来唱台湾衙门前"，是客家说唱中常用的句式，即"丢下……来唱（转唱）……"，可见，它是被整理过的客家说唱叙事山歌，其口头原貌应该是还带有生动的说白。

从客家山歌《十寻亲夫过台湾》（详见第四章第一节）看，土楼客家人渡台的路线大致有三条。

第一条是沿着汀江顺流而下，到达三河坝，进入韩江，由潮州饶平柘林港出

---

① 徐胜一、范明焕、韦烟灶：《梅县经连城至福州渡台的一条特殊客家移民路线——〈台湾番薯哥歌〉的诠释》，载徐胜一《气候与人文——历史气候、郑和航海、客家文化》，台湾师范大学地理学系（台北），2016，第176页。

发赴台。《十寻亲夫过台湾》唱道："三寻亲夫到三河……四寻亲夫出三河……五寻亲夫到潮州"，妻子寻夫过台湾是沿着夫君渡台足迹而去的，"三河"即与永定接壤的大埔县三河镇，俗称"三河坝"，因梅州的梅江、汀州的汀江和大埔的梅潭河三条河流汇合于此而得名。由三河坝进入韩江出海，是梅州和汀州的客家人渡台、下南洋的最主要路线。《渡台悲歌》里有："直到梅江转潮州，每日五百出头钱。一昼一夜翻过天，来到拓（柘）林港口边"，正好可以印证上述渡台路线。

梅州客家人顺梅江而下到潮州，土楼客家人则顺汀江而下抵达潮州，两道合于韩江，最后都在柘林港候船出海。柘林港曾是明清时期粤东及闽西南对外通商的重要口岸，有"未有汕头埠，先有柘林港"之说。

第二条是途经闽西连城，抵达永安小陶镇，水路直通闽江，从福州港口搭船过台湾。《十寻亲夫过台湾》有"六寻亲夫到连城，行到城里二三更"之句。《台湾番薯哥歌》对此条路线有更加详细的叙述：

……行了几日到松源，六月来到中都墟，半月来到席湖营。湖营过去金鸡岭，挑箱担笼实难行，一月来到小陶店，客头请船乱纷纷。船钱多少无定价，十个客人荫一名，水路行程多凶险，鹅叫一声十八滩。五日水路永安县，水手撑船叫艰难，换船搭渡到南台，一共船钱四百三。南台过去乌龙江，乌龙过去甚艰难，渡资加减由他算，撑过前头兰圃岭。十日来到砂榕地，客头寻屋乱翻翻，几多歇在宫庙里，几多住在斋公庵。

此歌记录的是粤东客家人过台湾所走的路线，沿途经过上杭"中都墟""席湖营"。中都古属上杭县来苏里，地处汀江中下游，因水路之便，成为昔日闽西通往粤东的重要通道，"中都墟"也因此繁华一时。逆汀江而上，可以到上杭城郊北面的九洲村，由汀江支流旧县河抵达连城境内，"席湖营"为今之连城县文亨镇湖峰村。"金鸡岭"在连城县文保村境内，在"席湖营"东北边，是旧时连城到姑田及小陶的必经之处。从粤东出发，走路一个月之后才到达永安小陶镇。小陶地处文川溪上游，旧时有码头，为小船航运起点。文川溪流到永安市，汇合九龙溪成沙溪，往东北流经南平市，与富屯溪、建溪汇合成闽江，至福州出海。据徐胜一等学者估算，移民从梅州松源到小陶，要走陆路（汀江、旧县河水路）

230千米，闽江水系水路400千米，海路210千米，全程840千米；而松源往南到松口、三河，再抵潮汕有230千米，海路到新竹又500千米，全程730千米。[①] 选择连城到福州渡台的路径显然是因为海路短，更加安全。闽西各县客家人走此路更加便捷。

第三条是抵达厦门港后渡台。《十寻亲夫过台湾》有"七寻亲夫到厦门，厦门楼客乱纷纷"之句，这描述了厦门港等船过台湾的情景。永定与漳州南靖、平和接壤，土楼客家人翻过博平岭即可抵达漳州再到厦门，此路陆路不长，但渡海缺乏季风优势。

不管是走哪条路渡台，一路都是历经千辛万苦的，"几多辛苦不堪言"，但为了谋生，赚取微薄的工钱，正如《渡台悲歌》所言，"明知死路也行前"。罗香林在概括客家人特性时一针见血地指出，"客家人生性冒险，只知进取，只知出路，至于前途危险与否，他们不太管的"[②]。生存条件所限，让客家男子不愿做"灶下鸡"，情愿出门寻找出路，委实富有冒险与进取的精神。正是有这种精神支撑，客家人在台湾乃至东南亚一带开辟出了另一片新天地。

三、台湾汀众建立精神家园

在明郑时期，因汀州籍的刘国轩在郑部为军师，地位显赫，又"军师刘国轩建议，拓地招垦"[③]，其时，闽西客家人闻"招垦"而赴台谋生的已有不少。在漳、泉、汀人的开垦下，台湾鸡笼等地拓地日广，安抚了诸番，为明郑政权的稳定创造了条件。

尽管如此，明郑时期对台湾的开垦还是十分有限。加之清廷平定台湾之战争，又造成良田沃野连片荒芜。于是，清廷平定台湾之后，开始大量招徕垦民。《台海使槎录》卷4《赤坎笔谈·朱逆附略》引《理台末议》曰：

---

① 徐胜一、范明焕、韦炯灶：《梅县经连城至福州渡台的一条特殊客家移民路线——〈台湾番薯哥歌〉的诠释》，载徐胜一《气候与人文——历史气候、郑和航海、客家文化》，台湾师范大学地理学系（台北），2016，第176—177页。

② 罗香林：《客家研究导论》（影印本），上海文艺出版社，1992，第245页。

③ 袁克吾：《台湾》（油印本），厦门大学编印，1951，第191页。

台湾始入版图，为五方杂处之区，而闽粤之人尤多。先时郑逆窃踞海上，开垦十无二三。迨郑逆平后，招徕垦田报赋。①

因此，"郑逆平后"，台湾迎来闽粤平民渡台垦殖的一个小高潮。闽粤客家人语言相通，其聚集居住地被称为"客庄"。《台海使槎录》卷3《赤坎笔谈·物产门》载：

淡水以南，悉为潮州客庄；治埤蓄泄，灌溉耕耨，颇尽力作。②

这些"力作"农耕的"潮州客庄"，除指潮属各县客家人外，还包括了语言相同、声气相通的汀州客家人。朱一贵事件后，闽浙总督觉罗满保奏称：

查台湾凤山县属之南路淡水，历有漳、泉、汀、潮四府之人，垦田居住。潮属之潮阳、海阳、揭阳、饶平数县，与漳、泉之人语言声气相通，而潮属之镇平、平远、程乡三县则又有汀州之人自为守望，不与漳、泉之人同伙相杂。③

上则材料至少表明两点：一是在朱一贵事件（1721—1723年）前，来自闽西汀州府的客家人已经在台湾凤山县（今高雄）垦田居住，有很长的历史了；二是有部分汀州人与当时潮州府所属的镇平（今蕉岭）、平远、程乡（今梅县）等地的客家人一起守望相处。而这部分汀州客家人因人数少于潮州、惠州、嘉应州④（今梅州）客家人，语言习俗又与之相近，大量隐性存在于粤籍客家人中，被来自漳州、泉州的"闽人"视为"粤人"。因此，台湾有关史料记载的"粤人""潮州客""嘉应客"中均含有不少汀州客家人。

有明确记载招徕汀州客家人前往垦殖的史料，见于黄叔璥的《台海使槎录》：

罗汉内门、外门田，皆大杰巅社地也。康熙四十二年，台、诸民人招汀州属县民垦治，自后往来渐众。耕种采樵，每被土番镖杀、或放火烧死，割去头颅，

---

① ［清］黄叔璥：《台海使槎录》卷4《赤坎笔谈·朱逆附略》引《理台末议》，载周宪文等编《台湾文献史料丛刊》（影印本）第二辑第21册，人民日报出版社，2009，第92～93页。

② ［清］黄叔璥：《台海使槎录》卷3《赤坎笔谈·物产门》，载周宪文等编《台湾文献史料丛刊》（影印本）第二辑第21册，人民日报出版社，2009，第53页。

③ ［清］王瑛曾修：《重修凤山县志》卷12《闽浙总督觉罗满保题义民效力议叙疏》，载周宪文等编《台湾文献史料丛刊》（影印本）第一辑第13册，人民日报出版社，2009，第343页。

④ 雍正十一年（1733年），升格潮属程乡县为直隶嘉应州，下辖镇平、平远、兴宁、长乐及程乡，即"嘉应五属"。

官并诘捕。①

　　台湾郑氏降清后，台湾纳入清治版籍。清廷于康熙二十三年（1684 年）设立一府三县，即台湾府和台湾县、诸罗县、凤山县，三县县治分别设在今台南、嘉义、高雄，一府三县隶属于福建管辖。"台、诸民人招汀州属县民垦治"，即台湾、诸罗两县县民招徕汀州各县县民渡台垦殖，"自后往来渐众"，说明台湾高雄地区（罗汉内门、外门）以及台南、嘉义等台湾南部地区，在康熙四十二年（1703 年）后，开始有大量汀民涌入耕种。其中"每被土番镖杀、或放火烧死，割去头颅"的记载与《渡台悲歌》所叙述的惨象完全一致。

　　客家先民在开发山高林密、瘴疠肆虐、沟壑纵横的蛮荒之地，建立安乐祥和的土楼家园过程中，不仅锻造出了不畏艰险、吃苦耐劳的土楼精神，也形成了共同对抗土著匪乱和外族入侵的团结互助的族群力量及抱团取暖、聚族而居的特性。渡台垦殖汀民面临自然之艰险、生番之凶残及不同民系间的冲突，生存压力巨大，他们更加需要拿出生存勇气，传承土楼精神，渴望族群团结。《台海使槎录》卷 4《赤坎笔谈·朱逆附略》引《理台末议》载：

　　虽在台地者，闽人与粤人适均，而闽多散处，粤恒萃居，其势常不敌也。②

　　粤籍客家如是"萃居"，以敌外患。那声气相通甚或同族同宗的闽西汀州客家人何尝不是呢？

　　渡台垦民以聚族而居形成合力，带去原乡神祇，祈望神明保佑，建立精神家园。于是，他们聚族形成"客庄"；建立汀州会馆，以助公益，接纳和资助来台乡亲；建立庙宇，安奉汀州客家保护神，形成汀州客家信仰中心。彰化汀众在彰化市建立彰化定光佛庙，台北汀众在淡水镇建立鄞山寺③，均供奉来自原乡祖地的定光古佛，这些庙宇兼具汀州会馆的功能。

　　定光古佛，又称定光大师、定应大师、定光佛、和尚翁、圣翁等。俗姓郑，

① [清] 黄叔璥：《台海使槎录》卷 5《番俗六考》，载周宪文等编《台湾文献史料丛刊》（影印本）第二辑第 21 册，人民日报出版社，2009，第 112 页。
② [清] 黄叔璥：《台海使槎录》卷 4《赤坎笔谈·朱逆附略》引《理台末议》，载周宪文等编《台湾文献史料丛刊》（影印本）第二辑第 21 册，人民日报出版社，2009，第 92 页。
③ 鄞山寺，因汀州的客家母亲河汀江古称"鄞江"而得名，鄞山寺的名称中有怀乡之意。

名自严，泉州府同安县（今属厦门市）人。幼时聪慧，奇异过人，少有佛心，"年十一，恳求出家，依本郡建兴寺契缘法师席下。年十七，得业游豫章，过庐陵，契悟于西峰圆净大师，由此夙慧顿发，遂证神足，盘旋五载"①。后云游四方，于北宋乾德二年（964年），过武平岩前，睹南安岩之形胜，遂驻锡南安岩。北宋大中祥符八年（1015年）坐化于旧岩。享年八十二岁，僧腊六十有五。因生前佛法无边，传言其能祈雨救旱、伏虎除蛟、送子祈福、救急救难，死后又屡屡显灵，保境安民，遂成为汀州及周边客家人乃至整个闽地的守护神，出现"七闽香火，家以为祖"②的信仰盛况。

　　台湾汀州客家的定光佛信仰历史悠久。2002年1月，武平岩前镇建筑队在均庆院（定光佛庙）前挖掘出一块石碑，正反两面分别刻有"募叩台湾乐助碑记"和"台湾府善信乐助建造佛楼重装佛菩萨碑"，现立于南安岩洞口右边。"募叩台湾乐助碑记"正文刻有罗（7）、王（6）、黄（10）、曾（25）、钟（5）、张（24）、林（30）、刘（12）、邓（6）、温（8）、陈（21）、吴（13）、叶（19）、朱（3）、徐、李（19）、萧、郭（7）、何（6）、巫（3）、汤（7）、彭、范（2）、蓝（5）、饶（2）、沈、蔡、熊、谢（24）、赖（19）、江、卜、吕、杜、郑（4）、傅（8）、古（2）、涂（5）、戴（5）、廖（6）、杨（5）、苏、□（33）、邹（3）、彭、宋（3）、卢（2）、邱（2）、练、韩、连等50余姓捐款人名及金额，左侧落款为"大清雍正十一年岁次癸丑孟春月三房主持僧盛山、得济、远铎各捐金拾两，往台释子宏滋得升吉旦立"，"岩城首事温观止、朱安邦、邹□□、邹□□、练思永、郑其忠，匠人练圣作、唐及□"。"台湾府善信乐助建造佛楼重装佛菩萨碑"则为张（28）、朱（2）、罗（16）、谢（18）、钟（15）、刘（26）、陈（17）、吕（2）、袁、林（14）、傅（17）、温（6）、黄（7）、徐（15）、赖（12）、李（19）、王（10）、潘、余、何（7）、□（27）、黎（2）、巫、管、邓、邱（15）、廖（3）、吴（5）、宋、

---

① [宋] 胡太初修、赵与沐纂，长汀县地方志编纂委员会整理：《临汀志》卷七《仙佛·敕赐定光圆应普慈通圣大师》，载福建省地方志编纂委员会编《福建地方志丛刊》，福建人民出版社，1990，第164页。

② [宋] 胡太初修、赵与沐纂，长汀县地方志编纂委员会整理：《临汀志》卷七《仙佛·敕赐定光圆应普慈通圣大师》，载福建省地方志编纂委员会编《福建地方志丛刊》，福建人民出版社，1990，第165—166页。

郑（6）冯、修、游（2）、苏、董、梁（2）、邹（3）、严、孙、胡、郭、涂（2）、古（2）、蓝（3）、戴（2）、汤（3）、曾（7）、叶（3）、范、伊、杨（2）、盛、江（2）、许、练、沈、冯等60余姓捐款人名及金额。[①]

从上面两碑文看，在雍正十一年（1733年），移垦台湾的定光古佛信众乐助修造定光佛庙均庆院的人数有七百余名，包含至少67个不同姓氏。这起码可以说明三点：第一，在雍正时期，甚至早至明清之际，台湾武平籍移民就对祖地定光古佛保留有虔诚的信仰，武平移民把定光古佛信仰带到了台湾；第二，武平移垦台湾的人数众多，涉及姓氏、村落广泛；第三，武平岩前镇定光佛庙是台湾定光佛庙的祖庙，这与淡水鄞山寺门前的对联"宋代宠恩纶，赐福与天地同悠久；岩前昭佛法，波光并日月齐飞"是相吻合的。

台湾的定光古佛信仰中心，主要有建于1761年的彰化定光佛庙和建于1823年的淡水鄞山寺。

彰化定光佛庙是台湾第一座定光佛庙。据《彰化县志》与《台湾省通志》记载，乾隆二十六年（1761年），永定县士民鸠金公建定光庵；道光十年（1830年），贡生吕彰定等在其基础上捐修，祀定光古佛；道光二十八年（1848年），彰化大地震后由信徒张连喜等人重新修建，改名为"定光佛庙"。而《台湾通史》则记载为："（定光佛庙）在北门内，乾隆二十七年，北路营副将张世英建，祀定光佛。"[②]此条记载定光佛庙的建造时间与上面的记载存在误差，建造人名也不同。张世英是永定人，应该是代表官方积极参与的倡建人，他还在乾隆二十七年十月题写了"西来花雨"的牌匾。在台湾府任儒学教授（主管）的沈鸿儒也积极参与善举，题写"济汀渡海"的牌匾，祈望定光古佛能够保佑汀民顺利渡海来台。

据台湾林瑶琪《汀州客团结的象征》一文介绍，彰化定光佛庙目前登记有案的信徒有103人，他们的祖籍几乎都在永定。看来，在彰化的永定信徒相较汀州其他各县人数多，来自永定的移民应该也多于汀州其他县。

在陪祀的天上圣母（妈祖）神龛上方悬挂的木匾"昙光普照"，题写于嘉庆

---

① 刘大可：《定光古佛：台湾闽西客家移民的保护神》，载陈支平主编《定光古佛文化研究》，社会科学文献出版社，2012，第19～20页。

② 连横：《台湾通史》，台湾商务印书馆（台北），1983，第536页。

十八年（1813 年），左边落款为"岁次癸酉年鄞江众信士重修立"。庙里于道光十一年（1831 年）立有报功祠，安奉造定光佛庙有功的董事禄位碑，中位刻"汀州八邑倡义题捐绅士缘首董事禄位"。由此可见，彰化定光佛庙也是汀州（鄞江）信众共同出力修建的，是彰化汀众的共同信仰中心。从定光佛龛前一副木楹联得知，定光古佛被汀州客家人迎到彰化供奉后，曾有显灵护民之事。该联写于道光十四年（1834 年），内容为"是有定识拔救众生，放大光明普照东海"。其款识内容值得重视："永定巫两池仪部来游东瀛，为彰化定光佛前求书楹帖，适余审游匪，类住漳浜，旬久雨不止，于佛前祷求晴霁，即大开朗，因并记之。道光甲午仲夏，浙江分巡宁绍台道、知福建台湾府事鄱阳周彦书。"① 周彦记录了自己亲历了定光古佛显灵止雨，使天放晴，这让他确信定光古佛"拔救众生"不是传说，挥毫肯定"是有定识"的。

周彦的题赠联无疑促进了定光古佛信仰的兴盛，其他一些寺庙也开始出现配祀定光古佛的现象。如台北板桥的普陀山接云寺以观音佛祖为本尊，定光古佛位于配祀之首；桃园县大溪的福仁宫，俗称"大溪大庙"，兴建于嘉庆十八年（1813 年），宫内正殿主祀开漳圣王，左龛祀定光古佛，位显于其他配祀之神；而私家供奉定光古佛则更为普遍。② 如台湾学者陈香在《台湾的根及枝叶》一书中提及，"台北一带汀州人聚落，如淡水阿里荖沿岸，家户均供定光佛"③。

在彰化定光庵（定光佛庙）创建 62 年之后，道光三年（1823 年），台北淡水又兴建了一座定光庙——鄞山寺。该寺内回廊墙上镶嵌着光绪十八年（1892 年）立的"鄞山寺石碑记"，碑文记述道："念汀人来台营生，仗神呵护，于道光三年，公（罗可斌）建鄞山寺，崇祀定光古佛寺，在和美街后半山仔。又经罗可斌捐献垦地，再经江日章等增辟成田，以克经费……汀人游台甚多，无论何等出身，一到台北，即欲冒取花红④，并向总理借款。"碑记十分明确地表明了建造鄞山寺的

---

① 黄健伦：《定光佛与彰化定光佛庙》，彰化定光佛庙文史宣传册，内部资料，1995 年 1 月。

② 刘大可：《定光古佛：台湾闽西客家移民的保护神》，载陈厦生主编《定光古佛文化研究》，社会科学文献出版社，2012，第 24 页。

③ 转引自刘大可：《定光古佛：台湾闽西客家移民的保护神》，载陈厦生主编《定光古佛文化研究》，社会科学文献出版社，2012，第 24 页。

④ 花红，意为接济的财礼。

意义和功用。鄞山寺是在永定金砂乡人罗可斌、罗可荣兄弟倡议下，由罗可斌慷慨献出垦地，台北汀众捐资"公建"而成。建成后又经永定江日章等人增辟良田，以充寺产经费。汀众为贡献最大的罗可斌、罗可荣兄弟设"大施主"牌位于寺庙左厢房，供后人祭拜。汀郡众姓于道光十二年（1832 年）重修罗可斌、罗可荣兄弟墓于鄞山寺左侧（后因地产开发移至右侧）。

鄞山寺的建造，主其事者也主要是永定人，但与彰化定光佛庙一样，同样凝聚了垦台汀郡众姓的力量。

不管是彰化的定光佛庙，还是淡水的鄞山寺，建造时的目的都是护佑和接济、接待赴台汀民，成为汀州客家人的互助与联络中心。所以，两座寺庙又名为"汀州会馆"，俨然成为"汀州客团结的象征"，它们发展了原乡土楼聚族而居、抱团取暖、团结互助的精神，定光古佛也由共同的信仰演变成团结奋斗的精神力量。这种充满大爱的乡情，可以激励陷入悲惨处境的汀民鼓起勇气，顽强奋斗，继续开垦。

以众多永定籍客家人为代表的土楼精神，在台湾传承并落地生根发芽。这种精神的另一效应就是台湾汀州客家人的族群意识得到了强化。

在台湾垦殖的汀众除了信奉定光古佛外，还像原乡一样，普遍祀奉妈祖和土地伯公神。如彰化定光佛庙，正殿左侧配祀天上圣母，对联书写"德配昊天四海波平霑圣德，功同大禹万民利涉戴慈恩"，正殿右侧配祀福德正神，即土地伯公神，神龛对联为"比户可封伏神威而保万姓，聚庐相望藉福泽以惠四方"。淡水鄞山寺正殿右侧也配祀福德正神，神龛对联为"福无疆定安沪上，德至大永佑鄞江"。

各地客家村落也在庄头社尾建立土地伯公坛，供奉土地神明。高雄美浓镇有将近 400 座土地伯公坛，是美浓客家人的主要信仰中心。其中开基福德正神坛（土地伯公坛）历史悠久，由右堆统领林桂山、林丰山兄弟于乾隆元年（1736 年）集众筹建，奉土地伯为村庄的"开基伯公"。神坛前后有两对联，分别是"开基荒原地，基成瑞穗田""四方沾福泽，万姓仰神恩"。它至今香火不断，游人络绎不绝，在台湾客家中影响甚大。

随着中西文化的融合，台湾客家民间信仰也受到了西方宗教信仰的冲击。如

《台东客家族群传说故事研究》记述了受访者台东成功镇邱永兴的故事，他说，"祖父是秀才，开设学堂……父亲曾盖庙，因为当地几乎都是基督教、天主教的信众，为了让汉人（客家人）有信仰中心，故用石头盖了一间土地公庙"[①]。台湾历经社会大变迁，民间信仰受到外来宗教信仰的冲击，但像邱永兴一样的客家人仍然在顽强地守护着客家传统，客家精神、客家传统一直在延续。

第二节 "任从异地立纲常"

客家是一个迁徙的族群。他们的先辈有的因躲避天灾人祸，有的因拓展生存空间，从北方祖地迁徙到四野蛮荒的南方烟瘴客地，筚路蓝缕，披荆斩棘，以启山林。从熟悉的社会环境迁徙到陌生的异族异地，开基创业，自力更生，奋斗图强，要经历无数坎坷，克服无数困难。在这种艰苦环境中锤炼而成的客家文化精神支撑了一代又一代客家人继续迈开脚步向外迁徙，由闽而粤，由粤而川、桂，直至漂洋过海，渡台垦殖，谋生南洋，在人生地不熟的新环境下"任从异地立纲常"，假以时日便"日久他乡即故乡"。

客家祖训是客家人行走天下、"日久他乡即故乡"的重要精神支柱，也是解开客家精神密码的钥匙。客家祖训就是客家祖宗遗留下来的训诫、训勉子孙的言语。承载着客家精神的族谱与祖训，在客家民系的发展壮大中发挥了重要作用。

一、《认祖诗》是客家迁徙的精神力量

客家《认祖诗》，也叫《认宗诗》，是客家族群在迁徙过程中遗留下来的祖训文化、姓氏文化。客家《认祖诗》有多种版本，不同姓氏的《认祖诗》内容略有差异，但所体现的宗族思想基本相同。其中黄氏、刘氏的《认祖诗》最具代表性，流传也最为广泛。

在客家大本营闽粤赣地区繁衍生息的黄姓族人皆崇敬入闽始祖黄峭山，黄氏

---

① 许秀霞等：《台东客家族群传说故事研究》，台湾地区行政管理机构客家委员会计划项目，2007年12月，第44页。

子孙枝繁叶茂，迄今已有 2000 多万子孙遍布全国各地和东南亚各国。黄氏宗族快速发展壮大，很大程度上归功于黄峭山。据《黄氏天禄公宗谱》①记载，九十二世黄侃由江夏县迁河南光州；传至九十八世黄裳，因西晋永嘉之乱南迁福建，卜居邵武和平县（今和平镇）；传至一百一十九世黄峭山，娶三妻，各生七子，共计二十一子。黄峭山生活在唐末五代农民起义此起彼伏、军阀割据混战愈演愈烈、天灾人祸连绵不断的大动荡时代，他深感"多男则多惧"。为保全子孙，黄峭山于后周广顺元年（951 年）正月初二，备酒大宴亲朋好友，席间呼诸子命之曰："三妻位下，各留长子以奉晨昏，其余一十八支，俱可信步由天，命名随地。"父命之意是要让长期安居父母膝下的十八子离开家乡，信步天下，择木而栖，相地而居，自谋发展，而诸子以奉养双亲为由不肯从命。众亲举杯劝慰说："池内之鱼，远逊云间之鹤。际此海田更变，觉而翁虑熟思深。奈何效乳哺之儿，向慈母怀中而索食也。"于是，黄峭山以所积之财均而付之，并新修家乘，各授一帙，以便年深岁久，族裔认所由来，不忘所出。临行前，老人作诗赠别：

骏马登程出异方，任寻胜地立纲常。

年深外境犹吾境，日久他乡即故乡。

朝夕莫忘亲命语，晨昏须荐祖宗香。

唯愿苍天垂庇佑，三七男儿总炽昌。

这就是黄氏族人妇孺皆知、流传千年的《认祖诗》②。黄峭山嘱咐诸子牢记此诗，以后子孙相逢，"凡能背诵此诗者，即是同宗亲派，请升堂入室，不得异视。倘有违吾命者，子孙不昌，福寿不长。汝等各宜牢记在心"。因此，《认祖诗》也成为黄氏认祖归宗的"密码诗"。不过经过各地宗支流传，闽、粤、赣、桂、台等不同地方的黄氏认祖诗也不完全相同。

客家刘氏、游氏也有类似的《认宗诗》。刘氏为闽汀望族，汀州刘氏有"张王李赵遍地刘，世世代代传不休"之谣谚传唱。入闽始祖刘祥因黄巢之乱携子孙避居汀州宁化县石壁葛藤凹（今南田村），十二世裔孙刘广传于南宋宁宗嘉定元

---

① 福建上杭石牌前村黄氏族谱编辑委员会：《黄氏天禄公总谱》，内部资料，2008 年，第 65—74 页。
② 一些黄氏族人把《认祖诗》溯源上追至战国时期楚国春申君黄歇，应多为攀附。

年（1208 年）生于祖地宁化石壁，娶马氏、杨氏，共生十四子，传下八十六个孙子、三百六十个曾孙。相传，刘广传更加狠心，敦促十四子全部外迁他乡创业。为便于裔孙认祖归宗，刘广传也作了一首《认宗诗》：

> 骏马骑行各出疆，任从随地立纲常。
>
> 年深外境皆吾境，日久他乡即故乡。
>
> 早晚勿忘亲命语，晨昏须顾祖炉香。
>
> 苍天佑我卯金氏，二七男儿共炽昌。

显然，刘氏《认宗诗》与黄氏《认祖诗》基本相同，主要差异在于刘氏诗第七句特地用典"卯金氏"指明是刘氏，另因黄氏与刘氏祖公生男数量上不同，第八句一为"三七"（二十一子），一为"二七"（十四子）。

再看入杭始祖游氏的族诗：

> 九子分发出异乡，任从随地立纲常。
>
> 年长外境犹吾境，日久他乡即故乡。
>
> 晓夜莫忘亲命语，晨昏须荐祖宗香。
>
> 愿言苍昊垂庥庇，广平男儿总炽昌。

入杭始祖游二三郎于南宋淳熙三年（1176 年）从江西庐陵迁居上杭县胜运里坝头（今化厚村），生二子，长子四一郎生九子，后称"九子游"，所以有"九子分发"之说，"广平"是游氏郡望、堂号。

以上三姓氏的《认祖诗》高度雷同，有明显的抄袭痕迹。

客家钟氏流传的《外迁诗》只有四句：

> 人禀乾坤志四方，任君随处立纲常。
>
> 年深异境犹吾境，日久他乡即故乡。

除首句外，其他三句与黄氏、刘氏、游氏的《认祖诗》前两联基本一致。

此外，鄞江始祖的张化孙也是一个敢于闯荡天下、以诗训勉励儿孙异地创业打拼的典型。张化孙于南宋开禧年间（1205—1207 年）由宁化卜居上杭郊外风水宝地白沙茜洋村，娶陈氏、阙氏，生十八子，传一百零八孙。除第四子张祥云、第十七子张彼云留在父母身边外，其他十六个儿子在张化孙的鼓励下迁移外地，创业发展。张化孙作七律《诗训》勉励各房子孙：

> 清河系出源流长，卜吉移居闽上杭。
>
> 百忍家声思祖道，千秋金鉴慕宗祊。
>
> 承先孝友垂今古，裕后诗书继汉唐。
>
> 二九苗裔能禀训，支分富盛姓名香。

这也被张氏族人称为《外八句》，或《祖训诗》《族诗》。在诗文上，张氏《诗训》虽然与上述姓氏的《认祖诗》相差较大，但内涵相似。

客家历次迁徙不仅是形成客家民系不可或缺的因素，也是客家民系为拓展生存空间而进一步走向发展壮大的必要条件。但是，迁徙意味着抛开父母、背井离乡，与千百年来固守的"安土重迁""父母在，不远游"的传统思想背道而驰。因此，面对迁徙，客家族群首先要艰难地迈过传统思想这道坎，儿孙要改变"安于故土"与"守孝悌"的观念，父母更要摒弃"养儿防老"的思想。

今天，我们无法确定客家《认祖诗》到底源于哪个姓氏，但可以肯定的是，《认祖诗》是客家祖先摒弃传统思想、勉励儿孙开拓进取的"金玉良言"，是客家人迁徙的精神力量。无论是"骏马登程出异方"还是"九子分发出异乡"，都是父母鼓励儿孙大胆闯荡天下的豪言壮语，虽然有些悲壮，但父母之命难违，何况还有族长们"池内之鱼，远逊云间之鹤""良禽择木而栖"的劝诫，诸子若留恋不走，反会被族亲视为无用之男——"灶下鸡"，落下"向慈母怀中索食"的笑柄。

就这样，在《认祖诗》精神的激励下，客家人的迁徙成为常态。于是，一代又一代的客家子弟前赴后继、义无反顾地扬鞭策马，奔向四面八方，谨记祖训，带着祖宗"任从随地立纲常"的使命，完成祖宗"日久他乡即故乡"的愿望，开辟了一个又一个客家村落，形成了一个星罗棋布于南方八省市，覆盖港澳台，远及东南亚乃至欧美国家，人口数以亿计的庞大客家传统住地网络。

因此，客家人对祖宗之"孝"也有了另一个全新的解读——那就是外出开基创业，立下纲常，让老祖宗种下的这棵宗族大树枝繁叶茂。所以，永定早期（明末至清乾隆初年）赴台的就特别多，仅高头江姓第十七至第二十二世在族谱上有记载的就有460多人。据统计，永定共有占全县三分之二的49个姓氏迁台，其中直接从永定迁台的后裔有约 25 万人，经南靖、平和等地间接迁台的后裔约有 30 万人。永定后裔广泛分布在台湾各县市，集中分布在桃园、新竹、苗栗地区，足见永定客家宗族大树在台湾之茂盛。

二、客家祖训是宗族生存发展之本

从狭义上说，客家祖训即家训族规。从广义上讲，客家祖训涵盖了客家人在生产生活中积累下来的所有遗训，其形式丰富多样，包含了文字记载的族诗、家训族规、宗祠民居对联和名言警句，还有大量通过口头流传下来的俗语、谚语、歌谣。这些都是祖宗遗留下来的宝贵财富，是客家宗族生存发展之本。所以，客家有句祖训"宁卖祖宗田，不忘祖宗言"。祖宗田卖了，还可以通过勤劳致富购回田产，或外迁异地另创基业，而祖宗言（祖训）是立身之本，是客家人生存发展的精神支柱，必须记在心中，挂在嘴边。

到达异地他乡，首先面临的是生存挑战。闽粤赣交界的边区，山高林密，狭窄溪谷多，开阔盆地少，素有"八山一水一分田"之称。当地土著以山野为食，搭棚为居，即所谓"随山种插，去瘠就腴，多于深山中编荻架茅为居"① 者。迁入山林的客家先祖不可能复制土著的生活方式，他们利用中原传统的农耕技术跟自然做斗争，逢山开路，遇水搭桥，开垦田地，修筑陂圳，种植养殖，搞好农林生产，积累了丰富的生产生活经验，并编出了朗朗上口的谚语传给子孙后代。如"水浸千年松，日晒万年杉"，筑水陂、堵水灌溉要用耐水浸泡的松木，建土楼屋脊、桁架等的木料要用经得起太阳暴晒的杉木；总结耕田经验的谚语有"种田不用问，深耕多上（施）粪""人要打扮，田要铲坎""烂田排水勤，多晒产量高"；按季节行农事的谚语有"立冬后割禾，一夜少一箩""谷雨前后，种瓜种豆""清明芋卵谷雨薯"等；搞农副业的谚语有"百桐千棕，吃用不空""种上千棵棕，油盐在其中"等。只要记住并践行这些"祖宗言"，就能做到生活无忧。

当然，有了物质上的生存智慧，还应该具备社会处世的智慧。

---

① ［清］曾曰瑛、李绂等修纂：乾隆《汀州府志》卷 45《杂记·丛谈附》，载《中国方志丛书》，成文出版社（台北），1967，第 650—651 页。

客家人迁徙他乡创业垦殖，与当地土著或先迁入者容易发生纠纷甚至冲突，为了妥当处理社会矛盾包括宗族内部矛盾，"和乡邻""睦宗族""息争讼"被写入家训族规中，成为客家家训里出现频率最高的语汇之一。大多数客家土楼通廊或祖堂的左右两边廊道的小门额上都刻写"和邻""睦族"，让"祖宗言"抬头即见，时刻警醒、教育楼内族人。规模庞大、号称"土楼之王"的永定承启楼内有一副经典对联："一本所生，亲疏无多，何须待分你我；共楼居住，出入相见，最宜结重人伦"。这副对联道出了客家人能够聚族而居、和谐相处的法宝——家族伦理。于是，客家社会出现了相对安定祥和的局面，出现了几百人和谐聚居于一座土楼的奇观，这得到了高度评价："客家土楼是中华文化瑰宝，是大家庭、小社会和谐相处的典范。"由此可见，客家祖训也是客家社会和谐的重要基石。

客家的发展壮大很大程度上有赖于客家祖训。客家祖先教导儿孙到外地开基创业，必须谨记"任从异地立纲常"的祖训。这里的"纲常"不仅仅指儒家的"三纲五常"，而是指一切符合儒家倡导的个人伦理道德与社会伦理秩序的规范伦常，简而言之，即家规与国法。只有把"立纲常"的祖宗之言放在首位，凝聚家族内部力量，鞭策族人奋斗不息，在异地他乡立于不败之地，才能实现"三七男儿总炽昌"的发展大计。

为使家族兴旺发达，客家人煞费心机、苦心孤诣地对后代子孙进行"纲常"教育，把"纲常"以言简意赅的楹联形式镌刻或书写在土楼的大门、柱子、屏风、厅堂上，使楼内的人随时随处可见。"承前祖德勤和俭，启后孙谋读与耕"，这是承启楼大门嵌的名联。把祖宗留下来的勤俭美德与耕读传家的优良家风视作"纲常"，镌刻在最为显眼的大门左右，让子孙时刻铭记在心。

反映客家人勤俭与耕读的楹联十分多见，上杭稔田镇南坑村"爱此溪山"楼厅堂联具有代表性，"耕读两途，耕可齐家读可贵；勤俭二字，勤能创业俭能盈"，此联把耕与读、勤与俭的意义一目了然地呈现无遗。有"土楼王子"之称的永定振成楼，以空间结构布局精巧和内部装饰富丽堂皇著称，但让人叹为观止的还是它的"纲常"文化，对联、题匾多达二十几处，包含关心家国、个人修养、为人处世等方面内容。振成楼嵌字大门联"振纲立纪，成德达材"，联句只有八个字，简约大气,教育子孙要遵守"纲纪",于国要严遵纲法,在家要恪守规纪,以德为先,培育德才兼备的人。中央议事大厅中堂书写"言法行则,福果善根",教育后人遵守法则就会有善报,获得幸福,与大门联相呼应。大厅前石柱联还有一嵌楼名联"振乃家声,好就孝悌一边做去;成些事业,端从勤俭二字得来",讲唯有做好孝悌才可振家声,唯有学得勤俭才能成就事业,泽被子孙。"家声远"与"世泽长"是客家祖宗言中永恒的主题。引用或化用名人联的有"干国家事,读圣贤书""从来人品恭能寿,自古文章正乃奇""振作那有闲时,少时壮时老年时,时时须努力;成名原非易事,家事国事天下事,事事要关心",勉励子孙要读书立志,修身齐家治国,胸怀天下。其他在横批或楣额题写的有"里党观型""承基衍庆""义声载道""义行可风""志洁行芳"等,是当时黎元洪等名人对建楼人的题词褒奖,表彰楼主林逊之为家族兴旺、敬孝父母、和睦宗亲、乐善好施的楷模。

客家人居住在举目都是楹联的土楼里,从小就耳濡目染,经常在长辈耳提面命下接受"纲常"教育,长期熏陶下内化成一种力量,最终为家族发展做出了不平凡的成绩。

据资料统计,承启楼先后有40多人考中进士、举人、贡生,有80多个博士、大学生、科学家、教授、作家,其中有一户人家就出了10个博士。振成楼走出的本科以上大学生有60多人,其中硕士10余人,博士1人,教授(工程师)6人,院士1人,专家、学者遍布美国、加拿大、澳大利亚、新加坡等多个地方。

全国著名侨乡永定下洋镇中川村胡氏家族创造了辉煌的中川文化。明清两代,中川村有进士5人,举人30人,贡生123人,秀才288人,监生564人,文武仕官108人,涌现出了"一门五进士""三代四司马""父子进士"的书香文化景观。清末以来,中川涌现出了多位杰出人物——"锡矿大王"胡子春、爱国侨领胡文虎、艺术大师胡一川、外交家胡成放、"新闻女王"胡仙,并称为"中川五大名人"。这种奇特的文化景观实属罕见,其出现也绝非历史的偶然,而是与深厚的胡氏家族祖训文化和强烈的宗族意识关联紧密。从村中土楼门联来看,其宗族兴旺发达有迹可循。如文魁第门联"文星映旭日,魁武振家声";胡文虎故居门联"庆云呈瑞彩,福善降祯祥";庆成堂门联"庆余由善积,成德本达材";

庆余楼内厅左右廊门对联分别是"居家要训遵司马，庭过传经效伯鱼"（横批"锄经"）、"孝友方能光世德，诗书自可振家声"（横批"种德"），都是十分注重祖德家声、诗书传家之祖训。中川胡氏族人秉承了开基祖胡铁缘公打铁创业的"铁寮精神"和乐善好施的善德，传承祖训，宗族发展壮大的速度惊人。[①] 中川胡氏从康熙年间的一千七百余人，发展到今天"村民三千，侨胞两万"的人口规模。

三、客家族谱是客家发展壮大的人文力量

家之有谱，如国之有史。族谱是以民间特有的家族叙事方式记录一个姓氏宗族发展的全过程，主体功能是记载姓氏宗亲的脉派世系，以便后代子孙认清血缘宗派，辨别亲疏远近，认祖归宗时能言之凿凿。因此，族谱在寻根探源、谒祖拜宗和凝聚宗族中可以发挥重要作用。

迁徙频繁的客家人，担心儿孙各奔西东，日后难以联络，无法辨认宗系，于是，"骏马登程"之时，父母会分赠家谱，临行时再三嘱咐"朝夕莫忘亲命语，晨昏须荐祖宗香"，行走到天涯海角也不要忘记祖宗。因此，把祖宗载入册页，修谱、续谱成了客家人的头顶大事。下面是世界魏氏宗亲总会秘书长魏炳煌在台湾魏氏新谱修成时所发的感言（序言）：

近期深感（闽台）二地失连多时，海内海外迁徙搬移日多，恐叔侄兄弟他日相逢恍若路人，莫不令人痛心疾首，今幸有族中长老、宗叔多人，不辞劳苦、登高一呼，重修旧谱并得众亲出钱出力，能以新谱再献……并盼后裔能秉先祖创业维艰、守成不易之精神，再承先启后，继往开来，师法先祖，国为忠臣，家为孝子，望我大巍，千秋万世，永世其昌。[②]

这篇感言也道出了修谱的主要目的是维系血缘，联络宗亲，使家族不因"迁徙搬移日多"而导致"叔侄兄弟他日相逢恍若路人"。同时，修谱还有一个重要目的，就是"盼后裔能秉先祖创业维艰、守成不易之精神，再承先启后，继往开

———
① 邱立汉：《永定中川华侨的宗族意识与爱国思想》，载世界客属第26届恳亲大会主编《世界客属第26届恳亲大会国际客家文化学术研讨会论文集》，香港日月星出版社（香港），2013，第238—239页。
② 魏炳煌：《魏氏迁徙史略》，载台北市永定县同乡会编《永定会刊》2013年第36期（台北），内部资料，第31—32页。

来，师法先祖，国为忠臣，家为孝子……永世其昌”。这段话也是对客家《认祖诗》最好的注脚，叮嘱后裔能够秉承先祖精神，后之视今，犹今之视昔，这段话也将成为流芳百世的祖宗言。

所以，族谱另一个重要功能不能被忽略，即族谱是祖训的集大成，是客家发展壮大的人文力量。一般来说，族谱用大量篇幅记录宗族世系，另还收录了历代修谱的谱序、祖墓祖像的诗赞、宗族发展的文史资料及家训族规。如《李氏族谱——火德公宗系》，全书含"前篇"（含火德公像、宗祠图、坟照、像赞、谱序）、"世系篇"、"宗祠篇"、"功德篇"、"文史篇"、"人物篇"、"编后语"等七个部分，共1353页，其中"前篇"中的像赞、谱序，"宗祠篇"中的《建祠序》、《惇叙堂记》、祠堂对联，"文史篇"中的《李火德翁传》《李氏家训》《家训十一则》，或叙述宗族源流，或表彰祖德，或抄录家训，从多种角度彰显祖宗之言，以期对李氏族人产生深远影响。值得一提的是，该族谱收录了祠堂门、柱对联共计13副322字，蔚为大观，其中大门联"丞相将军府，忠臣孝子门"，庭前檐柱联"萃我宗支，莫非父兄子弟；念兹桑梓，何分远迩亲疏"，中厅前柱联"惇宗祖而建庙堂，恍睹声音笑貌；叙人伦以集子性，恒怀爱敬尊亲"等，都是以宗祠对联的形式教育后世子孙要尽忠尽孝、敦亲睦族的祖训。祠庙之训更显庄严肃穆。

《永定胡氏族谱》之祖训文化更是洋洋大观。此谱系永定胡氏热心人士历经近三年时间编成，含"前篇""源流与概况篇""人文篇""世系篇""附录篇""后记"等六部分，是一部有1500多页、260多万字的皇皇巨著。谱籍中"人文篇"内容十分丰富。《人物传》列叙了胡七郎、胡铁缘、胡焯猷、胡泰兴、胡子春、胡曰皆、胡文虎等诸多先贤德才兼备的故事；《文征》内有十一篇旧谱序跋、《永定胡氏字辈诗》、祠堂家庙记述、墓志铭，有族人办学、办刊、兴医、建桥的事迹，有胜迹名楼，有祠庙、寺宫、学校、楼堂楹联，有民俗活动（含祭文），有族人诗联文选、故事杂记，有华人华侨及港澳台史料选。而郡望、堂号、祠联和族规祖训则入列"源流与概况篇"。其中，《永定胡氏字辈诗》俨然是自成一体之祖训，全文如下：

博厚持载，柔顺谦光；

礼义忠信，恭俭温良；

苏湖济美，淮海传芳；

华林毓秀，安定发祥；

经文纬武，陈纪立纲。

此 40 个字从永定胡氏一世祖七郎公开始排字辈，排到了第四十代，按一代 25 年来计算，时间跨越了近千年。四字一句，把纲常伦理、处世规范深深地嵌入子孙名字中，行辈字派寄托了胡氏先祖对后代的殷切希望。

《永定胡氏族谱》也是一部融合了诗书教化、礼让传家、开拓进取、慈善济世、爱国爱乡的客家人文史，是客家族谱祖训集大成之典范，是客家族群发展壮大的人文力量。深厚的人文积淀，优良的传统祖训家风，使得永定胡氏宗族兴旺发达，名家俊彦代不乏人，涌现出"文开淡北第一人"胡焯猷，"锡矿大王"胡子春，爱国侨领、"万金油大王"胡文虎等诸多国之娇子，成为享誉客家原乡、港澳台地区和东南亚的望族。可以说，永定胡氏宗族的发展壮大是客家民系发展壮大的一个缩影。

正因为祖训与族谱对客家民系的发展壮大具有如此深远的影响，所以，客家人修谱之热情远远高于其他民系。义务参与修谱的族人虽要付出大量的时间精力，却感到无比自豪，新谱修撰完毕后，还要在祠堂对着列祖列宗举行盛大的发谱仪式。每家每户收到新谱后，把谱放在专用的谱牒箱子里锁紧，视为家珍加以保护。

四、客家祖训在台湾的传承

谚语，客家人俗称为"老古话"，台湾客家另称为"师傅话"，是"前代古训，传世常言"经过千锤百炼，提供给族群成员有用的生活经验与启示。客家谚语是客家祖训的一部分。

陈运栋在其《客家人》一书中，把客家谚语细分成食谚、衣谚、住谚、行谚、言谈谚、歌笑谚、苦闹谚、动物为喻谚、打马谚、和尚谚、金钱谚、病谚、谦让谚、数字谚、惊恐谚、是非谚、时间谚、算谚、瓜果谚、相对谚、歇后谚等 21

种。现节选部分谚语与原乡闽西客家谚语比较，列表如下：

表 1-1　闽台客家谚语对比 ①

类别	闽西客家谚	台湾客家谚
食谚	有食冇食，嬲到正月二十。	有食无食，嬲到惊蛰。
衣谚	食唔穷着（穿）唔穷，冇划冇算一世穷。	食不穷着（穿）不穷，无生计才是一世穷。
行谚	在家千日好，出门半朝难。	在家千日好，出门半朝难。
言谈谚	闲话一大堆，正经冇一样。	闲话一大堆，正经无一撇。
动物为喻谚	猪来穷，狗来富，猫来戴麻布。	猪来穷，狗来富，猫来戴麻布。
打马谚	拳头不打笑面人。	拳头不打笑面人。
谦让谚	当让不让，十九上当。	当让不让，十九上当。
数字谚	食了一片黄豆就想成仙；新打（做）屎缸，三日样（热闹）。	食了三粒黄豆想上西天，念了三天经就想成仙；新打（做）屎缸，三日新。
是非谚	人争一口气，佛争一炷香。	人争一口气，佛争一炷香。
时间谚	懒人多屎尿。	懒尸嬷多磨壁。
算谚	人会算，天会断；会算唔识除，打（舀）米换番薯。	人会算，天会断；会算不会除，粢米换番薯。

　　以上列表比较的谚语，有些完全一样，有些字句略有不同，但意思基本相同。从中可以看出，传自原乡的台湾客家谚语，在台湾文化交融的发展中保留得相当完整。而类似"福佬好食粥，客人好起居""福佬觋公做斋——丢丢滴滴"的谚语，显然是台湾客家与"福佬"杂处相识后产生的谚语。

　　表达铭记宗族源流，不忘根本的祖堂，宗祠的郡望、堂号、堂联，也被渡台移垦的客家人当成祖训传入台湾，经台湾客家后裔传承保护至今。如台湾客家曾姓伙房的祖堂堂号为"鲁国堂"，堂联为"鲁国家声远，武城世泽长"；陈姓伙房的祖堂堂号为"颍川堂"，堂联为"颍水家声远，德星世泽长"；陈姓伙房的祖堂堂号为"西河堂"，堂联为"十德家声远，九龙世泽长"；伙房的中堂或大门左右

① 陈运栋：《客家人》（第五版），联亚出版社（台北），1983，第198—205页。

墙上依照惯例写着"清风""明月"。

坐落在台湾屏东县万峦乡五沟村西盛路 70 号的刘氏宗祠保留着更为丰富的原乡宗祠祖训文化印记。除刘氏宗祠大门联、祖堂门联、两外横屋"重光楼""燃藜阁"大门联外，室内另有三副勉励子孙为人处世、耕读传家的对联箴言特别引人注目："处事谦恭礼克尽，居家孝弟顺当全""忍是积德门，善为传家宝""一等人忠臣孝子，两件事读书耕田"。

在宗族迁台史料上，也可以看到客家人对宗族发展过程中祖训的珍惜。如前引《魏氏迁台史略》[1]一文，记述了彰化永靖魏姓由原乡祖地汀州宁化石壁辗转迁台的历史和宗族发展史。该文先述魏氏因战乱，兄弟迁徙各地的历史：

六十八世祖进兴、富、旺、坤、乾公与族人迁福建汀州宁化石壁溪为家族善家，因逢沿海贼寇纷乱不已，兄弟方辞别叔侄迁永定苦竹（今名古竹），广东嘉应、龙川及四川等地。

接着记述魏氏发展壮大过程：

元末明初，进兴魏公再迁南靖梅林九龙埔，以养鸭务农为生。二世均铭公、三世邦政公另创钜鹿衍派"光欲堂"，子孙绵延数万。明清之际梅林小墟入夜万家灯火，博有"小香港"美誉。

再述渡台拓展生存空间：

明末清初，康乾盛世开放海禁，族人因永定南靖地寡人多，纷纷再迁南洋海外，尤其迁往宝岛台湾，我族人更为南靖县之冠。

最后深情表达魏氏族人不忘祖训：

然海外谋生虽处他乡，仍不忘"心圣贤心一腔仁义，事宇宙事万古纲常"之承传，筚路蓝缕，务农经商，辛勤数载，小有盈获，乃不忘木本水源之恩，年年祭祖，春祀秋尝，奉寄银两，敬备牲礼，供于堂前，以表孝心，更置蒸田 21 石，酌收租谷以供敬祖拜宗祭用，以誓不忘反哺养育敦亲睦族之情。

吴伯雄在为 2012 年出版的《永定客家台湾缘》一书作序时说："我对永定有

① 魏炳煌：《魏氏迁台史略》，载台北市永定县同乡会编《永定会刊》2013 年第 36 期（台北），内部资料，第 31—32 页。

特别的情感，因为永定是许多台湾客家乡亲的祖籍地，我自己的根也在永定下洋镇思贤村！我是北宋天圣年间吴氏入闽始祖承顺公第二十七代裔孙，也是思贤村开基祖念纲公第十六代裔孙，我的曾祖父吴胜昌在清咸丰六年（1856 年）携妻儿自汕头迁至台湾桃园县中坜乡（今中坜市），传至我已是第四代。我父亲 97 岁过世时，最大的遗憾是没能回永定祭拜祖先。我有幸于 2000 年完成父亲的遗愿，带着家人，代表家族，回乡谒祖。"[①] 吴伯雄先生的这番话，是客家人传承祖训"饮水思源""崇先报本"的鲜活典型。

第三节　台湾客家的"硬颈"精神

台湾客家人保留了原乡的生活形态。台湾客家作家钟理和在《笠山农场》中描写了客家人的传统生活：

在这里，如果时间不是没有前进，便像蜗牛进得非常慢。一切都还保留着古色古香，一切都呈现着表现在中国画上的静止，仿佛他们还生活在几百年前的时代，并且今后还预备照样往下再过几百年。妇女还梳着老式的发型，穿着镶了彩色阑干的蓝色长衫。这是移民时代由他们的来台祖宗和着扁担山锄一块带到岛上来的装扮，一直到现在还没有改变。[②]

台湾客家男女不仅外在生活形态未改，他们的客家勤劳之本色也始终未改。《笠山农场》还描绘了客家男女耕作的景象：

班子由十几个年轻男女组成，他们有着丰富和活泼的生命，像牛一般强壮。排成横队，膝间夹着稻子，跪在田垄里，在翻抓稻头下的土和草。一律地，都把裤筒卷得高高的，两条腿这时已变成多余的赘物，长长地拖在后面，跟着腰部的摆动，尾巴似的扫来扫去。男班员全光着背脊向日，这和他们身下的土一样，黑泽有光。女人则把前后衫裙用条蓝洋巾结实地系在腰间，丰腴的大腿，在平常日子该是雪白的，却由于烈日及下边炙热的田水的浸渍，已变成红色的了。

---

　　① 吴伯雄：《期待永定成为两岸客家文化交流重镇》，载两岸客家文化研究院编《永定客家台湾缘·序言一》，中国评论学术出版社（香港），2012，第 8 页。
　　② 转引自蓝天：《钟理和创作中的客家文化情怀》，《广东社会科学》2010 年第 3 期，第 147 页。

　　客家先辈们这种像牛马一样的劳作，不管在田间地头还是在山林溪涧，不管在祖地闽粤还是在蛮荒时代的台湾，都是一种常态。劳动历练出了客家人坚忍不拔的意志。

　　客家人在农耕生活中锻造出来的坚毅精神，不仅表现在艰辛的渡台拓荒垦殖中，还表现在敢于反抗外族统治和推翻封建统治的革命历史运动中。

　　在大陆原乡，如南宋末年，闽粤赣客家人在文天祥的组织下勤王抗元；清初汀州客家此起彼伏的"反清复明"义举；清后期，广西客家人洪秀全领导的太平天国运动；清末，广东客家人孙中山领导的辛亥革命；民国时期，四川客家人朱德参与领导的新民主主义革命。在台湾，则有闽西客家人刘国轩率明郑部属抵御荷兰侵略者，收复台湾；有台湾客家人丘逢甲、广西客家人刘永福领导义军誓死抗日保台的斗争。

　　对此，日本客家学研究学者山口县造在1930年发表《客家与中国革命》一文中称赞说："客家是中国最优秀的民族，他们原有一种自信与自傲之气质，使其能自北方胡骑之下，迁到南方，因此，他们的爱国心，比任何一族为强，是永远不会被人征服的……没有客家，便没有中国革命，换言之，客家的精神，是中国革命的精神。"[①]国内客家学研究的奠基者罗香林在其1933年出版的《客家研究导论》里则表述说："在大陆原乡中国南部，有一种富有新兴气象、特殊精神、极其活跃有为的民系……近百年来，中国一般局势的变迁，一般历史的进展，差不多都和他们有很大的关系。"[②]

　　这种推动中国历史进展的"坚毅"精神，台湾客家习惯叫作"硬颈"精神。

　　了解客家人的"硬颈"精神，我们不妨先来看看广泛流传两岸的客家小人物——李文古。

　　李文古，又叫李文固，为广东梅县丙村镇梅福村（梅花村）人，明崇祯戊辰年（1628年）考中秀才。据《梅县丙村镇志》载：

　　李文古，丙村梅花村人。生于明末，崇祯戊辰年考中秀才。明亡后抱着沉重

---

　　① ［日］山口县造：《客家与中国革命》，载《外国学者对客家人的评价》，客家世界网，http://www.kjsj.com/html/3689/3689.html，2013-11-12。

　　② 罗香林：《客家研究导论》（影印本），上海文艺出版社，1992，第1页。

的家国之痛，采取玩世不恭的态度，自号"醉仙"，以此表示对清统治者的不满。①

而台湾《六堆客家乡土志》记载：

该谐大师李文固是明末崇祯戊辰年（1628 年）进士李二何之侄，生性聪明机智，玩世不恭，敝屣功名，不屑为清之顺臣。②

经查光绪二十四年（1898 年）刊行的《嘉应州志》，崇祯戊辰年有李二何（李士淳）考中进士，同年考中秀才者有李漳（该志谓李二何之子），未见李文古名。进士李二何是梅县松口镇人，李文古是梅县丙村镇人，其叔侄关系，应是根据族辈内相称的。

丙村镇梅福村有李文古之墓，该墓为民国十五年（1926 年）重修，墓碑铭刻有碑文"十一世祖考 人天庠道醉仙文古李公姚慈惠稀三寿李母郑孺人 之墓"，左刻"男霞彩，孙又龙、又凤、又明、又麟"，右刻九曾孙名字及"二十世孙信章、成章、谨章等立"。也就是说，到民国十五年还有裔孙为其重修坟墓，这否定了一些关于李文古无妻无后的民间传说。另，据台湾曾喜城先生前往梅县的调查，其到福寿村李氏宗祠访谈了李氏后裔后，谓"李文古祖先八世由福建汀州府来梅州，世居福寿村至今二十六世，子孙已他迁广西矣"。③若这是事实，则李文古是李氏从汀州迁来梅县开基的第四代，与汀州李氏关系还十分亲密。

李文古的故事盛传于台湾客家地区，应该是明末清初移垦台湾的闽粤客家人因仰慕李文古"不屑为清之顺臣"的"硬颈"精神，对其原乡的故事进行各种加工，最后使其演变成为"箭垛式人物"。

李文古的"硬颈"精神主要集中体现在《捉弄考官》《滑稽应试》《老叔爱尽盅》《以诗讽叔》《牡丹香屁》等传说故事中，它们表现了李文古不屑仕进，视功名如粪土的硬颈风骨。④如《老叔爱尽盅》，讲述李文古劝叔父李二何要尽忠明朝，应拒绝清廷征召，不可变节仕清的故事。李文古借与叔父李二何宴饮之机，举杯劝酒说："老叔，您要尽盅（忠）啊！"李二何听出了李文古的弦外之音，便举杯

---

① 温带权：《梅县丙村镇志》，梅县丙村镇志编辑部，内部资料，1993，第 195 页。
② 钟壬寿：《六堆客家乡土志》，长青出版社（屏东），1973，第 156 页。
③ 转引自吴余镐：《客家李文古故事研究》，五南图书出版股份有限公司（台北），2015，第 7 页。
④ 转引自吴余镐：《客家李文古故事研究》，五南图书出版股份有限公司（台北），2015，第 26 页。

相迎笑道："老叔虽不能尽盅（忠），但我好（孝）得很！""好"即"好喝酒"之意，与"孝"谐音。李二何回乡孝敬父母，虽未能尽忠明朝，但以古人"忠孝不能两全"视之，也是能理解的。李二何终能圆滑收场，却被李文古机智地将了一回。其他传说故事详见于第四章第三节《闽台客家民间传说故事》，在此不再赘述。

台湾客家英勇顽强的御敌精神是客家平凡人物"硬颈"精神的升华。我们先来看看客家人在台湾多次民乱事件中表现出来的敢于斗争的精神。

自清朝康熙末年到同治元年，台湾先后发生了三次重要的民变事件：康熙六十年（1721年）的朱一贵事件、乾隆五十一年（1786年）的林爽文事件、同治元年（1862年）的戴潮春事件。清廷在三次事件中均平叛乏力，最终依靠客家义民的配合，才合力平息民变。"义民"为政府招募的乡勇，有事挺身出战，无事则耕种。伊能嘉矩在《台湾文化志》中解释说：

> 古来在台湾有招募称为义民之特殊乡勇之惯例，一旦有事变，挺身从军，致力疆场，当地靖难之效，赖此者实多。先发生于团练之制，而且在团练之外见其获得相同之效果，乃治匪之政策上成为必备之一机关。[①]

如上述之言，客家义民确实在重大民变事件中发挥了重要作用。朱一贵事件时，当时南部粤庄客民为保护疆土，倡议从官大力讨贼。粤东客家人李直三、候观德等人，"纠集十三大庄、六十四小庄，合镇平、程乡、平远、永定、武平、大埔、上杭各县之人，共一万二千余名"，于凤山县南部、今六堆地区的万丹社，抗击起事。[②]当时，蓝鼎元随其兄蓝廷珍征讨时，亲见客籍义民保乡卫国之效，因而一再上疏朝廷，力陈实施团练之必要。林爽文事件发生后，苗栗附近客庄的义民，戮力卫乡，并与新竹粤民所组成的义勇会师，配合福康安的官兵，最终平定乱事。[③]事后，客家义军收集民变事件中战死义民的遗骸，建成"义塚"。为了嘉奖客家义军，乾隆皇帝还特别御笔书赠"褒忠"二字。台湾南部屏东、北部新竹等地建立忠义祠、义民庙，供客家人祭拜，形成了客家义民爷信仰中心。

---

① [日]伊能嘉矩：《台湾文化志》，台湾省文献委员会编译、印制（南投），1985，第199页。
② 谢重光：《明末清初客家、福佬移民台湾的几个问题》，《嘉应学院学报》2012年第6期，第6页。
③ 刘凤锦、林本炫、刘焕云：《台湾义民爷信仰与文化观光》，联合大学（苗栗），2013，第44—45页。

再来看清末时期，客家人在台湾的抗日保台斗争。

中日甲午战争爆发后，次年（1895 年）4 月 17 日，清廷与日本签订了丧权辱国的《马关条约》，割让台湾给日本，激起全国人民的义愤。台湾的士绅、民众也积极行动起来，誓死保卫台湾。在持续近五个月的抗日保台斗争中，客家义士活跃其中，以领导者的角色，冲锋在前，前赴后继，是客家"忠义"气节和"硬颈"精神的生动写照。下面列举几个名垂青史的重要人物：

丘逢甲，苗栗客家人，祖籍梅州蕉岭，先祖从汀州上杭移迁蕉岭。丘逢甲惊闻清政府割台，屡次致电清廷抗争，并啮指血书"拒倭守土"四字，又率全台上书反对割台，表示要与台湾共存亡。腐败无能的清廷置之不顾。为保卫台湾不落入日本人之手，无奈之下，丘逢甲倡议台湾自立为"台湾民主国"，拥台湾巡抚唐景崧为总统，电告清廷及岛内外，言辞哀痛。抗日义军骤然齐聚，丘逢甲任团练使，总办军务，驻守台北。但遭遇装备精良的强大日军，义军很快败退。唐景崧无心恋战，逃离台北，台北失陷。得知唐景崧已内渡，台北失陷，丘逢甲气愤至极。日军沿铁路南侵直达新竹，丘逢甲率义军与日本侵略军血战 20 余昼夜，进行了大小 20 多场战斗，给日军以沉重打击，终因"饷尽弹尽，死伤过重"而撤退。丘逢甲回到祖籍地广东蕉岭，次年写下《春愁》一诗："春愁难遣强看山，往事惊心泪欲潸。四百万人同一哭，去年今日割台湾。"写出了他对乙未失台的黯然神伤。

吴汤兴，苗栗客家人，粤籍，为生员。在"抗日保台"中气节凛然。"乙未之役，台湾自主，各乡皆起兵自卫，汤兴集健儿，筹守御。及闻台北破，官军溃，祸旗纠旅，望北而誓曰：'是吾等效命之秋也。'众皆起。"[1] 因军饷、弹药匮缺，与同是客籍主要统领的徐骧、姜绍祖、丘国霖均不敌强悍的日军，由北败退至彰化，先后战死。徐骧在彰化的最后一战，弹药用尽后，挥刀与日军最后一搏，中弹倒下，临死且"跃起而呼曰：'丈夫为国死，可无憾'"[2]。

唐景崧弃岛逃离后，广西籍客家人、黑旗军首领刘永福敢于担当，举起义旗

---

① 　连横：《台湾通史》，台湾商务印书馆（台北），1983，第 722 页。
② 　连横：《台湾通史》，台湾商务印书馆（台北），1983，第 724 页。

继续抗战，并告示于民曰：

> 日本要盟，全台竟割，此诚亘古未有之奇变。台湾之人发指眦裂，誓共存亡，而为自主之国。本帮办则以越南为鉴，迄今思之，追悔无穷。顷顺舆情，移驻南郡。本帮办亦犹人也，无尺寸长，有忠义气，任劳任怨，无诈无虞。如何战事，一担肩膺，凡有军需，绅民力任。誓师慷慨，定能上感天神。惨淡经营，何难徐销敌焰。[①]

虽孤岛援绝而败，其誓与台湾共存亡的决心与忠义气节，可歌可泣。

客家人的英勇抵抗让登岛作战的日本人印象极其深刻，认为"客家人"是一块最难啃的"硬骨头"。客家人在台湾的抗日保台斗争中，淋漓尽致地书写了客家人的"硬颈"精神。

---

① 连横：《台湾通史》，台湾商务印书馆（台北），1983，第730页。

第二章
"文开淡北"与化育台湾

"高山顶上起学堂，两边开窗好透凉。男人读书望官做，女人读书望连郎。"[①]

这是一首台湾客家山歌。曾几何时，在台湾生根落地的客家移民，一边望着明月吟唱着思念故土的"月光光"，一边对着怀里蒙眬欲睡的小孩轻吟"高山顶上起学堂"的山歌。随着时光的流逝，异地台湾"日久他乡变故乡"。也许，迁台几代之后的客家人已经不知道这首山歌的源头了。但不要紧，整理成集的闽西客家山歌诸多文本对此有清楚的记录。当你翻开客家祖地闽西的山歌书籍时，"高山顶上"会反复出现在你眼前。因为，它是祖地客家人歌唱山歌，特别是情歌时，常用的一种"起兴"手法。若再认真翻阅，会有一首几乎与台湾相同的山歌出现在你眼前："岭岗顶上砌石墙，石墙砌来做学堂。阿哥读书望官做，阿妹读书望连郎。"这首歌，笔者在孩提时，经常在晚上睡觉前听祖母吟唱，"阿哥读书望官做"，这种传统的读书仕进的教育令笔者如沐春风。

客家人的崇文重教之风，随着山歌飘过台湾海峡，萦绕在客家庄的山头地角，回荡在客家的历史天空，经久不息。

胡焯猷，土生土长在土楼里的永定客家人，就是崇文重教的典型。他渡台垦殖，又献地捐资创办明志书院，成为"文开淡北第一人"，为北部台湾的文教事业做出重大贡献。其志其德，无愧于他的家乡永定"人文鼎盛之邦"的称号。永定翰林兄弟巫宜福、巫宜禊两度入台，泽被后世，文启后昆，使台湾客家崇文重教风气日盛，一如美浓客家庄，人才辈出。

---

① 黄子尧：《客家山歌200首》，客家台湾文史工作室（新庄），2010，第161页。

第一节 "文开淡北"的胡焯猷

胡焯猷是台湾淡北早期开发者之一。清朝政府进驻台湾之前，台湾经济开发不足，文风未昌。十七世纪末，在清廷的积极招揽下，大陆渡台垦殖的民众日益增多，其时，渡台者以福建漳州府、泉州府人为主。到十八世纪上半叶，闽粤客家人也蜂拥而至，淡北新庄平原（今新庄区、泰山区）等地成为各地垦殖者竞相角逐之地，一些有经济实力的农场主纷纷联合各方垦业力量，组成规模不一的"垦号"，骤然聚集财富。

不过，在各垦主忙于盘算如何经营垦号获取更多的田产、租利时，来自福建汀州府永定县的客家人、"胡林隆"垦号业主胡焯猷，却另有所谋。他觉察到，淡北远离台湾府治中心彰化，"北淡偏陬"，为"东宁僻壤"，虽然经过一段时间的垦殖创业，经济略有起色，人口日繁，但地方固陋，文教勿彰，士风未振，加之淡北义学已经停办多年，导致学者无以师承，读书士子要到路途遥远的彰化就读。胡焯猷遂感"虽彰山以南之党塾，设教咸有右贤，而大甲以北之孤寒，负笈苦于道远。是以有志之士，难得成材，可造之资，尝多中辍也"，于是他倾其大半资财，创办明志书院，培育人才。此举对北部台湾的文教事业有着深远影响，清廷嘉其志，颁赠"文开淡北"的牌匾。胡焯猷也因此成为"文开淡北第一人"。

一、胡焯猷——土楼里的贡生

胡焯猷是土生土长的闽西汀州府永定县（今龙岩市永定区）下洋镇中川村人。《永定胡氏族谱》载："焯猷（1693—？），字瑞铨，号仰堂，永定县下洋镇中川村湾角里人，清代贡生，卒时间不详。"未详细记述他渡台前的个人情况，故其出身背景模糊不清。在诸多史料或研究资料中，除列其名字、籍贯外，几乎无一例外地记述其身份为"贡生"，如《台湾通史》载："胡焯猷，字攀林，永定人。以生员纳捐例贡。"[①] 从中得知，其"贡生"是属于"纳捐例贡"。乾隆版《永定县志》

---

① 连横：《台湾通史》，台湾商务印书馆（台北），1983，第565页。

卷六《科举志》之"贡监"条如是记载:"胡焯猷,字瑞铨,乾隆二十一年捐……以上由俊秀援例纳贡。"[①]此处清晰记载了胡焯猷纳捐的时间及类别。

按其出生时间算,胡焯猷是在乾隆二十一年(1756年),他63岁时捐得"贡生"。明景泰四年(1453年)开始,凡向政府捐纳一定的资财或米粟,即"纳贡",就可进入国子监读书。而胡焯猷63岁之时才纳贡,显然不是为了入监读书。纳贡渠道有"由庠援例入监"与"由俊秀援例纳贡"之区分,"由庠援例入监"是指由学校读书出身的生员通过捐纳获得进入国子监读书资格;而"由俊秀援例纳贡"是指不限出身是否为生员,即使是庶民也可通过纳粟捐得"贡生"功名,因此,雅称为"俊秀援例纳贡"。如此,我们难以判断胡焯猷之前的身份是生员还是庶民,但从其发迹后的办学志向以及向当局上交的呈情言辞看,他应该是一名有学识、有师承、有情怀的读书人。晚年还捐纳"贡生"功名,也可以看出他极其重视读书,是土楼客家人中崇文重教的典范。

胡焯猷能够成为崇文重教的典范,与其生长的环境密不可分。

永定县在明成化十四年(1478年)从上杭县析出置县,虽然建县时间不长,但在建县之前,一度是上杭县的政治、文化中心。唐大历四年(769年),在永定湖雷下堡(今永定湖雷镇)设立上杭场。南唐保大十二年(954年),上杭场从湖雷下堡迁至秋梓堡(今永定高陂镇北山村)。北宋淳化五年(994年),上杭场升为上杭县,县治为秋梓堡,两年之后迁往白砂(今上杭白砂镇)。因此,永定之人文化育于时久矣。

永定民风朴厚,崇文重教,盛行儒业。姓氏宗族注重慎终追远、念祖思恩、敦亲睦族的家族教育,土楼人家聚居在一起,十分重视伦理道德的个人修身与社会处世教育。同时,强烈的"家声""光耀门楣"之荣誉感时刻激励着后来者,以致长期以来形成了浓厚的崇文重教之风。祖祖辈辈通过家训、民居对联、诗文、歌谣、谚语等多种形式,教育子孙向前辈学习,走读书入仕的通途;强调"晴耕雨读""万般皆下品,唯有读书高"的传统思想根深蒂固,读书明理,读书入仕,

---

① 伍炜、王见川编纂:乾隆《永定县志》(影印本),载故宫博物院编《故宫珍本丛刊》第122册之《福建州府县志》第3册(共4册),海南出版社,2001,第575页。

蔚然成风。形成了永定家族私塾、书堂、书院文化及民居楹联文化之洋洋大观。

以土楼民居文饰为例。土楼文饰往往以各种雕刻、绘画、刻写楹联等形式达到既美化环境又教育族人的双重目的。雕刻可以在柱子、屏风、窗棂、栏杆、梁枋等多方面的空间里展示,绘画一般在门楼、厅墙、屏风上表现,楹联则在各式正门、侧门、柱子、厅墙上刻写。内容无非就是忠孝、勤俭、处世等儒家伦理及耕读精神。土楼祖堂大厅内常见有"行仁义事,存忠孝心"的楹联,祖堂厅左右墙上分别写上"忠廉""孝节"四个苍劲雄浑的大字。

现存建造时间最早、规模宏大且保护完整的永定土楼集庆楼,其大门联"集益鸣谦德,庆余积善征"化用了典籍名言,希望楼内族人能够具备谦逊的品德和积善的处世之道。"第一等人,忠臣孝子;只两件事,读书耕田",这是永定湖坑镇南江村经德堂大厅的一副对堂联,是屋主人江献堂的儿子江朝彩请挚友林则徐亲笔撰写,其内容在规范做人基本准则和高扬耕读为本上,达到了极致。因此,此联在客家地区广泛传扬。在台湾著名的客家祠堂——屏东刘氏祠堂也有此联。如今,这副对联也同样写在屏东科技大学客家文化产业研究所墙上。笔者老家有座"九厅十八井"的"爱此溪山"楼上厅堂也有一副直接明示耕读意义和重要性的对联:"耕读两途,耕可齐家读可贵;勤俭二字,勤能创业俭能盈"。有"土楼王"之称的永定高头乡高北村承启楼大门的对联"承前祖德勤和俭,启后孙谋读与耕",与上联旨意完全一样。

在土楼楹联文化的熏陶下,永定出了很多典型的读书习儒的佳话,如永定坎市青坑村出现过"四代五翰林"的科举奇迹。青坑廖鸿章出身书香门第,父亲是清康熙二十九年的举人,在父亲谆谆教导下,廖鸿章于乾隆元年中举,第二年与侄儿廖瑛同时得中进士,廖鸿章被选为翰林院庶吉士。廖翰林同样严格教育儿孙,在他传下的四代中,出了4个翰林、3个举人,另在其侄辈及其后人中过2个进士、4个举人,廖家成为"祖孙父子兄弟翰林"的"科第世家"。因此,在民间流传有"独中青坑"的佳话。大溪乡巫屋在清嘉庆年间有"兄弟两翰林"巫宜福、巫宜禊。胡焯猷的故乡下洋中川村更有"一门五进士""三代四司马"和"父子进士"的辉煌历史。整个科举时代,永定"文风朴茂,甲第巍科,得为数郡冠",

涌现出了 10 名翰林，39 名进士，340 名举人。当代，永定坎市镇在 20 世纪 50 年代先后出了古生物学家卢衍豪、化学家卢佩章及化学家卢嘉锡，涌现出"一镇三院士"的奇迹。

永定才俊代不乏人，其人文之奇迹离不开深厚的人文底蕴与浓厚的教育风气。功成名就的大儒，虽行走天下，也不会忘记培育他的那片家乡沃土，总能怀着拳拳之心报效桑梓。如永定置县以来第一位翰林王见川（仙师乡人，1736 年选为翰林），为劝勉后生读书，专门作了一首《勉学诗》：

冬风寒，冬风寒，雪花飞入玉栏杆。

少年不学耽清误，老大方知此路难。

略世务绝尘烟露，庭前独坐意漫漫。

曾见东邻一出跨青骏，笑我独步尘埃中。

读书一旦登首榜，前遮后拥多荣耀。

昔时孑身今富贵，旌旗高悬导前陆。

始信出门莫恨无人随，书中马车多如簇。

曾见西邻颜女似花丛，笑我无妇只孤眠。

读书一旦登高地，豪门争许成秦晋。

昔时孤房今花烛，孔雀屏开如中日。

始信娶妻莫恨无良谋，书中有女颜如玉。

曾见南邻万顷业有余，笑我饥寒读芷书。

读书一旦登云路，玉带紫袋与金鱼。

昔时箪瓢今高中，□□□□□□□。

始信□□□□□，□□□□□□□。

更有北邻栋宇华云端，笑我屋破雪风寒。

读书一旦居相府，凉亭水阁更千秋。

昔时茅舍今大厦，画栋雕梁状规模。

始信安居不用架高堂，书中自有黄金屋。[1]

---

[1]　永定县地方志编纂委员会编：《永定县志》附录，中国科学技术出版社，1994。

此诗鼓励少年后学，赶紧趁着年少好好读书，读书成才就能够获得车马相随、如玉女颜、高堂大厦。虽然不免过于功利，但如此勾画读书得来的美好人生，对读书学子们是一个很好的激励。

青坑廖鸿章翰林也编了一首读来朗朗上口的《勉学歌》：

东方明，便莫眠，沉心静气好读文。

盥洗毕，闭房门，高声朗诵不绝吟。

食了饭，便抄文，一行一直要分明。

听书后，莫樱情，书中之理去推寻。

过了午，养精神，还要玩索书中情。

沐浴毕，听讲文，文中之理须辩明。

食了夜，聚成群，不是读书便说文。

剔银灯，闭房门，开口一读到鸡鸣。

后生家，只殷勤，何愁他日无功名。①

把一天到晚读书的时间安排及读书的经验诀窍都写进了歌谣，无不体现出"书山有路勤为径"的读书要领。整首《勉学歌》十分口语化，完全套用客家歌谣体式，用"三、三、六"的句式结构，读起来韵律优美，十分适宜少年儿童记诵。

除翰林等官方文人身份的人编写勉学诗歌外，永定还流传着一些民间编创的勉学歌，如：

勉学

步月登天莫道难，青灯黄卷要勤奋。

眼前金紫轰轰者，未必生来便是官。

五更早起入书房，莫恋高床怕冷霜。

状元本是人间子，宰相未必天上郎。

五更读书歌

一更里，正黄昏，窗外寂静无人纵。

---

① 永定县地方志编纂委员会编：《永定县志》附录，中国科学技术出版社，1994。

灯火开，把香焚，平心静气诵书文。

案前书卷从头读，寻索精微十二重。

二更鼓，夜沉沉，虫声唧唧对壁鸣。

对红烛，读圣经，王谟帝典共谈评。

一心寻取书中趣，休管身边夜气侵。

三更鼓，目已昏，把开罗帐问床君。

心勿放，气欲纯，圣贤精义书无穷。

莫在床中思谣诀，亦在梦寝见周公。

四更鼓，精神疲，魂游梦中口不语。

沉沉睡，杳无知，夜气凉冷是何时。

不惜窗前月影动，精神补足大有余。

五更鼓，鸡口开，余音袅袅枕边来。

长声听，鸣哀哀，噪我早起在书斋。

想鸡应是有灵物，不忍精神困怠哀。[①]

前一首《勉学》劝勉学子要通过勤学来改变命运，状元、宰相都是凡夫俗子，不是天生而成，他们的功名是经过"五更起早入书房"的苦读获得的。后一首《五更读书歌》，从一更到五更，细述学子作息时间安排，劝勉学子珍惜时间，苦读勤思。

客家人的这种勤学苦读、砥砺奋进之精神，是一以贯之的，普遍可见的。土楼里的客家人对读书谋取功名趋之若鹜，哪怕花费不菲的资财也要捐获一个功名。据乾隆《永定县志》统计，清朝开国至乾隆二十一年（1756 年）间，永定援例入监与援例纳贡者有 75 人，其中与胡焯猷同年（乾隆二十一年）捐贡者有 6 人。

胡焯猷生长的家乡——永定中川村，在教化育人上更是创造出享誉海内外的奇迹，有"中川文化现象"之美誉。

永定中川村，古称忠坑，又称中坑，是著名侨乡永定下洋镇的一个客家古村落，是"锡矿大王"胡子春，著名爱国侨领、"万金油大王"胡文虎的祖籍地。

---

① 李永华、李天生：《客家山歌诗选》，福建省永定县文化体育局，内部资料，2013，第 255—256 页。

胡焯猷于 1693 出生于此。

大约在明洪熙元年（1425 年），永定下洋胡氏开基祖七郎公之九世孙胡铁缘由下洋移居忠坑（中川），拓荒垦殖，生息繁衍。中川东接永定县下洋镇，西邻广东大埔县，水陆交通便利。从下洋奔腾而下的金丰溪，流经中川东南汤子阁，往西注入大埔三河坝，与汀江、梅江汇合入韩江。村庄风景秀美，四面群山环绕，东临峰岗山，西靠虎形山，南有雷公畲，北有花猪厥，中如釜底，面积虽不大，却藏风聚气。村内屋宇林立，人丁兴旺。位于村庄东南三华里（1.5 千米）的汤子阁更是中川胜景，斗折蛇行的金丰溪投入旗山怀抱，形成蛟潭碧水，鱼翔浅底，又有滚滚汤泉，烟雾蒸腾，如人间仙境。

坐落在村庄西面，建于明朝万历年间的胡氏家庙，规模宏大，气势轩昂，是中川古村落的重要人文景观。家庙前矗立着 15 支石桅杆，这是族人考取功名的荣耀，其中 6 支蟠龙桅杆，雕琢精细。正堂悬挂着上书"安定堂"三个镏金大字的横匾，下堂中屏门顶上悬挂着"文武世家"横匾。祖坛供奉安定堂忠坑肇基始祖考铁缘公、妣朱婆太神位。这是中川胡氏宗族尤其是旅居海外的中川华侨的精神家园。

随着人口的增长，有限的山地资源不足以养活胡氏族人，为图生存发展，胡氏子孙奔流四方，有的迁至附近村乡开基拓展，有的则远涉重洋，闯荡天下。据《胡曰皆先生家谱汇集》载，在清康熙年间，村中约有 1700 余丁口；至 1959 年 7 月 3 日调查，村中有 399 户，共 1293 人，村外有 862 户，共 3565 人，其中往南洋者占百分之七十，亦五服内族亲。

中川人杰地灵，自肇基至今近 600 年中，铁缘公裔孙达两万有余，涌现出了一批又一批的杰出人才，创造了中川奇迹。古有"一门五进士""三代四司马"和"父子进士"等光宗耀祖的辉煌，清末以来，中川涌现出了多位杰出人物——"锡矿大王"胡子春、爱国侨领胡文虎、艺术大师胡一川、外交家胡成放、"新闻女王"胡仙，此外，还有兴医办校的大慈善家胡曰皆，复兴华文教育的马籍企业家胡万铎父子，新加坡财政部部长兼卫生部部长胡赐道。这种奇特的宗族文化被概括为"中川文化现象"。

以上观之，年届七旬的胡焯猷，如此重视台湾文教，献地出资兴办明志书院，与原乡的人文教育环境、文化身份不无关系。

二、台湾淡北的开发

淡北地处台湾淡水河中下游流域，位于台湾的北部地区。清朝雍正元年（1723年），清政府在原来台湾"一府三县"行政格局的基础上，从诸罗县辖境析出了彰化县；而在台湾北部，随着越来越多大陆移民的涌入，田园开垦纠纷、流民与当地少数民族的矛盾也随之增多，于是，清廷在北台湾增设行政区划"淡水厅"，便于管理北部地区，维护当地民众利益。

1661年，郑成功从荷兰殖民者手中收复台湾，此后，郑氏据守台湾。十七世纪后期，岛内各地的移民已有数万至十数万，以闽南人为主，也有一些客家人。比如，郑成功的大将刘国轩就是汀州府长汀县人，另一将领邱辉是潮州府潮阳人，所以，郑成功部队所属的士兵、百姓，应该有不少汀、潮、惠客家人。清代编撰的《重修凤山县志》即谓：

台自郑氏挈内地数万人来居兹地，半闽之漳、泉，粤之惠、潮民。①

但康熙二十二年（1683年）清军收复台湾时，追随郑氏政权的兵、民大半被遣回大陆，在台移民减少近半。

十七世纪末至十八世纪初，全台移民可能只有几万人，农耕缺乏人力，田地重归荒芜，而一些远离中心的偏远地方如淡北，还有待进一步开发。康熙二十三年（1684年）上任的清朝首任诸罗知县季麒光谓台湾自从郑氏归降以后，平民百姓和军事人员纷纷离开台湾，虽然他设法招揽，但因为"重洋间隔，闻多畏阻而不前"②。

然而这种情况没有持续太久。到康熙二十九年（1690年）诸罗知县张任内，

---

① ［清］王瑛曾修：《重修凤山县志》，载周宪文等编《台湾文献史料丛刊》（影印本）第一辑第13册，人民日报出版社，2009，第45页。
② ［清］蒋毓英等撰：《台湾府志·三种》（上、中、下，影印本），中华书局，1985，第224页。

经过"招徕垦辟，抚绥多方"，结果，"流民归者如市"。① 又，康熙四十一年（1702年）任台湾知县的陈璸，在《敬陈台湾县事宜》中亦谓：

> 台湾自开复以来，由内地迁徙而居于此为士、为农、为工商者，云集影附，无待议招矣。②

记载显示，十八世纪的前 20 年，有很多大陆移民来台，或做官，或垦殖，或做买卖等，大陆移民在台人口剧增。康熙五十年（1711 年）台湾知府周元文谓：

> 闽、广之梯航日众，综稽簿籍，每岁以十数万计。③

在大量大陆移民流入台湾后，台湾开发垦拓速度也随之加快。康熙六十年（1721 年）随族兄蓝廷珍来台平乱的蓝鼎元描述当时移垦的情形：

> 国家初设郡县，管辖不过百里，距今未四十年，而开垦流移之众，延袤两千里，糖谷之利甲天下……今北至淡水、鸡笼，南尽沙马矶头，皆欣然乐郊，争趋若鹜，虽欲限之，恶得二限之。④

这一时期的开发者，虽然没有文献指明来自闽、广的何种族群，但肯定已经有不少来自闽粤的客家人了。

胡焯猷申办义学呈情书有谓：

> 青年创业，已荏苒乎七旬；白户成家，实经营乎半世。⑤

此奏文写于乾隆二十八年（1763 年），由"已荏苒乎七旬"及"经营乎半世"推测，胡焯猷大约在二十岁左右，1713 年，就已经到了淡北垦殖，先帮人做佃农，白手起家。经过一番艰苦打拼之后，于四十四岁，约 1737 年拥有了庄地垦权。具体可详见乾隆十六年（1751 年）四月八日八里坌巡检段续纶的公文：

---

① ［清］周钟瑄修：康熙《诸罗县志》，载周宪文等编《台湾文献史料丛刊》（影印本）第一辑第 12 册，人民日报出版社，2009，第 52 页。

② ［清］陈璸：《陈清瑞公文选》，载周宪文等编《台湾文献史料丛刊》（影印本）人民日报出版社，2009。

③ ［清］王必昌修：乾隆《重修台湾县志》，载周宪文等编《台湾文献史料丛刊》（影印本）第二辑第 31 册，人民日报出版社，2009，第 323 页。

④ ［清］蓝鼎元：《东征集》，载周宪文等编《台湾文献史料丛刊》（影印本）第七辑第 126 册，人民日报出版社，2009，第 34 页。

⑤ 夏德义：《台湾教育碑记》，载周宪文等编《台湾文献史料丛刊》（影印本）第九辑第 175 册，人民日报出版社，2009，第 60 页。

此荒埔，系已故业户杨道弘，于雍正年间向武勝湾社番垦兴直界内之余埔与八里坌社番风马无涉。待乾隆二年间，杨道弘将此庄地，卖给钟日升、胡瑞铨。至乾隆五年，钟胡二姓又将此庄转卖胡世杰、林作哲。至乾隆七年间，胡自瑞向胡、林界户瞨出，年纳业主大租六石，佃批并历年收单执据。①

瑞铨是胡焞猷的字，胡瑞铨即是胡焞猷。胡焞猷与钟日升买来的庄地经营了三年之后，又转卖给了胡世杰、林作哲两人。到乾隆十三年（1748年），胡焞猷又与林作哲、胡习隆三人合置庄业，垦号户名为"胡林隆"。按常理，外出发展事业联络同姓宗族，便于抱团发展。此处出现的另外两个胡姓，可能是胡焞猷的永定老乡。

据史料记载，十八世纪初期，已经有很多客家人开垦台湾之南、北两路了。如康熙五十九年（1720年）刊行的《台湾县志》载：

客庄，潮人所居之庄也。北路自诸罗山以上、南路以自淡水河而下，类皆潮人聚集以耕，名曰客人，故庄也称客庄。……客人多处于南、北二路之远方。②

上文"聚集以耕"的"客人"是"潮人"，即潮州府的客家人。按崇祯六年（1633年）至雍正十一年（1733年）中，潮州府辖海阳、潮阳、揭阳、程乡、饶平、惠来、大埔、澄海、普宁、平远、镇平11县，其中程乡、大埔、平远、镇平是纯客家聚居县，饶平也聚居大量的客家人。因此，上文"潮人"主要指的是含大埔、程乡（今梅州市辖梅县区、梅江区）、平远、镇平（今蕉岭县）在内的潮州客家人，汀州客家人与潮州客家人血缘相亲、地缘相近，因此，上述"潮人"应也有少量汀民杂入其间。

那大批汀州客家人入垦情形又如何呢？

《台海使槎录》谓，康熙四十二年（1703年）时，有"台、诸民人招汀州属县民垦治，自后往来渐众"。意思是，台湾县、诸罗县居民招引汀州府所属县的客家人来台垦殖，自此，汀州客越来越多。仅与胡姓有关的汀州人，在有关资料里就出现不少。如现存清光绪二十五年（1899年）的一份交纳租谷的单据，佃田

---

① 临时台湾土地调查局编：《台湾土地惯行一斑》，临时台湾土地调查局（台北），1905，第123页。
② [清]陈文达修：康熙《台湾县志》，载周宪文等编《台湾文献史料丛刊》（影印本）第二辑第30册，人民日报出版社，2009，第57、60页。

地点在"兴直山下庄","山下庄"是客语说法，均在今新北市泰山区境内，单据上有"李六合承典胡廷光图记"①；另外，1904 年有份交纳租谷单据，地点同样在"兴直山下庄"，即今新北市泰山区境内，单据上有"八里坌堡业户胡珍图记"②。这两位胡姓业户很可能与胡焯猷有血缘关系。从现有资料看，业户胡珍也为汀州府人。因为新北市泰山区尚有"祭祀公业胡氏天上圣母"，位于新北市泰山区贵子村。据称，清朝时胡珍自福建汀州府移民到新北市泰山区，随身携有妈祖金身，后来出资置业，形成祭祀公业，供奉妈祖。③这些人甚至有可能就是胡焯猷的永定下洋胡氏宗亲。

胡焯猷的垦号也有胡姓佃农，"兴直堡新建明志书院碑"中列明于后的规条之首条，谓："佃胡旭卢等二十七名，共耕田八十甲零四厘三毫……"，胡旭卢等二十七名佃农很有可能是胡焯猷招来的永定宗亲。

经过闽粤垦民的努力，尤其是胡焯猷等汀州客家人的垦殖开发，淡北已经发展起来了，成为一方乐土。诚如胡焯猷所言："平原辟万顷膏腴，足征富庶；市肆聚千家烟火，具见繁滋。凿井安田，久安乐土；渔歌畈史，渐启人文。"

当然，在胡焯猷看来，淡北人文只是"渐启"罢了。真正要让淡北人文像他自己祖籍地永定一样昌盛，必须要兴办义学。

三、胡焯猷与明志书院

胡焯猷在开基祖胡铁缘公的影响和良好教育环境的熏陶下，形成了坚毅的创业精神和勤奋刻苦、乐善好施的品格。他到淡水是白手起家的，经过打拼和苦心经营，形成规模不小的垦业。

据文献记载，他约于清代康熙末年渡台创业，定居台湾淡水新庄山脚，从事垦殖业。他拓垦土地的范围，大部分在今成子寮、水碓、山脚、贵子坑、坡角、营盘一带，范围遍及五股、泰山、新庄 3 个乡市，开垦的水田超过 324 甲（1 甲

① 尹章义、阎万清主撰：《泰山志》，泰山乡公所（新北），内部印行，1994，第 55 页。
② 尹章义、阎万清主撰：《泰山志》，泰山乡公所（新北），内部印行，1994，第 55 页。
③ 尹章义、阎万清主撰：《泰山志》，泰山乡公所（新北），内部印行，1994，第 313 页。

合 10 亩 3 分 1 厘），佃户有 110 户以上。他医术高明，在病疫流行时热心救治患者，深受当地民众的欢迎和敬佩。

清乾隆十三年（1748 年），焯猷发现兴直堡一带地平土沃，水源充足，还是一片荒滩，便立即赴淡水厅要求开垦兴直堡，得到当局的支持。他与林作哲、胡习隆合组"胡林隆"垦号（垦号为清朝统治台湾时期大陆移民合法开垦无主地的团体），集资募佃，建村落，筑陂圳，开垦荒地，尽力农工。在《台湾通史》中是这样记载的："不十数年，启田数千甲，岁入租谷数万石，翘然为一方之豪英。"关于胡焯猷在台湾拓垦的历史功绩，《台湾通史》给予了高度评价："成祖、焯猷皆以豪农而勤稼穑，凿渠引水，利泽孔长，至今犹受其赐，是咸有功于垦土者也。"

台北新庄地区，早期为铠达格兰族之武𤉹湾社之活动地区，郁永河之《裨海纪游》有"武𤉹湾、大浪泵等处，地广土沃，可荣万夫之耕"之记载，康熙三十五年（1696 年）时这里只有铠达格兰族的聚落，未见汉人足迹。之后，陈瑸任台湾厦门道员，于康熙五十年（1711 年）为搜捕海盗郑尽心时，才设"淡水八里坌塘"，始有防兵驻守。胡焯猷定居淡水垦荒，历 10 余年，村落相望，但经常遭受当地土匪的骚扰、抢劫，各地移民则为争夺地盘，经常发生械斗。雍正九年（1731 年），经巡台御史夏之芳奏准，升设"八里坌巡检"驻守，维持治安，才有大量汉人移民至此垦拓。

乾隆十一年（1746 年），由于新庄平原地区已为"淡北巨镇"，唯因距厅治竹堑太远，讲堂稀少，于是，巡检虞文桂于新庄街尾设义学一所，但成效不显著，后因八里坌水土颇劣，乃将驻所移至新庄街，义学地点遂成为衙署，义学因此废止。

十几年之后，胡焯猷发现大甲溪以北即台湾北部竟然没有一所学校，北台地区学子要参加科举考试，入学读书，就得远涉彰化县县城，非常不便利，以致年轻生童失学。此事说明了当时北台地区处于移垦初期阶段，虽已形成新庄街肆，但还远不足以成为开化的社会。胡焯猷深感要在此地安居乐业，不但要发展经济，而且必须发展文化教育事业，提高民众素质。清乾隆二十八年（1763 年）三月二十四日，他毅然将大半生艰辛建立的产业，绝大部分捐献出来创办学校。

胡焯猷因有"贡生"身份，深感人才培养事业对地方发展的重要性，因此，在其《捐庄业建义学》之文中有特别说明，内容如下：

窃为道重儒宗，四海文风炳蔚；制明理备，千秋治教光昌。沐圣朝养士之恩，民怀鼓舞；蒙列宪作人之化，户披弦歌。唯兹北淡偏陬，实东宁僻壤。左山右海，疆土唯遥。贾贩农耕，士风未振。良以地方固陋，以故文教勿彰。

至兴直一堡，尤堑属巨镇，秀灵特异，形胜斯开。屏列崒山，半壁依为外险；湖连矿水，全江控在偏隅。平原辟万顷膏腴，足征富庶；市肆聚千家烟火，具见繁滋。凿井安田，久安乐土；渔歌畋史，渐启人文。第因义学久淹，以致师承无自。

虽彰山以南之党塾，设教咸有右贤，而大甲以北之孤寒，负笈苦于道远。是以有志之士，难得成材，可造之资，尝多中辍也。

猷籍隶汀州，居淡水。青年创业，已荏苒乎七旬；白户成家，实经营乎半世。兹将归里，窃慕休风。欣逢驾抵新庄，首崇文学，猷愿将手置兴直堡、兴直庄竹园、房屋、鱼池等项充作义学；又年收租谷六百余石作膳脩膏火之资，自乾隆二十九年为始。恳举董事，悉交经理。所有印契庄基，额租数同各佃姓名，另造清册呈送。伏乞通详立案，勒石庄前，俾得长存，冀无废坠。从兹横经庶士，尽沐钧陶，即猷慕义微忱，与叨荣幸矣！切呈等情。[①]

从上述内容看，可以感受到胡焯猷愿捐产业建设义学为地方培育人才的宏志，期盼知县能够在新庄达成他的心愿。胡焯猷承诺交出印契庄基、额租数，同各佃姓名等清册，同时也约定从乾隆二十九年（1764年）开始兑现承诺。为落实立案，他要求官府将事情原委，"勒石庄前"，作为日后依据。这种天下为公、疏财利民的风范令人景仰，怜悯生童"负笈苦于道远"之情令人感动。

乾隆二十八年（1763年）彰化县知县胡邦翰亲自详查后，即呈奏此案，请准立碑、核奖。同年，闽浙总督杨廷璋核准此案。胡焯猷捐设的义学初名为"明志义学"，第二年，淡水厅同知夏瑚之奏请总督杨廷璋为其命名为"明志书院"。

明志书院旧址位于今新北市泰山区明志路上，占地1000余平方米。胡焯猷购买了一座前有池塘、上接山水、下落庄田的旧宅作为校舍。校舍有瓦房5间，

① 夏德义：《台湾教育碑记》，载周宪文等编《台湾文献史料丛刊》（影印本）第九辑第175册，人民日报出版社，2009，第60页。

厢房 12 间，中堂供奉宋代理学家朱熹灵位；左为讲堂，右为寝室，厢房作教室，聘请名师执教。他还将自己位于今泰山的竹围、房屋、鱼池等项充入义学，又捐出可以年收 600 余石租谷的田园，永远作为义学的开支，主要用于祭祀、脩束、辛劳、膏火（读书用的灯火）四项。

明志义学创办之初，有胡焯猷捐的田产八十余甲，到次年改名为明志书院时，已拥有田产约 270 甲，约合 3000 亩。时任彰化知县的胡邦翰对胡焯猷之义行感慨地说："其慕义无穷，实所罕见，异日人才辈出，莫非该绅为之始基。不朽之业，直与矿水矢山同其流峙矣。"① 民国版《永同胡氏家谱》记载："（焯猷公）尽出其所垦良田，以兴义学，复建明志书院，延师训士，教化大兴，而一邑皆知仁让焉。"②

胡焯猷是台湾私人兴学的先驱与典范。清乾隆二十九年（1764 年），明志义学改名为明志书院。其时，书院规模增大，可容 100 余人住宿，使更多的泰山学子可以就近读书。明志书院为北台湾第一所书院、台湾北部第一所最高学府，新北市泰山区因此成为北台湾文化的起源地。同年 3 月，福建分巡台湾道兼理提督学政觉罗四明即颁题匾额"义笃甄陶"，以资奖励；5 月，新任淡水厅同知陶绍景亦颁题匾额"慕义兴仁"；11 月，即将西渡升任泉州府金门通判的胡邦翰，题赠"功滋丽泽"的匾额，同时为明志书院撰引文，叙述书院创立始末，并附赠题"文开淡北"之匾额。

次年，胡焯猷受到当时任闽浙总督的杨廷璋的表彰。《台湾通史》记载："焯猷固读书，念淡水文风未启，乡里子弟无可就傅，二十八年，自设义塾，名曰明志，捐置水田八十甲余，以其所入供膏火，又延名师教之，肄业者常数十人。淡水同知胡邦翰闻其事，详请改为书院。总督杨廷璋嘉之，立碑以纪。"③

杨廷璋特意立"兴直堡新建明志书院碑"记之。这块碑原镶于明志书院左侧墙上，书院重修后，现安放于厅内壁面。碑文如下：

粤维世道之昌，乃极文明之盛。国家奄有九有百二十余年，列圣相承，洽隆

① 夏德义：《台湾教育碑记》，载周宪文等编《台湾文献史料丛刊》（影印本）第九辑第 175 册，人民日报出版社，2009，第 60 页。
② 胡梦赢：《永同胡氏族谱》（研版），内部资料，1924。
③ 连横：《台湾通史》，台湾商务印书馆（台北），1983，第 565 页。

化洽。皇帝孕虞育夏，甄殷陶周，甫饬戎车，拓疆万里，神武丕著，文德弥昭，五纬珠联，二纪璧合，光披四表，瑞应乾垣，寓内同文，海外有截。兴直堡者，远隶台湾，僻居淡北，风土秀美，气象郁葱，髦俊萃臻，弦歌聿起，向文慕学，繁实有徒。夫结想业精，不如居肆。驰怀室远，莫若驱骤；使鼓箧者乐群，担簦者时术，勤兴讲习，讵曰缓图。志在圣贤，义利不淆，于虑，志存经济，王霸必究其原，爰标"明志"之名，冀成志远之器。

于戏！往昔荷兰鸠据，郑氏蚁争，斯固虎狼之窟宅，鲸鲵之渊薮也。今则海不扬波，野皆乐土，易战功以礼乐，化甲胄为诗书，糜义渐仁，山川生色。圣朝恺泽之敷，声教之远，载稽史册，未或前闻，猗与盛哉。

余备位台衡，恭膺节钺，遥遥台海，赐履及焉。乐观书院之成，有拜手颺言，与多士赓歌，太平之化而已。是举也，永定贡生胡焯猷功不可泯，书以为来者劝。时乾隆二十九年岁次甲申孟夏，太子太保、体仁阁大学士、兵部尚书兼察院右都御史、总督福建浙江等处地方军务兼理粮饷加一级杨（廷璋）撰。

计开佃田租石总收除外，所列规条列明于后：

——佃胡旭卢等二十七名，共耕田八十甲零四厘三毫，年纳正供粟一百二十七石七斗三升九合，番地租粟二十三石三斗四升。

——总共租粟六百零六石九斗九升六勺，匀下纯美银个十两三钱六分零，社饷银八两三钱三分四厘。

——朱子春秋二祭，每年应贴谷二十石。

——延师束金，每年议谷一百二十石。

——董事辛劳，每年议谷三十二石。

——修葺房屋，每年议谷三十石以为经费，俟将来房屋增添，另议酌增。

——童冠膏火，每年上下二季，除额费外，余剩谷石照人数均分。

——租谷每年上下二季，谷要干净量交，不得虚湿。

——租斗照衣布司颁给仓斗平大，不得大小。

——所交租谷，每斗用斗盖盖平，不得堆尖不盖。

——二十七佃田，经丈定，租已核实，永远不得加减。

——议学竹围内，二口池塘之水，原灌议学面前田亩，雨晴听佃蓄水，不得藉养鱼阻挡。

给彰化县上淡水义学立碑①

胡焯猷当年捐租兴建明志书院的善念，不仅嘉惠了新庄地区的莘莘学子，甚至在书院南迁新竹后，继续滋养着新竹一带的文风，乡里群众莫不称便。自此，新北市泰山区成为文人荟萃之地，并在台湾产生了广泛而深远的影响。

书院创办 5 年后，又有监生郭宗嘏亦效其义行，捐献租谷 1000 余石之田园，充作学资。至此，明志书院的资产非常惊人。

清乾隆四十六年（1781 年），因当时的淡水厅衙门位于今之新竹，时任淡水同知的李俊民便将明志书院迁至淡水厅城内，在郑用鉴、郑用锡等人的经营下成为北台最高学府。而泰山明志书院的原址因不得再以书院为名，乃改称为"新庄山脚义塾"，但仍维持教学的功能，收学生就读，一直到公元 1910 年前后。虽然明志书院逐渐丧失了其教学功能，但仍继续维持其清代以来的祭祀功能。由于是义塾，今日泰山才有"义学村"的地名称呼。

新竹的明志书院是一座三进厅堂建筑，中为讲堂，后祀朱子神位，左右两侧厢房为生童肄业之所。这样的规模，比泰山明志书院宏伟。清道光九年（1829 年），同知李慎彝重新改建的新竹明志书院，规模更大。

清同治十三年（1874 年）十一月，以邓合源、徐碎如、余文成为首的数十名地方士绅发动筹建泰山明志书院的敬文亭（惜字亭）。古人在私塾、书院、文昌祠前修建字纸炉，造型规模大小不一，大者称为亭或塔，常名为"敬文"或"惜字"，意在敬惜字纸，尊重文字。然后将写有字的纸张或书籍集中焚化于炉中，并择日举行仪式将字纸灰烬送入溪水河流中，形成敬字习俗。明志书院南迁，其教育功能固然削弱了，但从敬文亭的建立可知，在当地士绅的心目中，书院仍是地方上重要的文教象征。

日本占领台湾后，全面引入"新式教育"制度，并废止清朝的书院、儒学制度，唯对于义塾或私塾未骤然废止，将之列名为书房或义塾，并于 1898 年发布

---

① 来自笔者 2015 年 10 月 21 日到台湾新北市新北市泰山区明志书院调研时拍下的碑文照片。

书房义塾规则，将其纳入殖民政府的控制之中。书房的课程除传统汉学之外，还导入日语、算术等，暂时弥补日本政府在台湾无法全面实行"新式教育"的空缺。泰山明志书院亦维持其教育功能，改为"国语讲习所"。地方闻人蔡式谷、谢介石均结业于该所。明志书院在日本殖民时期，每年春秋都举行大祭。祭祀时，由各家出些许钱给炉主，由其主祭朱夫子、胡焯猷，普度后各家再予聚餐。

因年久失修，泰山的明志书院毁于清道光年间（1821—1850年）。1921年，胡焯猷之后人胡全发起募捐重建，得到地方士绅林知义、吴愚、王干生及村人的支持，泰山士绅发起募捐重修，但限于经费，只建一进三间用来供奉朱子及焯猷。在重修明志书院时，请地方士绅余逢时题"明志书院"之名于门额，不仅在书院正殿供奉"紫阳朱夫子神位"及"贡生胡焯猷禄位"，而且在门额上书"明德惟馨，景行壮志"，门联为"穷理致知反躬实践传圣道应尊朱夫子；舍宅作祠捐资兴学惠乡里当效胡先生"。朱夫子即宋代大儒朱熹，胡先生即胡焯猷。门联褒扬了朱夫子的治学精神及胡焯猷造福乡里的义举。

1945年，台湾光复后，明志书院祭祀则改为每年农历九月十五日大祭一次，1987年改为公历的9月28日祭祀。2003年6月24日，因为年久失修，加上连日大雨影响，书院梁柱承受不了砖瓦重量，突然轰然一声巨响，整个书院几乎全部倒塌，现场砖瓦散落一地，雕梁画栋几乎都遭到水浸而呈腐烂状态。鉴于泰山明志书院不仅具有北台第一书院的特殊地位，同时也是泰山、新庄、五股地区民众的精神象征，2004年11月，在各界支持下开始按原样重修明志书院，历经一年完工。2005年9月26日明志书院安座，9月28日举行启用典礼，为台湾留下了珍贵的文化遗产。

在捐租兴学时，胡焯猷已经年届七旬。兴学之目的，据其自述："第因义学久湮，以致师承无自，虽彰山以南之党塾，设教咸有右贤，而大甲以北之孤寒，负笈苦于远。是以有志之士，难得成材，可造之资，尝多中辍也。"足见胡焯猷之惜才爱才。建书院之义举也得到淡水同知胡邦翰极高的赞誉："异日人才辈出，莫非该绅为之始基。不朽之业，直与矿水矢山同其流峙矣。"①

在捐地创建明志书院之前，胡焯猷已经做了不少慈善好事。他于乾隆十七年（1752 年）献地奉建西云岩大士观于兴直山上，以后当地人因观音菩萨祭祀兴旺，遂将此山改称观音山，该观至今仍为名刹。乾隆二十五年（1760 年）他又在兴直堡新庄街米市献地，倡建关帝庙，祀汉寿亭侯关羽。

第二节　明志书院的影响

明志书院设立以后，不仅嘉惠了新庄地区的莘莘学子，甚至在书院南迁新竹后，继续滋养着新竹一带的文风。而"明志"之名，则成为泰山地区重要的一部分，乃至地名、小学都冠以"明志"二字。比如乡内最热闹的道路——明志路，泰山地区之明志村、义学村、明志小学、义学初中，其命名无一不与明志书院有直接的关联。1963 年，台塑企业董事长王永庆在泰山地区以"明志"为名，创办明志工业专科学校，现其已升格为明志科技大学，承续明志书院先贤兴学教化的美意，可见明志书院影响之深远。

明志书院的影响之力量，无疑可见于书院大门对联的精神内涵。对联横批"明德惟馨，景行壮志"，虽然是 1921 年重修时所题，但题联者地方士绅余逢时对"明志"的解读准确深刻。以"明德惟馨"扩展"明"，语出《尚书·君陈》："至治馨香，感于神明。黍稷非馨，明德惟馨。""明德"即美德，"明德惟馨"意为真正能够发出香气的是美德。由此阐发了书院的功用"在明明德"，与四书《大学》的纲领相呼应。以"景行壮志"扩展"志"，借用《诗经·小雅·车辖》："高山仰止，景行行止"。汉代经学家郑玄把"高山"比作崇高的道德，把"景行"解释为"明行"，即光明正大的行为，朱熹则解释"景行"为"大道"。综合起来，"景行壮志"意为怀着远大志向在大道上光明正大地行走。其内涵深蕴，极好地反映出了胡焯猷办学培育人才的初衷。

---

① 夏德义：《台湾教育碑记》，载周宪文等编《台湾文献史料丛刊》（影印本）第九辑第 175 册，人民日报出版社，2009，第 60 页。

书院大门左右联："穷理致知反躬实践传圣道应尊朱夫子，舍宅作祠捐资兴学惠乡里当效胡先生"。上联旨归在"应尊朱夫子"，朱夫子（朱熹）是宋代著名理学家，他对"四书"进行章句集注，阐精发微，在"传圣道"上发挥了重要作用，光披后世。同时，他对客家地区的文教影响深远。据传客家祠堂、祖堂左右墙壁上四个大字"忠孝""廉节"，书法笔迹出自朱熹之手。联语是为点睛，也体现出后世对其的尊崇。下联落笔在"当效胡先生"，在褒扬胡焯猷先生乐善好施、崇文重教之精神的同时，倡导和勉励后来者应当仿效其做法，捐资办学，振兴士风。

胡焯猷兴办明志书院的善念，很快就激励了其他人士走上兴学之道。如，新庄中港厝的监生郭崇嘏积极效法，呈请官府核准让淡水厅生童就厅考试，不必远赴县城等事，并愿献出租馆用地、捐赠田园租谷，兴建淡水厅学宫。

郭崇嘏为乾隆初年新庄平原中港厝地区的垦主。在捐献学租之前，郭崇嘏曾在乾隆二十二年（1757年）将位于中港厝庄的租馆用地，以及该地每年八两二钱的地租银，捐作福德祠建造用地以及春秋二祭之资。乾隆二十七年（1762年），又"因前有献出中港厝庄地租，为福德祠历年祭祠之资，尚多不足"，再将新庄七坎仔庄（今新庄小学一带）每年六两八钱的地租银，捐出给福德祠充当经费。乾隆三十四年（1769年），更将长道坑、八里岔等庄（今八里乡一带）自己开垦的大笔土地捐作学租，希望建立淡水厅学宫，以方便本地生童能就近考送。这笔学租的情形如下：

照得长道坑、沪尾、八里岔等庄田园，系监生郭宗嘏自置，施茂户郭林庄业。乾隆三十四年十二月内，据该生赴前道宪蒋呈请，愿将自己田园内除出一百零一甲一分八厘零、园四甲三分，共征租六百二十石，内番租二十石，余租谷六百石留为自己养瞻外，所有长道坑、八里岔等庄计田一百六十一甲六分零，计园二十九甲二分，每甲田征组六石，每甲园征租三石，共征租谷一千五十七石二斗九升合六勺，悉充学租，业经檄饬，详蒙各宪批在案。

郭崇嘏与胡焯猷一样，都是新庄平原主要垦主，富甲一方，却善疏资财，宅心仁厚，常怀慈善，在办学之前都先做了善业。胡焯猷献地建观音山大士观、在新庄街倡建关帝庙等，而郭崇嘏则献地建造福德祠并捐租银充经费。受胡焯猷的办学精神影响，郭崇嘏也将大半租谷捐出去充当学租。但随着后来官府介入私立办学，泰山明志书院迁移至新竹的竹堑，胡焯猷及郭崇嘏捐赠的学租，正式充为新竹明志书院的膏火。

明志书院的建立，奠定了"台北首学"的地位。书院早在唐玄宗时期就出现了，那时只是作为官方藏书、修书的场所，到晚唐五代才开始成为讲学的教育机构。宋元时期书院大盛，到明代王阳明在书院讲学后，书院的发展达到高峰。清朝统治初期，因害怕汉人学者利用书院场所进行"反清复明"活动，一度抑制书院的发展。台湾在康熙四十三年（1704 年），才由知府卫台揆于台南建立第一所书院——崇文书院。

雍正十一年（1733 年），清廷一改过去对书院压抑之态度，正式明令地方督抚于各省省会建立书院，并各赐帑金一千两，作为士子群聚读书的膏火。乾隆年间，皇帝更是屡次下谕书院举荐人才。清代台湾书院的数量即是在这样的背景下快速增长。据统计，在地域的分布上，乾隆以前，书院大部分集中于台南；乾隆以后，书院分布的范围扩大得颇为迅速；乾隆一朝，嘉义、云林、彰化、新竹、新庄、澎湖等地都有书院建立。泰山明志书院便是在这一时期建立的，是大甲溪以北最早建立的书院。由此可见，其在北台文教方面的地位。

值得一提的是，明志书院最初是私立性质的。书院是对官办的府、州、县儒学教育的补充，一度成为科举制度下考取功名的"补习所"。在当时，台湾书院性质可分为官立、官督民办、私立等，朝廷为了推动兴贤育才教育的发展，大力兴办书院，在朝廷国库帑金有限的情况下，提倡、鼓励私人办学。从这个意义上来说，胡焯猷献地捐资办学，无疑推动了书院发展，对整个台湾的教育发展做出了贡献。据《台湾通史》载，清朝台湾共设立了 23 所书院。[1] 其中先于明志书院建立的书院有 7 所，晚于明志书院建立的书院有 15 所，分别详见表 2-1、表 2-2：

---

① 连横：《台湾通史》，台湾商务印书馆（台北），1983，第 194—197 页。

表 2-1 先于明志书院建立的书院

书院名	建立时间	所在地点	兴建者	性质	备注
崇文书院	康熙四十三年	台南府治东安坊	知府卫台揆	官办	后移至海东书院旧址
海东书院	康熙五十九年	台南府治府学之西	训道梁文煊	官办	后移至旧县署
奎楼书院	雍正四年	台南府治府道署旁	未详	未详	为诸生集议之所
正音书院	雍正七年	台湾县署之左	奉文设立	官办	凤山、诸罗两县亦设,今俱废
白沙书院	乾隆十年	彰化文庙之左	淡水同知摄彰化县曾曰瑛	官办	后改建文祠之西
龙门书院	乾隆十八年	云林县治	未详	未详	——

表 2-2 晚于明志书院建立的书院

书院名	建立时间	所在地点	兴建者	性质	备注
南湖书院	乾隆二十九年	台南府治法华寺旁	台湾府知府蒋允君	官办	——
文石书院	乾隆三十一年	澎湖厅辖文澳之西	通判胡建伟	私办	——
引心书院	嘉庆十五年	台湾县治羡仔林街	邑绅黄拔萃	私办	后改名为台湾县书院
仰山书院	嘉庆十五年始建	宜兰县治文昌宫之左	未详	未详	历经多次修建才成
凤仪书院	嘉庆十九年	凤山县署之东	知县吴性诚	官办	——
屏东书院	嘉庆二十年	凤山阿猴街	知县吴性诚、下淡水县丞刘荫棠	官办	——
文开书院	道光四年	鹿港新兴街	鹿港海防同知邓传安	未详	——
蓝田书院	道光十一年	云林县辖南投街	南投县丞朱懋	私办	——
学海书院	道光十七年	台北府治艋甲下嵌庄	淡水同知娄云	未详	同治三年重修

书院名	建立时间	所在地点	兴建者	性质	备注
登瀛书院	光绪六年	台北府治	台北府知府陈星聚	官办	—
蓬壶书院	光绪十二年	台湾县治赤崁楼之右	知县沈受谦	官办	—
英才书院	光绪十三年	苗栗县治	—	—	—
宏文书院	光绪十五年	台湾府志	—	未详	—
明道书院	光绪十九年	台北府治	台湾布政使司沈应奎	官办	—
崇基书院	光绪十九年	基隆厅治	未详	未详	—

明志书院乃于乾隆四十六年（1781 年）移建至淡水厅厅治竹堑城（今新竹市），其泰山原址则被称为"旧书院"，原来兴直堡旧地，虽然不具有官方书院之名，但仍然留为租馆，仍收留生童，照旧开馆授业，化育英才无数。光绪十七年（1891 年）虽然仍有士绅极力争取泰山旧书院的恢复，可惜徒劳无功。至光绪二十一年（1895 年）正月，台北知府以正名为由，称旧书院为"新庄山脚义塾"，并明令不得再以"旧书院"称之。

明志书院的管理施行山长制，历任山长为：孙让、郭成金、郑用锡、郑用鉴、陈维英、郑如松、陈睿芝、张金声、陈朝龙等杰出士人，对地方人文教化与学子培育等，影响甚大。

然而不论是"书院"或是"义塾"，泰山明志书院仍是北台湾历史上文化发展的标志，并且持续担负着教育的功能，其文教作用辐射到了整个台北地区，"淡（淡北）、兰（宜兰）文风为全台之冠，乃岁，科童试厅考时，淡属六、七百人，兰属四、五百人。"①直至日本殖民时期"新式教育"的引入，泰山明志书院才真正成为历史，但作为北台湾教育的象征，它曾经载入史册的辉煌及在台湾教育史上重要的人文意义，还有胡焯猷的善举，都将永久被后人记住。"润物细无声"，

---

① ［清］沈葆桢：《福建台湾奏折·台北拟建一府三县折》，读书网，http://www.dushu.com/guoxue/102755/1093334.html。

无形的非物质文化精神如此，有形的物质文化，包括重建的书院和敬文亭，静静地矗立在原址，也潜移默化地影响着北台湾人以及远道而来的八方游客。直至今日，泰山明志书院仍旧祭祀朱熹和胡焯猷。附近学子入学、考试前，多会前往祭拜。平时，许许多多的信众也会自发到明志书院祭拜这两位先贤。当地每年还会组织举行大型的祭拜庆典活动，自2015年起，每年祭拜庆典活动重新改为农历九月十五，即朱熹的寿诞之日，这已经成为泰山区民间信仰的一部分。

第三节　翰林巫氏兄弟

永定在明末清初就已经有不少客家人远渡台湾安家立业，如高头江姓，古竹苏姓，大溪游姓、巫姓等。多数客家人依靠自己的双手辛勤开荒垦殖，让大片沃野变成了良田，推动了当地经济的发展。其中也有儒士凭借满腹经纶为台湾的人文发展做出贡献。

据史料记载，乾隆六年（1741年），永定胡檀生作为岁贡生，到台湾彰化县儒学当训导，致力发展当地的文化教育；乾隆二十五年（1760年），岁贡生王之机（字士上）在台湾府做儒学训导，极力弘扬儒家礼仪。在台湾的文化教育史上，他们是很好的榜样。

胡焯猷对台湾的贡献和获得"文开淡北""功滋丽泽"的美誉传回故乡永定，一时在永邑士林传为美谈，家喻户晓，家乡人无不引以为荣。胡焯猷所取得的垦殖成就吸引了更多永定乡亲渡台创业，其"文开淡北"的功勋激励了不少贤达之士前往宝岛，为台湾的文教做出贡献。之后，沈鸿儒（字淡圃，进士出身，曾任知县）于乾隆五十五年（1790年）任台湾府儒学教授（主管），传授经文学说；禀贡卢应鹏（字洁堂）于嘉庆四年（1799年）任台湾县（今台北市）儒学训导；举人卢被于嘉庆十七年（1812年）任台湾府彰化县儒学教谕……这些永定士人以自己的丰富才学和满腔热情，培养了一代代台湾子弟，既让他们深刻了解了中华传统经典文化，又让他们了解了永定客家土楼文化的特色和精髓，为台湾的传统思想伦理传播和文化教育的推进，做出了不懈努力。

永定客家人除了在台湾任文职外，还有一些任武职，如台湾安平右营游击余星武、安平营千总赖国标、澎湖游击署北部副将罗卓、台湾协镇（副总兵）罗朝盛、台湾鹿子口协镇罗应龙、台湾游击苏廷安等。

可见，永定籍的官吏军民在开发台湾经济、发展文化事业和抗击外来侵略等诸多方面都做了相应的贡献。

在诸多士人中，其中有两个永定翰林值得一提。他们就是声名大振的永定大溪"兄弟翰林"——巫宜福、巫宜禊。

文风朴茂之永定，在建县的四百余年中，科考成绩确如民国县志所言"甲第巍科，得为数郡冠"。除永定坎市"独中青坑"的科考传奇外，地处金丰大山偏远之地的大溪乡巫屋，三代中有两个翰林，一个进士，四个举人。兄弟同官翰林，也足以让人咋舌。乾隆年间，大溪巫屋有个巫桂苑，少年时在马脐崇寺中读书，后来成了岁贡生，以教书为业。在其严格要求、精心教育下，其子孙个个成才。他的四个儿子，绳咸是进士，少白、维咸、锦咸都是举人；孙子宜福、宜禊都是翰林；曾孙也是举人，成为士林佳话。据志书记载，巫桂苑的子孙年少时都在马脐崇读书，并自己挑米菜上山，到永定县城和汀州应考也全靠步行，直到考上了举人，脚底的茧还是厚厚的。这也不禁让我们想起永定第一个翰林王见川作的《勉学诗》及进士廖鸿章作的《勉学歌》，读书与行事一样需要通过勤奋刻苦得出成绩。巫宜福于乾隆六十年（1795年）中举，于嘉庆二十四年（1819年）被钦点为翰林编修、国史馆协修、实录馆纂修，任上海道尹；其弟巫宜禊于嘉庆十二年（1807年）被钦点为翰林，历任礼部主事、江苏苏州道尹；幼弟巫宜祯，十三岁早殇，但年幼聪慧，所著诗文，才气纵横。皇帝览宜祯遗文，曾赞其"斯亦翰林之才"，乃钦赐翰林出身，于是，传出"兄弟三翰苑"（又称"一腹三翰林苑"）之美名，远近传颂，经久不衰。

"兄弟翰林"在永定留下了一些诗文，如巫宜福赞美其家乡大溪的《大溪八景诗》，对他少年读书处马脐崇等景点赞美不绝：

鲤鱼仙池一问之，名泉天漏是何时？

南山丝雨千层浪，北瀑飞声万马嘶。

东岭松涛山上海，西霖胜过梦中诗。

脐峁朝霞梅夜月，教人怎不动乡思。

充满诗意的描绘，引来远近文士寻胜。如今，游客络绎不绝。其弟巫宜禊也为诗中"天漏泉"折服，留下赞美诗句：

大时嘈嘈屋建瓴，小时点点玉玲珑。

山中早晚山人晓，何事人间五斗瓶？

十二芙蓉叶叶奇，高僧绝技少人知。

何如卓锡南山上，听取山泉十二时。

兄弟翰林在金丰也为亲戚朋友题写过不少土楼民居、祠庙等对联。如巫宜禊为其湖坑镇南江村的表哥、经德堂主人江献堂暨夫人黄太安人 71 岁大寿时，撰写祝寿序言于精美的屏风上。两位翰林还为经德堂书室题写联句，巫宜福题曰："案设诗书居今稽古，教申仁义责实循名"；巫宜禊题曰："忠简横琴书案相传旧物，孝江读月风流政在诸郎"。[①] 做人与读书大义尽在两副对联中。又为湖坑洪坑村的"奎聚楼"撰写大门联"奎星朗照文明盛，聚族于斯气象新"，内门联"静以修身俭以养德，入则笃行出则友贤"，一为寄语新楼人家文气昌盛，一为鞭策修身处世。

巫宜福、巫宜禊并未局限于仅关心家乡的人文化育。他们曾于道光五年（1825年）及道光十四年（1834 年）两度赴台，礼谒客家人的保护神定光古佛，缅怀赴台先辈，看望旅居台湾的客家乡亲，在彰化定光佛庙、台中文昌祠等处都留下了足以让世人景仰的墨迹，在台之教化行迹，也载入台湾史册。

巫宜福于道光五年（1825 年）十二月抵达彰化定光佛庙，谒拜定光古佛，题写匾额"智通无碍"，意为佛法无边，落款为"赐进士出身翰林院编修国史馆协修实录馆纂修永定巫宜福敬题"，黑底金字，现悬挂于佛庙正殿神龛上方。

道光十四年（1834 年）十月"兄弟翰林"又抵达彰化拜谒定光佛庙，联名题写对联一副："活百万生灵，迹托鄞江留一梦；观三千世界，汗挥线地有全人"。"鄞江"即汀江，这里指闽西汀州；"线地"指彰化。此联赞扬定光古佛在祖地汀州保境安民，救人于苦难中，活人无算，被供奉到台湾彰化，也同样庇佑境内百

---

① 江文明：《经德堂里屏风美》，《闽西日报》2016 年 8 月 29 日，第四版。

姓平安。巫宜襫另题一匾"欢喜因缘",惜已佚失。其落款时间为"仲夏月",即五月。可见,兄弟两人第二次渡台至少在台游历了半年。

"兄弟翰林"到淡北拜谒鄞山寺,也欣然题词曰"是登彼岸"。为台中文昌祠题词"栽者培之"。此外,还在探访彰化溪湖宗亲时,为巫氏撰联一副:"有唐祖初兆汀先,千岁番昌子性绵;支衍南安诒翼远,宗从宁化本源传",谆谆教导宗亲不能忘了祖地本源。

第四节　台湾美浓的文教

美浓是台湾六堆地区的客家庄,文风鼎盛,是闻名全台的"博士镇",各级各类人才出类拔萃,考察之,莫赖于美浓悠久之文教。此文教之美名是胡焯猷的故乡永定下洋"中川(忠坑)现象"的现代演绎,也与美浓客家子弟崇尚耕读和传承客家精神不无关系,也是美浓历史上文教兴盛的延续。从清代嘉庆二十四年(1819年)到光绪二十一年(1895年),短短76年间,美浓共考上6名举人,其中黄清泰家里就有3名,分别是其子黄骧云,其孙黄延祐、黄延祚,加上黄清泰本人官任参将之职,一门三代文武之才。这是六堆客家地区难得的文教盛事,是大陆客家原乡永定"独中青坑"的再版。

一、美浓的开发

美浓地理位置特殊,位于北回归线以南,高雄县中部偏东。其东、北、西三面环山,东以茶顶山与六龟乡相邻,北隔玉山山脉尾端与杉林区为界,西边是旗山区,南边则以著浓溪为界与屏东县高树乡、里港乡相望;南北长15千米,东西宽9千米,面积约120平方千米。截至2003年底,全镇户籍人口45580人,其中客家人的比例高达97%。美浓不仅是台湾南部六堆地区,甚至是整个台湾,客家居民比例最高的乡镇。[①]

美浓远离高雄西边的海岸平原,紧邻东部大山,位置偏僻,地理环境险象环

① 萧盛和:《右堆美浓的形成与发展》,文津出版社(台北),2009,第1页。

生，开发迟于客家人后来挺进的台湾北部地区。

在客家人入垦美浓之前，美浓的东部大山住着神秘的山地少数民族。这些山地少数民族，被当地汉人俗称为"假黎仔"①。美浓客家人在建伙房时曾挖到过与鲁凯族部落传统建筑材料相似的特制石板，因此，可以推测美浓曾经是鲁凯族部落居住区或活动地带。汉人到美浓聚居后，"假黎仔"经常下山猎杀汉人。《渡台悲歌》中有两处提到生番杀人的事。一处是描述生番下山到牛窝坪②杀人："生番歇到牛窝坪，专杀人头带入山。带入山中食粟酒，食酒唱歌喜欢欢"。另一处是讲述垦民入山干活被杀："抽藤做料当壮民，自家头颅送入山；遇到生番铳一响，燃时死在树林边。走前来到头斩去，无头鬼魅落阴间"。这是《渡台悲歌》编创者也即当时垦民亲历的见闻。英国人探险家必麒麟在其《发现老台湾》一书中记录了他 1866 年在台湾南部探险时，曾在前往万斗笼社（今茂林乡万山）途中，路过芒仔社（今茂林），发现当地少数民族正和新民庄人（今六龟乡新威地区，系美浓镇客家人的扩张区域）发生冲突③。有关史料详细记载了清代雍正年间台湾六堆地区生番与其他族群的冲突，如表 2-3④：

表 2-3 清代雍正年间台湾六堆地区生番与其他族群的冲突

年代	冲突事件
雍正三年	生番镖死武洛社熟番。
雍正四年	枋寮界外山中傀儡番镖伤砍柴民人三人。
雍正五年	傀儡番杀死加走庄砍柴民人陈义；怀忠里东势庄凶番放火烧死民人苏厚、陈信二人；傀儡番至新东势庄杀死民人谢文奇、赖登新二人；阿猴社熟番被山猪毛、北叶辛武里二社杀死六名。
雍正六年	凤山县长兴庄管事邱仁山等越界侵入傀儡山开水灌田，致被生番潜伏杀害邱仁山等十二人，后生番进入竹叶庄杀害佃民张子仁等二人。
雍正七年	界外田尾地方有加藤社熟番红孕等七命被杀，被掠去小番一名。

---

① 六堆地区客家人把居住于东方大山的鲁凯族及排湾族称为"假黎仔"，也称为"傀儡番"，把平埔族称为"番仔"。

② 美浓龙广区龙肚一带今还有"牛栏窝"地名，《渡台悲歌》中"牛窝坪"极有可能就是指这里。

③ ［英］必麒麟：《发现老台湾》，陈逸君译，台原出版社（台北），1995，第 65 页。

④ 转引自萧盛和：《右堆美浓的形成与发展》，文津出版社（台北），2009，第 23 页。

续表

年代	冲突事件
雍正八年	军功匠首詹福生分下匠工入傀儡番界巡视厚力板树，匠工陈勋被杀。
雍正十年	通事卢赐等往军功场寮，到加六堂地方被生番射伤；弓役洪德社丁林缉往枋寮口查看料场，行至率蒙社地方被生番射杀。
雍正十一年	匠役韩琛入山寻取木材被生番杀死。

客家人移入美浓始于雍正十三年（1735 年）。广东嘉应州籍的林丰山、林桂山兄弟以"安置临危之武洛庄居民，供其垦殖以酬军功"为由，向凤山县令钱洙申请开发美浓这片荒野。获得清政府颁发的垦照后，林丰山、林桂山兄弟带领由十六姓四十余人组成的开垦队伍，进驻榛莽未除的美浓拓荒开田，掀开了历史上开发美浓的第一页。

为了加强垦殖力量，垦民按姓氏组织成立了拓垦组织——尝会，它既是一种拓垦事业合股的经济组织，又是一种联络族情、凝聚族亲的宗族组织。尝会所形成的浓厚的宗族向心力凝聚了客家人强大的开拓力量，来台的客家人为了结合更多有血缘或地缘关系的人力，汇集更多的资源，往往上溯数代以前的祖先以组织尝会，使零散的移民能在共同的祭祀中达成合力拓垦的目的。[①] 除了拓垦的目的，尝会还有宗族公益组织性质，如有祭祀聚餐、修建公益设施、资助和奖励族人读书考试等功能。尝会往往以宗族内最具代表性的人物，如开基祖或宗族历史名人来命名。这是台湾客家垦民对原乡宗族蒸尝[②]的传承与创新。

拓垦尝会的田产丰厚、组织庞大。据钟正宏所做的田野调查显示，大崎下一带田地总面积为 51 甲（1 甲约为 10.3 亩），而尝田有 14 甲，占比约为 27%。客家聚落的尝会数量相当庞大，据日本人沛齿松评估算，清末六堆内埔地区的尝会数量多达 800 个左右。目前查询到的美浓地区姓氏尝会有：林阿成尝、陈藏收尝、吴官智尝、林带淑尝、李纯笃尝、温龙英尝、林阿传尝、邱梦龙尝、萧振先尝、

---

① 吴美云：《台湾的客家人（专集）》，《汉声》1989 年第 23 期（台北），第 52 页。
② 蒸尝原是传自中原的祭祀，如《后汉书·冯衍传下》："春秋蒸尝，昭穆无列。"客家人为了组织每年盛大的宗祠春秋祭祀活动，专门设立了宗族田产，以资开销，同时，也用于资助、奖励族人读书考试。

张赣侯尝、林阿春尝、李火德尝、林长万尝、何家尝、刘观燕尝、李梓仁尝、钟六尝、涂德起尝、林坤淑尝、萧俊辉尝、刘奇木尝、黄振三尝、杨恭成尝、刘华生尝、刘添洪尝、刘开七尝、古成之尝、吴潘德尝、黄二世尝、萧何公尝、傅双七尝、钟国扬尝、宋家尝、钟起黎尝、邱杰尝、钟朝礼尝、刘达峰尝、林尾尝、钟河公尝、曾尾尝、王家尝、傅家尝、邱希旭尝、古务本尝、古萃生尝、吴霜其尝、钟南山尝、黄五六尝、林瑞源尝、宋乃扬尝、吴吉甫尝、马氏尝、宋贤英尝、林昌寿尝、古新安尝等。[①]

这些尝会可分成"唐山祖尝"和"开台祖尝"两大类。"唐山祖尝"有如合股事业，通常以同姓知名远祖的名讳命名，部分此类尝会在来台之前就在大陆原乡募集资金，只要同姓宗亲均可参加认股，资金筹足后由管理人带到台湾，寻找可耕之地或直接购买垦熟地，由认股人派下子孙分而耕之。尝会管理人负责收取租金，定期召开聚会，通常以冬至日或春分日、清明日为期。因此，此类尝会又被称为冬至会或春分会、清明会。聚会时，必须举行祭祖仪式并宴请派下的子孙；管理人员要公开收支项目，派下的成员可获得分红，不过大半盈余用来添购土地；尝会原有田地不得出售，也不得租与他姓人家。有些唐山祖尝会是在台湾组成的，同样选定知名远祖作为尝会名称，一切运作也如同前述方式，如美浓地区的刘开七尝、李火德尝、林评事尝、萧何公尝、傅双七尝等均属于此类。"唐山祖尝"在美浓通常被称为"大尝"。"开台祖尝"则是各家族来台发迹后才成立的本族尝会，此种尝会没有股份，通常由开基祖或其后代在土地分割给子孙时，特别指定一片土地作为祭祖和扫墓的基金来源，后代子孙用此土地生产所得来祭祖宴会或为优秀子弟提供奖助学金。在美浓，此类尝会又被称为"私尝"或"小尝"，如林瑞源尝、林长万尝等。

下面分别举"唐山祖尝"和"开台祖尝"各一例如下：

邱梦龙尝。此尝为"唐山祖尝"。它是乾隆十一年（1746年）由邱永镐为同时纪念广东开基之一世祖及二世祖父子，在大陆原乡号召五十余人出资组成的。资金带来台湾后，先在长治一带购置了8甲多土地，后来在美浓及中坛地区又陆续购置

---

① 萧盛和：《右堆美浓的形成与发展》，文津出版社（台北），2009，第39—40页。

7甲多土地，总共拥有土地16甲多。由于下庄地区较早开发，因此早期该尝会的主要活动都以长治火烧庄的邱永镐派下宗祠为中心。到了日本殖民时期，殖民政府对尝会等组织采取压制措施，且立法使尝会股份可让渡或转卖，造成尝会特性发生变化。上庄美浓与下庄长治邱姓家族因而产生祭祖主办权的纠纷，最后美浓方面的庄长邱义生与长治庄长协商，决议上庄与下庄的邱氏尝会各自独立运作。①

美浓方面的算会②每年春分之日由轮值房负责主办祭祀活动。春分之前一日由族中长老带领八音乐队，备办三牲祭果，至美浓河边诚恳恭请原乡列祖列宗入列神牌，登上祖堂。当晚用全猪全羊，先以三献礼祭拜天公，再祭拜祖先，族中有出新丁者必须向祖神进贡礼品及"新丁粄"，族人共同虔拜祖先。次日春分日，尝会管理人召开尝会会议。各房房长议决尝田租金，及应分配之房份均息、60岁以上寿仪金、优秀子弟之奖学金等。尝会相关人员及已出嫁之姑姊等均返家祭祖并参与宴席，共叙天伦，促进家族成员情谊。

林长万尝。此尝为"来台祖尝"。济南堂系统之林长万于渡台开垦有成之后，即选定两处土地作为家族祭祀之尝。林长万尝的算簿序文如下：

夫善作者，赖后人之善承；善始者，赖后人之善终。所谓善承善继、善始善终之贤裔者，岂但已哉！犹念木本水源，而人本乎祖与物本乎天，凡为人后，当崇其先也。我叔祖长万公，世居广东之蕉岭县，旧名镇平县蓝坊乡峰口村。迨公迁居台地，创业于此，立有土地两处，向来存为祭祀之尝，或则祖堂修理及其他公共事业。凡事和衷须求共济，不可稍存私意，须知谚云"百年之前共一家"，望勿歧而视之焉耳！

庚辰岁（1940年）仲春之月吉旦

济南堂第六房裔孙富符谨识

序文中，林氏族人保本崇先的观念、团结族亲的思想是很强烈的。林长万迁台至今已历经九代，超过200年以上。族人在中正湖畔聚居，形成坪头下庄。祖堂翻修之后相当完备，前有月池，后有化胎，并建有门楼一座，是相当具有传统

---

① 邱国源：《美浓客家尝会之起源与变易》，载《第一届客家学术研讨会论文集》，美和技术学院（屏东），2002，第232页。

② 算会：为姓氏尝会组织举办祭祀活动的俗称，因活动开展之日要公开收支项目并写入算簿而得名。

风格的客家祖堂之伙房格局。在尝会运作方面，定于每年春分为祭祖算会之日。轮值负责人必须向众人公布相关收支项目，若有相关意见也经由公议列入尝会算薄。此尝会对族中长老列有尊老规条，如1940年有批约：年满70岁者赏寿仪金贰元，80岁者肆元，90岁者陆元，100岁者贰拾元；1963年议决：寿60岁以上者，不分男女，由主事者亲自邀请参加宴席，发赏寿仪金两斤上等猪肉折算市价金额。①

大量姓氏宗族移垦美浓后，因垦民、当地少数民族及地形、地理环境等因素的影响，先后形成了美浓本区、龙广区和南隆区。

美浓本区的范围包括今天的弥浓、泰安、东门、合和、中圳、福安等六里。雍正十年（1732年）春三月，吴福生趁北路彰化大甲西社番乱，谋劫凤山埤头，以致凤山县境纷扰不安。六堆客庄侯心富为大总理，纠集客民万余人，合力围堵御敌，分驻八社防守仓廒。水师提督王郡与贼接战，客家义民赶赴军前，戮力前驱，贼众奔溃，南路遂平。义军武洛庄统领林丰山、林桂山受清政府表彰，授为千总。平乱后，林氏兄弟拥有了政治资本，却也得罪了闽南人，以致经常发生械斗。加上武洛一带洪水为患，林氏兄弟遂谋移垦美浓区，得到清廷批准后，带领十六姓客家移民选定今日灵山脚下的凹地作为暂时栖息之所。稍做安顿后，第二年，即乾隆元年（1736年）秋筹建开基伯公神坛，并选定以开基伯公神坛东南侧约1千米左右的美浓溪、竹仔门溪、羌子寮溪等三条河流汇合处为基址，沿着美浓溪畔由东往西兴建了24座伙房，将其路命名为"永安路"，它已成为今天的美浓第一街。之后，再往北、东、西方向开发。

龙广区包括龙肚方面的龙肚、龙山、狮山三里和广兴方面的广林、兴隆、广德三里。乾隆二年（1737年），与林氏兄弟一同列榜于义民、功授千总名单中的涂百清，率领涂、钟、宋、陈、罗、萧等六姓二十余人垦拓龙肚庄。垦民原先定居北上塘一带，并建了龙肚开基伯公神坛。后来，在龙潭湖干涸之后，垦民再稍向南移至原来湖之北岸兴建伙房，形成今日的龙肚庄。乾隆三年（1738年），刘玉衡带领二十五姓一百余人到广兴地区竹头背拓垦，在九芎林双溪水口设开基伯

---

① 埤头下林氏家族资料由林长万尝管理人林荣方先生提供，转引自萧盛和：《右堆美浓的形成与发展》，文津出版社（台北），2009，第48—49页。

公坛，建立伙房。由于此地生活环境比较艰苦，在寻找出路的过程中，大大激发了客民的进取精神。因此，美浓地区有不少文武人才出现在这个地区，如清代长福营参将黄清泰，其子黄骧云为美浓唯一进士，黄骧云的两个儿子黄延祐、黄延祚均是举人。著名乡土文学作家钟理和也是出生在这里。

南隆区包括禄兴、中坛、德兴、清水、吉东、吉和、吉洋等七里。由于南部毗邻荖浓溪，经常受到洪水冲刷，土壤不易存留，形成一片石岗地，因此，开发比美浓迟了13年。乾隆十三年（1748年）李九礼率领族众移垦此地，在中坛庄东侧建立伙房。不久，刘达峰从弥浓庄带领族人拓垦，由于人数较多，建有"会屋"，并建宗族伙房，同时创立"刘开七尝"，派人返回大陆原乡募集资金，加大开发力度，使得该地区刘姓家族声势浩大，人数众多。

乍一看，美浓的开发和发展与汀州客家似乎没有关系。如果从1926年美浓的有关人口调查资料看，美浓境内祖籍为嘉应州的客家人占95%，汀州籍客家人几乎为零。[①]那么，这是否就意味着，美浓与祖地闽西没有关系？关于这个问题，我们可以从美浓早期开垦与后期招垦人群以及美浓的传统农业作物来分析讨论。

从美浓早期开垦的尝会组织看，不少尝会所冠名的开基祖名或讳与闽西祖地汀州是有密切关系的。

如邱梦龙尝[②]。此尝会召集人邱永镐，是嘉应州镇平县石窟都（今梅州文福镇）邱氏开基祖梦龙公派下第十五世。《屏东县长治乡德荣村之拓垦家族与聚落发展之研究》一文指出："邱梦龙为（镇平）一世祖，自十五世邱永镐后，族亲先后迁居到此，且多以长兴火烧庄为中心向外扩散，其子孙不断地向外发展，分布于长治乡的份仔、香杨脚、新潭头、仑上，屏东市的田寮、内埔乡等地"，而德荣村是"邱梦龙后代第十七世邱集连公携二子（忠科及乾科）由下淡水溪到下屋开垦形成"[③]，该文同时指出："公讳梦龙。生二子：文胜、文兴。初居福建省汀州府上

①　陈汉光：《"日据"时期台湾汉族祖籍调查》，台湾师范大学历史所硕士论文（台北），2003，第25页。
②　邱梦龙，即丘梦龙。丘姓与邱姓实为同一族姓。雍正三年，为避孔子讳，诏谕全国"丘"改为"邱"。辛亥革命后，恢复使用"丘"字。但还有很多地方仍然沿用"邱"字。
③　邱玉珠：《屏东县长治乡德荣村之拓垦家族与聚落发展之研究》，高雄师范大学客家文化研究所硕士论文（高雄），2008，第3页。

杭县胜运里（稔田镇）上南坑，宋末始迁广东镇平县，居员子山。"《古梅州丘氏族谱图序》记载："今吾谱牒之修，断自我丘（邱）氏大祖者（梦龙）为一世，纪其实也。初居福建省汀州府上杭县胜运里上南坑，宋季迁居梅州……生二子，次讳文兴，即从兄希质同希学、希进、希鲁之祖考。长讳文胜……"。[①] 这与前文是相吻合的。也就是说，往上追溯，邱梦龙尝会的召集人邱永镐及大批同族垦民均为客家祖地闽西上杭邱氏裔孙。

又如李火德尝。李火德为入闽始祖。其父李珠，号大郎，任宋副榜，迁汀州宁化石壁，生子金德、木德、水德、火德、土德，以德为派冠，以五行取义。其中火德于南宋宝庆二年（1226 年）迁居上杭胜运里（稔田镇）丰朗村开基，生三子：三一郎、三二郎、三三郎。《李火德翁传》载："火德翁姓李，其先汀之宁化人。值宋元兵乱，与妻伍氏避于上杭胜运里之丰朗。"[②] 火德派下子孙牢记"向外发展，周游四海"的祖训，纷纷向外地播迁，子孙分枝散叶到福建、广东、广西、江西、四川、台湾、香港等 16 个省（地区）的 188 个县（市），以及马来西亚、新加坡、缅甸、泰国等 19 个国家，海内外裔孙达千万之众。李火德尝会组织的垦民显然就是闽西上杭火德公裔孙的其中一支。

再如刘开七尝。刘开七也是福建汀州府人，是由闽入粤的始祖。南宋嘉定年间，汀州刘开七官授潮州都统制，镇守粤东，携眷迁徙潮州，后又迁居梅州府，其后裔繁衍播迁各州郡，遍及海内外，成为刘氏最重要、最庞大的一支。台湾刘氏垦民以"刘开七"为尝会名称，也就是为了让族人追根溯源，谨记大陆原乡开基祖。

以上表明，早期开垦美浓的垦民与祖地闽西有着千丝万缕的联系。前述日本殖民时期所做的台湾汉族祖籍调查，显示没有汀州籍客家，原因可能是清初"朱一贵事件"发生后，客家与"福佬"结成仇恨，经常发生械斗，人数不多的汀州客与大量粤籍客家结盟，并隐形存在于粤客中。如《重修凤山县志》指出，清初

---

① [明]丘希正：《古梅州丘氏族谱图序》，载上杭丘氏源流研究会《上杭丘氏三五郎公世系研究文献资料汇编》，内部资料，2007，第 56 页。

② 火德公宗系编辑委员会、李氏大宗祠管委会：《李氏族谱——火德公宗系》，内部资料，2009，第 1220 页。

"朱一贵民变"引发了族群械斗，出现了汀州客与粤客合在一起的情形："南路赖君奏等纠大庄十六、小庄六十四，并成客庄，肆毒闽人；而永定、武平、上杭各县人复与粤合。"① 另，道光十三年（1833 年）堑北分类《东瀛识略》则记载："其厅治北之桃仔园，东西沿山沿海，闽籍漳州、粤籍潮惠及附粤之汀互焚房屋。"② 出现"附粤之汀"的情形在台湾特殊的社会背景下并非个案。

后期招垦人群中应该也不乏来自北部的闽西垦民。日本殖民时期，日本人继续开垦南隆，并于 1909 年成立南隆农场，由白石喜代理担任农场主事。白石喜曾在苗栗担任税务课长，熟知北部客家人对石岗地的开垦，积累了丰富经验，于是，招募了大批来自苗栗、新竹等北部地区的客家人来此佃耕农地。先为他们修建一些简易房舍，即架竹搭茅为寮；佃农落籍后，形成大小聚落 25 个。直到现在，当地还有许多带"寮"字的地名，如金瓜寮、三降寮、大顶寮、溪埔寮、内六寮、外六寮、上九寮、下九寮等。随着水利水电设施的完善，南隆吸引了来自周边地区的垦民，如美浓本区、龙肚、中坛、屏东高树乡的客家垦民，还有来自高树乡、旗山镇的闽南垦民，甚至有来自六龟乡平埔族王家的等。

从美浓的传统农业作物看，也与闽西有着紧密的关联。美浓传统产业为农业，粮食作物以水稻为主，经济作物以甘蔗、烟草为主。烟叶生产一度成为美浓的主要经济来源，1975 年种烟面积达 2235 公顷，占当年全台种烟面积的 22%，美浓被称为"烟草王国"。而祖地永定也以烟草生产闻名，永定生产的条丝烟闻名遐迩，乾隆皇帝曾题赐"烟魁"的美名。直到今天，在包括永定在内的闽西客家地区，烤烟仍然是当地的主要经济作物。

从以上分析看来，美浓与闽西客家关系是密切的。换句话说，闽西客家人对美浓的开发与发展起着直接或间接的作用。

---

① ［清］王瑛曾修：《重修凤山县志》，载周宪文等编《台湾文献史料丛刊》（影印本）第一辑第 13 册，人民日报出版社，2009，第 267 页。

② 廖伦光：《台北县汀州客寻踪》，台北县政府文化局（台北），2006，第 26 页。

二、美浓文明大启

人类为了自身的生存，从远古时期就产生了祈求神灵保佑、趋福避祸的各种原始信仰活动。所以，民间信仰的基本特性是功利性。"民俗信仰是人类在特定的历史阶段中，为了满足生存与发展的需要，特别是心理安全的需要，所以创造和传承的一种文化现象，在历史上曾产生过某些有益的作用。"[1] 身处生存环境异常恶劣的美浓的开垦者，迫切需要把精神寄托在民间信仰之中，以求"心理安全"，满足自身的生存与发展。从原乡带去的伯公信仰、祖宗崇拜、敬字信仰等各种民俗信仰，在美浓的开发和文明的发展上，曾起到有益的作用。

垦殖美浓的客家人，待拓垦初有成效，稍稍安定下来之后，首先考虑的并非改善诸如衣、食、住、行等物质条件，而是按照原乡客家信仰习俗，率先择址建立神坛，供奉福德正神，名为"开基伯公"。林氏兄弟于入垦第二年（1736年），就在灵山脚下创建开基伯公坛，举行祭祀仪典，并立下纪念碑石。摘引部分碑文内容如下：

> 溯我前朝赐国姓，延平君王郑，手辟乾坤，大猷丕昭于百世，忠扶日月，流芳永被乎万年，神灵永镇于七鲲……禀佑我等及后裔，忠孝为天，智勇护土，用炽其昌。今晨吉期，开基福神坛甫竣，我等同心诚意祭告山川，恳祈上苍，此土可大亦因可久，将奕世于弥浓。
>
> 大清皇运乾隆元年仲秋吉旦
>
> 右堆统领林桂山、丰山等同立[2]

原碑已被洪水冲毁，此碑文为1984年美浓民众为纪念开基250周年建大福醮时，依据手抄碑文重刻。垦民设立神位的意义在于感谢神恩，让开基伯公春秋享祀，也垦祈伯公护佑移民及其后裔忠孝智勇，永久安居，奕世炽昌。

开基伯公神坛（神庙）是客家垦民的精神栖息之处，也是美浓客家的主要信仰中心。

---

[1] 钟敬文：《民俗学概论》（第二版），高等教育出版社，2010，第159页。
[2] 萧盛和：《右堆美浓的形成与发展》，文津出版社（台北），2009，第71页。

美浓的每一个客家庄都有形式不一的伯公，如开基伯公、庄头伯公、庄尾伯公、庄肚里伯公、桥头伯公。据美浓客家文物馆数据显示，美浓镇有将近 400 座伯公坛。美浓土地伯公的祭祀基本同于大陆原乡，除了日常早晚供奉一炷清香并奉茶、烧纸外，逢年过节、初一十五要祭拜，家有大小喜事，如添丁弥月、男女婚嫁、登榜升迁、田园丰收等都会备上三牲果品与茶酒前往祭拜，甚至母猪生仔也要到伯公坛祭拜，叫作"筛猪子酒"。

以慎终追远、感念祖宗为旨归的祖宗崇拜与伯公信仰同等重要。虽然，美浓早期没有像原乡一样建立规模宏大的宗祠，但家家户户住的伙房都设有祖堂，供奉祖宗神位。通常是在围屋（伙房）的正中厅堂（祖堂）门额写上堂号，大门左右有与堂号对应的对联，窗额也有写上吉祥窗对。祖堂正中靠墙香案上供放祖宗神位，背后则有用红纸书写的一个大大的"寿"字，张贴于墙上为背景。栋梁正下方左右墙上写上对联，叫"栋对"，内容一般概述家族历史渊源及上代迁徙地理。

美浓的文明昌盛离不开敬字信仰。我国敬字信仰始于宋代，兴盛于明清。由于古人敬畏和尊崇文字，对写有文字的纸张不能随意丢弃或玷污，必须集中焚毁于敬字塔（亭）中。这种敬字惜字的风尚，是崇文重教的体现，在客家地区尤为普遍。[1] 美浓一共有四座敬字亭，分别为美浓庄敬字亭、上庄敬字亭、下庄敬字亭、金瓜寮圣迹亭，其中下庄敬字亭建于清乾隆三十年（1765 年），经嘉庆及光绪年间重修，历史最为悠久。亭基正面供奉有石质神位，中刻"制字仓颉圣人"，左边刻"大成至圣先师""魁斗星君"，右边刻"梓童文昌帝君""朱衣星君"。第二层炉门顶额书"圣迹台"，门联"一炉圣迹还天界，万丈文光射斗牛"。为了共同维护敬字惜字习俗，营造浓厚的爱书读书风气，美浓还专门成立公益性的字纸会、圣迹会等。

字纸会、圣迹会每年发起祭拜河神、恭送字纸灰烬入河成神的民俗活动。此项仪典早期本由圣迹会办理，由于圣迹会会员逐渐老成凋谢，近年来由美浓里的广善堂接办。即每年正月初九（天公生日时）上午八时，广善堂将一年来所烧的

---

① 邱立汉：《上杭县稔田镇的"敬字塔"》，《闽西日报》2015 年 9 月 26 日，第四版。

金纸炉灰、字纸灰烬以及下庄敬字亭的字纸余灰集中起来，由堂下鸾生代表、值年福首、堂内经理及圣迹会会员后裔等人，一同在鼓吹锣钹乐声中将所有圣迹灰烬恭送入河，过化成神。这一祭典活动十分古老，可追溯自乾隆年间第二任右堆总理林长炽所发起组织的字纸会，一直延续至今，是美浓文化发展史上颇富意义的一件盛事。

来自原乡的垦民耕读传家的传统意识强烈，偏僻的山区，除了耕种，就是靠读书仕进了。所以，他们都十分重视教育，往往在开垦地选址定居后，就建立学堂，教育族人。如龙肚庄垦民原先定居北上塘一带，并建了龙肚开基伯公。后来，垦民再稍向南移至原来湖之北岸兴建伙房。但最先定居的北上塘一带，至今还有学堂遗迹。有钱的家族，保留一份"学堂田"，兴办家族学堂。如美浓上庄的林氏学堂、下庄仔宋屋的"吟杏书室"。这就像永定土楼如振成楼里办的林氏家族学堂。

美浓科举会、学堂田业以及姓氏尝会中的学业奖助对美浓的文教事业发展起到直接的推动作用。如黄骧云在道光九年（1829年）考取进士，衣锦还乡时把六堆捐款带回家乡，购买了3甲多的水田，加上内埔有位贤惠妇女另捐了3甲水田，组成科举会，将田地租与农民耕作生息所得作为科举基金，用以补助六堆士子前往福建参加乡试及进京考试的费用，受惠的六堆士子甚多。

各姓氏尝会均积极鼓励耕读。从邱梦龙尝的算簿可以看出，该尝会相当鼓励族人求学上进。如原议规定起会本身之人有新进文武庠者到会场，每位赏花红（补助）银肆元，子孙以下每名赏花红银贰元，有捐国学者每名赏花红银贰元，子孙一体。若会内有禀贡及例贡，如系本身起会之人处花红肆元，子孙以下皆然。又道光元年（1821年）再经众议，形成条规：会内有新进庠者到场应祀谒祖，处花红银壹拾贰元；若会外新来谒祖者，众处花红银贰元；会内有新捐国学之人到场应祀谒祖者，众处花红银肆大元，若会内有赏功加衔并给札照有凭，到场谒祖者，众处花红银肆大元。上下庄无论会内会外有功名到场者谒祖，众处银壹大元。道光十一年（1831年）经众清尝公议，今后会内有人赴科场应举每人准领科会银捌元。同时，此尝会也很重视原乡祭祖活动，如道光七年（1827年）经众公议，尝内自今以后每年要寄信回大陆原乡祭祖银壹拾贰大元，另外，还要帮贴水脚银五皮正，永为定规。

在诸多助学措施并举之下，美浓文明大启。清朝统治台湾期间，凤山县总共考上五名进士，即庄文进、黄骧云、张维垣、江昶荣、萧逢源五人，其中黄、张、江三人都为六堆客家人。美浓的黄骧云为六堆客家地区的首位进士，凤山县的第二位进士。黄骧云为了激励后人，在美浓东门楼正门上方书写有"大启文明"四字墨宝。自从嘉庆二十四年（1819 年）客家人得以参加福建乡试之后，到光绪二十一年（1895 年），凤山县的二十八名举人之中，六堆客家人占了二十名之多。可见，美浓客家人的科举会、尝会在推动美浓教育方面，发挥了重要作用，并使之文明大启。

三、美浓的"中川现象"

日本殖民时期，美浓科举会改为每年颁发奖学金给予中等以上学校成绩优良的客家学子，台湾光复之后，仍然维持奖学措施，使六堆文风延续不断。

美浓昔日的尝会助学形式也相应做了调整，如林长万尝，为鼓励族中子弟努力向学，1963 年议决长万公子孙考上大专以上学校者，每年注册时发给奖学金壹仟元。后因尝田收入有限，1965 年修订为大专奖学金第一年壹仟元，此后每年减为五百元，至毕业时为止。

新学发展起来后，美浓客家子弟在各行各业都取得了傲人的成绩。早期美浓人比较不热衷参与政治，近年来逐渐有年轻子弟投入，先后出现过"立委"6 人，"监委"1 人，省议员 2 人。当局也有美浓人加入，如"农委会前主委"林享能，"文建会前副主委"吴锦发，"客委会前主委"李永得等。

美浓最为突出的特色还是表现在文教成就上，文风鼎盛。根据"博士学人学会"资料，除了有超过 200 名博士之外，担任各级学校校长者有 60 多位，担任各级学校教师者更高达 500 人以上。各级行政单位的公务员亦不在少数。

像永定下洋中川村一样，美浓有大批客家人离开家乡往外发展，甚至漂洋过海移民到海外。目前，仅北美的加拿大、美国就有超过 300 户美浓移民，在南美的阿根廷也有近 50 户美浓人。可以说,天涯海角都有美浓人的身影。

美浓文风之盛,人才之多,移民之多,这种奇特的现象与土楼永定中川极其相似,也可以称之为"美浓文化现象"。

走进美浓客家文物馆,首先映入眼帘的是文物馆走廊柱子上鲜艳的客家花布装饰,极具客家特色。展馆内陈列的农具、蓝衫、八音、山歌、伯公坛、敬字亭等各项内容,所呈现的美浓客家生活与习俗,与大陆客家原乡几乎完全一样。

其中,该馆的两个布展点引起我们关注。一是在农具展区大厅的墙壁上悬挂着一幅巨大的土楼油画——永定下洋初溪土楼群。从原乡客家生活中抽象出来的客家文化符号——土楼,已经进入了美浓人的心灵深处,成为永恒的历史文化记忆,也是一种永远割舍不断的文化纽带,维系着两岸客家相通相连。二是烟楼模型。烟楼模型内塑造了一男一女在"入烟"的情景,即把串好在竹竿上的生烟叶有序地挂上烟房备烤。观此,笔者回忆起年少时帮父母"传烟"入烤房的劳作场面,历历在目。同时,也惊讶闽台两地客家人生活、经济与文化的关系是如此的紧密。

闽台客家戏剧的传承

  闽西客家戏剧历史悠久。具有闽西客家文化特色的戏剧主要有两种，一种是闽西木偶戏，另一种是闽西汉剧。闽西木偶戏，旧称为"傀儡戏"，早在明朝初年由杭州传入福建上杭。闽西汉剧，是至迟在乾隆年间楚南戏（祁剧）流入闽西后，结合闽西乡土文化和民间特色音乐，逐步本地化后形成的闽西地方剧种，历史上曾先后被称为"乱弹""外江戏"。清末，闽西汉剧又影响了闽西木偶戏（傀儡戏），使闽西傀儡戏分化为高腔傀儡戏与乱弹傀儡戏。闽西汉剧与闽西乱弹傀儡戏随着客家人的迁徙路线，传到漳州、梅州、潮州，再进一步传入台湾乃至东南亚一带。台湾的乱弹戏、北管戏与闽西汉剧有分不开的血脉联系。客家八音、客家采茶戏，以及布袋戏、歌仔戏等戏曲音乐均受到闽西汉剧或闽西乱弹傀儡戏的深刻影响。

  下面分节详细阐述闽西木偶戏、闽西汉剧的形成与发展，及其在台湾的传承与变异，以及闽台客家戏剧的交流互动。

第一节 闽西木偶戏及其在台湾的传承

  木偶戏中的木偶，旧称"傀儡"，古代称之为"木人"。傀儡戏历史悠久。早在3000多年前的西周，就有偃师向周穆王献木人的记载。汉高祖时又有陈平造傀儡解白登之围的传说，因傀儡救驾有功，被封为"傀儡神"，附会为有灵性，能保平安，因此由汉高祖的女婿"田公"奉旨带傀儡出巡展演，以保平安，傀儡戏即在此时开始流传民间。傀儡戏班开台演唱都是千篇一律的《上台曲》："傀儡出在汉高王，木头雕来粉线装，吾今奉了君王旨，赠赐金牌走外乡。"因此，傀儡艺人敬奉陈平为先师，"田公"为祖师。从古代延续至今，从中原到临安（杭州），再到南方福建落户，形成了傀儡戏的沉积层，继而发展到客家地区乃至台湾。

一、闽西木偶戏的起源与发展壮大

根据族谱资料及学者的研究表明，闽西木偶戏发源于上杭县白砂镇大金村水竹洋，该村保留了闽西及周边客家地区唯一——座木偶戏戏神庙宇——"田公堂"。闽西木偶戏也以"田公堂"为中心，向周边客家村落、县市流传。水竹洋木偶戏大体呈现家族内部发展的特殊形态。随着社会变迁，木偶戏的传承打破了家族内部传承的规制，木偶戏得以走出大山，流传向各地。木偶戏的发展可分为三个阶段：孕育启蒙阶段，平稳发展阶段，健全繁盛阶段。

（一）孕育启蒙阶段

根据上杭白砂镇大金村水竹洋《梁氏族谱》记载："梁忠世居浙江杭州钱塘，南宋理宗宝祐二年（1254年）贸易于福建上杭东门（郭坊）开基立业（入杭始祖）"，而后梁氏子孙每年都回浙江杭州祭奠上祖，于是"明初梁氏七世祖缘春从浙江杭州带来田公祖师"，安奉于家堂中。根据梁氏祖辈相传，五世祖、六世祖就会演傀儡戏。每演傀儡戏必唱《开台词》："香烟渺渺透云霄，拜请杭州铁板桥，铁板桥头请师傅，腾云降雾下云霄"，这使历代艺师知道傀儡戏是从杭州传入的。明朝是傀儡戏传入上杭水竹洋的初期阶段，基本上由宗族内部举行纪念仪式，以纪念田公祖师爷生日。从六世、七世至十二世，以家庭形式纪念，用鸡鸭、猪肉、豆腐祀奉田公祖师。如此，以"田公"精神为支柱，傀儡戏在家（宗）族中代代相传。其传承谱系见图1：

```
六世      七世      八世      九世      十世      十一世      十二世
子宜——景生——时富——永铭——辉兰——万祁──尚纶（大房）
（讳志善）（讳缘春）   （讳胜宗）       （讳富）├尚经（二房）
                                              ├尚瑛（三房）
                                              ├尚兹（四房）
                                              └尚奇（五房）
```

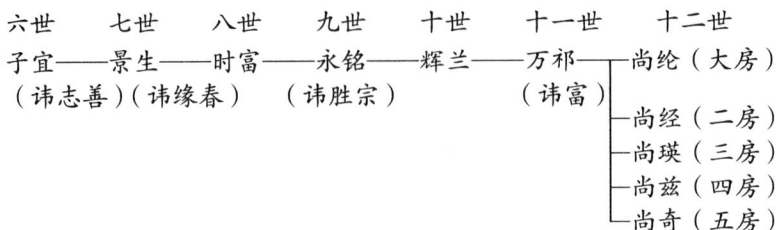

图 1　"祷清"："田、窦、郭三位老郎师傅之神位"传授

　　梁氏傀儡戏艺人们对田公师祖非常敬重，因此加强了对宗族内部傀儡戏技艺传承的力度、艺术造就的深度和对傀儡戏发展的广度，紧密依附"田公精神"，以"田公诞辰纪念"的活动方式来表现，从而影响和引导下一代，使傀儡戏不断发展。早期为单高腔，常常父子二人搭档，称为"父子班"或"子侄班"。水竹洋傀儡戏班以"龙凤呈祥"之意定班名为"龙凤堂"。经常借回祖地杭州祭祀祖先的机会，与当地艺师交流并带回新技艺新形式，使傀儡戏不断更新，不断提高发展。①

　　（二）平稳发展阶段

　　明末至清中叶，水竹洋有吴姓 2 户，梁氏 5 户，共 35 人。随着梁氏人口的不断增长和傀儡戏的不断发展及技艺的逐渐提高，傀儡戏的传承稳定向前发展。

　　以往，傀儡戏以宗族家庭班社制传承，一般不收外姓学徒。当时农村在以农耕收取薄利的生活环境下，用农闲时间演戏谋生是一条便利的出路。因此，水竹洋傀儡戏传承出现了另一种方式，即由宗族的纵向传承发展到有外姓参与的横向传承，构成傀儡社会传承网络的经纬线路图（见图 2）。通过裙带关系传承，即家族中的祖母、母亲、妻子、叔伯婆等女性的弟弟、内侄、内侄孙、内侄曾孙等前来学艺。那时的社会流行一个顺口溜："做戏无大富，日日有饭吃，朝日演历史，社会不重视。"家道贫困，学艺至少有饭吃。由于都是内亲，不属师徒，所以水竹洋梁氏比较少存在师徒关系，有的人技艺学成后，成为大师傅了，又在他们的宗族中一代代传承下去，傀儡戏行业就不断壮大。

---

　　① 梁利忠、梁伦拥：《水竹洋"田公堂"与傀儡戏》，载叶明生、梁伦拥主编《上杭木偶戏与白砂田公会研究文集》，海潮摄影艺术出版社，2010，第 88 页。

```
              梁氏先人
               │
温姓           │           李姓
赖姓    纬      │           邱姓
张姓  ◄──────►  │           曾姓
刘姓           │           黄姓
             经 │           林姓
               │
               ▼
              梁氏子孙
```

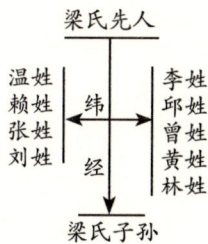

图 2　水竹洋傀儡戏社会传承的经纬图

这种方式一直传承至今。诚如梁氏九世祖永铭公，讳胜宗，妻温氏，生子辉兰，十世祖辉兰公，妻李氏，生子万祁，十一世祖万祁公，原配温氏、续李氏，从九世至十一世三代人中连续出现温氏太婆二位、李氏太婆二位，从宗族关系上来说非常亲近，所以傀儡戏很自然地从梁氏十世和十一世的下一代、二代或三代传往温、李二姓的宗族中去，温、李宗族中也出现了傀儡戏。梁氏从九世至廿一世祖共与十八位李氏女性结亲，印证了李氏傀儡戏与梁氏的密切关系。再如，水竹洋梁氏十八世维贵公，经常到上杭太拔乡演出，每次都得到一张姓人的帮助，后成了好朋友，维贵公的儿子（十九世梁开远）与张姓朋友儿子年岁相同，结为同庚。张姓朋友让其儿子来梁氏学傀儡戏，又将其女儿许配给梁开远长子梁武养（二十世）为妻，侄女许配给次子梁高养为妻（葬于水竹洋竹麻岗上）。傀儡戏通过这种特殊的关系网很自然地传到了太拔张姓家族，后又传到了永定（距今约160 年至 170 年）。又如十六世祖云宝公，妻邱氏，下一、二代又传到邱姓的族群中去，邱姓也有了傀儡戏；次如十七世福光公，妻曾氏，十八世维贵公（著名艺人），妻曾氏，十九世开雷公，妻曾氏，廿世高养公（著名艺人），妻曾氏（著名艺人梁祥礼母），因此曾姓傀儡艺术应是梁氏所传。高腔傀儡艺人曾东山也说："我们曾姓傀儡戏是从梁家传的，所以不存在师徒关系，是亲戚所传。"再如傀儡艺术大师邱必书，从他姐夫（李氏，白砂塘丰坝上人）那里学技手艺，因是"自己人"，没有师徒之称，后来又到著名艺人梁高养"龙凤堂"戏班上串班做戏习艺，最后成为现代闽西木偶艺术大师。其姐夫病故后传下的"福胜堂"戏班，由邱必书继承。所以高腔傀儡戏戏班《请神谱》拜请的七位师公，温发明、赖法魁、李法左、李法右、李法环、丘法奉、梁法魁中的温、李、丘姓师公应该与水竹洋梁姓有千丝万缕的关系。水竹洋梁氏宗族傀儡戏纵向传承谱系如下图3：

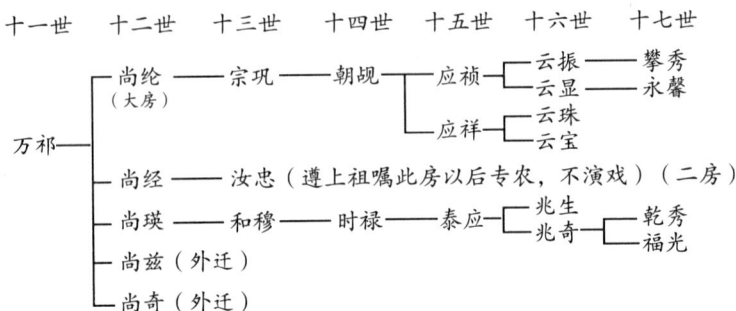

图 3 水竹洋傀儡戏传承谱系

由于传承关系的突破，傀儡戏班和傀儡戏艺人随着时间的斗转星移而迅猛增加，每年农历的六月二十四（田公生日）来水竹洋祭拜田公师父的人越来越多。于是，梁姓族人在自己的祖祠旁建了一座庙，谓"田公堂"，供奉傀儡戏祖师爷田公，供族人及亲友们祭拜。田公诞辰之日，"高腔"三角班、新戏班和老戏班都会自觉地带自己的"戏笼"到田公堂前献艺，一是祭拜祖师，二是走访亲戚、探望朋友，三是向老师父讨教技艺。同台献艺，艺人们称作"对台"，听老人们说，多时有五六台一起演。①

（三）健全繁盛阶段

清朝中后期至民国期间，是水竹洋"田公堂"傀儡戏的健全繁盛阶段。清中叶正是社会政治经济繁盛时期，傀儡戏也随之繁荣昌盛，水竹洋周边各姓氏族中傀儡戏也逐渐增多扩展开来，如李姓、邱姓、刘姓、曾姓、张姓、黄姓、林姓、吴姓等姓氏各自都有好几担的傀儡戏箱。随着傀儡戏班社猛增、艺人队伍的壮大，戏班、艺人多如过江之鲫，班社林立，演戏竞争力大大增强，戏班对垒的"艺人会"达到了登峰造极的地步，这种景观现已经难以寻觅和回归了。这个时期突出表现为谱系分明、班社林立。（见图4）

① 梁利忠、梁伦拥：《水竹洋"田公堂"与傀儡戏》，载叶明生、梁伦拥主编《上杭木偶戏与白砂田公会研究文集》，海潮摄影艺术出版社，2010，第88—90页。

十七世　　十八世　　十九世　　廿世　　廿一世　　廿二世　　廿三世　　廿四世

万祁
　维显
　　开雷——清养——祥龙——志和——伦锦
　　　　　　　　　　　　　　　　　　福庶（从政，未从事木偶戏）
　　　　　　　　　　　　　　　　　　福柱
　　开云——善养——祥凤——利华
　　开霞——有养
　　开巖——福养
　维贵
　　开还
　　开远
　　开连
　　　　（亲戚传承）
　　　　武养——祥义——利芹
　　　　高养
　　　　　　　　（传往曾姓）
　　　　　　曾茂芳　　曾明生——吴仰生——吴景淮
　　　　　　（新凤堂）曾森山——丁椿安——郭天生
　　　　　　　　　　　　　　　　　　　　　袁富先
　　　　祥仁
　　　　祥礼——利忠——李艳玉（伦勇妻上杭县偶剧团演员）
　　　　祥智——利应　　　　（从教，未从事木偶戏艺术）
　维禄——开运
永馨——维珍
乾秀——维乔——开井
福光——维楷——开瑾
　　　　　义养
　　　　　斯养——祥书——利彬
　　　　　明养　　　　　　利洪
　　　　　觉养
　　　　　　　　　　　　　　　　（传往曾姓）
　　　　开穴　　　　曾仰锦　曾瑞伦　曾先芳——曾天山
　　　　　（亲戚传承）（成华堂）曾瑞芬　　　　曾东山
　　　　　　　　　　　　　　曾瑞林　　　　王荣昌
　　　　　　　　　　　　　　　　　　（高腔戏代表传承人）
　维扬——开阔
　　　　双养——祥兴
　　　　禄养——祥陈

梁氏十八世梁维贵亲戚黄东源父子黄志松父子黄梅堂父子黄永昌兄弟黄福星
（传扶福黄姓）
　　王洪奎
　　邱浴生
　　黄镜荣
亲戚张太公父子张连招父子张秉坤
　　常佬子——张如常

梁氏二十世梁高养——刘叔公叔侄刘锦松父子刘金寿师徒伍寿春
　　李艳玉
　　（省级乱弹戏代表传承人）
（赐福堂）

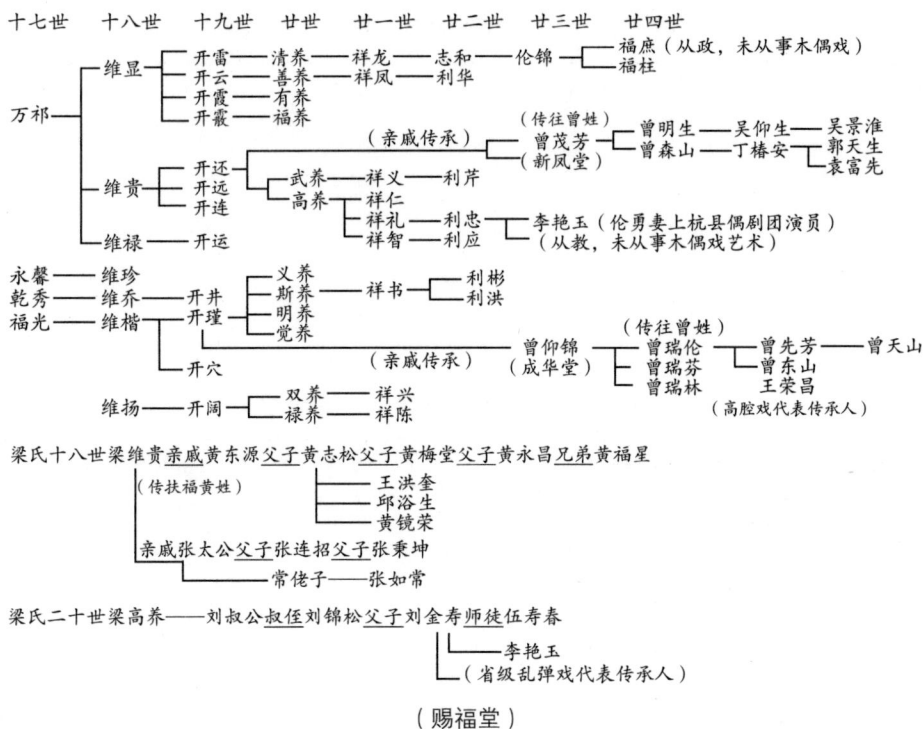

图4　水竹洋傀儡戏梁氏宗族及亲戚内部传承

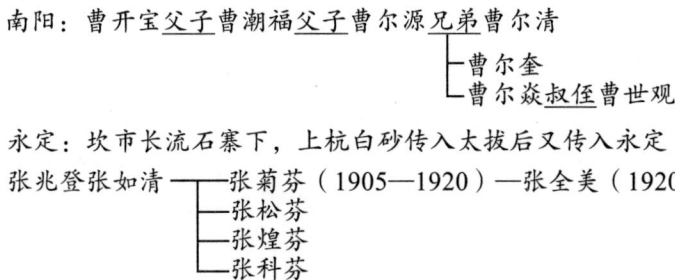

南阳：曹开宝父子曹潮福父子曹尔源兄弟曹尔清
　　曹尔奎
　　曹尔焱叔侄曹世观

永定：坎市长流石寨下，上杭白砂传入太拔后又传入永定
张兆登张如清——张菊芬（1905—1920）—张全美（1920生）
　　张松芬
　　张煌芬
　　张科芬

图5　水竹洋傀儡戏向外地传承发展举隅

　　在上杭县境内，清末至民国期间共有傀儡戏班108个（不完全统计），其中高腔傀儡戏班53个、乱弹傀儡戏班55个。白砂镇共有59个，其中高腔傀儡戏班34个，乱弹傀儡戏班25个。"田公堂"所在地水竹洋竟有12个戏班。直观的数据（见表3-1、表3-2和表3-3）说明上杭水竹洋应是客家傀儡戏的发展中心。

表 3-1 上杭高腔班社数量（合计：53 个）

乡镇	班社数量（个）	乡镇	班社数量（个）
白砂	34	茶地	6
南阳	1	城郊	3
才溪	1	泮境	2
官庄	4	庐丰	2

表 3-2 上杭乱弹班社数量（合计：55 个）

乡镇	班社数量（个）	乡镇	班社数量（个）
白砂	25	稔田	2
南阳	4	泮境	1
官庄	2	茶地	1
兰溪	9	蛟洋	3
太拔	1	古田	2
旧县	1	庐丰	1
中都	1	上杭城关	2

表 3-3 白砂傀儡班社数量（合计：59 个）

类 / 村	大金	塘丰	大田	扶福	军桥	朋新	梧岗	梧田
高腔	16	4	6	3	4	1	0	0
乱弹	9	13	0	0	0	0	2	1

　　关于傀儡戏的戏班概况，20 世纪 80 年代做过调查，但不完全。近年来，梁利忠、梁伦拥热心传承和保护家乡木偶文化，多次下乡调查并整理出上杭傀儡戏

班办班分布情况，详见表 3-4 和表 3-5。^①

表 3-4 上杭傀儡戏高腔班分布情况

班名	班主	班址	时期	班名	班主	班址	时期
金凤堂(1)^②	梁义养	白砂大金	清代	银凤堂	梁斯养	白砂大金	清代
明龙堂	梁明养	白砂大金	清代	觉桃园	梁觉养	白砂大金	清代
金桃园	梁通养	白砂大金	清末民初	金凤堂(2)	梁祥书	白砂大金	清至民国
华成堂(1)	曾瑞林	白砂大金	民国至1990年	新凤堂	曾茂芳	白砂大金	清代
朝阳堂	曾潮芳	白砂大金	清至民国	胜华堂	曾耀芳	白砂大金	清至民国
华仁堂(1)	刘汤仁	白砂大田	清代	美华堂	曾华芳	白砂大金	清至民国
彩凤鸣(1)	曾梦荣	白砂大金	清至民国	彩凤鸣(2)	曾明山	白砂大金	民国至1958年
华成堂(2)	曾瑞芬	白砂大金	民国	华成堂(3)	曾瑞伦	白砂大金	民国至今
永茂堂	黄永龙	白砂扶福	清至民国	新天乐	黄永昌	白砂扶福	民国至1955年
润茂堂	黄梅堂	白砂扶福	清至民国	松勋班	刘松勋	白砂大田	清至民国
盛桃园	刘润乡	白砂大田	民国	芬松班	刘芬松	白砂大田	民国
锦兴堂	刘盛乡	白砂大田	民国	华仁堂(2)	曾瑞来	白砂大金	民国至1955年
诒华班	刘诒华	白砂大田	民国	荣福顺(1)	李瑞开	白砂塘丰	民国
荣福顺(2)	李华林	白砂塘丰	民国	飞凤堂(1)	李春万	白砂塘丰	民国

---

① 此两表主要根据梁利忠、梁伦拥调研成果《水竹洋"田公堂"与傀儡戏》所列上杭傀儡戏班（载叶明生、梁伦拥主编《上杭木偶戏与白砂田公会研究文集》，海潮摄影艺术出版社，2010，第90—93页），同时参照了王远廷《闽西戏剧史纲》（中国文联出版社，1999，第89—90页）中资料搜集的成果，综合两者而成，并对个别疑似有误之处进行了更改。

② 表内扩注的数字，表示同一戏班在不同时期出现过不同班主。

续表

班名	班主	班址	时期	班名	班主	班址	时期
飞凤堂（2）	李春梅	白砂塘丰	民国	升桃园	张连招	白砂军桥	民国
贤佬仔班	张丁贤	白砂银坑	民国	胜凤鸣	张如常	白砂银坑	民国
连元堂	张秉坤	白砂银坑	清至民国	生喜堂	梁生喜	泮境彩下	民国
启泉班	吴启泉	茶地连科	新中国初	仰山班	吴仰山	茶地竹马坑	新中国初
意生班	邱意生	茶地九泰	新中国初	光春班	邱光春	茶地九泰	新中国初
文彪班	李文彪	城郊张滩	民国	如云班	吴如云	茶地连科	新中国初
洋子班	邱羊子	城郊九州	民国	龙华班	龙仔	庐丰扶洋	民国
长寿班	李长寿	城郊羊公岭下	民国	翠华堂	李老师父	庐丰扶洋	民国
宏志班	黄宏志	南阳南坑	民国	华仁堂（3）	长颈	才溪黄竹	民国
双寿堂	张双盛	官庄濯坑	民国	龙华班	饶坤光	官庄濯坑	民国
万华堂	林开发	官庄	民国	万荣堂	兰福盛	官庄	民国
飞彩凤	何从忠	泮境定达	民国至今	官山班	高兆辉	茶地官山	民国至今
福兴堂	傅福天	白砂朋新	民国末至1957年	—	—	—	—

表 3-5　上杭傀儡戏乱弹班分布情况

班名	班主	班址	时期	班名	班主	班址	时期
龙福堂	梁福养	白砂大金	清代	永美堂	邱和清	白砂大金	清至民国
龙凤堂	梁祥礼	白砂大金	清至民国	彩金凤	梁祥义	白砂大金	清至民国
龙华堂（1）	梁祥龙	白砂大金	清至民国	龙凤园	梁祥凤	白砂大金	清至民国
有凤堂	梁有养	白砂大金	清至民国	清凤堂	梁清养	白砂大金	清至民国
龙和堂	邱和炳	白砂大金	清末至民国	新彩凤	李庆瑞	白砂塘丰	清至民国
新安彩	李银运	白砂塘丰	清至民国	万升堂	李丙运	白砂塘丰	民国

续表

班名	班主	班址	时期	班名	班主	班址	时期
集福堂	李瑞曾	白砂塘丰	清至民国	庆瑞堂	李瑞权	白砂塘丰	民国
新贵春	李银运	白砂塘丰	民国	飞庆堂（1）	李良玉	白砂塘丰	民国
飞庆堂（2）	李瑞光	白砂塘丰	民国	凤舞堂	李灿明	白砂塘丰	民国
永福堂	林永招	白砂塘丰	民国	福庆堂	李龙瑞	白砂塘丰	清至民国
福星堂	李如意	白砂塘丰	民国	佳富班	李佳富	白砂塘丰	民国
生庆堂	袁必生	白砂梧岗	民国	龙华堂（2）观音妹班	观音妹	白砂梧田	民国
新赛乐	曹朝福	南阳射山	清至民国	飞凤堂	陈来鄂	南阳茶树下	民国
福新堂	梁子	南阳豪东	民国	龙凤班	龚子生	南阳马洋洞	民国
乐尧天	石才生	官庄郭树下	民国	万龙堂	六哥子	官庄濯坑	民国
老万春	龚喜兆	兰溪黄潭	民国	万春顺	龚春圆	兰溪黄潭	民国
福春堂	龚介明	兰溪黄潭	民国	汉声鸣	龚仲贤	兰溪黄潭	民国
赛天香	龚贤贵	兰溪黄潭	民国	新福寿	赖郁栽	兰溪龙丰	民国
乐荣春	邱龙林	兰溪黄潭	民国	桂兰堂	龚桂玉	兰溪黄潭	民国
福胜堂	邱必书	茶地樟树	民国至1956年	月华楼	郭四哥子	临江镇	民国末至1956年
新庆堂	邱茂友	蛟洋松头	民国	福茂堂	张子波	古田八甲	民国
梅四班	王梅四	古田郭车	民国	乐善堂	邱维祯	蛟洋松头	民国
飞凤鸣	陈玉彪	旧县新坊	民国	万贵春	邓四满子	庐丰水尾	民国
贵荣堂	树佬子	中都佛坑	民国	红星堂	吴景龙	上杭城关	民国
老贵华	李观音	太拔院田	民国	赛霓裳	李文科温郁森	稔田、泮境	民国
新宝华	龚育增	兰溪黄潭	民国末至1960年	乐荣春	邱龙林龚恒玉	兰溪黄潭	民国

续表

班名	班主	班址	时期	班名	班主	班址	时期
万芬班	张万芬	蛟洋	民国末至 1955 年	双顺堂	刘锡潮	官庄	民国末至 1956 年
福顺堂	石洪银	官庄	民国末	—	—	—	—

以上主要是以上杭白砂田公堂为中心辐射到周边乡镇的木偶戏班的情况，调查统计了高腔戏班 53 个，乱弹戏班 55 个。与《闽西戏剧史纲》[①]一书中记载的戏班比较，班数有明显增加，其中高腔班增加了 26 个，乱弹班增加了 11 个。但《闽西戏剧史纲》所列白砂银坑的高腔班"彩凤班"（班主常佬仔）、蛟洋松头的乱弹班"福茂堂"（班主邱子熙）未被列入调查表中。据王远廷先生统计，由上杭白砂传到永定的木偶戏班有 26 个，传到连城的有 6 个，传到长汀的有 8 个。此外，与上杭毗邻的武平共有 7 个木偶戏班，但缺乏资料证明是否从上杭传入。新罗区木偶戏从永定高陂传入，共 3 个戏班。闽西木偶戏流入漳平始于清末，到 20 世纪二三十年代，漳平的木偶戏班发展到 14 个。[②]

二、木偶戏剧目

（一）概述

随着清中叶乱弹声腔的传入，闽西木偶戏改变了传承三四百年的单一声腔——高腔的演出形式，发展为高腔、乱弹两种声腔同时并存的局面。清末，粤东外江戏频繁来闽西演出，颇受闽西观众喜爱，影响深远，闽西传统大戏（相对木偶戏）乱弹戏受其影响也改称"外江戏"。闽西各地木偶戏为了生存，争夺市场，只好顺应和迎合观众的观赏习惯与审美旨趣，发生了历史性的两大变化：一是不少高腔班转为乱弹班，改演乱弹戏，或演高腔戏与乱弹戏两者并举；二是融入和吸收大量"外江班"的传统演出剧目，极大地丰富了木偶戏的剧目。

闽西木偶戏高腔和乱弹的传统剧目数量惊人。20 世纪五六十年代，上杭县文

---

① 王远廷：《闽西戏剧史纲》，中国文联出版社，1999，第 89—90 页。
② 王远廷：《闽西戏剧史纲》，中国文联出版社，1999，第 91—95 页。

化局组织当地艺人历时七年整理出 1092 个传统剧目 ①，为闽西地方留下了一笔丰富的民间文化遗产，堪称民间戏剧文学宝库。据白砂"华成堂"艺人曾瑞伦先生所述 ②，木偶戏剧目大体可以分为传本戏、正本戏和杂出（折戏）三大类。

"传本戏"也称"连台本戏"，凡是连演三晚上以上的即为传本戏，是高腔傀儡戏在民俗活动中"还愿戏"（也称"香火戏"）最核心的剧目。其中不仅有与民间信仰祭祀相关的剧目如《夫人传》《华光传》《观音传》《五星传》《七星传》《三官传》等，每个传本都有上演三到七天的连台本。此外还有在民俗还愿活动演出的历史题材传本戏，如《铁忠玉》《朱达用》《唐僧》《良玉》《崔文瑞》《封神》《七国中》《慈云走国》《三国》《开唐》《反山东》《征东》《征西》《吐林》《征河东》《胡家将》《杨家将》《包公》《岳飞》《粉妆楼》等。

其中《岳飞传》为"连台本戏"之最。《岳飞传》是强调忠孝节义的伦理教化戏，有单本戏《胡迪骂阎罗》，有连台九本《岳飞传》、有连台十四本《岳家后传》中的《金荣贵》，最长的是连台七十四本的《岳飞传》。1958 年 9 月至 1959 年 3 月，由上杭县白砂乡水竹洋"龙凤堂"著名艺人梁祥礼口述，由陈锦章记录，吴华农、刘子仁、江镜明等人重抄，历经半年完成的七十四本的《岳飞传》最有代表性。该剧全文约 70 万字，可以演出一个月。其抄本文字之多及本数之众，可谓洋洋大观，称得上福建全省乃至全国民间戏曲"岳飞戏"连台本剧目之最。

"正本戏"即单本戏，一本只演一场，时间为一个半天或一个晚上（4 小时左右）。其中有一部分是高腔傀儡戏传统剧目，但也有一些是乱弹腔被高腔吸收的剧目，其剧目有《宝珠记》《珍珠串》《龙梦金》《三代荣》《战三关》《文武魁》《三打南洋》《天门阵》《双驸马》《双麒麟》《闹镇江》《闹扬州》等。

"杂出"，也叫"折戏"。有的是独立小故事的单本短戏，有的是从传本或正本中抽出来的一段较完整的戏。这些戏可以随请戏东家挑选，也可插入大型连台传本中演出。相对来说，杂出剧目是观众最爱看的也是百看不厌的一些精品戏段，如《杏元和番》《吴汉别妻》《刘秀抢饭》《孟良招亲》《焦赞祭主》《梨花斩子》

---

① 袁洪亮：《上杭木偶戏音乐集成》（油印本），龙岩地区文化局、上杭县文化局，内部资料，1994，第 6 页。

② 叶明生：《闽西客家傀儡戏发展史丛谈》，《福建艺术》2017 年 7 月第 4 期，第 43—44 页。

《仁宗认母》《沉香救母》等。

此外，还有本地文人以地方故事为题材编演的剧目，如《绥阳案》，讲述了乾隆年间，上杭白砂乡人袁养正任贵州绥阳知县时，智判奸妇溶解锡壶灌入丈夫腹内的重大疑案；又如《吴良心》，讲述了雍正年间，上杭庐丰乡人蓝约三授云南安仁知县，错断樵夫还金案。这类剧目也可称为"时事剧"，但剧目很少。

这里要特别指出的是，旧时表演傀儡戏时并没有剧本，艺人们是在师父的口传相授下把剧情完全记在脑海里，演出时，信手拈来，脱口而出。仅有的一些"提纲本"，是师父教徒弟时，为了帮助其记住剧情线索，以及人物上下场的先后次序而用的演出提纲，其中也记录一些上场诗、下场白及自报家门的口白，详细些的还有一些套用的唱词等文字。自1955年上杭文化部门组织力量记录口述傀儡戏剧本后，才开始有了木偶戏剧本的传世。

（二）传统剧目清单

高腔系统的剧目分传本戏和正本戏两大类，乱弹系统的剧目分为传本戏、正本戏和杂出（折子戏）三大类。（见表3-6）

表3-6　木偶戏剧目

类别	传（正）本	剧目
传本戏	薛仁贵征东	唐王得梦、仁贵投军、太宗出朝、天水关、凤凰关、独木关、越虎关、乌泥河、摩天岭、唐王回朝、仁贵还乡
	薛丁山征西	李道宗害仁贵、仁贵游地府、薛丁山下山、樊梨花下山、三弃樊梨花、玄武关、仁贵归天、三请樊梨花、沙江关、凤凰关、麒麟关、芦花关、金牛关、铜马关、五龙关
	五虎平南	狄青被捕、狄龙误婚、段洪被斩、重上祝枝山、班师回朝
	罗通扫北	御驾亲征、班师回朝
	薛刚反唐	薛刚闯祸、祭铁丘坟、起擂招贤、新唐国借兵、父子相会、芦陵王上山、破怪马、用计得贤、十绝阵、薛蛟吞珠、秦文起义、争先锋、顺女归唐、梨花收妖、回朝登基
	五星传	王坤勇私通番国、邢怀玉保驾、误斩邢淑贞、论功升赏
	华光救母	水淹阳州、强逼下海、收黑犬精、借金塔、玉旨封赠

续表

类别	传（正）本	剧目
传本戏	夫人传	何世魁上任、何世魁脱凡、何世魁救妻、观音梳妆、兄弟收妖、闾山学法、除妖救兄陈靖姑出嫁、收白蛇精、王文远出仕峨眉山收龟蛇、收青草精、收蝼蚁精张友昌出仕、斩魔王
	观音传	火烧白雀寺、阴阳界、化身治病、香山寺还愿
	粉妆楼	大闹满园春、罗家被害、暗害玉霜、闹鹅头镇、闹淮安、害祈子富、闹瓜洲、害众国公、朱良发兵、罗灿上山、柏文联上山、马国公回潮、罗增、马成隆回朝
	万花楼	狄青下山、对鸳鸯、狄青解军衣、包文拯回朝、狄青招亲
	珍珠传	杨太保生反、友昌夸擂、抄杀祝府、张贯谋主、兄弟相会、假公子入府、青州放粮、杀死秋香、三郎回京、马兰回京、祝家报仇、大会团圆
	天宝图	闹华府、李三保打擂、青云楼、破祝家寨、争状元魁、建国醮、救小主、闹淮安府
	双合剑	赛龙舟、假驸马、兄妹相见、夫妻交拜
	金荣贵	抛绣球、攻打雁门关、岳雷出朝、宏梦救父、金国进身
	下南唐	女杀四门、刘金定得救、班师回朝
	包公传	包公出世、狸猫换太子、包公出仕、上梦床仁宗认母、仁宗登基
	二度梅	卢府拜寿、天地台、屠申报信、禧童替死、寿国寺、梅开二度、北番造反、挑选美女、丛台分别、杏元和番、杏元自尽、东初入牢、百府上任、春生投水、审江魁、后堂复审、失金钗、打卢杞
	西游记	唐僧出世、收三徒、收猴精、八戒招亲、收猪精、服悟空、唐僧下狱、假亲脱纲、火云洞、火焰山、收犀牛精、收花豹精、扫塔除妖、收白鹿精、过通天河、假西天、过天竺国
	封神演义	纣王得妲己、晁天归西岐、张贵芳伐西岐、魔家四将伐西岐、张山伐西岐、洪锦归西岐、苏护归西岐、黄飞虎反五关、战张奎、三山关、朱仙阵、万仙阵、冰冻岐山、武王百日斋、姜子牙百日斋、渭水访贤、取佳梦关、取青龙关、氾水关、取游魂关、取临潼关、取穿云关、取界牌关、姜子牙下山

类别	传（正）本	剧目
传本戏	岳飞传	（缺一折）、岳飞得沥泉枪、岳飞遇牛皋、岳飞回汤阴、枪挑小梁王、太行山、岳飞得子、大金国生反、占领二郎山、得河间府、邦昌害李纲宗译、二次进贡、北宋末、宋帝归北、康王登基、高宗宣岳飞、岳飞得功、邦昌献玺、岳飞挂帅、曹荣献黄河、大战爱华山、征太湖水寇、征湖口康郎山、得沂水关、金兀术斩刘豫、张立救吉青、张宪战董先、岳飞得何元庆、兀术五路进兵、高宗逃五难、牛头山保驾、斩弹子、彦直斩粘罕、征九龙山、征湖州戚方、高宠挑滑车、岳飞保驾、高宗复金陵、秦桧回朝、苗刘谋驾、岳飞赴会、杨钦献图、大战蛇盘山、牛皋学法、帽山赴会、伍姚鸳鸯配、牛皋下山、牛皋得功、云芳结拜、大破洞庭湖、小商河、大王破臂、曹宁转宋、连环甲马、破铁浮陀、大破朱仙镇、迷蚩访秦桧、秦桧害岳飞、岳飞归天、韩世忠救岳家、孔明传葛锦、岳家徙云南、太行山相会、云南探母、岳霆打擂、岳霖招亲、替岳报仇、孝宗登基、岳雷挂帅、箭破宝珠、大战界山、大破鱼鳞阵、岳雷扫北、得牧羊城
	三国演义	龙凤配、破潼关、阴阳错、献降书、长坂坡、白帝城、博望坡、天水关、鲁肃求计、蒋干过江、火烧赤壁、舌战群雄、取荆州、献连环、定中原、取武陵、佐慈进柑、甘露寺、华容道、空城计、斩吕布、河梁会、取长沙、失街亭、葫芦谷、拦江夺阿斗、孔明拜斗、徐庶荐诸葛、取成都、三请孔明、击鼓骂曹、蒋干偷书、单刀赴会、关公挡曹、孔明借箭
	慈云走国	寇元救主、狄虎救兄、破铁球山、双龙山相会、破双龙山、慈云落难、回朝登基
	五虎平西	狄青招亲、取七星关、取白鹤关、狄青回朝、龙虎配、包公审杨狄、设计害狄青、狄青假死、狄青复官、雄关杀敌、大破迷魂阵、平服新罗、平服西辽、回朝封官、五虎团圆
	黄巢传	黄巢起义、黄巢选妃、沙陀搬兵、沙陀借兵、飞虎山
	开唐传	看琼花、开唐朝、抢状元魁、逼主抢卯、千秋岁、败金荣
	杨文广征南蛮	张赵胡学法、丁七娘学法、收妖、大战铁松洞、大战水晶洞、占领黄丝洞、青峰洞、蜈蚣洞、征剿梅花山、取福梁城、大破黄河阵、大战飞蛾洞、征带子洞、班师回朝
	五虎朝王	大闹蔡府、医疯病、兄妹相会、父子相会、得功封赠
	朱家传	朱达勇登基、朱有麟招亲、朱有麟解梦、朱有麟投军、兄弟相会、别宫回朝
	北宋	私下三关、焦赞闯、焦赞起解、昭吉冒奏、三关散兵、困潼台、暗访延昭、焦赞祭主、孟良招亲、三关会兵、大破潼关、太君离朝、孟良取发、大破天门阵、折天波府

续表

类别	传（正）本	剧目
传本戏	西汉	斩蛇起义、赵高专权、陷害李斯、陷害章邯、章邯投降、定陶统拜、刘项入秦、阵同归降、张良见沛、韩信背楚、追韩信、韩信问卜、范增立楚、章邯破项、项羽破章邯
	东汉	马武救刘秀、刘秀抢饭、请马武、攻打吉阳城、昆阳大战、天五莽
	铁忠王	三抢费冰心、铁忠王征番
	昭君传	单子生反、昭君和番、勒封昭君
	下燕京	月龙头、借弓鸢子头、夜困曹府、大盘洗殿
	七姑扶主	王登篡位、隆兴兵、叔侄相会、回朝合基
	赠宝珠	姚燕结拜、姚燕起解、独动杀场、占家夺子、罗剑上京、杨氏告状、报仇团圆
	四大忠	3个（具体剧目不详）
	隋唐传	35个（具体剧目不详）
	李旦传	10个（具体剧目不详）
	崔文瑞	3个（具体剧目不详）
	七星传	5个（具体剧目不详）
	班超传	4个（具体剧目不详）
	杨家传	6个（具体剧目不详）
	征河东	3个（具体剧目不详）
	王康元	曹显逼离书
	杜林传	不详
	胡家传	不详
	三官传	追宝珠、妖反天空
	祁家传	不详
	潭州传	不详
	七国雄	5个（具体剧目不详）
	征山后	不详
	正德游江南	不详
	黑风帕	不详

类别	传（正）本	剧目
正本戏（多出）	莫怀古	按杯、斩莫、会审
	双贵图	磨房相会、芳覃探监、兄弟会、杀场救嫂
	忠孝全	赶出府门、逼婿休妻、投军得胜、法场救父、到府团圆
	双罗帕	苏三耕田、父子会、大堂会
	万里侯	怀德晋京、花子闹院、王府招亲、花园耍枪、怀德打擂
	九世居	买鱼放生、代兄报仇、公羲认宝、退兵救驾
	三香配	汪益谋财、张接征寇
	金石缘	征大芦山、反贪官、征海船
	伍子贵	天竺投教、南峰观景、伍子受封
	三仁义	得中高魁、子英遇寇、崔氏上京、回朝除奸
	三代荣	王应登上京、上华山、应登推贡、金荣招亲、金荣投军、救父回朝
	三花美	祭坟遇寇、章瑞别妻
	忠烈报	国太被害、李广回朝、出南关、李文拔箭判官山、保主登基
	合古镜	范惠单被害、文拯看花、子龙上京、报仇团圆
	梦中缘	梦中相会、怒赶金花、夫妻相会、上京封官
	对金钱	下河南、王怀如买父、玄武入牢、救驾回朝
	玉石连环记	奴才谋主、百知府告状、访山东、征山东
	龙梦金	丝兰带、报仇团圆
	征洛阳	不详
	五美缘	冯曲说亲、冯曲遭害、翠秀代嫁、正德访贤斗峰寺、护国寺、林璋征番
	四总兵	三下汉阳、徐孝德下山、汉阳封官

续表

类别	剧目
正本戏 （单出）	马伦招亲、进宝珠、文武星、积善堂、闹淮安、闹镇江、闹长安、闹扬州、狮子楼、上天台、对珠纱、南柯梦、四国齐、大清国、天启图、卖水记、千里驹、五龙会、鸳鸯楼、梦中缘、上三关、下三关、万寿图、穆柯寨、双官诰、双龙山、双驸马、洪恩寺、下马牌、红书剑、灵芝草、锦罗帕、后母贤、珍珠塔、青石岭、八百寿、大金镯、尚香投江、白鹤图、龙凤配、破潼关、雌雄鞭、满家荣、火轮牌、西番配、双仓记、十五贯、仁义魁、双太子、黑风山、射花荣、麒麟山、枕头市、双凤镜、吉星台、全家禄、罗成打登州、过江、白玉妒、对绣鞋、乾坤带、兵符记、康熙游苏州、兰袍记、临潼关、打宝刀、斩黄袍、九龙山、困双龙、收鼠精、大红袍、葵花树、贤王颁兵、铜牌记、忠义节、阴阳错、游天牌、养禅堂、乾隆游山东、探王阳、飞云马、二困锁阳、三困锁阳、大名府、双槐树、孟丽君、何文秀、高文举、绥阳案、广东案、翠香记、文约记、白罗衣、苏州案、药茶记、拾绝阵、红绫袄、九子升官、一困锁阳、三姐下凡、龙女收妖、邱瑞征瓦岗、乾隆游南京、夜探斋堂、莲花庵削发、兄弟劝降、五鼠闹东京、车龙卖灯、清风亭赶子、三打薛平贵、红娘子起义、三打祝家庄、陆凤阳抢饭
杂出 （折子戏）	吴良心、龙井寺、眼前报、打康王、杨三笑、长寿寺、芦花雪、玉堂春、蔡伯喈、洛阳桥、双姻缘、红梅树、甘露寺、闹酒楼、正弑奸、茶博士、血掌印、明公案、小盘殿、打金枝、金刚阵、杨和堂、战丘其、卖草毡、南天门、王公子庙会、过昭关、千里缘、百里奚认妻、拿侠丁、马蹄炮、十道本、收沙僧、观图、举狮、张义钓金龟、战武昌、梅龙镇、游武庙、捡芦柴、安安送米、秦琼表功、陈进得子、桂芝写状、张羽煮海、江东桥、夜审郭槐、郑仙教子、仙姬送子、琉璃洞、日生招亲、包公斩酒、女杀四门、渭水访贤、对玉环、李能抢亲、周延得妻、正德访贤、割肉奉亲、刘海得道、西蓬击掌、马迪钻鸡笼、反山东、借女过门、游西湖、哑子分家、王英下山、沉香救母、童女斩蛇、卖麻风、报恩记、王阿禄得妻、土地送子、武松打店、崔氏逼婚、刘锡得子、皇娘问卜、貂蝉拜月、对药材、三搜花园、孙氏祭江、征明州、曹仁修仙、赵朋看榜、天官献八宝、海山招亲、李梦熊、欧家庄、计取贵阳、平贵登基、长生果、秦雪梅吊孝、窦娥冤、三娘教子、回龙阁、反庆阳、破庆阳、麦里赠金、双花会、鸿雁带书、临江泽、三仙阁、鸿门宴、牧羊记、招驸马、梁山聚义、庄子扇坟、凤还巢、征北海、苏文表借衣、庵中会、乔氏赴会、范丹问卜、秋胡戏妻、康茂才挡亮、疯僧扫秦、哑子祭母、打洞结拜、金桥算命、男绑子、莲花庵、兴童送主、蒙正捞斋、文通收妖、金殿配、大拐小骗、得海投文、妙英投宿、永乐观灯、赵玉舞、王英救姑、东阁拜堂、夏氏问卦、保子卖书、法门寺、药王登仙、高关借头、钱宝拜年、花子拾金、闹龙舟、姚刚招亲、龙山招亲、皇娘扯甲、陈姑自尽、彭城下、太公扫坟、状元拜塔、月下追姑、凤阳花鼓、东平府、齐王哭殿、苏生会文、道中劝友、上梁山、拾玉镯、燕青打擂、花子骂相、陈桥登基、三下丰都、四宝记、白扇记、双别窑、徐杨结奏、徐杨进宫、郑恩逼封、辕门斩子、关公挡曹、打狮进城、芭蕉树、焦光浦卖酒、包公审虎、包公斩国史、天仙配、水漫金山、蒋元芳游寺、战南海、还魂帕、阴阳界、东南山、兰继子哭街、香山寺、顺祥卖柴、郭巨埋儿、胡迪骂阎、张才与蜡梅、吴汉杀妻、宋江杀惜、审头刺汤、活捉三郎、张古董借妻、大小争风、双板驾、秦香莲、金蝴蝶、蟠桃会、吉阳关、望儿楼、龙虎斗、杨波登基、龙女自叹、高旺进表、乌鸦探妹、金莲观星、太子过关、大审潘洪、书房劝婚、李文拔箭、马冯换婚、救主对窑、海山招亲、父子相会、母子相会、郭子仪拜寿、凤娇弹琴、马头泼水、大姐过门、五台会兄

表 3-6 中列出的是现在仍有清单或剧本可查的剧目。其中，传本戏 56 个，正本戏 133 个，杂戏 338 个，合计 527 个。但是，一个传本戏《岳飞传》就有 74 个剧目，56 个本戏，约有 500 个剧目。按此计算，确有上千个传统剧目。

弋阳腔早期演出的 12 种连台戏，除《目连传》和《铁树传》尚难确定外，其余 10 种都是闽西高腔木偶戏班的演出剧目。《东游记》和《北游记》现在虽没有演出，但在历史上，它是高腔班的主要演出剧目。高腔艺人有句口头语："高腔会做'四大游'，乱弹要做'四大会'，才能称得是好戏班。"这句口头语便印证了闽西高腔木偶戏班过去曾演过《东游记》和《北游记》。此外，作为早期弋阳腔剧种的代表性剧目《目连救母》，现在闽西高腔木偶戏艺人中流传有这几句戏谚："华光救母丰都去，目连救母上西天，目连救母不肯休，每天最好吃黄鳅，吃过喉咙三分味，阴司有罪苦难当。"上杭马林兰书局刊印的《一年使用杂字文》中，亦有"题唱目连来救母，破沙即是破丰都"的字句。由此看来，闽西木偶戏也可能演过《目连救母》。

（三）常演剧目和代表性剧目

1. 概述

1983 年在上杭召开的老艺人座谈会上，艺人们从 1000 多出传统剧目中一致推选以下 60 出左右为常演剧目：《大名府》《白蛇传》《收三徒》《辕门斩子》《忠义节》《郭子仪拜寿》《九世居》《珍珠塔》《沉香救母》《永乐观灯》《天水关》《高旺进表》《杨三笑》《宫门挂带》《武松打店》《茶博士》《湘子化斋》《花子骂相》《卖水记》《洪恩寺》《马蹄炮》《齐王哭殿》《万里侯》《龙凤阁》《探五阳》《四进士》《红书剑》《三关堂》《芦花雪》《疯僧扫秦》《陈姑赶船》《双麒麟》《三打祝家庄》《大金镯》《武昌起义》《桂芝写状》《思簪相会》《双姻缘》《大香山》《百里奚》《张义钓金龟》《伍子胥》《白罗衣》《搜花园》《东南山》《胡迪骂阎》《活捉》《乔氏赴会》《天官赐福》《郑恩逼封》。其中，前面 22 个剧目为代表性剧目。尤其是《大名府》和《水漫金山》，最能体现闽西提线木偶戏的艺术特色。

2. 最具特色的剧目

（1）《大名府》

其剧情故事说的是宋江闻河北大名府员外卢俊义尚义好侠，欲招其上梁山起义。遂派军师吴用扮卜卦先生至卢家，以卜辞使卢员外至东南方（梁山附近）"避难"。吴暗题反对朝廷的诗句于卢家墙壁上，卢至东南方即被梁山好汉诱至义厅，宋江盛情款待，晓以大义，欲请卢同谋共事。奈卢不从。宋江遂命众好汉送卢出寨。卢在返家途中遇家人燕青，告家奴李固与主母贾氏（卢妻）有奸情，欲害员外，并告自身已被驱逐，劝卢不可返家。卢不信，随即分道而行。燕青投奔梁山。卢返家即被李固招引官兵捉拿下狱。宋江闻卢入狱，即设计搭救，派众好汉假扮各色杂耍艺人混进大名府法场，救出卢俊义，并拥戴卢坐上梁山第二把交椅。李固与贾氏被处决。

（2）《水漫金山》

故事内容与《白蛇传》相同，但闽西木偶戏却把它定名为《水漫金山》而不叫《白蛇传》，正是突出了木偶戏在艺术表现上的特点。人戏《白蛇传》是在"传"字上做文章，剧情围绕着主人公白素贞的身世变化而展开；木偶戏《水漫金山》则是在"水"字上做文章，着力表现白娘子怎样用"水"与法海做斗争。木偶戏利用偶人、偶物可以飘浮飞腾的特点，制作了龟、鳖、鱼、虾等许多可以在水中活动的动物偶，在"水漫金山寺"这场戏中作为白娘子的军团，各显神通，推波助澜。在表演上，龟鳖有伸颈缩脖、匍匐爬行等动作；鱼虾则有摇头摆尾、窜溜沉浮的体态动姿；蚌做掀壳夹物等动作。蚌的腹心是个小姑娘，代表珍珠。海螺壳内亦藏一小姑娘，表示螺肉，时而冲开螺盖仗剑作法。这些动物成群结队，兴风作浪涌向金山寺。舞台上灯光布景出现波涛汹涌、电闪雷鸣的景象，场面蔚为壮观。在唢呐锣鼓密切配合下，气氛紧张而热烈。动物过场后，台上展现法海与白娘子分别变化成动物搏斗的场面：毒蛇张大口，蜈蚣夹蛇身，公鸡啄蜈蚣，雄鹰叼公鸡，花豹张牙爪，猛虎下山岗。这段斗法表演，既显示了偶物制作工艺的精巧，又体现了提线艺术的精湛。动物的形态既有生命力，又有神韵味；既合规律性（动物本性），又合目的性（表现主题），生动而形象地表现了"魔高一尺，道高一丈"的主题。①

---

① 王远廷：《闽西汉剧纵横》，鹭江出版社，2010，第134—137页。

三、闽西木偶戏的组织管理

由于傀儡戏班社的猛增和艺人队伍的壮大，于是出现了戏班与戏班之间、艺人与艺人之间、艺人与行外人之间的诸多矛盾，如戏班之间抢生意、争师父，外界歧视木偶艺人及子孙等。

为妥善解决诸多方面的矛盾，在十六世梁云振公和十七世梁攀秀公（号法魁，"龙凤堂"班主）父子的策动下，艺人们自发组建成立了管理这方面事务的民间组织机构——"田公会"。

初时，选举7人组成掌事会（先由梁姓掌事成员做东，其他姓氏成员抽签来分先后顺序），由大家捐款购置田产，以后发展成24个掌事，其他班主和有名望的师傅为会员。白砂镇大金村"华成堂"老艺人曾瑞伦（92岁，已故）和塘丰村的退休教师李仰桥（著名艺人李龙瑞之子，84岁）的上祖便是24个掌事之一，且他们本人小时候都参加过"田公会"，从清末到民国期间，上杭县已有一百多个傀儡戏班，迫切需要一个行业机构来解决诸多问题，"田公会"自然产生了。"田公会"有三担谷的田产（在水竹洋村口路边上），每年田产所得作为"田公堂"修缮和"田公会"会期及其他开支使用。每年农历六月二十四日田公祖师生日，会员们齐聚水竹洋"田公堂"，祭拜祖师爷并商讨有关演戏事宜。经"田公会"掌事们探讨商议，立下各项规章制度，以约束和解决行业内外的实际问题，以期和睦相处，促进共同发展。

每年农历十二月二十四日，还有一个"陈平会"（据说是其生日），凡当年"生意兴隆"者，都会到"田公堂"供奉礼品，酬谢师父。每次"田公会"和"陈平会"都在白砂水竹洋举行，届时傀儡戏艺人们都自觉地聚集于"田公堂"。水竹洋不但成为全县乃至整个客家地区傀儡戏艺人祭祀田公祖师的中心，而且成为傀儡戏文化艺术发展的中心。①

这两次节日，如果轮流值会的掌事认为要演傀儡戏，坐地掌事就会认真配合

---

① 梁利忠、梁伦拥：《水竹洋"田公堂"与傀儡戏》，载叶明生、梁伦拥《上杭木偶戏与白砂田公会研究文集》，海潮摄影艺术出版社，2010，第94页。

搭台，准备演出工作。一般每三五年都有一次演戏。

这样，木偶戏艺人就以"田公会"和"陈平会"为平台，"田公堂"为活动地点，在民间进行有序、有效地管理，调解矛盾纠纷，解决戏班演出问题。

四、木偶戏的改革创新

明朝初年传入上杭的傀儡戏是高腔傀儡戏。随着清朝乾隆年间湖南祁阳戏（楚南戏）传入闽西，闽西戏坛出现另一支新秀"乱弹"（后称"外江戏""汉剧"）。为了适应观众审美趣味和市场竞争，到清朝中后期，高腔傀儡戏分化为高腔傀儡戏与乱弹傀儡戏。

关于乱弹戏的引入，水竹洋的一种说法是，傀儡戏与鼓手相结合，即成乱弹。根据客家木偶文化艺术研究会会长梁利忠回忆，他小时候随父外出演戏，演出所在的村庄举办"扛菩萨"民俗活动，有三台傀儡戏对台（其中一台为高腔戏），还有两台鼓手吹奏，很热闹。他指着另一台（高腔戏）问父亲："为什么那台没有唢呐、吊规、二胡伴奏，我们的有呢？"他父亲回道，"那台是高腔"，并指着鼓手班说："把鼓手和高腔两个合在一起不就是我们这个乱台了吗？"梁利忠恍然大悟。他父亲还说："这是我们的先祖去浙江演出时，浙江的鼓手提出与我们合作演出。"合演之后效果极好，观众大为欢迎，从此把曲调带回上杭白砂，此后就演"乱台"了。他父亲又说："当时在浙江合并演出时，刚好有一个举人和一个秀才也来观看，秀才说：'这不是乱了台了吗？'举人说：'这是乱弹琴哦'，一乡绅说：'乱台、乱弹都一样。'"此说法虽然不可当真，但所提到的"鼓手班"，他们所演奏的音乐，实际上就是闽西的"十番音乐"，在民间一直流传至今，尤其还活跃在闽西传统鼓手班中。事实上，乱弹傀儡戏因"十番音乐"的加入，比高腔傀儡戏更受大众喜爱。

乱弹的出现更充实了农村的文化娱乐生活。据梁会长的父亲讲，当时带回的曲调，有"西皮""二黄""北调"和一些小调；另外，"南词"是上祖自编的，是只有五个音符的"工尺"谱。他父亲还教过他这些曲调。他父亲也对"西皮""二黄""南词""北调"做了解释，说"西皮"是在中原有个叫"西陂"的地方传来的调,"二黄"是在中原有个叫"黄冈""黄石"的地方传来的调,"北调"是北方传来的,"南词"是我们南方人上祖编出的曲子。他家族的"龙凤堂"所演的压轴戏《开天官(天官赐福)》,唱的就是上祖编的曲子"南词",在对台时,总能立于不败之地。

由于傀儡戏的蓬勃发展,艺人们为了生存,想要在"对台"时赢过别人,就需要不断改革创新。

一是傀儡悬丝线从四五根线发展到十几二十几甚至三十几根线,使之更加生动活泼,更接近于人的形象,活灵活现;二是傀儡的衣着方面也不断更新,使之更加接近生活;三是傀儡的外貌体形也不断改变,头部从小头改为大头,体形从小型变为大型,身段从 50 厘米增高到 80 厘米,手脚按比例加大增长,从几斤重增加到十几斤重,人物变化用面壳;四是一度将悬丝线由土线改为蚕丝线,透明的蚕丝线使傀儡呈现立体感,观众大为赞叹,但是这也给演员增加了提线难度,因为木偶体重且丝线滑,很不好掌控,但演出效果好,演员也乐意;五是内外舞台及设置也进行了不断改革,更接近于现代化装备;六是灯光不断改进。从松明灯火到木油灯火(蜡烛),再到煤油灯火,再到煤气灯火,再到电灯光火,不断改善。众所周知,演戏除了木偶、木偶装备、台面、音乐(乐器)、艺人技艺要达到尽善尽美,舞台灯光也是重要因素。灯光对演出影响很大,灯光亮丽,演出效果好,很精彩,因而当时煤油灯在舞台中的作用,有如血液对于人体,即使在煤油非常紧张的情况下,都要搞到,甚至储备,演出才能常胜。舞台照明的亮度逐渐提升,表演的效果渐入佳境。

傀儡戏经过清至民国的繁盛后,由于社会动荡,加上经济的不断发展,影视的普及,民国后期至新中国成立以来这几十年,艺人不断老化和亡故,后继乏人,从业人员和戏班急剧减少,演出市场萎缩。据 20 世纪 80 年代统计,上杭境内的民间班社仅剩 10 个戏班,其中白砂 4 个、泮境 2 个、茶地 1 个、兰溪黄谭 1 个、官庄 1 个、南阳 1 个,从业人员寥寥无几。而"田公堂"所在地水竹洋已经没有戏班,只有 1 人(梁伦锦)半农半艺。靠口传心授的傀儡戏,危在旦夕!水竹洋

"田公堂"傀儡戏进入了沉寂濒危期。①

五、闽西木偶戏传入台湾

台湾傀儡戏均由大陆传入。台湾的傀儡戏有南派和北派之分。

南派傀儡戏由泉州传入，流行于高雄、台南一带，在戏偶造型、演出形式和戏文、唱腔方面皆属于泉州傀儡戏系统。不过，台湾南部傀儡戏班规模不大，戏偶仅十余具而已，也不似泉州傀儡戏能表演篇幅较大的戏文，而仅有一些情节简单的吉庆短剧，表演时间约十几分钟。唱腔通常由提线演艺人主唱，后场乐师帮腔。②这种形式的傀儡戏在台湾一般称为"嘉礼戏"。从其规模及演唱的帮腔形式看，与闽西高腔傀儡戏极为相似。

北派则属闽西系统。从近代福建戏剧变迁资料来看，漳州傀儡戏、潮州傀儡戏与龙岩、汀州一带的傀儡戏有密切关系，台湾北部流行的傀儡戏应当是闽西或漳州、潮州傀儡戏的支流。

根据有关研究资料，上杭傀儡戏艺术传到闽西相邻各县后，进一步沿着客家人迁移台湾的路线，传入闽南、粤东、潮汕、台湾，甚至远及南洋。

民国后，永定培丰镇大排村洪德子的"荣贵华堂"木偶戏班将闽西木偶戏传播到闽南的南靖，其后逐步衍变成芗剧木偶戏；永定"奥杳"木偶戏班传播到漳州；永定峰市的童慎东把闽西木偶戏传到广东大埔后，在大埔办起木偶戏团并充任团长。③

据广东省戏剧研究室整理的赵澄清的《广东木偶》一文称："潮梅一带的木偶，同样是从浙江福建一带流入。据1954年《华东戏曲观摩演出大会纪念刊》中关于闽西木偶戏的介绍，明朝初年，闽西的木偶戏已传入潮州。"④从商贸水路看，汀江与韩江把闽西客家人与潮州紧密联系在一起。汀州的山林竹木、土纸、茶叶、

① 梁利忠、梁伦拥：《水竹洋"田公堂"与傀儡戏》，载叶明生、梁伦拥主编《上杭木偶戏与白砂田公会研究文集》，海潮摄影艺术出版社，2010，第94页。
② 陈耕：《闽台民间戏曲的传承与变迁》，人民出版社，2013，第27—28页。
③ 黄金隆、卢友杰：《永定木偶戏的演变》，载龙岩地区《闽西戏剧志》编辑部编《闽西戏剧史资料汇编》第九集，内部印刷，1986。
④ 赵澄清：《广东木偶》，载广东省戏剧研究室主编《广东省戏曲与曲艺》，内部印刷，1980。

烟丝、印刷品等通过汀江、韩江，源源不断运往繁华的潮汕，换取大量海盐及海带、鱼虾等海产品。闽西木偶戏随着商贸水路传入潮州是完全可能的。而潮汕与台湾隔海相望，不论官路或私路，入韩江、经潮州是闽西粤东的客家人渡台最主要的线路。闽西木偶戏随客家人早期渡台也极有可能。到清朝后期，闽西木偶戏传入台湾已经有了明确的记载。

关于闽西木偶戏传入台湾的问题，福建省艺术研究院戏史研究室沈继生先生根据台湾学者邱坤良编著的《现代社会的民俗曲艺》及台湾艺术学院传统艺术研究中心江武昌先生所著的《台湾的傀儡戏》中提供的资料撰文指出，台湾客家语系北管傀儡戏汉剧班也是福建衍传过去的，其所传播的路线：一是由汀州府永定县咸菜瓮"福龙轩"班，于清同治六年（1867年）传播去的。据说东渡台湾跑码头演戏的"福龙轩"班，将技艺传与台湾弟子许阿水（时居台北县金山乡阿里磅村）。戏班返闽时，将孤儿许阿水带回永定习艺，前后达18年之久。许阿水艺成之后，于光绪十年（1884年）返回台湾，因唐山师傅无子女，技艺无人继承，许阿水仍沿用"福龙轩"班名，在宜兰市挂牌献艺。"福龙轩"第二代传人为许火土，第三代传人为许天来，第四代传人为许建勋，至今第五代传人为许文汉。二是台湾桃园"同乐春"（班主张国才），系由福建永定县长流乡（今永定区培丰镇长流村）张家班传衍入台的。张国才的曾祖父张华秀即熟知傀儡戏技艺，他（张国才）十二岁时从其祖父张升麟习艺。清光绪十八年（1892年）随其父亲张兆金东渡台湾，初居台北万华，后再迁居桃园县芦竹乡。张国才以演斗狮场面出名，堪称绝技，在台湾木偶艺术界声名鹊起，"同乐春"遂成为台湾北管傀儡戏的名班。[①]

今天，台湾客家傀儡戏虽然已经式微，但曾对台湾北管戏、采茶戏、皮影戏等剧种都有着深远的影响。例如，大约在清中叶从潮州、诏安一带传入，集中在台湾南部农村流行的皮影戏，就完全吸收了具有鲜明闽西傀儡戏特色的台湾北管戏音乐。对此，片冈岩《台湾风俗志》有提道："所谓皮猴戏（皮影戏），就是每当乡村举行迎神赛会时，由村民自己所演的戏……完全用北管伴奏。"[②]

---

① 王远廷：《闽西戏剧史纲》，中国文联出版社，1999，第110页。
② ［日］片冈岩：《台湾风俗志》，陈金田译，台湾日日新闻报社（台北），1921，第206页。

第二节　闽西汉剧及其在台湾的传承

闽西汉剧的形成晚于闽西傀儡戏。傀儡戏是原始的戏剧形式，"人神共舞""人鬼同歌"，是古代酬谢、娱乐神明的特殊方式。相对于娱神酬神的"偶戏"，闽西汉剧是"人戏"，俗称"大戏"，是人们借迎神赛会进行文化娱乐和消遣的重要方式。闽西汉剧与闽西傀儡戏同为客家戏剧，两者相互借鉴吸收，发展成为"你中有我、我中有你"的内在关系。

一、闽台客家人雅好戏剧

闽西本土原没有戏剧，崇尚中原雅乐的客家人，着迷于外来的古朴典雅的戏曲。宁化是历史上中原汉人几次大南迁时由赣南入闽的第一站，是客家文化的发祥地。以中原文化风气为先，宁化境内人文鼎盛，对古朴典雅的戏曲十分热衷。明末清初宁化李世熊编纂的《宁化县志·风俗志》记载了外来戏曲进入宁化的情形："梨园入境，即酣歌浃月，合邑如狂"，这是客家人钟爱戏曲的一个缩影。丘复编纂的民国版《上杭县志》卷三十三《名宦传》载："杭城每六年迎神，演戏连月。"由此可见，闽西客家地区迎神演戏习俗十分盛行。

祁戏（楚南戏）流入闽西后，更加文雅的皮黄腔（弹腔）很快就吸引了闽西百姓和艺人。清朝道光年间，兴起于明朝初年的部分上杭高腔傀儡戏开始改唱"乱弹"（弹腔），闽西傀儡戏分化为高腔班和乱弹班，而且乱弹班数量一直大大超过高腔班。客家其他地区也盛行客家汉剧。萧遥天在《潮州戏曲音乐志》中描述了粤东客家人酷爱客家汉剧的情形："潮州人今尚认为外江为客帮之戏。证之客家人之酷嗜外江，甚于潮音，客家之傀儡纯唱外江腔调……潮州外江戏，当光绪宣统之际，风靡全境。"足见外江腔调在客家戏迷心中的地位。

台湾有关史志也记载了台湾地区浓厚的迎神演戏习俗。如《重修凤山县志》"风俗"条载：

俗尚演剧，凡寺庙佛诞，择数人以主其事，名曰头家；敛金于境内，演剧以庆。乡间亦然。①

《新竹县志初稿》风俗"岁时"条载：

台俗：于正月一日为元旦，……九日俗传为玉皇圣诞，都演剧达旦，……
十五日为上元节，是夜张灯结彩、演剧、放烟火。……三月二十日为天后诞，……
为至家，时必先陈金鼓旗帜，迎接圣驾，演剧。②

《台湾通志》卷二十三"风俗志"更加详尽地描绘了台湾流行剧种及演戏
习俗：

台湾之剧，一曰乱弹，传自江南，故曰正音。其所唱者，大都二黄西皮，间
有昆腔。今则日少，非独演者无人，知音亦不易也。二曰四平，来自潮州，语多
粤调，降于乱弹一等。三曰七子班，则古梨园之制，唱词道白，皆用泉音，而所
演者则男女之悲欢离合也。又有傀儡班，掌中班，削木为人，以手演之，事多稗
史，与说书同。夫台湾演剧，多以赛神，坊里之间，聚资合奏，村桥野店，日夜
喧阗，男女聚观，履舄交错，颇有欢虞之象。③

其中"一曰乱弹，传自江南，故曰正音。其所唱者，大都二黄西皮，间有昆
腔"，所述"乱弹"的戏剧音乐特征与早期称为"乱弹"的闽西汉剧基本相同。
"今则日少，非独演者无人，知音亦不易也"，则勾勒出了台湾"乱弹"的式微。
经过历史变迁，台湾"乱弹"已经流变为今日之"北管"，换言之，今日台湾之
"北管戏"其渊源是闽西汉剧。

闽、粤、台汉剧已经成为客家民众日常生活的一部分，一些相关戏剧术语在
客家百姓生活中广泛流传，如"一板一眼"、"有板有眼"（说话做事有条理）、"撞
板"（两件事情刚好碰在一起，无力做好）、"八板头"（做人行事很有讲究）、"静
板"（不喧闹嘈杂）、"大花"（化妆过度）等。闽、粤、台客家地区均流行"吃肉
要吃三层，看戏要看乱弹"的俗语，客家人偏爱汉剧（乱弹）的程度可见一斑。

---

① ［清］王瑛曾修：《重修凤山县志》，载周宪文等编《台湾文献史料丛刊》（影印本）第一辑第 13
册，人民日报出版社，2009，第 59 页。

② 《新竹县志初稿》，载周宪文等编《台湾文献史料丛刊》（影印本）第一辑第 7 册，人民日报出版
社，2009，第 100 页。

③ 连横：《台湾通史》，台湾商务印书馆（台北），1983，第 434 页。

二、闽西汉剧与中原文化的渊源

中原汉人先后三次大南迁，陆续抵达赣州，翻越武夷山南麓，辟土开基于闽西这块"山野自足"的乐土，孕育了一个"富有新兴气象、特殊精神、极其活跃有为的民系"①——客家民系。这个"活跃有为的民系"又从祖地闽西出发，迁至两广、又迁赣南，填四川、渡台湾、下南洋，走向世界各地。随着中原汉人迁移大潮，中原文化也撒播在闽西这块"未开化"的、神奇的蛮荒之野。中原文化在这里薪火相传，吟咏讽诵之俗在客家地区蔚然成风，所谓"间阎力役，吟咏不辍"。

闽西汉剧与中原文化有很深的渊源关系。闽西汉剧会成为客家人酷爱的家乡戏，其中最重要的原因是，闽西汉剧的形成反映了客家人对中原文化的眷恋以及客家民情风俗中保留的中原文化习俗。闽西汉剧（乱弹）能够在客家地区落地生根，换句话说，融徽调、汉调和秦腔于一体的祁剧"弹腔"能够被客家人接受并演化成闽西汉剧（乱弹），一定程度上反映了客家人对中原文化的眷恋。

客家先民避难到闽粤赣山区后，因群山叠嶂的阻隔，少与外界交通往来，迁徙的客居心理和强烈的汉民族意识使得他们极力固守中原传统，自觉传承中原文化。晚清诗人黄遵宪在《人境庐诗草·己亥杂诗》中写道："筚路桃弧辗转迁，南来远过一千年。方言足证中原韵，礼俗犹留三代前。"这首诗不仅勾勒出了客家先民辗转南迁的悲壮历史，而且展现了客家先民千百年来难忘故土、守护中原文化的心路历程。客家人在语言的传承上有句"宁卖祖宗田，不卖祖宗言"的祖训，足见客家人守护乡音的执着，而客家方言中也幸运地保留了大量"中原韵"。最早系统阐述客家源流的清嘉庆间进士徐旭曾在《丰湖杂记》中以自己的亲身经历对其学生说："客人语言，虽与内地各行省小有不同，而其读书之音则甚正。故初离乡井，行经内地，随处都可相通。"② 所言"读书之音"应该就是传承千年的中州古语，语言面貌"甚正"，保留完好，与内地官话可随处相通。闽粤两地客家

---

① 罗香林：《客家研究导论》（影印本），上海文艺出版社，1992，第1页。
② ［清］徐旭曾：《丰湖杂记》，载《徐氏宗谱》总谱卷二，内部刊行，1991，第18页。

人喜欢闽西汉剧（广东汉剧）的重要原因之一，就是两地汉剧的舞台语言用的是中州古语。李荀华等人在《广东戏剧发展史》中指出："客家人喜好广东汉剧是因为客家人讲中州古语，而广东汉剧也是用中州古语、外江曲调演唱，能够听懂戏文、理解戏曲是他们的首选。"而且，文中就客家人对广东汉剧的喜爱程度，做出了判断："有可能广东汉剧是客家人从中原带到广东的。"① 这种大胆的猜测是站在中原文化与客家文化的直接传承上。陈志勇认为，广东汉剧唱官话的根本原因是粤东民系"崇古尚雅"的文化心理。② 这是从文化心理的深层次去诠释。所以，客家人接纳闽西汉剧（广东汉剧），与其说是对中原文化的守护，不如说是对中原文化的眷恋与不舍。

大埔晚清秀才钱热储倡议改"外江戏"（乱弹）为"汉剧"至少有两个原因：一是依据湖北汉剧流传到南方"唯在赣之南、岭之东及闽之西部者，皆本其原音，不加增减"，认为"外江戏"（乱弹）传承了中原楚调、汉调；二是为客家是中原汉族正名。1905年，广东顺德人黄节在其所著的《广东乡土历史》中称客家人"非粤种，亦非汉种"，引起广东客家人强烈不满。接着，1920年，上海商务印书馆出版的《世界地理》妄称客家人为"野蛮的部落，退化的人民"，再次伤害了客家人，客家人必须弄清种族源流，正告世人。身为大埔客家人的钱热储改客家的"外江戏"（乱弹）为"汉剧"，目的也是为客家是汉族正名。③

客家先民衣冠避地，所到之地，"风气渐开""闾阎力役，吟咏不辍"，这是他们把中原的"故居文化"带去的结果。从文献记载看，我们会发现客家人特别喜弦诵、好雅歌，例如，闽西北客家人"比屋连墙，弦诵之声相闻，有不谈诗书

① 李荀华等：《广东戏剧发展史》，中国戏剧出版社，2005，第26页。

② 陈志勇：《广东汉剧研究》，中山大学出版社，2009，第176页。

③ 《广东汉剧资料汇编》1984年第1辑刊载李德礼《广东汉剧名称的几度变化》一文，其中有述："一九二七年八月，《汕头日报》副刊编辑钱热储，以'汕头公益社'的名义办了一桌酒席，特邀戏班主萧道斋、著名演员赖宣、钟熙懿、音乐名家饶叔枢等人，以商议'外江戏'改称事宜。钱认为，外江戏非外江人演，称谓不切；又说潮梅人皆汉族，并以清末王梦生的《梨园佳话》所述为根据。"转引自陈志勇：《广东汉剧研究》，中山大学出版社，2009，第17页脚注。

者,舆台笑之"①。与闽西毗连的粤东大埔县有"穷乡僻壤弦诵不绝"②的风俗。汀州府治长汀在宋代还专门建立供文人雅士弦诵的雅歌楼、弦歌书院。③下面,我们来看《汀州府志》卷四十四"艺文六"有关雅歌楼的两首诗:

空明楼上渺银河,缅想熙丰听雅歌。

十里亭台睁老眼,几村烟树暗平莎。

春晴鼓瑟天风细,月午投壶玉晕和。

蝶梦欲寻前代事,隔汀杨柳正婀娜。

——清·许殿辅《雅歌楼怀古》

楼头四望绿桑麻,晚眺登楼兴更赊。

万朵芙蓉初过雨,一汀杨柳又归鸦。

烟销瘴海无天碍,露净银河月欲华。

剧爱投壶歌大雅,满城弦管度窗纱。

——清·曾曰瑛《登雅歌楼晚眺》

前一首诗是雍正八年进士汀州教授许殿辅作,怀想北宋神宗朝熙宁、元丰年间雅歌楼听歌宴游的盛事及批评当权者只顾歌舞升平终致"靖康之难"的前代旧事,反映了汀州弦歌的悠久历史。后一首是乾隆年间汀州知府、《汀州府志》编修曾曰瑛作,写的是汀城月夜文人士大夫宴饮投壶游戏,欢唱雅歌,管弦之声飘满汀城,描绘乾隆年间汀州歌大雅习俗之盛。

这种风气遍及城乡村野,所以有荆楚之风、汉调遗韵的楚南戏(乱弹)流传入闽西,便被听惯雅歌旧曲的客家人欣然接受。乾嘉时汀州连城人杨登璐在《芷溪竹枝词·连城观剧》中云:"迎春演剧舞婆娑,听得新腔记忆多。几日文峰松下

① [明]黄仲昭修纂,福建省地方志编纂委员会旧志整理组:《八闽通志》(上)卷三《地理·风俗·邵武府》,载福建省地方志编纂委员会编《福建地方志丛刊》,福建人民出版社,1990,第48页。

② 刘炽超修、温廷敬等纂:《民国新修大埔县志》(民国三十二年铅印本),载《中国地方志集成·广东府县志辑》卷22,上海书店,2003,第3页。

③ [明]黄仲昭修纂,福建省地方志编纂委员会旧志整理组:《八闽通志》(下)卷七十四《宫室·汀州府》,载福建省地方志编纂委员会编《福建地方志丛刊》,福建人民出版社,1990,第759页。

路，听将时调杂山歌。"① 这里的迎春戏剧"新腔"应该就是新传入的楚南戏声腔了，并且很快就与客家山歌杂糅在一起了。

客家迁徙史是客家先民（中原汉民）被迫离开家园、骨肉离散、颠沛流离的苦难史，客家人为了生存辗转各地、到异乡开基创业同样也是一段令人不堪回首的苦难经历，正如客家《认祖诗》所言：

> 骏马奔腾往异乡，任从胜地立纲常。
>
> 年深外境犹吾境，日久他乡即故乡。
>
> 朝夕莫忘亲命语，晨昏须荐祖宗香。
>
> 唯愿苍天常庇佑，三七男儿总炽昌。

一字一句流露出客家人往外谋生的悲壮与离开亲人的辛酸。客家代代相传的苦难经历铸造了客家人特有的情感特质，表现在音乐审美上就是喜欢幽怨、深沉、伤感的旋律。从闽西汉剧（乱弹）声腔特点来看，源于秦腔的乱弹声腔"散而哀"②，这种哀伤迷离的声腔特质，刚好契合客家人的情感特质和审美特性。客家乡村每逢民间音乐班社弹唱演出，农村老妪特别喜爱听闽西汉剧经典唱段，虽然不识字，不懂戏文，她们最迷恋的就是其中悠扬悦耳、辗转低回的"弦索"音乐。

客家人把闽西粤东客家地区流行的闽西汉剧（广东汉剧）音乐称之为"汉乐""国乐"，外江戏随客家人流传到南洋后，侨居南洋的客家人士在各地纷纷成立外江戏音乐班社，取名"儒乐社"或"国乐部"。这是中原文化的千年积淀，使崇尚中原古雅文化的客家人与儒雅敦厚的闽西汉剧（乱弹）结下了不解之缘。

三、闽西汉剧的形成

闽西汉剧的名称经历了乱弹、外江戏、闽西汉剧等的历史演变。闽西汉剧史研究者王远廷先生把闽西汉剧的形成发展按时间划分为三个时期：清雍乾年间至

---

① 陈一堃修、邓光瀛纂:民国《连城县志》（影印本）卷十七，载《中国方志丛书》，成文出版社（台北），1975，第 657 页。

② 目前有关乱弹声腔特质的记载，最早可见于清初刘献廷著《广阳杂记》卷三:"秦优新声，有名乱弹者，其声甚散而哀。"清初戏曲家孔尚任作《平阳竹枝词·乱弹词》有云:"秦声秦态最迷离，屈九风骚供奉知。莫惜春灯连夜照，相逢怕到落花时。"

同治年间，西皮、二黄声腔流入闽西，这是闽西汉剧孕育和形成的阶段，也是其被闽西艺人称为"乱弹"的时期；清光绪年间至20世纪20年代，是闽西汉剧发展和成熟的阶段，也是由"乱弹"改称为"外江戏"的阶段；20世纪30年代后，是闽西汉剧由"外江戏"改称"汉剧"的阶段。①"闽西汉剧"是新中国成立后，为与"湖北汉剧"与"广东汉剧"相区别，而定名的。

探讨闽西汉剧的形成，关键要解决两个重要问题，一是闽西汉剧的源流，二是闽西汉剧的本地化。闽西汉剧有近300年的历史，演剧活动多与酬神、祭祀等民间信俗有关，因为演出的民间性，所以在官方文献记载寥寥。史料的不足，导致闽西汉剧源流问题至今悬而未决，目前，对于闽西汉剧的源流，学者主要提出了"祁剧说"和"湖北汉剧"说，另存有"徽剧说"和"西秦戏说"。

闽西汉剧史学者通过实地调查，更多倾向于"祁剧（楚南戏）说"。从迄今发现的戏剧资料来看，早在清朝乾隆元年（1736年）就有湖南的祁剧（楚南戏）"新喜堂"戏班到闽西宁化演出。宁化县方田乡池氏祠堂附设戏台的化妆室木板墙上曾留有该戏班当年在这里演出时写的题记："乾隆丙辰年寒食节湖南新喜堂到此开台大吉。"从清朝道光至光绪年间，有喜光班、荣顺班、春福班、顺华班、双贵班、锦华班、福春班等楚南戏班到过闽西演出，还有大量演出年代不明的楚南戏班曾来闽西演出。这些戏班大多也到过闽西连城罗坊乡罗氏祠堂演出，并留下不少演出题记。这一时期，楚南戏班还曾到汀江的下游永定县高陂镇西陂天后宫演出，如清道光二十五年（1845年）三月，楚南锦凤分锦秀班到此演出并留下了题记。此外，连城罗坊乡罗氏祠堂的古戏台墙壁上，还写着湖南祁阳艺人陈春生死在该地的灵牌。灵牌上写着："皇上□□□□□□年，家住湖南永洲（州）府祁阳县东乡村，五十七岁，十月初九夜亥时去世，哀哉哀哉，陈春生满老爷之灵位，列位先生到此烧钱化纸，报福除祸，四季平安，月月发财。"②闽西宁化县既是楚南戏（祁剧）流入地，也是戏迷重镇，据不完全统计，历史上宁化祁剧鼎盛时剧团多达43个。③

---

① 王远廷：《闽西汉剧史》，海潮摄影艺术出版社，1996，第7—40页。
② 王培宁：《写在墙壁上的戏史资料——连城罗坊古戏台调查笔记》，载《闽西戏剧史资料汇编》（第一集），内部印刷，1983，第22页。
③ 钟宁平等：《宁化民间戏曲》，内部印刷，2012，第3页。

　　楚南戏（祁剧）的声腔主要是高腔、昆腔和弹腔，其中弹腔分南路、北路，南路相当于二黄，北路相当于西皮。闽西汉剧形成之初称"乱弹"，其声腔与祁剧（楚南戏）的弹腔一致，二黄、西皮也有分南路、北路的说法。此外，楚南戏班到闽西演出的剧目多数与闽西汉剧传统剧目相同，甚至有些剧本内容都十分相似。所以，闽西汉剧（乱弹）源于祁剧（楚南戏）的可能性极大。而且"祁剧说"符合客家民系形成的大背景，祁剧（楚南戏）流入闽西的路线就是中原汉人（客家先民）南迁进入赣闽粤时最主要的路线。潮州文化学者萧遥天曾应饶宗颐之邀主编《潮州志·戏剧音乐志》，其时他明确说："外江戏（汉剧）之入广东……其流入之路线必由闽西赣南经客家繁布之梅属诸县，潮州人今尚认为外江为客帮之戏。"[1]甚至有学者认为，闽西汉剧是"当地居住的客籍人，于明末清初从中原经湖南、江西移民至闽西时带来的故居文化"[2]。

　　最早提出"湖北汉剧说"的是大埔的晚清秀才钱热储。1933年，钱热储在《汉剧提纲·作者缘起》中称："何谓汉剧？即吾潮梅人所称外江戏也。外江戏何以称汉剧？因此种戏剧创于汉口之故也。"又说："汉剧作于鄂、皖之间，经安徽石门、桐城、休宁间，人变通而仿为之，又称'徽调'。自是而后，乃复分支，……流而南下者，至广州一带，又经粤人易以喧闹之音，成为粤剧。唯在赣之南、岭之东及闽之西部者，皆本其原音，不加增减，故特标其名曰'外江'。"[3]钱热储认为，外江戏即汉口的汉剧，徽调源于汉剧，经"变通"而为徽剧，徽剧南下分为粤剧和外江戏，赣南、粤东、闽西的汉剧因"本其原音，不加增减"而特标名为"外江"。这种解释模棱两可，主观臆测成分多，其汉剧探源"是一笔糊涂账"[4]。那么，创于汉口的汉剧传到粤东后，潮梅人为何以"外江戏"称之？对此，萧遥天指出："外江戏，其鼻祖盖汉调也。士儒尚循其本称谓之汉剧。或谓潮人向称外省人曰外江人，因沿称此来自外省之戏曰外江戏。"[5]萧遥天除因袭钱的"湖北汉剧

---

①　萧遥天：《潮州戏剧音乐志》，天风出版公司（槟城），1985。
②　王卓模：《闽西汉剧与民间音乐研究》，燕山出版社，2000，第11页。
③　钱热储：《汉剧提纲》，汕头印务铸字局，1933。
④　陈志勇：《钱热储和肖遥天的外江戏研究》，《韩山师范学院报》2009年第4期，第3页。
⑤　萧遥天：《潮州戏剧音乐志》，天风出版公司（槟城），1985。

说"外，回答了外江戏名称的由来。不过，仅依据外江人带来的戏而称外江戏未免太泛化，这种论断是很不严谨的，因为乾隆年间还有很多外省的戏班到广州演出，如湘班、赣班、昆班、豫班等。也有学者认为，依据清乾隆二十四年（1759年）广州归德门魁星巷建立的"外江梨园会馆碑记"称外来的戏班为"外江梨园"，所以推断，源于湖北汉剧的外江梨园班辗转到了潮汕演出并落籍粤东，被称为"外江戏"。

随着清咸丰八年（1858年），汕头被开辟为英法商埠后，汕头、潮州的经济活跃起来，赣南、闽西和粤东的商贾通过汀江、梅江、韩江水路云集潮汕。商路就是戏路，闽西汉剧（乱弹）戏班和艺人也趁此良机，扩大戏路，顺汀江而下，到潮汕演出。闽西戏班发现潮汕的外江戏声腔同是南北路（西皮、二黄），大量剧目相同，于是，也许为了入乡随俗，更为了争得演出市场，改乱弹为外江戏。从闽西戏剧史资料看，至迟到清朝光绪时期就有粤东的外江班到闽西来演出，如，连城县罗坊乡罗氏祠堂戏台墙壁上留有外江班"荣天彩"演出题记，永定县高陂镇西陂村天后宫戏台墙壁上留有外江"荣天彩"、外江"新天彩"、潮州外江"荣福顺"等演出题记。① 之后，两地艺人交往愈加频繁。当时在闽西、粤东两地影响最大的外江班是"老三多""老福顺""荣天彩""新天彩"四大班。民国时期，曾经在韩江流域出现过"上四班"和"下四班"的演出活动盛况。"上四班"主要在韩江上游的大埔和闽西范围演出，"下四班"主要在韩江下游的潮州、汕头范围演出。20世纪30年代后，闽粤两地外江戏在钱热储等人的推动下均改称"汉剧"，至此，闽西汉剧和广东汉剧的艺术面貌基本趋同。

闽西、粤东两地汉剧合流后，在20世纪80年代的源流讨论中，"徽剧说"还一度写进了《中国戏曲剧种大辞典》，但也因论据不足遭到反驳。同时，流行一时的"西秦戏说"也因西秦戏自身的身世之谜以及闽西、粤东流行有"正字西秦莫假外江"的谚语而不攻自破。②

根据地方戏剧形成的规律，外来剧种要在某地落地生根并衍化成该地地方剧

① 王远廷：《闽西汉剧史》，海潮摄影艺术出版社，1996，第6—19页。
② 陈志勇：《广东汉剧研究》，中山大学出版社，2009，第12—13页。

种，至少要符合三个条件：一是音乐声腔的本地化；二是剧目的本地化；三是剧种传承的本地化。

　　湖南祁戏班初到闽西演出的楚南戏是原汁原味的高腔、昆腔和弹腔混合的多腔剧种，相对而言，素爱雅乐的闽西客家人更加接受融徽调、汉调和秦腔于一体的"弹腔"，即合西皮、二黄的"皮黄腔"，俗称"乱弹"。从清雍乾年间至同治年间，到闽西演出的湖南祁剧（楚南戏）艺人和闽西本地艺人为了适合观众的欣赏习惯，把"乱弹"从祁戏中剥离出来，并根据剧情的表达需要，融入客家人喜听的地方小调和歌谣，如《十月怀胎》《瓜子仁》《剪剪华》《上杭歌》等，逐渐完成本地化。此外，还有板式、唱法、主奏乐器等多方面的本地化。[①]

　　通过闽西汉剧（乱弹）的一些传统剧目，如《芦花河》《双颗印》等，与祁剧、湖北汉剧等相同或相似剧目比较，情节、人物也本地化了。不少剧本的选材直接来自闽西本地或周边地区，如《武平案》《白沙案》《广东案》。闽西汉剧早期（"乱弹"时期）已有闽西本地艺人。据连城县谢桂犀调查，闽西最早出现的本地艺人是出生于清乾隆五十三年（1788年）的罗坊人罗昌银，学艺于清嘉庆年间，扮演大花，颇有名望。据说他的两位师父是从湖南请来的，后死在罗坊。之后，闽西本地艺人越来越多。

　　从以上看，闽西汉剧（乱弹）完成了闽西本地化，成为地方剧种百花园里的一支"南国牡丹"。

四、闽西汉剧演绎了客家人的中原情结

　　众所周知，剧本是戏剧的灵魂。剧本内容不是简单地再现生活，而是对生活的高度浓缩和艺术提炼，能够广阔而深刻地反映生活，也能从中窥探观众深层次的文化需求。闽西汉剧之所以能够在客家地区被百姓接受并最终扎根发展，除闽西汉剧的艺术形式（包括音乐、唱腔、舞台语言、舞美等）吸引了客家人之外，闽西汉剧演绎的故事情节（剧本）也能够打动客家人，深深触及客家人的文化心弦和思想灵魂，使之获得情感共鸣而百看不厌。

---

　　① 王卓模：《闽西汉剧散论》，内部印刷，1993，第50—54页。

　　闽西汉剧演出的戏棚或戏台布置保留了中原古风，有浓厚的中原文化气息。如有的戏棚或戏台中堂帷幕写上"衣冠文武溯中州"字样，而最常见的是在戏台中堂左右两边分别写上"出将""入相"四字。这表明，客家人在演戏观戏、戏内戏外都没有忘记自己先祖是文武出身的中原贵胄，必须世代谨记，以耕读传家，让祖德流芳。客家人过年张贴春联时还不忘用红纸写上"出将"与"入相"并贴在家中厅堂及祖祠里，这也是中原的士族观念使然。闽西汉剧传统演出中有个必不可少的规制，即演出正本戏前要先演开台戏（仪式戏），俗称"打三出"。三出分别为《天官赐福》《六国封相》及《送子》。前两出戏祝贺东家儿孙登朝封官、加官晋爵，后一出戏则祝愿东家子孙满堂、家族兴旺。

　　据王远廷先生统计，闽西汉剧传统剧目有多达 836 个。从剧目反映的朝代看，基本涵盖了从先秦到民国的各个历史时期，其中反映宋以前的剧目多，元以降的剧目相对较少，部分剧目朝代不明。

　　客家人偏爱看宋朝以前的历史戏剧故事，应是与客家人崇尚古雅以及思念中原故土有关系，而元以降的剧目少，显然，这与中原沦陷和客家人的爱国保族思想有关。因为金元入侵，宋室倾覆，中原落入外族，千百年来一直念想的先祖郡望之地备受异族蹂躏，在民族气节和忠义之心感怀下，客家人以仕元为耻，及至清人称帝，汀州不少客家文人也是愤而不仕，如宁化李世熊、雷羽上及上杭刘坊等人，他们或隐退，或奔走复明。所以，反映元代、清代的历史大题材、仕宦科考等内容的剧目也就避而不演，一些剧目即使反映这方面的内容，也会隐去朝代。

　　从剧目反映的题材看，大体可分为历史剧、公案剧、伦理剧。历史剧中反映抵抗异族入侵、宣扬爱国思想和忠义气节内容的剧目占了多数。其中以英勇抗击北方辽国、西夏入侵为题材的杨家将系列最具典型性。如《金沙滩》《杨家将》《双龙会》《李陵碑》《五台会兄》《孟良搬兵》《拦马》《延辉回营》（《四郎探母》）、《三岔口》《打焦赞》《醉焦赞》《洪洋洞》《穆桂英招亲》《天门阵》《清官册》等，直接或间接地描绘了杨氏家族保卫北宋江山，维护宋朝安定的历史画卷，热情颂扬了杨家三代尤其是杨门女将，领军西征，奋勇抗敌，可歌可泣的精忠报国精神。杨家将题材的剧目在全国各地地方剧种中常见，但像闽西汉剧这样能够保留如此多的同类题材剧目且久演不衰，实属罕见。究其原因，这些剧目反映的中原时代精神恰好契合了客家人的特性——忠孝廉节与爱国保族精神。徐旭曾在《丰湖杂记》中如是评论客人之忠义："今日之客人，其先乃宋之中原衣冠旧族，忠义之后也。……其（客家人）随帝南来，历万死而一生之遗民，固犹到处皆是也。虽通国亡家破，然不甘田横岛五百人之自杀，犹存生聚教训，复仇雪耻之心。……终元之世，客人未有出而做官者，非忠义之后，其孰能之？"客家古民居常常可见刻上"存忠孝心，行仁义事"文句的堂联或柱联，客家人希望后世能够牢记先祖遗志，代代传承先祖的忠孝仁义精神。闽西汉剧杨家将系列演绎了客家人的中原情结，客家人万死一生的经历、颠沛流离的伤痛和复仇雪耻、恢复中原的遗志，可以在观看杨家将奋勇杀敌、气壮山河的剧情中得到消解和释怀。

客家人对闽西汉剧中宣扬人伦教化的伦理剧更是情有独钟。客家人秉承中原遗风，以耕读为本，崇礼仪，重廉耻，勤俭朴厚，吃苦耐劳，习教化，重家风，把家训族规写入谱牒，对违犯族规、辱没家门者给予严厉惩罚。闽西汉剧有大量的剧目迎合了客家族群的文化心理，以家庭、婚姻、恋爱、官场等视角，反映民间崇尚的孝悌、慈爱、忠贞、节义伦理观念，揭示人性的美与丑、善与恶，如《百里奚认妻》《蔡伯喈认妻》《赵玉粦与梁四珍》《兰继子》《朱买臣休妻》《秦香莲》《齐王哭殿》《三娘教子》《药茶记》《芦花雪》等。

《百里奚认妻》讲述的是春秋时期虞国人百里奚抛妻弃子来到秦国为相，一日在相府思念妻儿，闷闷不乐，家丁引相府里操虞国乡音的浣衣女前来为百里奚弹唱解闷，百里奚从弹唱中发现眼前的浣衣女子就是自己的结发妻，于是，夫妻相认。故事赞扬了男子外出求仕，身荣富贵后不忘结发妻的良好品德。中原遗风赋予了客家男子读书取仕，外出谋生的家庭担当，但一些忘恩负义的男子获取功名或发迹富贵后另娶新欢，抛弃父母妻儿。《百里奚认妻》能够从正面积极引导外出男子不论富贵贫贱，要讲良心、不忘本的社会风尚，成为闽西汉剧最受热捧的传统剧目之一。

相似主题的还有《蔡伯喈认妻》，刻画了忠孝两难的蔡伯喈不忘在家侍奉公婆的糟糠之妻。《秦香莲》控诉了忘恩负义、阴险恶毒的陈世美，昧心不认妻儿，最终伏法。《赵玉粦与梁四珍》剧情揭示了赵玉粦岳父梁氏与其三个女儿嫌贫爱富的势利嘴脸，颂扬恩爱夫妻梁四珍与赵玉燕同甘共苦，最终走向幸福。《兰继子》《芦花雪》则反映了人们普遍关注的继母百般刁难、陷害继子的社会伦理问题。这些伦理故事贴近现实生活，心酸、悲伤的戏情很能打动观众，引起情感共鸣。

伦理类的闽西汉剧故事很多来自民间传说，如《赵玉燕与梁四珍》广泛流传于客家地区的民间说唱中，版本多样，不知所宗，有些纯属虚妄之构，但这种伦理教化剧因其能感发善心、警戒恶念，使大家自觉遵循忠孝廉节的伦理规范，维护"孝子门""将军府"的家族美誉，传承中原古朴民风。这也是客家人对中原文化的传承和延续。

客家人酷爱闽西汉剧，归根结底是客家人血脉里流淌着中原文化情结。

五、闽西汉剧的班社、剧团

20 世纪 80 年代，因编纂《中国戏曲志·福建卷》有关闽西戏曲条目的需要，《闽西戏剧志》编辑部对龙岩地区所属 7 个县、市、区的剧种分布情况进行了一次调查、摸底。为了更加直观反映班社、剧团在各县区（市）的分布情况，根据当时各县（市）上报的情况整理出一份闽西汉剧分布情况表（表 3-7）如下①：

① 王远廷：《闽西汉剧纵横》，鹭江出版社，2010，第 81—88 页。

表 3-7　龙岩市各县区（市）不同时期成立的班社、剧团

县市区	乡镇村	班名	成立时间	班主
新罗区 （原龙岩县）	万安环坑	新天乐	咸丰前后	不详
	西山	新乐天	不详	郭世保
	红坊	乐同源	光绪年间	曹金德
	城关	新罗天	不详	不详
	城关	新舞台	民国元年	苏老四
	万安	新天彩	不详	不详
	铜钵三塘	新三多	不详	不详
	苏坂	同乐春	不详	陈高根
	龙门	龙门剧社	不详	不详
	不详	龙汀剧社	1939 年	曹丙连
	不详	梅龙剧社	抗战时期	林尚轩
	城关	新罗剧社	抗战时期	汤用修
	城关	合作剧社	抗战时期	林尚轩
	大池	三余剧社	抗战时期	不详
	龙潭	龙潭剧社	抗战时期	不详
	万安	环坑汉剧团	1977 年	不详
	城区	龙州汉剧团	不详	温七九
	龙潭	龙潭汉剧	1962 年	不详

续表

县市区	乡镇村	班名	成立时间	班主
上杭县	城关	新桃园	民国九年	吴日兴
	城关	赛桃园	民国十年	邱金文
	步云梨岭	一阳春	清末	林承应
	城关	上杭青年汉剧社	民国三十四年	李定权
	城关	上杭城关业余汉剧团	解放初期	邱宏荣
	中都	来苏汉剧团	1955 年	不详
	中都	星光汉剧团	1965 年	邱少星
	溪口	大丰、石铭、大洋坝、三溪、双华、陈屋业余汉剧团（具体不详）		
	白沙	塘丰、梧田、大田业余汉剧团（具体不详）		
	茶地	官山、千龙、大燮、樟树业余汉剧团（具体不详）		
	蛟洋	邱坊、小和、秋竹、中村业余汉剧团（具体不详）		
	古田	古田、下郭车业余汉剧团（具体不详）		
	步云	上社、兴隆、笙和、大斜、梨岭、红旗、云辉业余汉剧团（具体不详）		
	城区	上杭县汉剧团（具体不详）		
永定县	城关	新梅花	咸丰末年	吴汝猷
	高陂西陂、坎市、堂堡、合溪汤湖、奥杳、南溪、岐岭、陈东、凤城工商联业余汉剧团（具体不详）			
	湖坑	洪坑、高头业余汉剧团（具体不详）		
	下洋	中坑、下赤坑、思贤、月霞、太平寨业余汉剧团（具体不详）		
	城关	永定县汉剧团（具体不详）		

续表

县市区	乡镇村	班名	成立时间	班主
武平县	中山	不详	光绪末年	余发龙
	十方鲜水塘	荣庆盛	民国初年 民国十五年	林贵勋 林太平
	十方高梧	乐天彩	民国初年	赖树荣
	东留	荣天彩	民国初年	刘弦子
	十方叶坑	群星汉剧团	不详	不详
	中山卦坑、中山、下坝大成、象洞、民主、中堡朱坊、武东美和、中赤、桃溪小兰、东留大明业余汉剧团（具体不详）			
漳平市	不详	吉祥花	咸、同年间	陈秉照
	不详	新金华	不详	不详
	双洋	大罗天	民国初年	吴世杰
	新桥珍坂	新福顺	光绪二十六年	曾利金
	不详	荣福顺	不详	刘荣顺
	赤水安坑	不详	不详	罗光星 罗灶保
	赤水香寮	大香山	民国元年	麻旺
	登榜	民国三年	不详	陈长杉
	双洋	新锦天	民国十四年	曾天生
	赤水	香寮、岭兜、田头、安坑业余汉剧团（具体不详）			
	双洋	业余汉剧团	不详	不详
	新桥	珍坂、蓬湖、云墩业余汉剧团（具体不详）			
	和平	安井业余汉剧团（具体不详）			
	西园	登榜、钟秀业余汉剧团（具体不详）			
	梧桐	北坑场业余汉剧团（具体不详）			
	溪南	上坂、小潭业余汉剧团（具体不详）			

续表

县市区	乡镇村	班名	成立时间	班主
长汀县	涂坊	春华园	1936 年	不详
	涂坊、南山官坊、新桥、濯田水口业余汉剧团（具体不详）			
连城县	姑田	后洋、长较、中堡街业余汉剧团（具体不详）		
	曲溪	罗胜、蒲溪、冯地业余汉剧团（具体不详）		
	赖源	黄地、东坑业余汉剧团（具体不详）		
	新泉	新声剧团、新公汉剧团（具体不详）		
（县、市、区不明）	不详	祝三多	不详	不详
	不详	荣德顺	不详	詹阿四
	不详	乐天彩	清末	林阿迈
	不详	新开华	不详	不详

从这份龙岩市闽西汉剧班社分布情况表来看，全市 7 个县、市和 127 个乡、镇共有近 130 个戏班，平均每个乡镇有一个戏班，若说戏班在闽西大地呈现星罗棋布的局面，并不夸张。当然，这是"星布"而不是"均布"，它如天上的繁星有疏有密，有的一个乡镇有多个戏班，有的一个也没有。尤其是群众业余性质的汉剧"子弟班"，更像天上的繁星一样时隐时现，时有时无，难以一一统计，所以实际戏班数量肯定比分布情况表上显示的还要多。

新中国成立前主要几个知名班社、剧团情况大致介绍如下：

新梅花：汉剧"新梅花"班始建于清咸丰末年。班主吴汝猷，永定城关东门人。原系武秀才，后招武功弟子，逐渐组织汉剧戏班。传至第三代即吴渭兰（汝猷的独生孙子），广交戏友，来戏班的均是自愿投艺的。其中有他的表弟郑星伍（抚市老街人）；钟妹（上杭人）；永定城关的赖红全（绰号"独眼龙"），擅长扮武旦；刘全哥（丑）及高陂吴传进（净）等人。吴渭兰本人扮小生。民国十年，最盛行时达六七十人。"新梅花"除了常在县城的关帝庙（现已改建实验小学）演出外，还常去广东大埔、梅县及本省各县演出，闻名遐迩。直至民国十九年，戏班才解散。演出剧目有《六郎斩子》（吴渭兰扮小生，郑星伍扮老生）、《拜斗》、

《三气周瑜》、《开封府》、《芦花雪》、《打金枝》等。新中国成立后，吴渭兰还组织过"凤城汉剧团"。

新桃园："新桃园"汉剧班的班主是吴日兴。他在上杭城关开设"日兴公司"，以贸易为业。喜好戏剧，招收店工营业又兼学演戏。适逢贸易萧条亏本，于1919年改业建立戏班演戏。先以"日兴公司"命名，后因人员意见分歧，戏班分成两个，吴日兴组建"新桃园"（另一个为"赛桃园"）。他自己不会演戏，专事组织联系工作。招收演员30余人，有罗庆福、丘曲溪、丘光洪、钟熙懿等。该班排演的传统汉剧有《贵妃醉酒》《穆桂英招亲》《一文钱》《浪子回头》《忠义节》《洛阳失印》《大香山》《青草记》《蝴蝶梦》及自己创作的汉剧《五尸六命》（《白砂案》）等。除在上杭本县城乡演出外，还先后到宁化、归化（明溪）、长汀、连城、龙岩、漳平以及粤东的蕉岭等地演出。1943年方告解散，部分演员加入"上杭县城关青年剧社"。

赛桃园："赛桃园"是继"新桃园"成立后一年（即1921年8月）组建的。它是因"日兴公司"戏班人员意见不一而分出来另建的一个戏班。因其立志要在艺术上超过"新桃园"，故取班名为"赛桃园"。班主邱金文（上杭白砂人），招聘了钟熙懿、唐林林、邱七妹、胡水养等30余名演员。先后演出传统汉剧《辕门斩子》《庵中会》《一文钱》《忠义节》《闹龙舟》《孝女流芳》《卖柴》《孟姜女》《郑京娘》《挡曹》《百里奚认妻》等。在本县城乡和长汀、连城、清流、归化、宁化以及粤东一带演出。1935年解散于宁化。

新福顺：清朝光绪二十六年（1900年），由漳平县新桥珍坂村曾利金创办。当地商人郑振美投资购置五箱戏装和一批乐器。此戏班多在漳平、大田、宁洋、永定等县演出，共演出《广东案》《兰继子》《辕门斩子》《时迁偷鸡》《洛阳失印》等80多个传统剧目。曾开春、曾维尧、曾兴启、曾维签、曾垂士是该班较有名的演员。"新福顺"戏班坚持40余年，后因遭受水灾使戏装和剧本遗失，同时戏班青年为逃避国民党抓壮丁而远走他乡，于1943年解散。艺人曾维尧等流落到安井等地教戏。1954年4月，曾木泉等30余人重整旗鼓创办"珍坂业余汉剧团"，1964年停演。大部分服装、道具散失，至今幸存的还有清代手抄剧本和少量残缺破烂的戏箱、戏装、乐器、道具、戏神图像等。

乐同源：龙岩红坊于清光绪年间创办"乐同源"戏班。班主曹金德。班址设在龙岩红坊南阳村。师父黄阿锦（广东潮汕人）。有演职员 30 人。其中主要演员有曹炳连（花旦，后转老生），曹映瑞（青衣），曹信珠（丑），曹根泉（花旦），曹炳照（小生）等。上演剧目有《打金枝》《忠义节》《铜钟记》《杭州案》《珍珠衫》《百里奚》《庵中会》等。戏班经常活动于安溪、和溪、漳平、永福、永定、上杭、连城、朋口一带，长达三年之久。后因缺乏师父以及经济所迫，于 1924 年解散。目前仍保存有清代的戏箱两个。

乐天彩[①]（龙岩）：1881 年间，由苏坂云潭村陈高根、陈文英、陈珠轩等人为首组织的汉剧班。聘请广东人文通做导演，曾到龙岩、漳平、宁洋、永定和广东等地演出。1946 年因演员变动较大改称"龙云汉剧社"。除本村的老演员、导演外，又聘请广东人林维正教戏。1949 年停止演出。1962 年，龙云汉剧社恢复演出活动，并请俞国辉任导演两年。后因经济问题无法坚持下去。目前，只是有时在本村和邻村演出。演出的主要剧目有《兰芳草》《铁板记》《龙舟记》《女斩子》《司马通》《进柑》《对绣鞋》《蔡伯喈》《打擂台》《打金枝》《大闹开封府》《杭州案》《广东案》《齐王哭殿》《郭巨埋儿》《高旺过关》等。主要演员有陈高根（丑角兼伴奏）、陈文英（老生）、陈宗云、陈长开、陈珠波（花旦）、陈学初（伴奏）。

荣天彩、乐天彩（武平）：1935 年至 1936 年的两年间，武平曾先后两次成立汉剧戏班。第一次成立于东留，由刘弦子扶持成立"荣天彩"戏班。曾在江西会昌、寻乌和长汀、连城、上杭等地演出，为时一年，最后在上杭蛟洋解散。第二次在高梧，由赖树荣邀班成立"乐天彩"戏班。

新顺天（漳平西元）[②]：1937 年至 1943 年在漳平西元，由钟秀村里 50 人组成股东，创办了"新顺天"业余汉剧班。聘请闽西著名汉剧老艺人蔡迈三为师父，苏一灶任领班，共有演职员 33 人。排练演出了《忠义节》《燕青打擂》《双贵图》《边关》《广东火烧楼》等。除在本县演出外，龙岩雁石的大吉、白沙、捷步也有

---

① 按：表 3-7 中为"同乐春"。
② 按：表 3-7 中无。

他们的足迹。蔡迈三老艺人在钟秀村教戏七年之久，"新顺天"也演出了七年，1943 年底因国民党抓丁，演员四处躲藏，戏班只得解散。

春华园：长汀涂坊"春华园"戏班是在涂坊"音乐班"的基础上发展起来的。在这之前，由 12 人组成的民间弹唱性质的"音乐班"，利用晚上时间在街上弹唱《南词》《怀胎》《瓜子仁》《卖花线》等民间小调。1936 年 9 月，在"音乐班"的基础上成立了"春华园"戏班。没有戏服就借道士服，演出《小补缸》《大小争风》《苏文表借衣》等汉剧剧目。此后，聘请"乐天彩"戏班的曹山子来教戏，演了《忠义节》《揭阳案》《闹龙舟》等十多个汉剧剧目。再后来，又聘请"乐天彩"班的钟福椿、李永成及林阿全、李凤群等八九个当时的名演员到戏班参加演出，在长汀、宁化、清流、连城、武平一带深受欢迎。当地老秀才涂卓承作对联一副，曰："春情乐奏霓裳曲，华艳争开金谷园"。"春华园"戏班由此而得名。新中国成立后，"春华园"戏班还培训了三批年轻演员。1981 年改称"涂坊春华汉剧团"。

上杭青年剧社[①]：上杭县城关青年剧社是在 1945 年 8 月间建立的，地址设在东门薛家祠，后搬到英明街吴家祠。戏班班主李定权，副班主李春元、丘大昌。当时除吸收部分"新桃园""赛桃园"演员外，主要招收城关男女青年，共 40 余人。该社采取边学边演的办法，每星期在城关"友谊厅"演出两天，以演出收入解决生活费用。先后在本县的中都、官田、白砂、蛟洋、庐丰，以及武平县城、中山等地演出。

该社艺术骨干有郭维正（老生）、邱光洪（青衣）、罗金金（红面）、邱七妹（丑）、吴景林（头弦）。演出传统汉剧《送京娘》《百里奚认妻》《柴房会》《杀子报》《庄子扇坟》《二进官》《送寒衣》《沙陀搬兵》《雷峰塔》《打金枝》等剧目。1948 年 5 月，因副班主丘大昌将预备赴潮州购置戏衣、道具的公款用于赌博输尽，致使剧团无法维持经济开支而告解散。演员各归其原有行业，一部分参加了"城关业余汉剧团"。

龙汀剧社：1939 年由龙岩红坊艺人曹丙连在"新乐天""新天彩"的基础上

---

① 按：表 3-7 中无。

成立起来的。当时，龙汀剧社是闽西规模最大，持续时间最长（十余年），最有影响的戏班。

曹丙连自任班主，为"内管班"，其徒弟谢柏泉为"外管班"。全班50余人。其中，有闽西名艺人林阿全（大花）、蔡迈三（文武小生）、阙万招、袁洪全（武老生）、张全镇（名旦）、钟熙懿（女旦）、郭联寿（乐师）等；粤东名艺人郭维正（老生）、黄粼传（老生）、罗恒报（老生）、杨阿焕（丑）、邱影、阿利等。集闽西、粤东两地名角于一班，足见其派头和气势。此外，还涌现了一批后起之秀，如李凤群（女旦）、肖雪梅（女旦）、罗大全（丑）等。行当配套，文武兼备，唱做皆优，设备齐全，据说还备两头大马专运戏具。

剧社戏路广，剧目多。听说该剧社在连城北团连续演出三个月，出出是新戏，剧目不重复。其常演剧目有《明公案》《三气周瑜》《凤仪亭》《双凤镜》《血掌印》《开封府》《兰继子》《闹龙舟》等，共百余个剧目。班内艺人陈来顺识字不多，但他能记忆的戏文极多，人们称他为"戏袋"。这"龙汀剧社"以其空前的规模，一改过去闽西汉剧戏班因规模小而被称为"山垅班""草台班""咸水班"的状况，跃居大班行列，在闽西、粤东影响颇大。

梅龙剧社："梅龙剧社"因广东梅县和福建龙岩两地艺人合办而得名。其中，有闽西艺人曹坤照、蔡迈三、陈洪桂、陈坤福等，有粤东艺人郭维正、黄月秀、李宪金等，班主林尚轩（龙岩人）。

新罗剧社、合作剧社："新罗剧社"和"合作剧社"都在龙岩，因龙岩城关过去曾称"新罗镇""合作镇"而得名。前者有蔡迈三（文武小生）、黄赛玉（原工花旦，后改老旦）、吴传进（大花）、张巧兰（青衣）等名角，班主汤用修（龙岩雁石人）。后者有邓景舟（著名红净）、邓景棠（旦）兄弟和连丙奎（老生）等，班主林尚轩（龙岩中街人）。

六、闽西汉剧在台湾的传承与流变

在戏曲方面，台湾少数民族有自己的原始小戏，俗称"番戏"，如乾隆年间满族人白鹿六十七居鲁甫著《番社采风图考》中载有描写番戏的诗："歌声虽未绕梁沉，亦自悠扬载好音。不解喃喃度何曲，惟于含笑验欢心。"① 这些番戏的曲调和语言原始古老而令外人不解，但从"含笑"的观众脸上，可知戏曲为"好音"，颇得众人欢心。但随着大陆戏曲的流入，番戏也渐渐被同化，正如另一首番戏诗里说的，"衣冠渐已学唐人，妇女红衫一色新"。

台湾保留的传统戏曲丰富多样。陈芳编著的《台湾传统戏曲》，列举了南管戏、北管戏、歌仔戏、客家戏、京剧、豫剧、布袋戏、傀儡戏、皮影戏、昆剧、四平戏、潮州戏、车鼓戏等 13 种，这些戏曲都是随着大陆移民去台湾时带去的，大部分戏曲又是明清时期闽粤移民垦殖台湾时带去的。

可是，在《台湾传统戏曲》一书目录中，客家戏与北管戏、木偶戏被分列，单独成目，这容易使人从剧种名称上直观地认为，北管戏、傀儡戏不是客家戏范畴，或者说，北管戏、傀儡戏与客家戏曲没有关系。为此，笔者查阅了有关台湾客家戏剧资料，其结果是，台湾客家戏无一例外地专指"客家采茶戏"，并分为"客家三脚采茶戏"与"客家大戏"两种。台湾客家戏的研究也就自然指向"客家采茶戏"，从而忽略了与客家原乡闽西汉剧有一脉相承关系的台湾乱弹戏、傀儡戏以及北管戏。

祁戏（楚南戏）流入闽西后，具有中原雅音雅韵的西皮、二黄声腔（弹腔）很快就吸引了闽西百姓和艺人。清道光年间，兴起于明朝初年的部分闽西高腔傀儡戏班应市场需求，搬用具有中原雅音雅韵的"乱弹"（闽西汉剧）的音乐和唱腔，移植其剧目演出，戏班改称为"乱弹班"。至此，闽西傀儡戏分化为高腔班和乱弹班，乱弹班具有闽西汉剧的特征，其数量也逐渐超过高腔班。在上杭县境内，清末至民国期间的 108 个傀儡戏班中，高腔班有 53 个，乱弹班有 55 个。

20 世纪 40 年代萧遥天在《潮州戏曲音乐志》中描述了潮汕客家人酷爱客家汉剧的情形："潮州人今尚认为外江（乱弹）为客帮之戏。证之客家人之酷嗜外江，甚于潮音，客家之傀儡纯唱外江腔调……潮州外江戏，当光绪宣统之际，风靡全境。"潮州是闽西汉剧（外江戏）和闽西乱弹傀儡戏的活动重镇，又是闽西客家人渡台的最重要中转站，闽西汉剧和乱弹傀儡戏由潮汕再传至台湾是顺理成章的。

---

① 孙殿起、雷梦水、叶祖孚：《台湾风土杂咏》，时事出版社，1984，第 47 页。

至民国十三年，闽西汉剧名旦张镇全、张巧兰夫妇，随"荣天彩"戏班到台湾演出《贵妃醉酒》《拾玉镯》《崔杼弑齐君》《孟丽君》《杏元和番》等剧目，"荣天彩"戏班在台湾广受当地戏迷欢迎，生意应接不暇。由这一事例可见，台湾客家人酷爱闽西汉剧艺术，在"荣天彩"戏班赴台演出之前，台湾已经有一批热爱闽西汉剧的忠实观众了，台湾早已是闽西汉剧的一方沃土。台湾客家人对闽西汉剧（乱弹）的嗜好还体现在流传已久的戏谚中，即"吃肉要吃三层，看戏要看乱弹"，这句戏谚与原乡如出一辙，显然是传自原乡。

以上诸多事实表明，闽西汉剧（乱弹）传入台湾是确凿的。其传承形式，一是直接以乱弹戏班传承，二是通过闽西傀儡戏乱弹班传承。由于社会环境的变迁，台湾乱弹戏已经在竞争中式微，逐渐走到消亡的边缘。据梁伦拥2012年9月对台湾木偶戏的调研可知，台湾提线木偶戏叫"傀儡戏"，也叫"嘉礼戏"，已经没有传统意义上的传本连台演出了，一般是在民间婚丧节庆、迎神赛会、酬神谢愿等活动之时举行傀儡请神、酬神、送神仪式，只剩下简单的仪式功能。台湾历史博物馆的馆长吕理政教授说，台湾客家傀儡戏原有两个团，一个是在本章第一节《闽西木偶戏传入台湾》中提到的宜兰许阿水的"龙福轩"，剧团成立后，一直以漳州人聚集的兰阳平原为据点，所以"龙福轩"被归为漳州系统的傀儡戏。另一个是张国才的傀儡戏班，早期在台湾戏院（内台）演出，后也以民间祭祀与出煞演出为主。张国才到台湾后，把傀儡戏技艺传授给邻居康树得和侄儿江鼎水，晚年与台北"亦宛然掌中剧团"的李天禄相交，又把傀儡戏技艺传授给李天禄的两个儿子陈赐煌与李传灿，陈赐煌再把技艺传给黄武山。黄武山也会讲闽南话，在与师父陈赐煌的剧团搭班演出时，一般在闽南语地区演出就讲闽南话，演南管戏；自己的"山宛然木偶剧团"在客家地区演出就讲客家话，演北管（乱弹）戏。黄武山对梁伦拥说："我们一般都演布袋戏，只是求神除煞时才提演傀儡戏……'山宛然木偶剧团'是台湾唯一会讲客家话的剧团了。"① 尽管如此，乱弹唱腔音乐并没有消失，而是早已经深深根植在台湾今天的北管戏、布袋戏（掌中木偶戏）、

① 梁伦拥：《一次台湾民间文化大餐——记福建田公信俗文化参访团赴台参访纪实》，闽西上杭白砂镇水竹洋村木偶文化展板资料，笔者于2012年农历六月二十四日田野调查中获得，当日是安奉在白砂镇水竹洋村木偶戏神田公一年一度的生日庆典。

八音、客家采茶戏中了。

值得一提的是，1997 年 2 月，台湾"闽台地方戏曲渊源考察团"一行 14 人到闽西开展闽台地方戏曲渊源传承关系的考察、研讨和交流活动。考察团观看了闽西汉剧传统戏《打洞结拜》《百里奚》及新编古装戏《花灯案》片段，闽西有关领导、专家和闽西汉剧团艺术骨干参加了座谈会，听取了台湾北管戏的录音，认为可以初步确认，台湾北管戏是闽西汉剧流传至闽南后，改称为"北管戏"，再流传到台湾。[①]

北管戏在台湾曾经是传统戏曲的主要剧种之一，有众多的职业戏班和业余子弟班。而大约在五六十年前，台湾北管戏在庙会戏曲的演出空间被歌仔戏取代，淡出台湾社会，活动空间以业余的展演场所——北管馆阁为主，并以自娱自乐的排场清唱为主要的活动形式，到了 1981 年之后，连清唱的北管戏曲活动也颇难得见了。但北管戏对台湾其他戏曲的影响是显著的，布袋戏和傀儡戏表演中的唱腔和过场音乐还大量沿用北管戏，甚至歌仔戏和道教仪式音乐也吸收了部分北管戏曲唱腔，以丰富戏曲或仪式中的唱腔。[②]

北管戏包括扮仙戏、古路戏和新路戏。其中扮仙戏和新路戏与闽西汉剧的血脉关系十分密切。就闽西汉剧（乱弹）与北管戏而言，到底有多大的相同之处，我们从以下几个方面进行阐述：

（一）声腔音乐基本相同。每个剧种都有其别具一格的声腔音乐，声腔音乐是区别剧种最为显著的标志。闽西汉剧声腔以西皮（北路）、二黄（南路）声腔为主，兼用昆腔、高腔、南词等腔调，同时吸收了闽西本地的民间小调、吹打乐、佛道曲等民间音乐。西皮的唱腔板式有慢板、快三眼、马龙头、二六（又称"二流"）、二板、散板（又称"三板""滚板""倒板"），二黄有慢板、快三眼、二板、散板、滚板、倒板、大板。其中，马龙头为一板一眼（2/4 拍），慢板、大板、快三眼为一板三眼（4/4 拍），二六为有板无眼（1/4 拍），二板、散板、滚板、倒板为散板。台湾北管戏不管是西皮还是二黄，在声腔的旋法、板式、润腔方法等方

① 王远廷：《闽西戏剧纵横》，鹭江出版社，2010，第 329 页。
② 吕锤宽：《北管戏》，载陈芳主编《台湾传统戏曲》，台湾学生书局（台北），2004，第 39 页。

面基本一致。闽西汉剧音乐专家王卓模先生对闽西汉剧《西厢记》莺莺唱段、《雷神洞》京娘唱段、《探楼》徐延昭唱段与台湾北管戏《王宝钏写书》潘玉娇唱段、《探楼》徐延昭唱段进行详细比对后发现，"旦腔的西皮慢板、二流，二黄中的叠板（北管称为"托板"）乐汇，更是毫无二致。两岸艺人完全可以交口对唱"①。此外，台湾北管戏许多曲牌，如《泣颜回》《风入松》《千秋岁》《黄滚龙》《上小楼》《粉蝶》等，与闽西汉剧曲牌同名。闽西本地特色的民间小调《大补缸》《怀胎》《打花鼓》《瓜子仁》《十八摸》《十二月古人》《大八板》《大开门》《红绣鞋》，以及闽西十番音乐《过江龙》《百家春》《高山流水》《剪剪花》等曲调都是闽西汉剧与台湾北管戏的常用音乐。

（二）内台特色器乐基本相同。闽西汉剧乐器中的"三大件"——吊规、月琴、小三弦与大苏锣（台湾称"本地锣"），大钹与台湾北管戏乐器基本相同。其中闽西汉剧最具特色的领奏乐器是"吊规子"，北管新路戏（又称"西皮""西路"）的主伴奏乐器是桂竹筒弦子，也俗称"吊规子"。其发音高尖纤细，音色透亮，穿透力强，且丝毫不觉嘈杂刺耳。许多看不懂戏文、听不懂唱词的乡野妇女，与其说喜欢看客家戏剧（闽西汉剧、傀儡戏），不如说喜欢听"吊规子"领衔组合的弦索音乐。

（三）道白与唱腔语言基本相同。闽西汉剧的道白使用北方的"中州语系"，也就是中原的"官话"，而客家方言保留了大量中州古语，所谓"方言（客家语）足证中原韵"（黄遵宪诗句）。台湾学者王振羲在其著作《台湾的北管》中介绍说，"南管……自泉州传来台湾，以闽南语演唱。北管音乐则泛指北方传来的音乐，不是用闽南语演唱，而是用类似'北京话'的北方语系唱念……一般闽南人所称的'京话'或'官话'是闽南语系外的地方语系"。台湾使用的大陆原乡的主要方言除了闽南语之外，就是客家方言了。客家方言保留了"中原韵"，是中原的"正音"。客家人在外乡成立的团体组织也称"崇正"，如创立于1921年的最早的客家人的社会组织"香港崇正总会"。台湾师范大学吕锤宽教授也曾指出，北管

---

①　王卓模：《闽西汉剧与民间音乐研究》，燕山出版社，2000，第44—47页。

戏"使用一种本地人听不懂的'正音'"①,此北管之"正音"与《台湾通志》中记载的乱弹之"正音",其实都是指保留大量中原音韵的客家方言。

（四）相同的传统剧目多。台湾北管戏与闽西汉剧在正剧开演之前,都先演开场戏（开台戏）以祝贺请戏的主家,如先演的均有《天官赐福》《六国封相》《打八仙》（北管戏称为《醉八仙》《金榜》）等剧目。由台北市政府民政局 2001 年出版的 CD 光碟《客家八音、戏曲、戏剧有声辑》在概述解说中列举的北管戏曲《柴进写书》《蟠桃会》《大拜寿》《仙姬送子》《罗成写书》《送妹出京（送京娘)》《困河东》《王英下山》《双别窑》《天水关》《南天门》等在闽西汉剧中完全可以找到相对应的剧目名称。台湾北管戏与闽西汉剧剧目相同或相似的情况也不胜枚举,如《雷神洞》《打登州》《回龙阁》《临潼关》《渭水河》等,就剧目整体而言,两剧种有关《封神榜》、《三国志》、"杨家将"的故事题材特别多。

（五）戏神信仰相同。台湾戏曲的田公信俗与闽西一样。台湾北管戏与闽西汉剧、闽西傀儡戏所供奉的戏神都是唐代乐工雷海清的化身田都元帅。台湾北管福禄派供奉西秦王爷（唐玄宗）,而早期的闽西汉剧艺人也唱西秦腔,故闽西汉剧有"西秦底、外江牌"之说。闽西汉剧与台湾北管戏中的福禄派可以说是同胞兄弟。

第三节　闽台客家戏剧的交流

闽西汉剧（乱弹戏）及闽西乱弹傀儡戏传入台湾,一度成为台湾客家人酷爱的戏剧。虽然经历社会的变迁,处于文化弱势的客语地区,客家乱弹戏在舞台竞争中转变为北管戏,或衍化、植入其他剧种,这是社会变迁和时代审美发展的结果,但时至今日,闽台两地的客家人,依然热爱古雅的客家"正音"（闽西汉剧）,客家乱弹音乐还在客家人心中回响。

台湾与客家戏剧交流可以分为三个时期。第一时期是明末到清末,这一时期客家戏剧随客家人渡台后传入台湾;第二时期是民国初到 1949 年,此时段大部

① 吕锤宽:《北管戏》,载陈芳主编《台湾传统戏曲》,台湾学生书局（台北）,2004,第 40 页。

分属日本殖民时期，由于日本殖民统治者施行"皇民化运动"，遏制中华文化思想的传承，客家戏剧赴台演出由高峰跌落低谷；第三时期是台湾当局对两岸交流解禁时期。从 1987 年 11 月，台湾当局正式放开民众赴大陆探亲开始，两岸经贸、文化交流逐渐活跃起来，到 1992 年"汪辜会谈"，两岸达成"一中"共识之后，两岸交流更为密集。

隔海相望的闽台两地，在 20 世纪 90 年代起掀起一阵客家戏曲学术交流与访问演出高潮，既有戏曲专家学者的交流研讨，也有表演艺术家的相互切磋，取得丰硕成果。

1997 年 2 月，台湾"闽台地方戏曲渊源考察团"一行 14 人，在团长、台湾大学中文系教授、台湾历史文学学会理事长、台湾中华民俗艺术基金会副董事长曾永义的率领下，到闽西开展闽台地方戏曲渊源承传关系的考察、研讨和交流活动。考察团成员中有台湾艺术学院中国音乐学系主任施清玉教授（女）、台湾海洋大学主任秘书曾子良教授、台东师院中华民俗艺阵研究室吴腾达教授、台湾大学戏剧研究所副教授林鹤宜博士（女）、台北小西园掌中木偶剧团主持人许国良等。他们在龙岩听取了地方戏曲基本情况简介，观看闽西汉剧传统戏《打洞结拜》《百里奚》及新编古装戏《花灯案》片段，并录音、录像、拍照、记录。1997 年 2 月 24 日，地区汉剧团举办"闽台地方戏曲交流闽西研讨会"，考察团与我市有关领导、专家、艺术骨干等近 60 人座谈，双方交流了研究的情况和成果。与会人员听取了台湾北管戏的录音，观看了地区汉剧团历年演出的剧照和汉剧脸谱集，认为可以初步确认，台湾北管戏是闽西汉剧流传至闽南后，改称为北管戏，再流传到台湾。

1997 年 10 月，台湾唐山客家文化传播事业股份有限公司总经理、台湾"中视""华视"节目主持人唐山来闽西访问、交流，与山歌剧团树叶演奏家詹晶晶和龙岩艺校、市汉剧团艺术人员进行艺术交流，观看大型歌舞《客家情》。

1998 年 2 月，由台湾山歌团和台北县客属文化协会合唱团联合组织的"台北县客属文化亲善访问团"一行 50 人，在团长、台北县客属文化协会秘书长陈元勋率领下来龙岩交流演出，并在金叶大酒店举行"闽西·台北客家文化交流恳谈会"。1998 年 2 月 6 日晚，在市政府礼堂举行"龙岩市·台北县客家文化交流文艺晚会"。台湾山歌团、台北县客属文化协会合唱团、闽西客家艺术团、龙岩山歌剧团联合演出 21 个客家歌舞节目。

1998 年 10 至 11 月，闽西客家艺术团（龙岩市汉剧团）组成的"闽西客家文化艺术交流访问团"一行 15 人赴台湾访问演出。在台北，为此次演出专门举行了记者招待会，台湾《"中央"日报》《联合报》《中国时报》等各大报刊记者出席。从 11 月 3 日开始，访问团与台湾山歌团、台北县客属文化协会合唱团一起，先后到台北市、台北县及南投、花莲、台中等县市共演出 13 场，观众达 2 万余人。还与台湾复兴剧艺实验学校、台北市永建歌谣班、台北县客属文化歌谣班、台湾山歌团等座谈交流。这是新中国成立后闽西剧团首次赴台演出。

1999 年 4 月 21 日至 23 日，"台北县客属文化协会参观访问团"一行 11 人，在该协会秘书长陈元勋率领下，到闽西客家艺术团和龙岩艺术学校进行艺术交流。

1999 年 7 月，台湾桃园县的"台湾客家文化艺术团"一行 28 人，在团长杨炽明率领下，到连城、长汀进行为期 3 天的参观访问，先后与两县文艺工作者进行艺术交流，并联合举办具有浓郁客家风情的文艺晚会。在闽台客家戏曲学术研究方面，两岸专家学者也进行了多次交流。

闽台客家木偶戏交流方面，与台湾的交流活动也是可圈可点的，仅以上杭木偶戏发源地白砂"客家木偶文化艺术研究会"为例。

1997 年，台湾民俗木偶艺术推广协会总干事郭朝宗两次专程访问闽西。第一次是在 8 月中下旬，到上杭、永定、连城等地进行闽台木偶戏渊源关系的社会调查，之后撰写论文《北台湾傀儡戏源于闽西及其传台后变迁之初探》。第二次于 10 月 16 日再次来龙岩，参加"闽西·闽台客家文化交流暨客家之旅活动"的学术研讨会，在会上宣读这篇论文。17 日，赴长汀、上杭，观看了上杭木偶剧团《大名府》专场演出。看完演出，他递交了邀请上杭木偶剧团访台演出的"邀请书"。双方草签了"台湾民俗木偶艺术推广协会邀请福建省上杭木偶剧团赴台交流演出协议（意向）书"。19 日，他随连城木偶剧团下乡两天，观看该团两台大戏，当场向观众做有关木偶戏的问卷调查。

2006 年春初，一批台湾学者及木偶戏专家到上杭白砂采访及交流技艺。

2007 年 5 月 27 日至 30 日，白砂高腔傀儡戏班受邀到福建莆田市参加"莆田妈祖活动周"纪念活动演出。期间，与参加演出的台湾木偶戏团进行交流并切磋技艺。这是两岸木偶艺人台上、台下交流的一次难得机会。

2008 年 6 月 11 日至 12 日，台湾东森电视台和海峡电视台到上杭白砂水竹洋拍摄傀儡戏，对搭台、安神、木偶制作、木偶表演等进行了详细的拍摄，采访了木偶新老艺人。媒体的参与，能够让更多的台湾艺人以及台湾观众了解原乡的木偶艺术。

2012 年 9 月 14 日至 23 日，上杭田公堂研究会一行 3 人随福建田公信俗文化参访团到台湾考察交流，参访了主祀田公元帅的十几座宫庙，参加了在台南大天后宫举行的"海峡两岸田公信俗文化座谈会"，探寻了客家傀儡戏在台湾的流传与分布情况。

两岸戏剧文化在交流过程中相互受到很多启发。随着文化多元发展，两岸客家戏剧都出现了不同程度的衰微，如何拯救客家戏剧艺术是交流中涉及的一个非常重要且十分急迫的问题。

闽西戏剧艺术工作者在保护和传承客家戏剧方面也做了很多努力。一方面，想方设法推动政府在人力、物力、财力等方面支持戏剧发展；另一方面，竭尽全力在继承中创新，既排演再现传统的经典剧目，又创作具有时代活力、符合时代审美需求的新作品，先后创作上演了现代戏《陈客嫲》《鬼恋》《俏俏嫂》《擂皮子七七》《血色杜鹃》《桃花吟》，大型新编历史剧《史碑鉴》和闽台客家民间信仰剧《定光古佛》等几十个剧目。同时创新戏剧艺术的表演形式，包括服饰、舞台、灯光、音乐等。

在龙岩市政府、市文化局积极支持与策划下，组织精干力量撰写了国家非物质文化遗产申报材料，2006 年，闽西汉剧成功进入第一批国家非物质文化遗产保护名录。为加强保护、传承闽西汉剧，2012 年，成立了龙岩市汉剧传习中心，依托平台，创新性开展闽西汉剧传习工作，包括传习中心剧场"周周有戏"和进社区的公益演出、下乡巡回演出，进学校普及闽西汉剧活动等。近年来，为了振兴闽西汉剧，加快人才培养，解决专业演员传承问题，龙岩市委、市政府投资 500 万元，先后选送了 49 名学员到上海、北京等地的戏剧专业院校进行培养。

木偶戏保护方面，上杭县白砂镇作为发源地，率先以民间力量保护木偶艺术。2001 年 8 月，在有关部门和社会各界支持下，出生于木偶世家的梁利忠、梁伦拥父子积极发动村民捐资修复了傀儡戏神庙宇"田公堂"，次年，"田公堂"被列为县级文物保护单位。2002 年 8 月，由"田公堂"管理组织成立"客家木偶文化艺术研究会"，成为振兴发展上杭木偶戏的首个民间组织。研究会成立以后，在每年农历六月二十四日（戏神田公生日）组织规模大小不等的庆典活动和木偶文化艺术节，还举办学术研讨会。在民间力量的积极推动下，上杭县政府高度重视木偶戏传统艺术的保护和传承。2012 年，上杭县艺术中心成立后，把保护和传承木偶戏作为艺术中心的工作重点，组织演艺人员下乡演出、进中小学演出。上杭县图书馆也相应成立了客家木偶戏资料室，加大宣传力度，扩大木偶文化的影响。2011 年，以"田公堂"为活动中心的"田公元帅信俗"经福建省人民政府审批，入选第四批省级非物质文化遗产保护名录。2017 年 7 月 17 日至 18 日，由福建省艺术研究院、龙岩市文化广电新闻出版局、上杭县政府主办的"上杭县客家木偶文化艺术节暨客家木偶论坛"在上杭举行，来自文化部、中国木偶协会、福建省艺术研究院等的海内外专家学者对上杭木偶戏发展建言献策，为上杭（闽西）木偶戏申报国家级非遗保护项目推进了重要一步。2020 年 12 月，闽西客家木偶戏成功入选第五批国家级非物质文化遗产代表性项目名录。

第四章
闽台客家民间文学渊源

　　民间文学一般也称为"俗文学"，是指由劳动人民在长期生产生活中进行口头创作的、广泛流传于民间的一种文学。它"不登大雅之堂，不为学士大夫所重视，而流行于民间，成为大众所嗜好、所喜悦的东西"[①]。这种文学形式丰富，体裁多样，包括民间神话、民间传说、民间故事，以及歌谣、谚语、说唱、戏剧、谜语等体裁的民间作品，通过民众的口耳相传，活在民众的心中。民间文学是地方知识的百科全书，是民俗学研究的半壁江山，所谓"民俗学的一半是文学"[②]，也是正统文学之母。

　　客家民间文学是由客家人口头创作，广泛流传于客家社会，与客家人生产生活密切相关的口头文学。"口头文学历来密切联系着各种民俗事象，渗透到各种民俗活动之中，成为多种民俗文化的载体"[③]，因此，客家民间文学承载了丰富的客家民俗信息，是客家民俗事象的重要载体，对了解客家多姿多彩的民风习俗，研究客家历史文化、客家社会和客家精神内涵也具有重要意义。

　　台湾客家主要由闽西、闽西南和粤东客家迁徙形成。台湾客家先辈渡台垦殖时不忘"祖宗言"，把客家原乡口传的民间文学、民间文艺带到了台湾。正如台湾客家山歌研究者彭素枝所说，"大陆原乡渡海来到南台湾的六堆客家先民，他们所唱的山歌依旧是原乡的山歌。在稻田里插秧、除草、收割，在蔗园拔蔗叶，

---

① 郑振铎：《中国俗文学史》，东方出版社，1996，第1页。
② 董晓萍：《民俗学的一半是文学》，载严优主编《华丽之伤》，中国文史出版社，2011，第1—7页。
③ 钟敬文：《民俗学概论》（第二版），高等教育出版社，2010，第233页。

在山上采樵，都能听到他（她）们响亮的山歌”[①]。口传不绝的歌谣、俗语、故事滋润了一代又一代的台湾客家子弟，台湾客家人至今能够通过亲切的客家母语真切地感受到客家原乡的温度，了解悠久的客家历史文化和风俗习惯。

第一节   闽台客家民间歌谣

客家民间歌谣是客家口头文学中保存数量最多、使用频率最高、使用人群最广泛的部分，主要包括客家山歌、童谣、俗语、谚语、谜语等。客家民间歌谣是客家民系在形成发展过程中积累起来的反映生产生活经验和智慧的口头语录，也反映了客家农耕社会漫长的历史文化，记录了丰富的客家民情风俗信息和多姿多彩的民俗活动，体现了客家人朴素的人生观、价值观。客家民间歌谣具有民间性、娱乐性、知识性和教育性，它是我国民间文学和民俗学研究的重要内容之一。

20 世纪，我国在民间歌谣的采集、整理以及研究上做了大量的工作。在五四运动提倡平民文学、反对贵族文学的影响下，北京大学校长蔡元培发表启事，成立“歌谣征集处”，向全国征集民间歌谣，并于 1920 年 12 月在北京大学成立了中国现代第一个民间文学研究团体——歌谣研究会，这标志着中国民间歌谣登上了现代文学研究的历史舞台。北大歌谣研究会还创办了《歌谣》周刊，面向全国各地广泛征集民间歌谣，并展开对民间歌谣的研究。与此同时，客家民间歌谣也进入了民间文学、民俗学的研究视野。民俗学之父钟敬文在 1927 年编辑出版了《客音情歌集》，收集了客家山歌 140 首，并在《黎明》《新北周刊》等杂志上发表过对客家山歌的研究性文章。1984 年 5 月，文化部、国家民族事务委员会、中国民间文艺研究会联合发出通知，在全国范围内搜集、整理民间故事、歌谣、谚语，编辑出版了《中国民间故事集成》《中国歌谣集成》《中国谚语集成》（以下简称为“三套集成”）。闽西客家各县积极响应，先后成立民间文学集成编委会，经过多年努力，顺利完成三套集成县卷的编辑出版任务。闽西客家各县民间文学三套集成的出版，对研究客家社会、民情风俗、语言文化及人文精神提供了弥足

---

① 彭素枝：《台湾六堆客家山歌研究》，文津出版社（台北），2003，第 58 页。

珍贵的第一手资料。

一、客家山歌

　　客家人喜欢唱山歌。"想唱山歌过来和，倕^①有山歌几打箩……"，唱山歌成了客家人生活中不可或缺的一部分。"咁久^②唔曾^③到这窝，这窝树子大得多。保护树子莫倒撇^④，留来两人唱山歌。"客家人住在大山。山，是客家人赖以生存的家园，也是歌唱生活、宣泄情感的依托。在客家传统社会中，客家人在大山茂林、岗头溪尾劳作时，为减缓劳累、抒发心声，总要放声歌唱，或独唱怡情，或对唱调笑，歌声飞荡在山间田野，汇聚成欢乐的海洋。

　　客家人从小在山歌中浸染长大，虽然文化程度不高，有的甚至是文盲，但几乎男女老幼都能自编自唱，触景生情，即兴和唱，还能娴熟地运用赋、比、兴、谐音、双关等艺术手法进行编唱。晚清著名诗人黄遵宪对客家山歌给予很高的评价，把客家女子脱口而成的山歌喻作"天籁"。他说："以妇人女子，矢口而成，使学士大夫操笔为之，反不能尔；以人籁易为，天籁难学也……念彼岗头溪尾，肩挑一担，竟日往复，歌声不歇者，何其才之大也。"^⑤山歌就是客家人多姿多彩的浪漫的生活大舞台。

　　客家歌谣非常丰富，其数量难以统计，已经搜集编入民间文学三套集成的歌谣只是客家民间文学宝库中的一小部分，大部分还散落民间，或已随先辈逝去而不传。从歌的种类看，有客家山歌、竹板歌、仪式歌、民谣等；从内容上看，大致可以分为歌头歌、劳动歌、苦情歌、爱情歌、教谕歌、翻身歌等。当然，研究者对客家歌谣的分类也不尽相同，在《中国歌谣集成·永定分卷》中把歌谣分成劳动歌、时政歌、情歌、生活歌、竹板歌、儿歌等六类；在《中国歌谣集成·龙岩地区分卷》中则分为时政歌、劳动歌、仪式歌、情歌、生活歌、历史传说歌、

---

　　① 倕：客家话，即第一人称"我"。

　　② 咁久：客家话，即"那么久"。咁，客家话，意思是"那么"。

　　③ 唔曾：客家话，即"未曾"。"唔"为客家方言中的否定词。

　　④ 倒撇：客家话，即"砍掉"。

　　⑤ 黄遵宪：《致胡晓岑书信》，转引自陈蔚梁：《一份研究黄遵宪的珍贵资料》，载《梅州日报》2016年4月18日，第9版。

儿歌等七类；在台湾黄子尧编选的《客家山歌 200 首》中分为歌头、情歌、感叹调、劝诫歌、仪式歌、耕种歌、小调等七大类。很多歌谣具有较高的思想性和艺术性。

山歌是劳动人民最"草根"的娱乐活动。勤劳、勇敢而又多情的客家人善于用歌声来表达内心的情感世界，借山歌来缓解劳动的艰辛与劳累，通过山歌来宣泄对旧社会的不满和对上层权贵欺凌百姓的愤懑。更应该引起我们注意的是，客家男女青年渴望通过山歌来挣脱封建思想束缚，大胆地表达和追求爱情，展现人性的光辉。显然，貌似离经叛道的客家山歌在封建卫道士眼中是不受欢迎的，甚至是要遭到官府抵制禁止的。如，流传于闽西的客家山歌《地方官府事头多》[①]：

> 地方官府事头多，张榜发令要禁歌；
>
> 要是山歌禁得住，文武秀才会断科。

客家人用山歌抗争唱歌自由的同时，同样也通过编唱山歌来表达唱山歌的充分理由。如《上代祖宗带了头》[②]中唱道：

> 山歌唱来不是妖，句句唱来解心愁；
>
> 山歌不是我才唱，上代祖宗带了头。

唱山歌是祖宗传下来的习俗，闲暇唱一唱，解解心愁，好处多多，有什么大不了的事情要遭到抵制禁止呢？因此，"歌头山歌"也就应运而生。

（一）歌头歌

歌头山歌大多大气磅礴、慷慨豪迈，这是因为要向世人大胆讴歌山歌的价值与声名，展示山歌手出众的歌才与自信。为此，要求唱词必须运用夸张、想象、比喻的艺术手法来达到高亢大气的歌唱效果。歌头山歌很大程度上反映了客家人热爱唱山歌、擅长唱山歌的习俗。闽台客家都有不少这样的歌头山歌，有些是宣扬唱山歌有价值、有意义的山歌[③]：

莫说山歌唔值钱

> 莫说山歌唔值钱，能当点心能当餐；
>
> 能解忧愁能解闷，能把哥妹情意连。

---

① 何志溪：《闽西山歌·歌谣选》，鹭江出版社，2011，第 12 页。

② 何志溪：《闽西山歌·歌谣选》，鹭江出版社，2011，第 9 页。

③ 武平县民间文学集成编委会：《中国歌谣集成·武平县分卷》（下），内部发行，1993，第 46 页。

唱首山歌来充饥

缸里冇米笑微微，唱首山歌来充饥；

唱首山歌当菜下，歌中有肉又有鱼。

句句解得心里愁

唱起山歌乐悠悠，句句解得心里愁；

句句解得心头郁，不愁不郁活到百岁头。

上面三首山歌的内容，让我们联想到饥寒交迫、生活困苦的客家人在山野间放声歌唱、大声呐喊：山歌能当餐！山歌能充饥！山歌能解心愁！何乐而不为呢？山歌是他们度过漫长艰苦岁月的精神食粮。于是，客家人需要给自己的山歌贴上"金字招牌"，宣扬客家山歌名声。如永定山歌[①]：

客家山歌最出名

客家山歌最出名，首首山歌有妹名；

条条山歌有妹名，一条无妹唱唔成。

客家山歌远名扬

客家山歌远名扬，爱情山歌唱开腔；

句句唱出妹心声，声声唱出妹心肠。

台湾客家歌头山歌有与之对应、几乎相同的两首[②]：

客家山歌最出名

客家山歌最出名，条条山歌有妹名；

条条山歌有妹份，一条无妹唱毋成。

客家山歌名声扬

客家山歌名声扬，条条山歌情义长；

句句唱出郎心事，字字唱出妹心肠。

客家人在山林里、田野间、溪河边，对歌、比歌、赛歌，豪情满怀地推销自己的歌才，毫不掩饰地夸张自己的山歌"有几多"，在对手面前百般挑战、逞能。

---

① 李永华、李天生：《客家山歌诗选》，福建省永定县文化体育局，内部资料，2013，第2页。
② 黄子尧：《客家山歌200首》，客家台湾文史工作室（新庄），2010，第26—27页。

如《讲唱山歌出哩名》:

讲唱山歌出哩名,北区唱到瓜子坪;

寻乌唱下梅县过,南京唱上北京转。

这是一首流行在武平的客家山歌,炫耀歌手唱山歌声名远扬,唱遍大江南北。以下列举闽西和台湾地区山歌手信心十足,甚至自吹自擂,拉开嗓子与对手比拼、挑战、逞能的山歌。闽西的有[1]:

𠊎有山歌几百箩

你的山歌没𠊎多,𠊎有山歌几百箩;

拿出一箩搭你唱,唱到明年割早禾。

讲唱山歌𠊎唔愁

讲唱山歌𠊎唔愁,𠊎系河中大石头;

挡过几多大浪水,撞坏几多铁船头。

山歌一唱百花开

山歌一唱百花开,唱得百鸟飞过来;

唱得鸟毛沉落海,唱得秤砣浮起来。

台湾的有[2]:

讲唱山歌𠊎尽多

讲唱山歌𠊎尽多,足足装有八九箩;

拿出一箩同汝对,对到明年割番禾。

𠊎个山歌比汝多

𠊎个山歌比汝多,堆满三江到六河;

因为该年发大水,五湖四海都系歌。

爱唱山歌只管来

爱唱山歌只管来,拿条凳子坐下来;

唱到鸡毛沉落海,唱到石头浮起来。

---

[1] 永定县民间文学集成编委会:《中国歌谣集成·永定县分卷》,内部发行,1992,第41页。

[2] 黄子尧:《客家山歌200首》,客家台湾文史工作室(新庄),2010,第26—27页。

闽台两地客家"逞才"山歌如出一辙，所勾画出来的山歌能手有传说中往来于两粤之间的唐代歌仙"刘三妹"①之遗风。通过对比，我们也可以看出闽台客家歌头山歌之间具有鲜明的传承性。

（二）爱情歌

闽台客家山歌中数量最多、最感动人心、艺术表现手法最为成熟的山歌是"爱情山歌"。

爱情是人类的永恒主题。我国第一部诗歌总集《诗经》就有大量采集于民间的情歌。《关雎》是反映青年男女大胆追求爱情的经典民歌，编排时被放在了"诗三百"的首要位置。1920 年，北京大学成立歌谣研究会，不少有识之士开始大量搜集民间歌谣。1927 年，钟敬文率先编辑出版了《客音情歌集》。同年，在清华大学任教的罗香林编辑了《粤东之风》，是一本体例相对完整、内容较为丰富的山歌集，共收录了 500 余首歌谣，其中情歌有 400 百余首，约占全集的 80%。《中国歌谣集成·永定县分卷》收集了近 500 首客家歌谣，其中情歌占据了半壁江山。永定山歌大王李天生等编辑的《客家山歌诗选》收录各类客家山歌 283 首，其中情歌有 168 首，占总数的 59.3%。

台湾客家山歌同样是以情歌为最。黄子尧编选的《客家山歌 200 首》中有情歌 142 首。根据台湾六堆地区客家山歌收集结果，共有 375 首（不含书面资料）山歌，情歌就占了 155 首。台湾客家山歌研究学者彭素枝认为，"在内容上，六堆客家山歌以情歌最多"②。

唱山歌要情真意切，感动人心。正如山歌这样唱："山歌唔论好声音，只爱四句板头唱得清；只爱条条意义好，句句唱来动人心。"客家男女不论晨昏日夜，兴往情来，情歌互答。那冲破封建藩篱、撩人心弦的客家爱情山歌，飘荡在广阔的岗头山尾、田野溪涧。这就是客家人歌的世界，爱的海洋。

抒发客家男女春心荡漾，或思春，或惜春，或恋春，或伤春的情歌如一江春水，难以计数。一般以爱情的产生发展步骤来进行分类辑录或介绍经典作品，其

---

① 清代屈大均《广东新语》有关于歌仙"刘三妹"的记载，粤东有多处流传"刘三妹"的传说。一说广东"刘三妹"即广西"刘三姐"。

② 彭素枝：《台湾六堆客家山歌研究》，文津出版社（台北），2003，第 42 页。

中包括相思歌、探情歌、初恋歌、热恋歌，以及表达对爱情守护、坚贞不渝的歌。

1. 相思歌

手搬梅树等郎来

岭岗顶上一株梅，手搬梅树等郎来；

阿娓[①] 问涯望脉介[②]，偃望梅花几时开。

"阿娓"有女初长成，情窦初开的客家妹子，在母亲面前第一次大胆唱出爱情的心声——"等郎来"，并以"梅花几时开"回答母亲的关切，含蓄而又急切地追问母亲，我的"心花"到底什么时候能和梅花一起绽放？谙熟情歌的"过来人"对女儿的相思之情了然于心。又如：

天上没星样咁[③] 光

天上没星样咁光？水里没风样咁凉？

阿妹今年十七八，身上没花样咁香？

约妹一番又一番

约妹一番又一番，不知约到哪时间？

牛郎织女能相会，为何见妹咁艰难？

见哥容易恋哥难

来到河边洗衣衫，手拿浆槌望河滩；

阿哥就在河滩上，见哥容易恋哥难。

以上三首情歌都从不同方面唱出男女浓浓的相思之情。第一首，年方十七八的妙龄阿妹身上散发出袭人的花香，足以让暗恋她的男子相思成愁，夜不能眠。第二和第三首，分别道出男子约妹相会不得、女子恋哥艰难的相思之苦。

2. 探情歌

唱首山歌试郎心

十八佬妹滴滴[④] 亲，浑水过河不知深；

---

① 阿娓：客家话，即"母亲"。
② 脉介：客家话，即"什么"。
③ 样咁：客家话，即"怎么这么"。样，有"怎么"的意思；咁，有"这么、这样、如此"的意思。
④ 滴滴：客家话，形容程度，有"十分"的意思。

丢块石子探深浅，唱首山歌试郎心。

这是流行于闽台两地的一首典型的探情歌，堪称客家探情歌中的"歌头歌"。

手攀花树望花开

有好山歌唱起来，有情佬妹^①坐前来；

水浸豆子望芽出，手攀花树望花开。

男子以"水浸豆子望芽出""手攀花树望花开"作类比，期盼唱出好听山歌来吸引"佬妹"前来一起坐，就此试探女子是否对他有情有爱。有时男子向女子发出强烈的爱慕信号之后，会得到女子的积极回应，如：

男：高山顶上种头梅，梅子树下等妹来；

　　朝晨等得日头出，夜晡等得月光来。

女：敢久唔曾到这边，这边有头月月梅；

　　这头月月难得见，今天暗晡^②共下来。

女子听到男子以歌声表达对自己的苦苦追求与迷恋，怦然心动，毅然做出惊人之举，向男子发出热情邀请——"今天暗晡共下来"，这份惊喜是男子始料未及的！

你在那河偃这河

你在那河偃这河，水大唔知过得冇^③？

妹若有情哥有意，两人担泥填大河。

阿哥上庄妹下庄

阿哥上庄妹下庄，隔条河水难商量；

阿哥唔怕路头远，阿妹唔怕路头长。

《你在那河偃这河》是客家原乡永定情歌，《阿哥上庄妹下庄》是台湾六堆山歌。这两首都是探情歌，以河水的阻隔来试探对方是否能克服万难（填大河、行长路）来相会。可见，闽台客家情歌在"探情"的表现手法上也十分相似。

---

① 佬妹：客家话，即"阿妹"。
② 暗晡：客家话，指"晚上"。
③ 过得冇：客家话，意思是"不知能不能过去"。

3. 初恋歌

有心交情不会断

石砌墙头不用砖，陈年老酒不会酸；

绸布红花不会谢，有心交情不会断。

初恋是不稳定的。这首情歌表达了初恋情人要对方有心交情，要细心、用心、耐心地相恋，通过石砌墙头之牢固、陈年老酒之醇厚和绸布红花之不谢来比拟两人感情稳定，情意不会断裂，可谓曲折有致。

两人交情莫透风

麻竹搭桥肚里空，两人交情莫透风；

燕子衔泥口要紧，蜘蛛结网在肚中。

两人交情莫出嗓

花生开花籽底下，不见结籽只开花；

表面开花暗结籽，两人交情莫出嗓。

初恋是最美好的。但在封建礼制约束下，初恋又是最惶恐不安的。所以，他们相恋只能瞒着家人、背着旁人，偷偷进行，密不透风。在他人面前，只要"两人见到莫理睬，神仙下界也难猜"。可是纸毕竟包不住火，迟早还是会泄露天机，如：

两人共伞露天机

顺治相恋到康熙，恋到乾隆无人知；

可恨上天落大雨，两人共伞露天机。

4. 热恋歌

因为心肝想心肝

因为心来因为肝，因为心肝想心肝；

因为心肝心肝想，为想心肝脱心肝。

时时挂念偎心肝

时时挂念偎心肝，盼夜同宿日同餐；

请个潮州画像客，画哥相貌床头安。

热恋中的客家恋郎妹称情郎为"心肝哥"，无疑，这种恋情发展到了极致，对方已经成为自己身体最要命的一部分了。似乎只有如此声声呼喊，才能真正表达两人爱到"你中有我、我中有你"的境界。"因为心肝想心肝"，即因为挂念"心肝哥"而心肝在不断地想。为了想"心肝哥"，以致想到"脱心肝"。"脱心肝"即脱了心神。这种热恋真是要命！郎在汀江头，妹在汀江尾，日日想郎不见郎，干脆画郎相貌床头装，见郎之心何等焦灼！热恋之情何等急切！

有心恋妹有胆担

有心恋妹有胆担，阿哥着了铁布衫；

大刀斩来会卷口，铁尺打来会转弯。

再大官司妹承当

嘱咐倕郎心莫慌，再大官司妹承当；

去到衙门妹会讲，花了银钱妹会帮。

瞧，热恋中的男女青年已经不再是初恋时期的谨小慎微了，而是大胆有担当，不怕出名，甚至不惧怕官司缠身。柔弱的客家女子以爱情的巨大力量和热恋中的亢奋精神歌唱伟大的爱情和人性的自由。因此，热恋情歌有力度，更有深度！

5. 坚贞歌

哥有心来妹有情

哥有心来妹有情，唔怕山高水又深；

山高自有人开路，水深自有撑船人。

这首歌表现了情哥情妹对爱情的执着，只要两人情意深厚，山再高，水再深，也要想尽一切办法去克服困难，终究要相依相随。这首山歌还被改编进了反映客家土楼风情、展现客家文化内涵的大型原生态客家风情歌舞剧《土楼神韵》，并作为全剧尾声主旋律反复歌咏：

你有心来倕有情（吔），唔怕山高（啊）水又深（吔）；

山高自有人开路（吔），水深还有（啊）造桥人（吔）。

《土楼神韵》的曲调旋律以舞台土楼夯墙为节拍，节奏缓慢有力，刚劲雄浑，展现了客家人不畏艰难险阻、敢于拼搏的精神，表现了客家男女追求爱情、四海客家联络亲情的坚定与执着。因其内涵丰富、节奏雄壮有力，观众获得强烈共鸣。《土楼神韵》于 2010 年首次赴台北县演出，引起台湾客家乡亲热烈反响。国民党荣誉主席吴伯雄亲临现场观看，演出到了尾声时，全场观众起立跟着尾声旋律节拍一齐哼唱《你有心来偓有情》，久久不愿离去。之后，又在桃园、苗栗、高雄等客家聚居地区先后巡回演出，同样场场爆满，感人至深。这就是文化同源的魅力！

最能表现出客家男女对感情的执着，要死心塌地在一起、生死不分离的坚贞情歌，可能要数下面这两首了。

妹在山上割芦萁

妹在山上割芦萁，哥在山下铲草皮[①]；

芦萁烧火草皮盖，生死共堆唔分离。

藤死树生死也缠

入山看到藤缠树，出山看到树缠藤；

树死藤生缠到死，藤死树生死也缠。

前一首把情哥比作草皮，把情妹比作芦萁，后一首把情哥比作树，情妹比作藤。两首情歌巧妙地运用劳动生活中常见之事与景作比，喻示两人生死都要在一起，爱情坚贞不移。真是要爱到地老天荒、海枯石烂！

当然也有诉说离别相思之苦、拒情断情之痛的情歌。如：

越走越远越思量

阿哥出门去上杭，越走越远越思量；

日间思量日头大，夜间思量路头长。

过了黄河死哩心

劝郎劝得泪淋淋，千怪万怪妹无情；

劝郎不转冇办法，过了黄河死哩心。

今日断情割心肠

恋妹多年望久长，今日断情割心肠；

---

① 芦萁，是客家人常用来烧火煮饭的柴草，为草本植物，像蕨。脱出草皮并烧成灰散入田中，是客家人肥田的方法。烧草皮时，必须用大量芦萁来引燃。

碗里有肉唔想食，杯中有酒唔想尝。

"过番歌"是客家人另类的一种生活苦情歌、相思爱情歌。从明代开始，大量闽粤客家人为了谋生，冒着九死一生的危险漂洋过海下南洋，谓之为"过番"，过番后侨居在南洋诸国者被称之为"番客"。清末民初，"过番"之风达到鼎盛。永定客家人依靠地理位置优势，或毗邻漳州，或处汀江下游，加之永定高山峡谷多，良田十分有限，单靠农耕生存是很困难的，因此，该县客家人对"过番"趋之若鹜，想方设法寻求"水客"帮助"过番"谋生。据《永定县志》统计，到20世纪80年代，从永定土楼走出去的番客有10万人左右[1]，约占该县总人口的25%。"过番"后，经过勤奋打拼，事业有成，事业辉煌者，不乏其人，其中有著名的"锡矿大王"胡子春、"万金油大王""报业巨子"胡文虎。

可是，"过番"海路之艰险，番邦生活之艰难，海外命运之不测，牵动着多少亲人痛彻心扉的思念。晚清著名诗人黄遵宪著诗云：

催人出门鸡乱啼，送人离别水东西。

挽水东流像无法，从今不养五更鸡。

有多少客家人抱着发财梦想去"过番"？而能够三五年衣锦返回"唐山"的，又有几多？事实上，一辈子无法归家、困守南洋的客家人若恒河沙数。五更鸡啼意味着即将与亲人生死之离别。送别之际，想念之时，就用唱山歌来表达憧憬与期许、挂念与惶恐、后悔与无奈，一字一句都饱含着泪水。

阿哥出门去过番

阿哥出门去过番，洋船等到粤海关；

阿妹有话当面讲，下次搭信较艰难。

汕头出海七洲洋，七日七夜水茫茫；

行船三日唔食饭，记妹言语当干粮。

阿哥出门往外洋，唐山隔番路途长；

鸳鸯枕上没双对，壁上灯盏挂心肠。

阿哥出门去过番，阿妹下到汕头拦；

---

① 永定县地方志编纂委员会编：《永定县志》卷二十七，中国科学技术出版社，1994，第692页。

番邦赚钱番邦使，去就容易转就难。①

这首是永定民间流行的过番歌，叙述了下南洋路途遥远与艰辛，主要表达的是对阿哥出门去"过番"的牵肠挂肚、万分嘱咐与难舍之情。永定山歌大王李天生用竹板演唱的《阿哥出门往南洋》也大同小异：

> 阿哥出门往南洋，
>
> 漂洋过海出外乡，祝哥身体爱保重，
>
> 保重身体得安康，人争口气佛争香。
>
> 阿哥出门往南洋，
>
> 两人情分爱久长，堂上双亲偓孝顺，
>
> 家庭内外妹担当，亲哥在外莫思量。
>
> 阿哥出门往南洋，
>
> 一路行程去远方，亲哥到了南洋后，
>
> 书信快快寄回乡，免得佬妹挂心肠。
>
> 阿哥出门往南洋，
>
> 妹有言语嘱亲郎，阿哥赚钱爱寄转，
>
> 家中还有老爷娘，离乡背井望春光。②

紧邻永定的梅州大埔县流行的过番歌《十送郎》③，则套用客家山歌《十送郎》歌体形式来表现"过番"的苦楚：

> 一送偓郎门帘下，目汁双双衫袖遮；别人问偓脉个事，偓郎走撒④偓自家。
>
> 二送偓郎门栓前，手攀门栓叫涟涟；面前又无亲生子，最多走得三二年。
>
> 三送偓郎天池下，交代偓郎剪绉纱；莫剪长来莫剪短，恰恰齐妹腰骨下。
>
> 四送偓郎屋角下，交代偓郎买枕头；买枕爱买鸳鸯枕，莫买单枕各一头。
>
> 五送偓郎五里亭，再送五里难舍情；再送五里情难舍，万分难舍欸条情。

---

① 永定县民间文学集成编委会：《中国歌谣集成·永定县分卷》，内部发行，1992，第237页。

② 李永华、李天生：《客家山歌诗选》，福建省永定县文化体育局，内部资料，2013，第96页。

③ 周晓平：《民俗视域下客家人的血泪"过番谣"——兼论黄公度的"过番诗"》，《客家研究辑刊》2016年第1期，第86页。

④ 走撒：客家话，指"丢弃"。

六送催郎食水盍，嘱郎食水莫食多；食得多来肚会痛，路远迢迢脉人摩。

七送催郎竿子排，手攀竿子割到催；有心阿哥来断血，无心阿哥气坏催。

八送催郎桂花窠，手攀桂花来垫坐；左手攀个桂花树，右手攀个妹亲哥。

九送催郎石子岗，石子踢脚血难当；撕块绸布来包脚，脚趾没包先抱郎。

十送催郎渡船头，船在水中浮又浮；船子走了还会转，催郎一去无回头。

这是新婚不久，尚未生儿育女的大埔妇女送郎"过番"的真情实景，从家门送到火船渡口，一路上千交代、万嘱咐，末了以"船子走了还会转，催郎一去无回头"煞尾，吟罢，苦情悲情涌上心头，催人泪下。

与"过番歌"同类题材的还有闽台客家两地传唱的"渡台歌"。如《十寻亲夫过台湾》《渡台悲歌》《台湾番薯哥歌》等，真实再现了闽粤客家人渡台谋生的酸辛血泪史。如永定山歌大王李天生唱的《十寻亲夫过台湾》[①]：

一寻亲夫过台湾，打算出门爱借钱；先日话郎容易转，唔知今日见郎难。

二寻亲夫就起程，包袱伞子紧随身；辞别叔伯并兄弟，出外寻夫好苦情。

三寻亲夫到三河，三河司官盘问多；妹子低头唔敢讲，衣袖遮口说寻哥。

四寻亲夫出三河，使去盘银十分多；街头人问哪家女，抛头露面唔奈何。

五寻亲夫到潮州，看见潮州百般有；怎好东西无心看，急急忙忙路上溜。

六寻亲夫到连城，行到城里二三更；睡到五更做个梦，梦见亲郎打单行。

七寻亲夫到厦门，厦门楼客乱纷纷；三更半夜落船上，几多辛苦为夫君。

八寻亲夫坐火船，几多辛苦不堪言；海浪打船风又大，头昏胸闷没人怜。

九寻亲夫离船舱，唔知亲哥在何方？唔知亲哥哪个屋，见郎唔得心就慌。

十寻亲夫到台湾，一见亲夫开片天；两人牵手来去转，好比三岛遇神仙。

亲夫去台湾了，杳无音信。可怜的是，柔弱妇女失去强大的家庭支柱，还要承担起料理家庭的重任，更让她难以承受的是独守空房的相思与寂寞。何况，男人去了台湾生死也不明，后果之严重始料未及，真是"悔教夫婿觅封侯"。于是，像孟姜女寻夫一般，历经千辛万苦到台湾寻夫，见到夫君，心阔如天，什么富贵钱财，都是粪土，只愿牵着夫君的手即刻回家。《渡台悲歌》与《台湾番薯哥歌》

---

① 李永华、李天生：《客家山歌诗选》，福建省永定县文化体育局，内部资料，2013，第96—98页。

已在前文第一章第一节有述，这里不再赘言。

（三）教谕歌

论起客家山歌，也不尽是倾诉苦情和抒发爱情的内容。有不少山歌教人为人处世，鼓励读书做官的，教化意义浓厚，称之为"教谕歌"，或"劝谕歌"。在孩提时，祖母经常在晚上睡觉之前教笔者唱山歌，很多歌已经忘记了，但对其中一首山歌《石墙砌来做学堂》，至今还记忆犹新：

> 岭岗顶上砌石墙，石墙砌来做学堂；
>
> 男人读书望高中，女人读书望连郎。

台湾也有与之非常相似的一首，《高山顶上起学堂》：

> 高山顶上起学堂，两边开窗好透凉；
>
> 男人读书望官做，女人读书望连郎。①

此外，台湾客家地区传唱的劝诫男子莫去嫖赌、勤俭持家、孝敬爷娘、和善处世等劝谕类山歌，与大陆原乡几乎一样，是世代相传的，并没有因地域的改变而改变，大多数是一字不改、原汁原味地传承。举以下三首为例：

劝君莫去入赌场

> 劝君莫去入赌场，赌博钱财会输光。
>
> 唔见赌博发财事，过后偷抢入牢房。

奉劝大家莫贪色

> 奉劝大家莫贪色，色是阎罗第一关。
>
> 红罗帐内真地狱，鸳鸯枕上活刀山。

相骂莫去投外家

> 大嫂唔咁主意差，相骂莫去投外家。
>
> 投到外家来一桌，剚②鸡杀鸭害自己。

在劝教孝敬爷娘方面，最感人肺腑的是《十月怀胎》歌了。从怀胎初始阶段的"手软脚酸"一直唱到十月期满，孩子出生时"割肠割肚割娘肝"的痛苦，再

---

① 黄子尧：《客家山歌200首》，客家台湾文史工作室（新庄），2010，第161页。
② 剚：chí，客家话，"宰杀"的意思。

唱到悉心照料养育，直至长大成人成家，结尾歌词突然转唱世上一些不孝之子的恶行——"夫妻两人情过好，便骂爷娘背时人。有酒不叫爷来食，有肉不叫娘来尝"，最后以"奉劝世上男和女，千万莫做忤逆郎"结束。前面的歌词让人觉得母亲生儿育女的不易和伟大，结尾歌词着实让人感到愤慨和心酸。台湾的《娘亲渡子歌》与大陆原乡的《十月怀胎》虽然有些差异，未按照十月怀胎的时序来详细描述娘亲的痛苦及产后育子之难，但其歌唱养育子女之艰辛是完全相同的：

娘亲渡子苦难当，艰难辛苦嗯个娘；

受尽几多寒更夜，凄凄沥沥到天光；

阿姆渡子苦又难，可比蹶壁一般般；

又惊渡大无孝顺，喊偃老来爱迎般；

娘亲渡子苦难当，艰难辛苦嗯个娘；

三朝七日无奶食，朝朝夜夜爱食糖；

阿姆个肚子来大，行路郎碰又郎碰；

坐得高来惊怕会倒摆转，坐得矮来又惊怕会郁内伤；

烧个就毋敢食，冷个就毋敢尝；

十月怀胎娘辛苦，子儿就爱下世；

阿姆个肚子痛，真像利刀来割肚；

可比利剪来剪肠，嘴上铁钉咬得断；

脚著皮鞋蹬得穿，天上无门想爱上；

地上有门强爱钻，有福之人来降子；

得人个鸡酒香，无福之人来降子；

得人个四块板，阿姆就来降子；

可比蚁公游锅壁，游得过嗯个货；

游毋过，阿姆个性命就会见阎王；

子儿就来下世，点点食娘身上歌心头血；

一日食娘三卡奶，三日食娘九合浆；

堵到屋家子嫂多，亦系来手脚少；

又爱柴来又爱草，又爱番薯猪菜转家堂；

背篮挑等上山岗，将子背等在背囊；

篮子挑等一山过一山，一岗过一岗；

寻有番薯猪菜篮子装，寻得罅挑等就转家堂；

转到来半路项，听到幼子叫洋洋；

阿姆解下在手上，奶子扳开分子食、分子尝；

子儿来食饱，佢就来笑洋洋；

子来笑娭亦笑，子娭揽等笑一场；

奶子来食饱，慢慢挑得转家堂；

转到屋家屎和尿，屙到阿姆一背囊；

阿姆惊子来寒坏，遽遽揽等入间房；

第一先换子，再来后换娘；

阿姆拐子来睡好，篮子擐等快快到河岗；

河坝慢慢洗，圳沟慢慢汤；

汤得衫裤裙子净，阿姆个手指洗到血洋洋；

衫裤裙子洗好擐等转家堂，转到屋家壁上慢慢披；

竹篙慢慢朗，郎得衫裤裙子好；

阿姆肚子饿到变背囊，大肠饿到变小肠；

添到一碗饭，娭就想爱食，又听幼子叫洋洋；

左手牵子爱来骗，右手牵子爱来拐；

拐得来子儿停，阿姆个饭碗就冷过霜；

冷菜冷饭食落肚，阿姆冷肚隔冷肠；

降子毋知娘辛苦，降女正知娘难当；

爷娘惜子长江水，子想爷娘无该担竿长；

毋信单看长江水，流下就无流上；

总系大家爱做人子女，大家就爱做人爷娘；

厅下个高椅轮流坐，富贵就轮流当；

奉劝大家就爱行孝顺，

······

为人子女毋行孝，仰般世间来做人······①

台湾的这首《娘亲渡子歌》内容以"娘亲渡子苦难当，艰难辛苦嗯个娘"开始，中间细腻地描述了怀孕之苦、产子之痛、养育之艰，结尾也警醒世人——"爷娘惜子长江水，子想爷娘无该担竿长"，并以"奉劝"之辞结束。虽言辞异于《十月怀胎》，但结构几乎一致，内容同样细致生动、感人至深。

（四）仪式歌

"仪式歌"是客家歌谣中一项特殊内容，主要与客家人的民俗活动有密切关系，广泛存在于客家人的生命礼俗、民间信俗、行业习俗等活动中。生命礼俗方面的歌谣有满月歌、成年礼歌、婚嫁歌、丧葬仪式歌等；民间信俗方面有佛道科仪歌、求雨祈晴歌、诅咒歌等；行业习俗歌有泥匠的起基行墙歌、封顶下墙歌，木匠的上梁歌，风水师的开光歌，木偶师傅的请神送神等。如小孩满月之日，要将婴儿抱到屋前禾坪举行"喊鹞婆"②仪式，唱《满月歌》：

鹞婆······鹞婆······

鹞婆飞得高，明年做阿哥；

鹞婆飞得低，明年招老弟。

女子出嫁之时要"哭嫁"，体现女子依恋娘家，哭得越伤心表示越孝顺。《哭嫁歌》按出嫁时间先后，哭的内容不同，出嫁前两三天要哭闺蜜，出嫁当日要哭爷娘，哭骂媒婆，临上轿之时要号啕大哭，母亲、闺蜜要陪哭。母亲陪哭是十分伤心的，大多回忆养育女儿之不易。下面三首分别是哭闺蜜、哭爷娘、哭女儿：

（一）

三月织麻共凳坐，四月挑花共花箱；

挑花绣朵箱未满，棒打姐妹两分散。

---

① 黄子尧：《客家民间文学》，客家台湾文史工作室（新庄），2003，第74—77页。
② 鹞婆，即老鹰。举行此仪式，目的有二：一是锻炼婴儿日后胆量；二是招个好彩头。

（二）

堂屋中间一炉香，先拜爷佬后拜娘；

先拜偓爷养偓大，后拜偓娘睡湿床。

（三）

女呀女，十月怀胎把你养，

两年奶水把你喂，硬饭米甘把你饱，尿片尿布娘来洗。

女呀女，婆家唔比娘家好，

公婆哪有爷娘亲，上门媳妇难做人，时时处处要小心。

女呀女，从今后，饥寒冷暖自家管，

有病有痛自己担，社官老子要身健，世上最难是求人。

诅咒歌是原始农耕社会时期遗留下来的，有诅咒农作物害虫的，也有诅咒蛀蚀屋宇蚂蚁的：

咒蚁歌

五月五日午时节，董氏仙师真口诀；

黄蚁白蚁地中藏，一年四季白如雪。

客家人中秋之夜有用月饼祭天上月姑（嫦娥）的习俗。祭月时，焚香点烛，一些妇女便玩起"伏三姑"的游戏，这种游戏还颇有几分神秘。笔者在1995年曾经亲眼看到过本村（上杭稔田镇南坑村）的"伏三姑"习俗。几个妇女围坐在一张八仙桌旁，头伏在桌上，嘴里不停地唱着"上天堂"的仪式山歌："嗳嗨哟，上天堂，上了一堂又一堂，一堂过后一堂山，两个仙人来念经，念百经，念千经，烧百香，烧千香，风吹竹叶铃银响，响铃银……"其神秘之处在于，个别妇女在反复吟唱中不知不觉就"来神"了，即所谓月姑神附体，手脚直抖不停，然后嘴里会自言自语地说出"上天堂"路程之艰辛，天堂花团锦簇，红花女子如云，欣赏一番美景之后便是下天堂返回人间了。"回到人间"，即如梦初醒，大汗淋漓，手肘流血，精神疲惫。"来神"之玄虚真假姑且不论，至少唱仪式歌是"伏三姑"习俗中不可缺少的一环。

客家人建造房子是人生中的一件重大事情，所谓有生之年"做事业"的象征。

因此，建造房子的仪式显得非常重要，相应的仪式歌也就比较多。如开山炸石歌、入山伐梁歌、奠基歌、行墙歌、享梁歌、梁上挂红歌、下墙枋歌、竖大门歌、开光歌、呼龙歌等。如《建楼奠基（放七星石）歌》[①]：

修房夯土先行官，吉日来把墙脚安；

玉石打成金黄面，修座华堂宽又宽；

子孙金榜把名点，不中文官中武官；

水晶玉石长又方，恭贺主人修华堂；

吉日墙脚稳当当，上面土师好夯墙；

主人看见喜心上，人兴财旺幸福长。

客家山歌毕竟是民间乡野之人所编唱，真实地反映了乡村社会生活。所以，难免会出现一些内容粗俗的山歌。如：

阿哥爱睡先脱衣，妹做席子郎做被；

妹做狮子先睡倒，郎做绣球滚上身。[②]

虽然用了借喻手法，但还是很直观地描述了两人的情色。在以情色为乐的山歌中以《十八摸》最为经典。另外，一些男女对歌斗歌时，男子经常会故意使用描述性的语言挑逗女子，让其难堪，难倒对手。虽然显得粗俗，但会用上比喻、谐音双关的修辞手法，又让人觉得意趣盎然。

（五）客家山歌的体裁

从上面列举的大量山歌来看，客家山歌的基本格式体裁是每首七言四句，类似七言绝句诗。但也有七言五句体，这种俗称"五句板"，也叫"尾驳尾"，即下一段首句重复唱上一段末句，若是对唱，则对唱者回应时，驳接对方尾句，重唱一遍，以便预留时间构思后面要唱的内容。除七言四句的基本体式外，也有少数为杂言多句多段落的。如：

一头茶

一头茶，佬妹今日都在家；

[①] 李永华、李天生：《客家山歌诗选》，福建省永定县文化体育局，内部资料，2013，第175—178页。

[②] 永定县民间文学集成编委会：《中国歌谣集成·永定县分卷》，内部发行，1992，第231页。

两人共同来研究，捡个日子嫁倕家。

一头茶，茶树开的系白花；

也有茶树开红的，妹在明年到你家。

一头茶，……①

但这种山歌多数是劝谕、叙事山歌，由多个段落组成，每个段落可以独立成章（首），合在一起则成为一个有机整体。因此，这种山歌体式又叫"连章体"。如有《十劝郎》《十劝妹》《七劝姊》《七送妹》《九送妹》《九有情》《十戒嫖》《六命歪》《五更里》等，歌名中的数字代表段落数。如《十劝郎》，表示有十个段落，从"一劝郎"唱到"十劝郎"，每个句子的字数变化较大，如《十劝郎》之"八劝郎"：

八劝郎，八八长，

家乡女子赛苏杭，

莫念苏州女子情义好，

到处都有靓姑娘。

哥，枕头垫高细思量。

这一段由五句组成，首句为"三—三"字数，第三句九字，最后一句为八字。最后一句的"哥"字是念白，在唱的过程中突然停下来，语重心长地叫唤，意在劝说。还有些唱句为了调整曲调节奏或因感情变化，会加上若干衬字，构成长短不一的句子。

（六）客家山歌的修辞手法

客家山歌要便于乡村野老听懂，其所唱歌词就必须通俗化、生活化、形象化，自然天成。客家老百姓虽然不懂"言之无文，行而不远"的道理，但在长期的艺术实践中，他们已经总结出了丰富的经验，所唱之词必须生动形象，内容来自日常生活之景物、人事、道理，通过比方、夸张、谐音双关等基本艺术手段来描摹生活，才能深深打动人、吸引人，并遵循最朴素的艺术法则。这个艺术法则就是"文"，即文饰、雕饰，经过文饰后的山歌最终走进了大雅之堂。客家山歌通过无

---

① 李永华、李天生：《客家山歌诗选》，福建省永定县文化体育局，内部资料，2013，第30页。

数人长期的艺术实践，千锤百炼，使不少传世作品具有很高的艺术性，千古流芳。其中，情歌的艺术性最高，流传最多、最广。

比喻是闽台客家山歌中最为常用的一种艺术表现手法。通过比喻，把具有相似、相通的事物或事情联系起来，使被比喻的事物或事情由抽象变得形象具体，变难懂为易懂，达到具体化、形象化，妙趣横生。比喻中又分为明喻、暗语、借喻三种。

明喻是本体、喻体、喻词三者完整出现在句子中，其喻词多为"好比""好像""就像""尽像"等。

明喻如：

山歌越唱越有情，妹子越大越惹人；

好比生蛋鸡卵子，咯咯嘎嘎叫不停。

此歌中把长大后情窦初开的妹子，比作长大发情快要生蛋的小母鸡。两者相似之处在于妹子不停地唱着情歌，越唱越有情，小母鸡咯咯嘎嘎叫不停，暗示女子要大胆地去追求爱情，表达爱意。歌词委婉、形象、生动。

又如台湾客家山歌：

一想无夫真可怜，好比有屋无栋梁；

一日不得一日暗，入夜不得到天光。

把生活中日夜依靠的丈夫比作家中支撑屋脊的栋梁。

暗喻如：

郎是鲫鱼妹是鲤，水底来往无人知；

水底来往无脚迹，无人敢话偃同你。

郎、妹是本体，鲫鱼、鲤鱼是喻体，本体与喻体之间没有出现"像""如"等喻词，用"是"连接。即把郎、妹分别比作水底的鲫鱼、鲤鱼，巧妙地说出两人背着他人偷偷来往爱恋。

又如台湾客家山歌：

栅门一出昌隆庄，打开园门桂花香；

桂花恁香无结子，阿妹恁靓无共庄。

如此靓丽的阿妹正如香气袭人的桂花，与阿妹无情缘，好比桂花无结子。

借喻如：

> 大河流水急湫湫，有朵梅花水上浮；
>
> 哥若有心来捞起，免得好花任水流。

此歌把相思情浓的客家妹子比作美好的梅花，歌词只出现了喻体"梅花""好花"，用喻体来替代情妹子。整首山歌含蓄隽永，晕染了情窦初开的客家妹子担心流年似水，渴望及时得到情哥哥浪漫的爱情的心境，真是如诗如画，韵味无穷。

又如台湾客家山歌：

> 倒竹容易拔竹难，拔得头来尾又绽；
>
> 三升糯米裹粒粽，皮熟心生让哥尝。

这首山歌表达了女子想与男子断情，但难以启齿，直截了当地挑明怕伤了男子的心，心里矛盾重重。于是，只好用"拔竹难"来表达断情的复杂心理，用"皮熟心生"的粽子向男子传递看似有情却无情的心情。含蓄、委婉，又不伤人，这就是比喻的妙处。

客家山歌还运用双关语的修辞手法，即所用词语的发音同时关联两种不同事物，也叫"谐音双关"。这种表现手法在客家山歌中被普遍使用。因为山歌是一种特殊的文艺表现形式，正如钟敬文先生所说，"歌谣是'口唱的文学'，所以能适合于这种'利用声音的关系'的表现，尤其是表现关于恋爱的文艺，这种婉转动人的方法，更为切用而且多用"[1]。客家男女谈情说爱时，通常运用双关手法表达一些难以启齿的话，可以起到意想不到的效果。如：

> 橄榄花开花揽花，郎在榄上妹榄下；
>
> 掀起衣衫等郎榄，等郎一榄转屋家。

首句用橄榄花重重叠叠、花团锦簇的美景起兴，前一个"榄"字是名词，指橄榄，后一个"揽"字是动词，"拥抱"的意思。后面三句的四个"榄"字利用谐音关系，巧妙地关联到客家方言动词的"揽"字上。从字面上看，郎在橄榄树

---

① 钟敬文：《歌谣的一种表现法：双关语》，载钟敬文《钟敬文民间文学论集》，上海文艺出版社，1985，第312页。

上摘橄榄，妹在橄榄树下掀起衣衫等着装橄榄，等到装上一个橄榄我们就回家吧。蕴含的意思却是，情妹暗示在橄榄树上的情郎下来拥抱她，做出大胆的举动，一个"揽"上，一个"揽"下，甚至掀起衣衫等情郎拥抱回家。一语双关，言在此而意在彼，委婉含蓄地表达了"恋郎妹"对情郎迫不及待的热恋之情。

　　台湾六堆也流行这首经典的双关语情歌，不过，被解析为一个凄美的故事。一位女子走到橄榄树下，看见一位男子在树上采橄榄，于是唱了这首歌，谁知"榄"与客语"揽"同音，导致男子的遐想，一不小心从树上掉下来，一命呜呼！这件命案送到官府，追查结果，原来是谐音双关惹的祸。[①]

　　另一首流行于台湾苗栗的客家山歌也是运用谐音双关的经典之作：

　　　新打茶壶锡和铅，哥讲锡来妹讲铅；

　　　歌讲铅来妹讲锡，总爱有锡正有铅。[②]

　　"锡"与爱惜的"惜"谐音，"铅"与牵手的"牵"谐音，由此发生关联想象。

　　台湾苗栗的《西湖乡志》辑录了一首西湖客家山歌：

　　　西湖山歌尽有名，条条双关腔调靓；

　　　句句抒情搭落韵，声声听来心头甜。[③]

　　由"条条双关"，可见，苗栗西湖的客家山歌普遍使用双关的修辞表现手法，达到"句句抒情"的艺术效果，让人听了心头甘甜，精神愉悦，十分享受。西湖山歌也因此声名远扬。

　　运用"夸张"的修辞手法。如：

　　　两人牵手入屋下，望路唔到沿壁行；

　　　吓生吓死心肝跳，心肝跳出手来拿。

　　以"心肝跳出手来拿"的夸张之词来安慰两人偷偷溜进屋内恋爱的紧张心情。情歌喜用这种绝对"不可能"发生的夸张之事来形容两人爱情之坚贞、执着。如：

　　　坐下来，瞓下来，瞓到两人心花开；

　　　瞓到鸡毛沉落水，瞓到石头浮起来。

　　① 彭素枝：《台湾六堆客家山歌研究》，文津出版社（台北），2003，第107页。
　　② 王幼华、莫渝：《重修苗栗县志·文学志》卷二十八，苗栗县政府（苗栗），2004，第453页。
　　③ 王幼华、莫渝：《重修苗栗县志·文学志》卷二十八，苗栗县政府（苗栗），2004，第456页。

运用"排比"的修辞手法。如：

生不离来死不丢，除非汀江水倒流；

除非熟饭再生谷，除非柑子变石榴。

通过不可预见的三种事来排列叙述，使得两人感情更加坚定，生死不离。再如：

哥莫愁，妹莫愁，自有云开见日头；

自有水清见石子，自有春光在后头。

这是利用排列铺陈可以预见的三种期盼，起着加强语势的作用，劝慰两人不必为爱情发愁，美好的爱情自有到来的日子。

运用"反复"的修辞手法。如：

好久不曾到这垅，这垅有头月月红；

月月红花月月开，心肝佬妹难相逢。

松树结籽球打球，处处青山有水流；

处处青山有水转，样般佬妹咁难求？

"反复"是有意识地不止一次地使用同一个词语或句子，强调某一个意思，突出一个重点，渲染一种气氛，以抒发强烈的感情。[①]反复可以是单个字的反复，一个词语的反复，一个句子的反复，也可以是一个语段的反复。在反复中增添了山歌的节奏韵律，丰富了音乐的旋律美感，让人听起来自然舒畅，唱的人同样感觉轻松自如。

除上面举例分析的主要修辞手法外，常用的还有起兴、铺陈、用典、借代、设问、反问、烘托等。有时一首歌词同时使用多种修辞手法，如：

咁好日头云遮天，咁好月光缺半边；

咁好妹子无双对，样得同妹结团圆？

这首歌一连用了起兴、比喻、排比、反问四个修辞格。起兴，以先咏"日头""月光"，来引起所咏之"妹子"；比喻，以妹子虽然年轻貌美却未结成双对之遗憾，比作"日头云遮天""月光缺半边"之美中不足；排比，连用三个"咁

---

① 徐炳昌：《辞格心理基础初探》，载中国华东修辞学会《修辞学研究》，语文出版社，1987。

好"开头，一气呵成，所积蓄之力量全部贯注在最后一句"样得同妹结团圆"，以反问作结，期盼妹子能够跟"我"成双对、结团圆。真是耐人寻味！

客家山歌是平民的口头文学艺术，虽然很多是出自没有文化的乡野妇人，"矢口而成"，平实浅易，但如此通俗之辞，"看似寻常最奇崛，成如容易却艰辛"，每首山歌都自然明快，句句抒情，处处动人心扉，具有不凡的艺术价值。

（七）客家山歌中的民俗文化

客家山歌展现了客家人丰富的民俗文化。客家山歌就是歌唱客家人日常生活的歌，全景式地再现了客家人社会生活的方方面面，表现出生活的多样性、丰富性。因此，客家山歌成为记录客家民俗的最重要的载体之一。它包含了客家人的衣食住行、婚姻爱情、家庭伦理、岁时节日、民间信仰、农事与行业等各个方面的习俗。

反映衣食住行习俗的有：

阿妹身着两件衫，一件白来一件蓝；

阿哥瞥眼看一下，可比神仙下哩凡。

客家服饰以黑、蓝、白三种素色为主。中年以上女子一般穿深蓝衣服或黑色衣服，显得庄重朴素，年轻女子一般穿浅蓝色衣服，蓝衫的衣领及袖口辍上花边，显得活泼可爱。"一件白来一件蓝"正是反映了客家的服饰习俗。

反映婚姻爱情习俗的有：

旧时妇女真可怜，社会地位最底层；

等郎妹，童养媳，催今在此道分明。

七八岁人爱上山，捡柴捡得大大担；

有日捡柴少一点，好比爷娭献饭经。

骂得多来会发烧，应佢一句气难休；

立刻一个五筋凿，头颅顶上五个瘘。

细生婢子真作恶，三餐食饭冇上桌；

好菜一点冇入口，餐餐食个菜碗脚。

旧时客家人有抱养未成年小女孩（或女婴）的习俗，被抱养的小女孩等长大后与其朝夕相处的哥哥或弟弟成婚，俗称"细生婢子"，也就是"童养媳"。所谓"等郎妹"，是指成年女子嫁给才三五岁的情郎。山歌有唱："十八娇娇三岁郎，夜夜要妹抱上床；睡到半夜睁开眼，不知是子还是郎。""等郎妹""细生婢子"在家里没有地位，经常被家人虐待。这里反映了等郎妹、童养媳的悲惨生活，也揭示了旧社会遗留下来的恶俗。

反映家庭伦理习俗的有：

唱歌爱唱鲤鱼头，孝顺父母记心头；

孝顺父母敬天地，有天有地样样有。

这是一首流行于闽台客家的家庭伦理教谕歌《鲤鱼歌》，篇幅较长，以鲤鱼身上各个部位领句，从鲤鱼头开始，唱到鲤鱼尾，主旨是表达对父母爷娘的孝顺。

反映民间信仰习俗的有：

伯公没坛是野神，阿妹没双是野人；

伯公没坛倚大树，阿妹没双靠谩人①？

伯公信仰是客家民间信仰习俗的一大特色。客家村信奉的布伯公神祇，有水口伯公、桥头伯公、土地伯公、田头伯公、山林伯公、树伯公、石伯公等。在村落比较重要的位置，如水口、桥头、山林入口处，会设立伯公神坛，供村民集中祭拜，没有设立神坛的称之为"野神"。

反映行业习俗的有：

新做纸寮只只高，哪有纸寮唔唱歌；

做尽人间常用纸，日日夜夜苦奔波。

客家地区竹林资源十分丰富，盛产土纸。闻名遐迩的连城四堡雕版印刷业极大地促进了纸业发展，做土纸成为闽西客家地区一个重要行业。连城县姑田还能够生产在全国具有竞争力的宣纸——连四纸。这首歌抒发了做纸工人的劳累苦情。纸寮的工人为了减缓劳动压力，都通过唱歌来鸣不平、抒胸臆。

下面这首歌是彭素枝采集于台湾屏东县高树乡的客家山歌，歌名叫《十二月时歌》，按月份从一月唱到十二月：

———————
① 谩人：客家语，即"谁人"。

正月十五做元宵，家家门口彩花灯；

牵龙做戏弄狮子，爆竹打来响连连。

二月初二伯公生，看见禾苗满田青；

禾苗草木除除忒，不久挂纸又清明。

三月二十三妈祖生，上府割香转来迎；

连上上府两三日，宰鸡杀鸭一般般。

四月面下割早禾，男女混离同割禾；

禾仔割来有一半，点心摊仔担过来。

五月五日系端阳，家家门神插蒲香；

裹粽做有该里熟，走跑射箭划龙船。

六月时气多炎热，湖鳅晒死满田央；

（此处应遗漏了一行）

七月七日祭七娘，拿起芋仔煎芋糖；

不久十五月半到，准备三牲祭外方。

八月八日系春秋，蒲展早子及时收；

田头伯公得利子，黄纸插来满田丘。

九月九日系重和，风灾紧避走山岗；

遇着九月多风台，纸鹤食风顺天高。

十月半边割大冬，鸡啼半夜喊出门；

等得天光喊转屋，早起三朝当一工。

十一月来天渐寒，一年雨季收起来；

不久庄上喊还福，遇着做戏朋友来。

十二月里来天大寒，耕田阿哥爱思量；

遇着做田放夜水，凉风吹来苦难当。①

　　从农时农事到民间信仰习俗，从节日活动到节日饮食习俗，此歌按月唱得端详，宛如一幅多姿多彩的台湾客家庄风俗画，称得上是客家风俗大全了。

---

① 彭素枝:《台湾六堆客家山歌研究》，文津出版社（台北），2003，第202—203页。

台湾的客家山歌多数是从原乡传唱过去的。不可忽视的是，渡台垦殖的客家人也在台湾本土创作了难以计数的山歌，有鲜明的地域或时政特征。下面再罗列几首以飨读者：

> 阿哥带在公馆乡，人才生来真相当；
>
> 得到两人共下嬲，当得洋参一二两。

> 郎系公馆妹铜锣，两人相隔一条河；
>
> 妹个姻缘有郎份，星夜挑泥来坮河。

> 痌瘰绝代①日本番，也敢野心占台湾；
>
> 有命好来无命转，骨头烧灰变黑烟。

二、客家童谣

人生最美好的时光是童年。童年天真烂漫、纯真无邪，有永远唱不完、永远抹不去的欢歌笑语。哪怕与大人一起经历过无数的困苦，但毕竟少年不识愁滋味，童年的一切苦难都化为个人心田的精神养料，成为日后"忆苦思甜"的催化剂。儿时的记忆，痛并快乐着！儿时的记忆是那百唱不厌的诗篇——童谣。"古今中外的任何民族，有儿童就有属于他们的歌谣，因为那是纯真的自然流露的歌声，是光靠一张嘴巴就能玩赏的'玩具'。"②他们一边嘴里唱着歌谣，一边欢快地在田野里追逐、嬉闹，编织着七彩斑斓的梦想。

客家童谣是醉人的乡愁。"月光光，照四方，骑白马，过莲塘……"，这首客家人信手拈来、几乎人人会唱的《月光光》，成为客家童谣的代名词。月光是中国人思念亲人、思念家乡的特定的传统意象。"举头望明月，低头思故乡"，"但愿人长久，千里共婵娟"，在客家民系形成发展史上，他们历次的迁徙都是离开

---

① 痌瘰绝代：客家话，意思是诅咒人生病死绝，没有后代。有些写成"高毛绝代"。

② 冯辉岳：《客家童谣大家念：客家童谣100赏析》，武陵出版有限公司（台北），2002，第16—17页。

故土的悲壮远行，望着他乡明月，谁人不起故园情呢？也许只有反复地和孩子一起吟唱《月光光》，才能抚慰心里的伤痕。经过代代吟唱，《月光光》也就成了客家人美好的童年刻骨铭心的记忆和醉人的乡愁。

客家童谣也像全国各地的童谣一样，流过大河、穿过高山，在长远的时空间流传、回荡。台湾客家人来自原乡福建、广东，随着客家先辈的渡台足迹，也把儿时的"玩具"带到了宝岛台湾，将客家祖地的童谣代代传唱下去，成为连接两岸的历久弥新的思念。爱国保台志士丘逢甲在他的一首诗歌《游姜畲题山人壁》中说："春山草浅畜宜羊，山半开畲合种姜。比较生偓姜更好，儿童都唱月光光。"这是丘逢甲的纪游诗，他在诗中非常敏锐地体察到了原乡与台湾的客家儿童具有共同的语言游戏——都唱《月光光》，也就是说，《月光光》具有广泛流传性和典型性。

《月光光》在台湾客家和原乡客家的流传中有多种版本，异文十分丰富，但内容大同小异，所表现的主题也很相近，这也是口传歌谣在传播过程中不稳定性的结果。以"月光光，秀才郎"起兴的童谣最多，各地各有创造性地灵活运用，如《中国歌谣集成·永定分卷》中搜集的几个版本：

版本（一）

月光光，秀才郎；

骑白马，过莲塘；

莲塘没米菓，饿死大头猫；

大头猫，好供鸡；

鸡脚长，好乘凉；

鸡脚短，好孵卵；

生个卵子圆滴滴[①]，拿给公爹娭驰[②]做生日；

生日没人做，雷公顶上过。

---

① 圆滴滴：客家话，即"圆溜溜"的意思。
② 公爹，即"祖父"。娭驰，即"祖母"。

版本（二）

月光光，秀才郎；

骑白马，过莲塘；

莲塘背，种韭菜；

韭菜花，摘来送公爹；

公爹没巷起①，娭毑没梳头；

摘来逗黄牛，黄牛跌落井；

水牛来救命，水牛跌落溪，黄牛来拖尾。

版本（三）

月光光，秀才郎；

才郎背，种韭菜；

韭菜没开花，先生喊𠊎摘勒瓜②；

勒瓜没打子，先生喊𠊎打怪子③；

怪子跳入窿，先生喊𠊎捉虾公；

虾公溜溜走，先生喊𠊎去赶狗；

狗又汪汪汪，先生话𠊎咁没用。

版本（四）

月光光，秀才郎；

才郎背，种韭菜；

韭菜心，换枚针；

针有眼，换把伞；

伞有头，换头牛；

牛有角，换张桌；

桌有枋，换口缸；

缸有口，换条狗；

---

① 巷起，即"起床"。
② 勒瓜，即"黄瓜"。
③ 打子，即"结籽"。怪子，即"青蛙"。

狗有尾，换只鸡；

鸡有髻，俩仔叔婆学做戏；

做戏难打锣，不如学补箩；

补箩篾割手，不如学蒸酒；

蒸酒酒会酸，不如学印砖；

印砖砖会缺，不如学打铁；

打铁铁生锈，不如学劏猪；

劏猪猪会走，不如学阉狗；

阉狗狗会咬，不如学打雕；

打雕雕会飞，不如打把伞子做生意；

生意难讲价，不如做叫花；

叫花难带筒，不如吹火筒；

火筒吹唔响，不如做和尚；

和尚唔会念经，屙堆屎奔佢^① 做点心。

梅州与永定流传的版本相同的有：

月光光，秀才郎；

骑白马，过莲塘；

莲塘背，种韭菜；

韭菜花，结亲家；

亲家门前一口塘，放个鲤鱼八尺长；

鲤嫲尾，煮酒酿；

鲤嫲头，做学堂；

做个学堂四四方，读书赖子写文章；

写得文章马又走，赶得马来天又光；

在台湾龙潭地区则唱成：

月光光，秀才郎；

---

① 奔佢：客家话，"给他"的意思。佢，客家方言，"他"。

骑白马，过莲塘；

莲塘背，种韭菜；

韭菜花，结亲家；

亲家门前一口塘，畜个鲤嫲八尺长；

头节拿来食，尾节拿来讨晡娘[①]；

讨个晡娘矮嘟嘟，煮个饭呀臭屁股；

讨个晡娘高天天，煮个饭呀臭火烟。[②]

从上面列举的几首《月光光》来看，除流传于永定的版本（三）与梅州版的歌词前后与读书事象有关联外，其余的歌词与起兴的意象"月光光，秀才郎"，内容没有明显的关联。但仔细分析，还是存在一定的内在逻辑关系。这些童谣蕴含教育意义，比如，永定的版本（三）教育小孩要学会认知事物，万事万物都不可能十全十美，做事要专一，不能够挑三拣四，否则一事无成。台湾龙潭版教人讨"晡娘"不要只看重外在。这种教育，寓教于乐，*丝丝入微，润物无声*。

另外，光以"月光光"或"月亮华华"为意象起兴的版本还有很多，如祖地闽西的有：

月光光，树林背，

鸡公推砻狗踏碓；

鹅担水，鸭洗菜，

狐狸烧火猫洗菜；

唯独花猪最奇怪：

只知食、玩、睡，天掉下来当笠戴。

在台湾演变成：

月光光，松树背，

鸡公推砻狗踏碓；

狐狸烧火猫炒菜；

---

① 晡娘，即"老婆"。

② 陈运栋：《客家人》（第五版），联亚出版社（台北），1983，第198—205页。

猴哥偷食烙疤嗉。

祖地闽西以"月光华华"起兴的有：

月光华华，点火煎茶；

茶一杯，酒一杯，嘀嘀嗒嗒讨生婢①；

讨个生婢高天天，煮个饭子臭火烟；

讨个生婢矮的的，煮个饭子香煨煨。

在台湾头份地区则演变成：

月光华华，细妹煮茶，

阿哥兜凳，人客食茶；

满姑洗身，跌撇②手巾，

满人③捡到，细姑捡到，

爱还倕呀唔还倕？

大哥转来会骂，细歌转来会打；

唔使④打唔使骂，十七十八爱行嫁⑤；

嫁到哪？嫁到禾埕背，种韭菜；

韭菜花，结亲家；

亲家门前一口塘，畜个鲤嫲八尺长；

长个拿来食，短个拿来讨晡娘；

讨个晡娘矮嘟嘟，煮个饭呀臭扑扑；

讨个晡娘高天天，煮个饭呀臭火烟；

讨个晡娘毛茸茸，煮个饭呀家家虫；

讨个晡娘手路长，降个孙儿学掌羊；

讨个晡娘手路短，降个孙儿无核卵⑥。

---

① 生婢，即"媳妇"。
② 跌撇，即"丢失"。
③ 满人，即"谁"。
④ 唔使，即"用不着"。
⑤ 行嫁，即"出嫁"。
⑥ 核卵，即"睾丸"。

　　这首《月光光》串联了多种童谣。《月光光》内容大多是采用"移花接木"的手段，借用其他客家童谣，构成新篇。所以，民俗学家朱介凡说，客家童谣《月光光》"真是多得不胜其登录"，"各地客家童谣《月光光》流行相同或相近的版本，尽管具体的内容有所不同，但它们所表现的题材、思想和表现手法是一致的。都以'月光光'这一儿童最常见的、最能引起幻想的事物起头，用具体的意象去启迪儿童的思维，去认识周围的事物和生活"[①]。客家童谣还有大量使用儿童生活中熟知并感到好奇的事物来做意象，如萤火虫、禾必子（麻雀）、乌溜子（八哥）、鸡卵子（小母鸡）、鸭嫲、田螺、老鼠、龙眼、苦材子（野果）、七星姑等。如：

　　禾必子，嘴哇哇；

　　上桃树，啄桃花；

　　桃花、李花随你啄，

　　不能啄我龙眼荔枝花；

　　龙眼留来逗大姨，

　　荔枝留来转外家。

　　客家童谣的内容十分驳杂。有儿童自己嬉戏玩闹时编唱的，也有的是母亲教孩子们唱的。有些是毫无意义，纯属儿童游戏间产生的押韵文字，如：

　　一打一，苏州羊毛好做笔；

　　两打两，两叔公公握巴掌；

　　三打三，三叔公公来做衫；

　　四打四，四叔公公来算数；

　　五打五，五叔公公打斗五[②]；

　　……

　　从一唱到十，与现今编入小学二年级语文教材的"你拍一，我拍一，保护动物要牢记"语言游戏是一样的。这首客家童谣虽然没有任何意义，但可以提高儿童对语言声韵的感受能力。这类游戏是伴随着拍打的手势和摇摆的身段进行的。

---

　　① 杨宝雄：《客家童谣的意识形态功能——对贺州客家童谣〈月光光〉的文化解读》，《贺州学院学报》2008年第1期，第15页。

　　② 打斗五，即"打平伙"。

前文中所举的《月光光》版本（一）在辑录进《中国歌谣集成·永定分卷》时，文末有记录采集人的附记："演唱时，几个孩子排成纵队，前队摇头摆手，后队拉前人衫尾，边走边反复唱。"[1]

有的是母亲编唱的摇篮曲，哄孩子早早入睡的，如：

乖乖睡，快快睡，

莫听鸡仔啼，

莫听狗仔吠，

莫听猪仔拱泥坑，

莫听老鼠爬油缸。

夜眠春睡，一练到天光。

有些是大人有意激发小孩语言思维能力，锻炼小孩语言文字运用能力，编唱童谣，与小孩一起做语言游戏的，如：

萤火虫，唧唧虫；

唧的什么虫？唧的丝目虫；

丝呀丝，张天师；

张呀张，碗子装；

碗呀碗，莲花碗；

莲呀莲，跳脚莲；

跳呀跳，蛇跳；

蛇呀蛇，白花蛇；

白呀白，雪白；

雪呀雪，落雪；

落呀落，长乐；

长呀长，猪肠；

猪呀猪，豪猪；

豪猪有箭箭，专射打骗骗。

---

①　永定县民间文学集成编委会：《中国歌谣集成·永定县分卷》，内部发行，1992，第311页。

整首采用"顶真"手法，可以训练儿童的词语组合能力。

也有的童谣意义深刻，是用来教育小孩的极好材料。如：

东村河背，有个佬妹，

万事懒学，样样唔爱；

喊佢摘菜，摘的枯黄菜；

喊佢洗菜，泥巴粘叶背；

喊佢切菜，用的刀背；

喊佢煮菜，煮哩淡个；

喊佢舀菜，舀呀碗头背；

……

东村河背，有个佬妹，

万事懒学，样样唔爱；

与其相似，教育小孩要勤劳的反面材料还有《懒尸嫲》《懒尸姑》《懒尸娘》等。台湾的陈运栋先生在其《客家人》一书中收录的《懒尸妇道》，一共34句128个字，淋漓尽致地描绘了懒惰妇人生活慵懒的各种表现，导致其遭娘家教骂，遭夫家唾弃，"外家正大，又骂又教。归唔敢归，嬲唔敢嬲。送回男家，人人耻笑。当初娶来，用银用轿。早知如此，贴钱不要"[①]，教育意味深长。而流传于两岸客家的童谣《勤俭晡娘》则从正面颂扬了客家妇女的勤俭持家、任劳任怨、待人接物等优良美德。

针对儿童劝学的也有，如"蟾蜍啰，蟾蜍啰，啰咯啰；唔读书，无老婆"，或末句为"唔读书，瞎目珠"。因此说，"童谣，也是从前长辈们教育下一代，最好的补充教材"[②]。

产生于私塾学堂的童谣，其题材内容多半是戏弄或取笑先生的，如：

先生教佢一个字，佢教先生捡狗屎；

先生教佢一本书，佢教先生打野猪。

① 陈运栋：《客家人》（第五版），联亚出版社（台北），1983，第235—236页。
② 陈运栋：《客家人》（第五版），联亚出版社（台北），1983，第229页。

与其相似的台湾童谣是：

先生教偓人之初，偓教先生打山猪；

山猪漂过河，跌倒先生背驼驼。

童子们对先生并没有恶意，仅仅是编唱童谣来消遣娱乐，消除烦闷，给读书生活带来一点乐趣。

童谣是孩子们的诗，优美的韵律节奏，给孩子们从小就打开一片充满诗意的世界，插上一双想象的翅膀，开启了一个富于幻想的童话世界。

童谣本来就不是有意进行的文学创作，都是在游戏中脱口而出，只要搭得"落板"，觉得有趣，就可能有人传唱。客家人天生喜好这种文字游戏，也叫"搭牙板"，很多童谣也就是"搭牙搭板"的结果。殊不知，我们今天反观过去，客家童谣可以"培养他们具有客家民系特色的价值观和思维方式，反映了一个民系的共同的文化心态，是客家文化传承的一种手段"①。

客家童谣无意间构建了客家强烈的集体的民系意识。由曾龙城作词作曲的客家歌曲《月光光》，歌词巧妙运用了客家童谣"月光光，照四方"的特定意象，情真意切，饱含了海外游子对故乡唐山的思念之情，旋律优美动听，自20世纪90年代开始传唱，在客家地区广泛流行，特别受港澳台地区和东南亚客家人的热爱。台湾合唱团曾将其改编为合唱曲参加北京国际合唱节展演，台湾客家卫星电视台曾反复播放此曲。近年来，随着客家文化的不断升温，这首用客家方言演唱的流行歌曲再次掀起了传唱热潮。其歌词如下：

八月呀十五啊，月光光，阿娓哎，同偓哎，拜呀拜月光。阿娓问偓一声，故乡在哪方呀。月光呀，月光光，你照呀照四方。请您讲偓知哎，哪里系偓介故乡？

八月呀十五啊，月光光，阿娓哎，同偓哎，拜呀拜月光。阿娓讲偓知哎，故乡就在唐山呀。月光呀，月光光，你照呀照四方。阿娓讲偓知哎，唐山系偓介故乡！唐山系偓介故乡！

① 杨宝雄：《客家童谣的意识形态功能——对贺州客家童谣〈月光光〉的文化解读》，《贺州学院学报》2008年第1期，第15页。

用客家方言念唱传统歌谣，古朴自然，韵律十足，备感亲切。但在客语弱势的台湾地区，要传承祖宗口传下来的这笔宝贵的文化遗产存在隐忧，"因为年轻一代的客家子弟，不会说也不会听客家话的人相当多，大多数人只能听懂一点点的客家话，至于说一口流利的客家话，简直比登天还难"①。可喜的是，用客家话来演唱《月光光》，或《𠊎系客家人》等流行歌曲，能够通过抒发客家人的情怀，展现客家族群意识，加强世界客家人的认同。

相信通过客家有识之士的努力，存放在箱底、珍藏在心中的客家歌谣必将重新焕发出新的生机，将台湾客家、海外客家同原乡祖地客家紧紧地联系在一起。

第二节　闽台客家民间说唱

说唱是一门十分古老的民间口传语言艺术，也是古代民间百戏之一，是由说唱艺人用声情并茂的艺术手段绘声绘色地讲述古人故事，具有一定的表演性，在吸引听众娱乐的同时也进行社会教化。它既素朴又古雅，符合客家人的审美欣赏习惯。客家先民在迁徙过程中保留了中原文化习俗，闾阎吟咏之风浓厚，雅歌之声遍传。古老的口传艺术说唱迎合了喜好古雅的客家人，为世世代代的客家人提供了生活的精神养料，成为客家人精神世界里不可磨灭的乡愁记忆。至今，客家说唱还活跃在广阔的客家田野上。

一、客家说唱的形成

我国民间说唱艺术源远流长。1957 年，成都天回山崖墓出土的汉代击鼓说唱陶俑，说唱者右手执鼓槌，左手抱一圆扁鼓，右腿扬起，仿佛说唱艺人正在说唱精彩诙谐的片段时，情不自禁地开怀大笑，表情夸张，神采飞扬。这尊说唱陶俑被塑造得如此惟妙惟肖、形神兼备，说明汉代说唱艺术已经日臻成熟，并在汉代民间已经出现了职业说唱艺人。这件汉代说唱陶俑有力地否定了说唱源于唐代俗讲变文的成说。

① 邓荣坤：《客家歌谣与俚语》，武陵出版有限公司（台北），1999，第 4 页。

从现有文献看，说唱艺术还可追溯到战国时期。荀子著有《成相》辞，编入《荀子》第二十五篇。荀子的《成相》被认为是后世说唱鼻祖[1]，是我们后世所见最早的通俗唱词[2]。荀子在《成相》中明确说，"观往事，以自戒，治乱是非亦可识。托于成相以喻意"[3]，即运用通俗的民间艺术形式说唱歌词来表达自己治国理政的思想。可见，民间说唱早在战国时期就已经受到士大夫阶层的重视并被恰当运用。

民间说唱普遍存在于华夏大地。处在黄河上游、远离中原文化核心区的少数民族也有古老的说唱艺术。歌颂藏族英雄格萨尔王的《格萨尔王传》大约产生于公元前两三百年至公元六世纪之间，并广泛流传于西藏、四川、青海、甘肃一带藏族生活的地区，迄今搜集到的有120多卷、100多万诗行、2000多万字，其篇幅字数远超世界几大著名史诗的总和，是目前世界上最长的一部史诗。如此宏大的诗篇主要以藏民族民间说唱形式，通过说唱艺人以惊人的记忆力口口相传下来。

敦煌莫高窟发现的文献中保存有大量歌词，这在中国说唱史上有着不可忽视的意义，这些当时的"流行歌曲"，成为后来文人诗词的先声，也成为时调小曲的先导，其中《五更转》《十二时》对后代曲艺音乐的发展产生了尤其深刻的影响，这些曲调活跃在宋元说唱艺术中。两宋时期民间说唱技艺种类很多，据《东京梦华录》《都城纪胜》《西湖繁胜录》《梦粱录》《武林旧事》等书记载，瓦舍中以"说"为主的有小说、讲史、说经、说诨经、背商谜、学像生、学乡谈、说药等；以"唱"为主的有唱赚、覆赚、诸宫调、合生、弹唱因缘、小唱、嘌唱、唱要令、叫果子、唱京词、唱拔不断等。瓦舍之外，流传的即"打野呵"的"路岐人"作场卖艺，中有唱涯词和陶真。士大夫宴乐中有鼓子词，鼓子词在南宋宫廷内又称为唱"道情"[4]。

客家说唱具体产生于何时何地不可确考，但其历史悠久，并与中原文化核心区域相关联的其他民族的说唱有密不可分的关系。客家说唱歌谣中有大量篇名以

---

[1]　黎传绪：《中国说唱之祖新探——〈荀子·成相篇〉在中国说唱文学史的价值和地位》，《江西社会科学》2004年第3期，第71页。

[2]　鲍震培：《瞽矇与"成相"——说唱文学探源》，《文学与文化》2012年第4期，第107页。

[3]　北京大学《荀子》注释组：《荀子新注》，中华书局，1979，第423页。

[4]　中国艺术研究院曲艺研究所：《说唱艺术简史》，文化艺术出版社，1988，第38—39页。

数字开头的，如《百岁歌》《十劝郎》《十二月古人》《十戒嫖》《十二月戒嫖》《新十里亭》，这与敦煌歌词中的《五更转》《十二时》《百岁篇》《十恩德》等十分相似，都是按标题数字反复数遍歌咏同一主题，内容皆以劝善劝诫为主，其中客家说唱中的《百岁歌》与敦煌歌词中的《百岁篇》不谋而合，这足以说明客家说唱与北方说唱的渊源。

客家说唱多用竹板伴奏，说唱人物故事。用竹板伴奏说唱是由客家地区的乞丐乞讨时唱的竹板歌演进而来的。旧时乞丐乞食时，用四块竹板夹打出一定的节奏，和以歌词演唱，所唱歌词如《贱脚踏到贵地方》[①]：

夹板一打响叮当，贱脚踏到贵地方。

恭祝老板四季发，个把零钱要相帮，生意兴隆达三江；

讨食筒子挽身旁，日求千家夜庙场。

出门常遭恶狗咬，哪人有偓咁凄凉，秋冬春夏走四方；

贱脚踏到贵地方，叔婆伯娓好心肠。

钱粮饭菜讨点子，救偓歪命[②]恩德长，今生今世永不忘。

这种竹板歌没有故事情节，只有简单的五句为一个段落内容的歌词，内容一般为祝词好言、诉说悲情及感恩之辞，引得乞讨主家的关注、同情与欢心，获得饭食。客家竹板说唱有两种形式。一种是没有"说"，只有"唱"。如《鲤鱼歌》《孝敬爷娭理应当》，辞章短小，演唱时间五至十分钟左右。这种短小的乐章可灵活应用于说唱专场演唱，也可临时应喜好竹板歌的东家要求，即时在东家门口演唱，内容均为劝善，一般也称为"乞食歌"。另一种是有"说"有"唱"。这种形式也称唱传本，如《赵玉林》《高文举》《林昭德》《崔子良》《陈白碧》等，篇幅较长，有引人入胜的人物故事情节，一个传本的说唱时间在两至三个小时。严格地讲，后一种才是真正意义上的客家说唱，与汉代说唱陶俑艺人表演情景及宋代瓦舍中的讲史说唱较为接近。客家说唱人物传本故事也被搬上了戏剧舞台，如《赵玉林与梁四珍》《高文举》《林昭德》等，在闽西傀儡戏、闽西汉剧中均有演

---

① 何志溪：《闽西山歌·歌谣选》，鹭江出版社，2011，第373页。

② 歪命：客家话，指命运不好。

出剧目。

从客家说唱的语言与唱腔看，闽西客家说唱受到粤东客家说唱的影响。如上杭县稔田镇南坑村丘永发（乳名"发狗子"）说唱传本《崔子良》中，崔爷告诫儿子崔子良上京赴考途中不要到洛阳花街柳巷去玩，"你只好上京去赴考，莫到洛阳花地方，赖子①，几多（人）有钱会嬲到光"。其中称儿子为"赖子"，是广东梅州客家方言的称法。丘永发说唱有多种腔调，与梅州兴宁县著名客家说唱艺人钟伟华（绰号"大声古"）的说唱唱腔有不少相似之处。所以，粤东客家说唱对闽西客家说唱的影响不言而喻，笔者所做的田野调查也证明了这一点。在调查中，据永定竹板山歌大王李天生说，他在13岁时，有一个来自广东的讨食客（乞丐）住在他家里，期间教会了他打竹板唱山歌。②上杭丘永发说他的师父吴义恒（稔田镇祝田村人），先在永定合溪乡下溪村拜师学艺三年，后到广东又学了三年。③因此，闽西的客家竹板说唱很有可能就是粤东传来的。

二、客家说唱的基本要素

狭义上说，客家说唱专指说唱人物故事传本。说唱传本必须具备唱、说和完整的故事情节三个基本要素。古代说唱艺人有不少是盲翁盲妹，在南宋时期已有乡村说唱人物负鼓盲翁蔡中郎，陆游的《小舟游近村舍舟步归》中记录了这一事实：

> 斜阳古柳赵家庄，负鼓盲翁正作场。
>
> 身后是非谁管得，满村听说蔡中郎。

宋代说唱用鼓，明代用琵琶。明代田汝成《西湖游览志余》卷二十《熙朝乐事》记载："杭州男女瞽者，多学琵琶，唱古今小说评话，以觅衣食，谓之陶真。"清代李调元《童山诗集》卷三十八《弄谱百咏》中有一首诗："曾向钱塘听琵琶，陶真一曲日初斜，白头瞽女临安住，犹解逢人唱赵家。"④这里的"陶真"即始于

---

① 赖子：客家话，即"儿子"。
② 据 2016 年 10 月 2 日在永定湖坑镇湖坑村李天生家中的采访记录。
③ 据 2016 年 8 月 27 日在上杭稔田镇青峰顶丘永发家中的采访记录。
④ 转引自中国艺术研究院曲艺研究所：《说唱艺术简史》，文化艺术出版社，1988，第 57 页。

明代嘉靖、万历年间的"弹词",在浙江民间流行,也是用琵琶伴奏,唱词为七言句式。客家说唱所用伴奏乐器是就地取材的竹板,艺人演唱时用夹击、敲打竹板以协音律节奏,所以也叫竹板说唱。

客家说唱所用竹板有四块,每块长 20 厘米,宽 3 厘米,厚 0.5 厘米。其中有三块竹板在中段右边缘割成五个锯齿形小牙,左边缘割成四个锯齿形小牙,谓之"五湖四海"。另一块竹板中段右边缘全部割成锯齿形小牙,左边缘割成四个锯齿形小牙。竹板击打的演奏手法有五种:第一种,夹板,两手各握两块竹,一松一紧,互相夹击,多用于叙述性场合;第二种,边夹边敲,左手直握三块,右手横握一快,左手三块按韵律互相夹打,右手竹板朝左手竹板顶端按节奏敲打;第三种,锯板,竹板握法与敲板相同,右手一块竹板用边缘锯齿横刮左手三块竹板,发出"咕咕咕"声;第四种,摇板,两手各握两块,使其间保留一定空隙,再将两手从胸前位置略向前斜上来回伸展,快速摇动竹板发出细密的"嗒嗒嗒"声,多用于表现或铺垫欢快的情绪;第五种,单击,在说唱到悲愤处,右手握一块竹板单次用力敲击左手三块竹板的顶端。开头起唱之前的演奏,为"起板";唱段之间的过门间奏,为"过板";说唱结束后的演奏,为"落板"。其中摇板演奏技巧是高难度动作,非拜师苦练难以掌握。所以,有些说唱艺人为了简便起见,干脆用三弦或二胡代替竹板伴奏。

客家说唱以"唱"为主时,唱词一般是规整的韵文,七言五句为一个段落,有时首句是三言的,这种句式与客家竹板山歌"五句板"几乎相同,每个段落的首句重复上一段落尾句。押韵规律是第一、二、四、五句均押韵,第三句一般不押韵,为仄声或入声调,若是首句三言的,第二、四、五句押韵,中间不换韵,一韵到底,唱词可根据节奏随意添加衬字。如传本《崔子良》①:

唱:

水打火烧一家亡,

土家落难苦难当,

---

① 根据 2016 年 8 月 27 日说唱艺人丘永发在上杭稔田镇大燕村罗发仙家中现场说唱录音整理。丘永发说唱时没有本子,时长达两个多小时,所谓的"传本"(文本)完全靠他超强的记忆背出来。

（家中）十六口人来食饭，

（俾婆）烧死（哩）一十五口亡，

剩下一只土娇娘。

唱：

剩下一只土娇娘，

目汁双双湿衣裳，

四处良田水打撇①，

全家大小火烧光，

冇钱烧埋偃爷娘。

　　客家说唱使用客家方言，客家方言中不但保留了古汉语平仄声韵，还保留了大量的入声字，入声字又分为阴入、阳入。如此丰富多样的音韵结合说唱者发声轻重、强弱、长短等变化，唱起来歌声自然，节奏铿锵，高低顿挫，快慢缓急，千回百折，跌宕起伏，十分吸引听众。客家山歌号称有"九腔十八调"，客家说唱充分吸收借鉴了客家各地山歌唱腔，甚至借鉴了地方戏剧如上杭傀儡戏、闽西汉剧的唱腔。唱到传本情节悲痛之处，运用描摹伤心欲绝的哭腔来哭诉，尤为感动人心。如《崔子良》中两段唱至土家发生火灾落难之时，用哭腔千回百折哭唱"目汁双双湿衣裳""冇钱烧埋偃爷娘"，听众听了无不为之动容、落泪。

　　说唱者视传本的长短，把传本灵活分成上、中、下本，或上、下本来说唱，中间可略做歇息。因此，唱词篇章构架有相对固定的程式。以《崔子良》为例，

开头：

光景百万看情况，

大家听偃唱一场，

贱名小姓丘永发，

听偃来唱崔子良，

老少听了福满堂，

哪州哪省唱分详。

----

① 水打撇：客家话，即"水冲走"的意思。

中间：

将把中本唱分明，

唱哩上本有中本，

将拿下本唱出神，

老少同乐要听真。

结尾：

唱完一本崔子良，

老少听哩福满堂，

福满堂，这首歌子就咁长，

后生听哩（会）添酒香，

细人①听了（会）更乖张。

首尾衔接，中间有过渡，让听众感觉故事有头有尾，说唱者也收放自然。

说唱词要让没有文化的男女老少、后生细人都听得懂，使用日常生活用语，而且所用俚语、俗语很多。但是，为了吸引听众，唱词非常注重艺术表达。以传本《赵玉林》②为例，在词语运用上，喜用叠词，如"啼啼哭""杯杯满"（AAB型），"泪淋淋""笑盈盈"（ABB型），"叮叮当当""商商量量"（AABB型），"越来越""越想越"（ABA型）等，造成复沓回环的音节之美。

在语句运用上，修辞手法丰富多样。如比喻：

龙游浅水虾公戏，

虎落平阳狗去欺。

如夸张：

你夫若是会高中，

马头生角虎生鳞，

冬瓜结在大梁上，

乌鸦落地做鸡鸣，

---

① 细人：客家话，指小孩。

② 永定县民间文学集成编委会：《中国歌谣集成·永定县分卷》，内部发行，1992，第255—284页。

木马跳过九重溪，

竹棍落地会生笋。

如排比：

几多高官败了职，

几多富贵变穷人，

几多婢婆做奶奶，

几多贱人转高升。

如对比：

我家坐个金交椅，

你家坐个木头墩。

如对偶：

青茅割来当瓦盖，

树皮剥来做大门。

如顶真：

拜过祖宗来打叠，

打叠丈夫去上京。

在搁置叙述中的情节去转叙或补叙其他情节时，常采用"不唱……回文转唱……"等套语，如"不唱玉林去上京，转唱广西省内情"。这是说唱中处理情节转换的独特技巧。

说唱中的"说"与日常说话之"说"有所不同。日常说话之"说"是把事情讲清楚、表达清楚就行了，而说唱中的"说"是带有表演性地向听众交代事情的来龙去脉或补充说明，具有渲染故事情节的作用。所以，"讲唱不如说唱，因为这种文学，大多是说的，不是讲的，至今称弹词尤为说书，并不叫讲书，又因虽有说有唱，但究以唱为主体，故不如称为唱词"①。说唱中的说词就如戏剧中的说白，说白时一般用第三人称叙述，但有时用第一人称的口吻模仿故事人物对话。说唱艺人即兴加白，目的在于渲染气氛，增强故事的现场感、可听性、生动性，

---

① 郑振铎：《中国俗文学史》，东方出版社，1996，第514页。

使人听了如临其境。如《崔子良》：

唱：

你去上京赴科场，

崔爷交代崔子良，

（子哩）你只好上京去赴考，

莫到洛阳花地方，

（赖子）几多有钱会嬲到光。

白：

崔爷交代崔子良，你只好上京求名利，莫到洛阳夏口花地方，"你晓得冇？！洛阳夏口，自古繁华之地，镭锤到哩那里呀会必目①，腐木到哩那里会生心，镭锤搓到绣花纹，嬲死几多英雄好汉，嬲死几多读书郎，你千万莫到花地方，哎，只可上京去赴考啊"。

上面一段说白就必须模仿崔爷交代、警醒儿子的语气，语重心长，极其夸张地提醒、警示崔子良不能到洛阳寻花问柳，说唱艺人要有活灵活现的语言表现力。

客家说唱传本具有完整的故事情节。如传本《赵玉林》②，演绎了势利小人欺贫爱富与落难夫妻坚贞不渝、矢志出头的社会伦理故事。富翁梁百万把四女儿梁四珍许配给了都察院赵老爷的儿子赵玉林。梁家正准备嫁妆成婚之时，不料赵家遭遇一场灭顶火灾，人财两空，全家只留下一个赵玉林。梁百万劝四珍弃约悔婚，另择豪门。四珍坚贞不渝，宁与赵玉林栖身寒窑，同甘共苦。赵玉林发奋苦读，仅靠一把三弦弹唱卖艺上京赴考，最终高中头名状元。赵玉林衣锦还乡省亲之时，巧遇梁父六十大寿，探知四珍受尽了父亲和姐姐的欺凌。于是，玉林乔装成卖艺的乞丐，前去祝寿探真情，却受梁家父女及三位姑爷百般凌辱。状元当场显威，对欺贫爱富的众亲进行一一责罚：梁老爷削职为民，三个姐夫为状元抬轿，三个姐姐降为婢女。最后，以玉林夫妻显贵、六子登科结局。如此"出头天"、大快

---

① 必目：客家方言，意为"开裂"。

② 客家说唱传本《赵玉林》版本多种，有称《赵玉麟》《赵玉粦》《赵玉林与梁四珍》《赵玉粦与梁四珍》《赵玉麟与梁四珍》《梁四珍与赵玉麟》等，在客家地区流传久远，但故事情节基本相同。在闽西汉剧、赣南客家采茶戏中均为传统剧目。本书保留其原用字，不做统一。

人心的圆满结局虽然落入俗套，但符合下层民众的生活期待。说唱传本大多是寒门子弟或落难公子经历坎坷，历经艰辛，终于出人头地的故事，奉劝世人不能鼠目寸光、仗势欺人，或者子孝妻贤，积善行德，劝世教化一类。在文娱极其匮乏的年代，这种说唱很受老百姓欢迎。说唱者能模拟故事人物的喜怒哀乐，声情并茂，极易感动人心，听众常为之泪湿衣衫。

正因为要具备唱、说、完整的故事情节三个要素，所以客家说唱艺人必须经过严格的专业训练，即拜师学艺，通过严格的师徒传承，才能胜任说唱篇幅宏大的传本。

三、闽西客家民间说唱艺术生态

客家民间说唱艺术生态包括有关客家说唱艺术的历史记录、历史传承、活态存留、社会受众和文化空间的历史的与当下的存现面貌。

为了解客家说唱艺术生态历史面貌，笔者查阅了中国民间文学"三套集成"①中闽西客家各县的歌谣集成分卷，各县分卷对民间说唱的记录有些很详细，有些比较简略，有些没有记录。如武平分卷记录了《赵玉麟与梁四珍》《李秀英与陈春生》（又名《新十里亭》），永定分卷记录了《赵玉林》《高文举》，长汀分卷只记录了一首短小的竹板歌《鲤鱼歌》（"打起竹板唱鲤鱼"，属于五句板，从头唱到尾），上杭分卷没有记录长篇叙事的竹板歌，连城分卷在历史传说歌上记录了两篇，分别是《十字歌》（十字歌调）、《牡丹对药》（南词），不属于竹板说唱。有两个原因造成个别县遗漏记录说唱本子，一是有些县里组成的编委可能因时间紧迫，未来得及深入村落做调查搜集；二是因为竹板说唱者大部分是生活在最底层的盲人或流落四方的乞食客，是弱势群体，平时很少露面，不为外界熟知，甚至有些艺人碍于面子，不想表露自己的身份。在基本查清各县搜集记录情况后，笔者于2016年七八月间通过电话问询、实地走访了解到的相关信息如下：

第一，向龙岩市文化主管部门了解全市客家县域的说唱情况。在原龙岩市文化局工作长达近五十年的何志溪是客家民俗文化地方学者、原龙岩市文化局艺术

---

① 即《中国民间故事集成》《中国歌谣集成》《中国谚语集成》，详见本章第一节相关叙述。

科科长，他对闽西民间文化艺术了解颇多，收集了有关闽西汉剧、木偶戏、民间音乐、民间故事、歌谣、谚语等方面的丰富资料，也有深入研究，向他询问闽西客家说唱情况应该是比较合适的。但遗憾的是，何志溪说，旧时闽西客家说唱很流行，现在已经基本消失了，应该没有活态存留了。

第二，县级文化部门对竹板说唱了解存在空白或不知情。永定的竹板歌很出名，这是永定客家山歌一大特色，但是，永定区相关文化部门认为竹板山歌就是竹板说唱，这与笔者所持观点不同。闽西客家山歌大王李天生就是典型代表，还带出了一批徒弟，如永定客家山歌传承人张冬梅、后起之秀李桂芳等。通常情况下，李天生及其弟子们所演唱的永定竹板歌就是客家山歌，俗称"五句板"。但是，他们不会使用竹板伴奏来说唱有完整故事情节的长篇传本。上杭县文化主管部门反馈信息说，不清楚民间还有谁会说唱传本，上杭民间文艺活动曾多次请稔田丘永发到县城演出竹板唱山歌，不过也不确定他是否会用竹板说唱传本。长汀音乐家协会主席赖友雄也表示，他近期在收集整理长汀民间音乐、歌谣，但也未发现有竹板说唱传本。

第三，深入基层，通过田野调查了解客家说唱。笔者将闽西客家说唱文本的《中国歌谣集成·永定分卷》和《中国歌谣集成·武平分卷》中，当年永定和武平两县收集整理的说唱故事情况摘录出来，见表 4–1：

表 4–1 《中国歌谣集成》中永定、武平两县收集的说唱故事

卷名	说唱故事	句数	采录时间	采录（流传）地点	收集整理	演唱者
永定分卷	《赵玉林》	700	1988 年 2 月	坎市 古竹	陈炎荣（高陂中学教师，时年 50 岁）	坎市：卢寿民，时年 40 岁；卢炯才，时年 30 岁。 古竹：江骞，时年 25 岁；苏天发，时年 26 岁。
	《高文举》	516	1987 年 7 月	坎市	陈炎荣（高陂中学教师，时年 51 岁）	坎市：卢寿民，时年 41 岁。

续表

卷名	说唱故事	句数	采录时间	采录（流传）地点	收集整理	演唱者
武平分卷	《赵玉麟与梁四珍》	794	1990年春	武平各地	石进福（武平文化馆干部）	石智彬（提供）
	《李秀英与陈春生》（又名《新十里亭》）	225	1990年春	中堡、武东等	金河、金田	兰瑞腾（时年69岁）

如此，按图索骥，寻访当年记录整理及演唱的部分人员。2016年7月初，笔者寻访到当年负责永定分卷搜集整理的陈炎荣，他是永定高陂中学退休教师，已八十高龄，因身体不太好，记忆力也有所减退，他还依稀记得两个说唱传本是他搜集的，也记得演唱者是坎市的卢寿民，并告诉了笔者卢寿民的居住地址。随后，笔者前往卢寿民家，但卢寿民说，他不会说唱，是当年他提供给陈老师的资料，资料来源也没有印象了。首次寻访无获而返。2016年7月14日，笔者前往武平寻访。先列访武平县文化馆，副馆长吴荣生说，小时候在武东乡三峙村有听过竹板歌，不过是讨食人挨家挨户唱竹板歌夸东家说好话以讨取米粮饭食，并没有听到竹板说唱传本的。随后，笔者寻访《中国歌谣集成·武平分卷》中《赵玉麟与梁四珍》的采集人石进福。他原住中堡乡老家，后搬入武平县城兴南村，2016年80岁，1958年开始就在武平文化馆工作。询问他当年收集整理的竹板说唱本时，他说那说唱本是他弟弟石智彬提供的本子，石智彬是一名小学代课教师，本人不会唱。但石进福先生爱好唱山歌，还能回忆旧时中堡远明村有十几个山歌手经常对歌。但问及竹板说唱，他说，八十年代以前比较盛行，因为文艺生活匮乏，大家很喜欢听又唱又说的故事，现在他已经不知道还有谁会说唱了。2016年8月25日，笔者前往永定湖坑镇访问竹板山歌大王李天生，李老说，他用竹板唱山歌很拿手，13岁时就学会了打竹板，是一个住在他家的粤东"讨食客"教他的，但他没有专门学说唱传本，那要拜师苦学才行，现在也不清楚谁会说唱。

刘大可所著的《田野中的地域社会与文化》[①]一书的附录部分收录了他在田

---

① 刘大可：《田野中的地域社会与文化》，民族出版社，2006，第268页。

野调查时发现的民间说唱手抄本《赵玉燊与梁四珍》《十里亭》。附录按语说，他小时候曾随母亲到受袍公厅听一个绰号叫"腔古细"的乞丐说唱，其中一首就是《赵玉燊与梁四珍》。为此，笔者几经周折，电话联系上了"腔古细"的儿子兰洪养。询问得知，"腔古细"生于 1926 年，是武平县桃溪镇江坑村大坑人，于二十多年前就离世了，是一个乞丐，平时敲打竹板唱着简单的讨食歌挨家挨户乞讨为生。他也曾拜师学过竹板说唱，师父是邻乡中堡的"老刘"。据兰洪养回忆，他父亲会说唱《赵玉燊与梁四珍》《鲤鱼歌》《林昭德》《高文举》《崔子良》《高彦真》《刘廷英》《十八女子三岁郎》等传本，乞讨走唱范围很广，包括桃溪、大禾、湘店、永平、中堡、上杭官庄、长汀羊牯。

所幸的是，我们调查中发现了上杭县稔田镇南坑村一位乳名叫"发狗子"（原名丘永发）的盲人还会竹板说唱，那《中国歌谣集成·上杭分卷》为何没有收集稔田丘永发的说唱传本？为此，笔者专门电话问询了当时负责上杭分卷搜集工作的丘亿初（时年 75 岁）。丘亿初回答说，因为当时编辑时间很紧，三个月内要完成该书的搜集整理任务，所以，没有时间做充分的田野调查，他本人至今也不知道有谁会竹板说唱传本。

四、"发狗子"说唱艺术及其现状

"发狗子"时年 68 岁，上杭县稔田镇南坑村人，年幼时眼睛患疾失明。为谋生，12 岁开始拜师学说唱。竹板说唱难度大，技艺高，不仅要学会多种唱腔和多种竹板演奏手法，还要牢记几十个说唱传本故事，每个传本说唱时间长达两三个小时，因此，必须拜师学艺。他先后两次拜师学艺，第一次是到邻近的永定区合溪乡袍山村拜赖镜昌为师，历时三年，一边学，一边跟师父出门演出。后来又拜本乡祝田村吴义恒为师，继续边学边唱达三年之久。据"发狗子"回忆，在袍山村学艺时，同时还有稔田乡埔头村丘加珍、许文兰等三四人一起学，他们不是盲人，学足出师（毕业）的标准是，师父随意抽一个说唱传本唱出上一句，徒弟要能马上接唱下一句。演出一般是"走夜家"，即到邀请人的家里做夜场，通常到较为偏僻的周边乡村演出。邀请演出的东家付给一定的酬金，其他前来听唱的观众自愿酌情给一点零钱或米粮。

"发狗子"回忆，他学过的传本有《赵玉粦与梁四珍》《林昭德》《高文举》《崔子良》《车龙卖灯》《苏秦说六国（细妹姑）》《胡家传》《珍珠塔（方严英）》《林月灵》《康公义》《姜安寻母》《刘廷英》《十八女三十郎》《丁兰刻木为母》《乔太守乱点鸳鸯》《曹安杀子（杀子救母）》《高彦真》《刘思进》《王玉玲》等二十多本，其中前十六个传本现在还能唱。

随着社会生活的改变，"发狗子"的说唱活动到了 20 世纪 90 年代后基本停止了。几年前，还受邀到本乡庵庙唱过《车龙卖灯》。通过笔者调查了解，近年来，上杭县文化部门越来越重视客家山歌文化的传承与保护，其中上杭艺术中心多次邀请"发狗子"进城表演竹板歌，但唱的是山歌。笔者劝其要把竹板说唱艺术传承下去时，他表示，不想再去搞说唱传本了，主要因为说唱传本是累人的大活，年纪大了身体吃不消，而且这个行业遭人鄙视。笔者听他说得最多的一句话就是"五月五日午时药，过了时节呸鸡雀"，大概意思是，说唱这个行业地位很卑微，就好像民间吹鼓手似的，办丧事才要来约请你去，办完谁都不想遇见你。他以前学这个手艺很无奈，是生计所逼。在笔者的一再请求下，他同意以高额的报酬，按要求完成了两个传本的录制。录制完后，"发狗子"自我感觉已经力不从心了，体力、气息、嗓音明显不如年轻时候了，且因患支气管炎，说唱时伴有咳嗽。所以，抢救竹板说唱的工作显得更加紧迫！

从目前各县调查状况看，旧时普遍可见的客家竹板说唱艺术现在已经难得一见了。由于调查工作没有深入每个乡镇村落，所以调查中应该还存在一些被遗漏的说唱艺人。但可以肯定的是，还健在的竹板说唱艺人平均年龄已经超过 70 岁了。从艺人的年龄和对这个行业的认同看，这些艺人基本不可能再拿起竹板说唱传本了。随着社会的发展，文化日趋多元，文艺娱乐形式丰富多样，具有旧时代烙印的传统竹板说唱已经无法适应新时代人们尤其是年轻人的审美习惯。因此，竹板说唱艺术失去了传统演出市场，失去了观众，也就失去了说唱表演的生命。

失去了市场，说唱艺人也就无法维持生活，没有经济收入，就不可能吸引人去学习，去传承。再者，竹板说唱技艺的专业性很强，竹板中的摇板技艺难度大，唱腔丰富，传本多，单本说唱时间长，因此，要系统学习非常困难。

相对于可以搬进现代舞台表演的竹板山歌而言，客家竹板说唱艺术一直是沉寂的。因其固有的特殊性，一直处于自生自灭的生存状态，尚未进入政府文化部门视野，基层文化部门未引起重视，上级文化部门也无法全面掌握信息。学者们也对竹板山歌研究较多，对竹板说唱关注少，甚至有人错误地把竹板说唱归类为竹板山歌。

笔者认为，作为先辈传承下来的客家说唱艺术，应该当作一笔珍贵的文化遗产来爱护。当务之急，应推动文化部门积极申报非物质文化遗产保护项目，尽可能实现活态传承。同时，进行深入调研，搜集散落民间的传本资料，发现其他传统说唱艺人，并对说唱艺人进行录像录音，记录整理成音视频和文本资料，加以保护和研究。

第三节　闽台客家民间传说故事

中国是一个文明古国，历史文化悠久，疆土广袤，民间传说故事极其丰富。民间传说故事与歌谣、说唱一样，是民间口传文化遗产。客家民间传说故事就是客家民系在形成、发展、壮大过程中，由客家人及其先民集体创造、加工、口口相传的产物，是客家人文历史的重要组成部分。客家民间传说故事主要有客家历史传说故事、姓氏开基祖传说故事、客家神祇传说故事和其他反映客家民情风物的百姓传说故事组成。客家人习惯称其为"讲古"。

一个族群、民系的形成，常会伴随产生与之关联的神话传说或英雄人物故事。如与客家有着"你中有我，我中有你"的族群交融关系的畲族，其祖源传说就富有神话的特征，畲族内部流传的祖源图，神秘而不示外人。传说高辛皇后患耳疾三年，医生从其耳中挑出一条三寸大虫，用金盘覆盖，后变作五色花斑龙麒，高辛帝见了欢喜，赐名金龙，号称盘瓠。其时番王来犯，边陲紧急，高辛帝张榜发文，能斩番王头者以三公主妻之。盘瓠挺身而出，揭榜而行，潜入番殿，趁番王酒醉，咬断其头，回国献给高辛帝。盘瓠与三公主结婚，生下三男一女。高辛帝赐长子盘姓，名自能；赐次子蓝姓，名光辉；赐三子雷姓，名巨佑；女儿嫁钟智深为妻，因此产生了畲族四姓"盘""蓝""雷""钟"。盘瓠传说便是畲族祖源的神话，也是族群形成的英雄人物故事。

客家是汉族民系之一，客家民系的形成也同样有自己的历史传说故事，如客家祖地葛藤凹的故事，中秋月夜杀元鞑子的故事等。葛藤凹故事讲述的是在唐末农民起义期间，黄巢带领的起义军，烧杀抢掠所到之处，殃及大江南北。乾符六年（879年），黄巢大军攻占福州后，转战广州。一天，黄巢领兵经过三明宁化县葛藤凹，见路上一妇女背上背一个大男孩，手上却牵着一个小男孩，神情慌张。黄巢觉得奇怪，于是上前问，"汝为何背大而牵小？"妇人解释说，小叔子夫妻死于兵祸，背上背的大男孩是小叔子留下的独苗，手上牵的小男孩是自己的儿子，听说杀人魔王黄巢的士兵要经过这里，万一小叔子儿子有个闪失，小叔子就无后了，为了保全小叔子的儿子，只好把他背在背上了。黄巢听后，面有愧色，寻思片刻，随手拿起路边的一条葛藤说，你回去吧，告诉乡亲们，把这根葛藤挂在自家门上，保证大家相安无事，不要逃离家园了。妇人半信半疑，返回村庄传信。黄巢遂传令三军，凡家门挂葛藤者不得有扰。果然，这个村庄免遭兵祸。于是，葛藤故事一代传一代，该村名也变成了"葛藤凹"。这是客家先民在迁徙史上一个具有历史意义的传说故事。

中秋月夜杀元鞑子的故事是反映客家民系形成之际的历史传说故事。北宋末年，金兵南下袭扰中原，闽西汀州涌入了大量来自中原逃难的汉人。忽必烈灭南宋之际，元兵到处蹂躏异族，闽粤赣的客家人同仇敌忾，奋起反抗。传说，不知哪帮英雄好汉，聚集商议，巧妙利用中秋晚上拜月吃饼的习俗，设计一齐杀掉住在各自家中的元兵。于是，他们提前到各个月饼作坊，与老板秘密谋划，在月饼里夹带"中秋夜拜月杀元鞑子"字条，大家见了字条，一传十，十传百，如约杀掉了家中元兵。这也是客家人生存发展过程中流传的英雄故事。

客家人渡台垦殖，直至落地生根，日久他乡为故乡，同样经历了生死考验，涌现出无数英雄故事。如客家人与闽南人争夺资源的斗争，与生番的冲突，朱一贵事件，抗日保台事件，在民间都有丰富的传说故事。

　　一个宗族要发展壮大，需要有强大的精神力量支撑，建立广泛的宗族认同感，树立宗族自豪感，方能激励后人不断沿着先辈的足迹开拓进取，让宗族后裔子孙瓜瓞绵绵，枝繁叶茂，同时，拓宽生存空间，鼓励向外发展，变异地他乡为宗族故乡。因此，黄氏、刘氏认祖诗，上杭李火德传奇，永定胡铁缘故事等有关姓氏开基祖的传说故事载入各姓氏族谱，在宗族内部代代口耳相传。黄氏、刘氏认祖诗故事在第三章已经提到，在此不再赘述。下面分别介绍客家开基祖传说故事。

　　1. 上杭李火德传奇

　　上杭李火德因宋元兵乱，于宋嘉熙年间与兄木德及妻伍氏，从宁化县迁居上杭县稔田镇丰朗村开基。妻伍氏一直没有生育，膝下无子嗣的火德被人骂为"老绝后"，遂有心再娶。宋咸淳四年（1268 年），火德年至六十三，继娶年仅十九岁的陈氏为二房，生三男二女。

　　关于李火德的奇闻逸事有不少，其中李火德之"天葬"实属千载奇闻。火德卒于元至元二十九年（1292 年），享年八十有七。殡葬之日，天气晴朗，送葬时辰一到，鸣锣开道。不料，出门近百十来步，顷刻间，乌云密布，天昏地暗，电闪雷鸣，山雨骤来。众人乱了方寸，不知是进是退。幸有执事先生吩咐，灵柩就地停放，众人暂且返回屋里避雨。待大雨过后，云开见日，众人立即整顿仪仗，有人急忙前去看灵柩。不看犹罢，一看大吃一惊，怎么偌大的棺木不见了？送葬大伙蜂拥而上，举目细看，停放棺木的草岗凹陷下去了，成了一个积满水的湖塘，中间仅见遮盖棺木的蓑衣雨布，掀开雨布，只见棺木没入土中，微露顶盖而已。披麻戴孝者急得团团转。这时，地理先生正好赶来，连忙取出罗盘，绕着小湖塘转来转去，左摆右弄。突然，先生欣喜若狂，连声叫好，向孝子朝文、朝宗、朝美兄弟三人拱手大声说道："大吉大利，天赐福地，此地叫作'螃蟹游湖'，是天葬地。就此培土建坟，顺乎祖先，合乎天意！"众人听了，各自点头称是，李家母子认为有理，随即叫人焚香点炮，杀鸡祭奠，烧化纸钱，合家大小叩首，亲友在旁陪祭，土工上土，葬礼结束。

　　事后，李家还是疑虑重重，心情不安。地理先生看在眼里，于是，安慰李家说："火德公葬了'螃蟹游湖'地，子孙福大，应该庆贺，无须多虑。"接着又说：

"游者，主向外，他年后代往外发展，一定兴旺发达。"后来，李氏子孙代代相传，他们遇事不顺，便往外闯荡，不断外迁，后裔遍布世界各地，多达千万之众。

类似这种风水传说，在其他姓氏开基祖传说中也常有记载，多为移花接木，后人编造为之。

2. 永定胡铁缘故事

永定下洋中川村，是爱国侨领、"万金油大王"胡文虎的家乡。中川开基祖胡铁缘，生于明洪武二十七年，是胡氏永定下洋塘下墩开基祖胡七郎八世孙，二十多岁便由塘下墩迁入中川开基，创业时留下的"铁寮精神"是凝聚中川胡氏的宗族力量。

据胡氏旧谱载，胡铁缘"生而纯朴，乐善好施，家不甚丰，尤留意于阴阳"。有一天，胡铁缘"觅山营利，从深窠援下，忽大虎前跳逆觑怒拒，又数小虎如卧如跃如取如携，团然漱壑中母子也。公初怖甚，后乃叫逐，从巢中拾金银器物甚多，因悟此地之吉"。于是偕夫人朱婆太，从下洋迁居忠坑（中川）。他以锻造铁器为生，并在那里披荆斩棘，挖土平地，建造了一个简陋的铁寮。这个铁寮，既是卧室，又是打铁作坊，生活非常艰苦。由于他刻苦耐劳，工艺精良，夫人慈和贤惠，勤俭持家，这个小家庭逐渐兴旺起来。铁缘定居忠坑后不久，一天夜幕降临，有一位从江西来的地理先生路经忠坑，铁缘公便接待他在铁寮里过夜。朱婆太煮饭、宰鸡热情款待客人。这位地理先生喜欢吃鸡内脏，却一块也没有吃到，心里快快不乐。第二天清早，地理先生向铁缘告辞，离开忠坑去广东大埔。临行时，朱婆太给地理先生送了一个用蒲草编织的"饭包"，里面装满白米饭和鸡内脏。那位地理先生行至大埔境内的鸭麻坑凉亭，肚子饿了，解开"饭包"用餐，竟全是他最爱吃的鸡内脏。为此他深感内疚，匆匆回到忠坑。经过反复察看，为铁缘选了一块可供祀奉香火的风水宝地，以报答主人的厚意。这个地方就是后来中川胡氏家庙的地址。胡铁缘不畏艰辛、吃苦耐劳、敢于开山辟地的创业精神以及乐善好施的精神被后世子孙誉为"铁寮精神"，胡氏族人无论走到天涯海角，都谨记祖宗的"铁寮精神"，奉为立人、立行的传家宝。

中川，在"铁寮精神"的感召下，自肇基至今近600年中，铁缘公裔孙达两万有余，涌现出了一批又一批的杰出人才，创造了"中川奇迹"。这种奇特的宗族文化被概括为"中川文化现象"。从宗族精神意象来看，这种"中川文化现象"的产生离不开开基祖胡铁缘的传奇故事。

当然，渡台创业的客家人也需要在台湾确立宗族精神意象，崇拜开台祖先。因此，开台祖也多数被塑造成一个个体格强健、胆略过人的形象，具有刚毅、机智、善良的精神品格。能够在台湾留下来的客家移民家族，其共通点是在精神上都有传奇性，并获得子孙的认同，世世代代传承下去。下面，以台中县石冈乡土牛村刘氏家族刘文进创业传奇为例。

刘文进祖籍为客家原乡大埔县高陂乡乌槎村，父亲刘永顺于清乾隆十九年（1754 年）与伯父刘永万跟从祖父刘元龙渡台创业，伯父开了间杂货店后发迹，父亲因时运不济返回大陆。时隔五年，1759 年，刘永顺又带全家渡台，决心留在台湾发展，在石冈庄开设豆腐店谋生，早上卖豆腐，下午挑着杂货担到庄头叫卖。刘文进从小就帮父亲做生意，除了将父亲所做的豆腐供应到伯父杂货店销售外，还挑着豆腐到庄外沿街叫卖，人称"豆腐进"。

刘文进待人善良诚恳，因此，时来运转，也发迹致富了。其发迹源于一场汉番纠纷。刘文进活动的地区原为尚未开垦的平埔族人居住的山地，随着汉人移居开垦，人口逐渐增加，因当地人与汉人生活习俗不同和语言无法沟通，导致经常有摩擦和冲突。石冈乡土牛一带出现熟番①打死汉人的事件，汉人告官到彰化县府，县府为了维护地方安宁，拟派兵镇压熟番，闽、粤汉人联合将熟番逐出该地区，熟番闻讯赶紧将土地变卖，准备离开土牛。番土官把田产廉价卖给平时就有生意往来的"豆腐进"，当地人急于离开，用田契交换咸菜、菜干、米粮、钱等作为移居的路费，这种临时的土地买卖交易，交易金额不足以全额支付土地价金，卖掉的仅是俗称"田皮"而已，并非杜绝卖断"田根"。后来，这些熟番每年冬至节来到刘文进家里做客，称为"翻田根"，顺便向刘文进表示：以前这些田卖得太便宜了，请再补点钱意思意思。文进为人和善，每次都会拿点钱给熟番回去过年，久而久之，外迁的熟番年年回"娘家"做客。

---

① 熟番：是移垦到台湾的闽粤人对台湾少数民族的称呼。

　　关于刘文进的传说，还有两件事值得族人称道。一次，农历过年除夕之夜，刘文进在外收账至深夜回家，发现一具死尸在大门口。一般人早已吓得手足无措，文进却镇定自若，心想，这肯定是有人欲加害于他，讹诈钱财。于是，不动声色，将死尸连夜拖到墓地掩埋，免去一场难缠的官司。另一次，刘家发财之后，惹来盗贼觊觎财富，打算要洗劫刘家。刘文进带领家丁，冷静应变，力拼盗贼，避免惨重损失。①

　　客家先民南来百越蛮荒之地开基创业实属不易。为了生存，他们逢山开路，遇水搭桥，在大山旷野高歌"山高自有人开路，水深还有造桥人"。但披荆斩棘的创业过程中危机四伏，险象环生，加上不可抗拒的自然灾害的威胁，先辈们只好求助各路神仙助力，不管佛教道教，还是已逝先贤，或是石头、大树等自然之物，都可以奉为神明。这种泛神思想，使得客家人尤其是开基创业的先辈们在乏力无助时得到力量，在受到心灵创伤时得到抚慰。在诸多神祇信仰中，定光古佛信仰、伯公信仰、妈祖信仰、三山国王信仰、惭愧祖师信仰等，最为鲜明地体现了台湾客家与原乡客家民间信仰的渊源关系。

　　定光古佛是闽台客家的共同神灵。地方志与民间都有关于定光古佛的传说故事。在客家原乡，定光古佛的传说主要有五个方面：一是投偈除蛟，伏虎安民；二是疏浚航道，寻找水源；三是求晴祈雨，筑陂治水；四是为民请命，心系百姓；五是神通三界，佛法无边。②而台湾定光古佛的神灵传说，只传颂其伏虎除蛟之事。③

　　伯公神坛在客家村落无处不在。客家人日常生活中的重大行事都要向伯公禀报。所以，有俗语"宰猪杀羊，问过公王"，"入山先问过伯公"，"伯公唔开口，老虎唔敢吃狗"。虽然伯公在神界的职位最低，却是客家人村庄的重要守护神。客家祖地闽西有流传伯公娶伯婆的传说，也有伯公断案的故事。在台湾，伯公信

　　① 陈珣瑛、刘宏伟：《开台祖先崇拜与家族意象确立——以台湾中部客家移民族谱为例》，《赣南师范学院学报》2008年第2期，第3—4页。
　　② 刘大可：《闽台客家定光古佛信仰的圣迹崇拜——基于武平县的田野调查研究》，《福州大学学报》（哲学社会科学版）2009年第9期，第5—6页。
　　③ 邱荣裕：《台湾客家民间信仰研究》，翰芦图书出版有限公司（台北），2014，第115页。

仰显得与客家原乡不同,一是原乡多数是设一个简易的神坛供奉伯公,台湾客家则建立庙宇来供奉伯公,仅高雄县美浓镇就有大大小小的伯公庙三百多座。[①] 伯公地位显然比原乡高了许多。二是台湾伯公显灵的传说故事比大陆多,且护民故事不是一般的保佑风调雨顺、健康平安一类,而是涉及保境安民的重大事件。

涉及伯公保境安民的传说在原乡较为少见,但在台湾客家地区倒是十分常见,如高雄县美浓开基伯公传说故事,在《高雄县人物轶事传说·美浓开基伯公福德正神》中叙述:

初抵美浓开发的十二姓氏人家,进入番人土地辛勤垦荒,遭到番人攻击,然苍天保佑,指使伯公保护他们,幸免于难。

新竹县北埔乡的伯公故事,载入《台湾桃竹苗地区民间故事》的"煐寮坪土地公庙由来"条:

抗日义勇队员在煐寮坪躲过了日本人的追杀,当时那树林的树还很小,也不密,遮不住人的,但日本人没有看见他,认为是伯公保佑,盖了一间庙祭拜伯公。

台湾六堆客家庄有两则关于伯公击退贼军的传说故事。一是《六堆客家社会文化发展与变迁之研究》中的"庄头伯公"条:

相传有一次争战中,邻镇想利用风向洒石灰来杀伤镇民,漫天的石灰正要扑向镇上来的时候,忽然起了一阵卷风,把白茫茫的一片石灰烟幕卷得不见踪迹,镇民就很相信这是土地公的助佑;于是就在庄与庄之间广立土地庙,作为镇民的保护神,尊称为庄头伯公。

另一则在《六堆客家乡土志》中记载的"神猪助战",叙述的是六堆神灵显赫的滥庄伯公,驱使神猪助战击退贼军。[②]

在诸多传说故事当中,以小人物来反映底层劳动人民共同愿望和诉求的故事,最容易在客家地区流传。在闽台客家地区广为流传的李文古的传说故事就是其中之一。

客家祖地闽西流传着李文古《百两银子堵亲嘴》[③] 的故事,讲述了本村游手好

① 许秀霞:《美浓土地公信仰初探》,《台湾文献》1997 年 3 月第 48 卷第 1 期(台北),第 67 页。
② 范姜灯钦:《台湾客家民间传说之研究》,文津出版社(台北),2005,第 252—253 页。
③ 苏振旺、何志溪编:《闽西民间故事选》,华艺出版社,2009,第 230 页。

闲的李财主对茶园采茶姑娘垂涎三尺，正好采樵路过的李文古看在眼里，于是，故意逗他："姑娘美若天仙，可王法在上，准看不准动，遗憾啊！"李财主听了气急败坏，便要将李文古一军，说："我们打赌，若你有本事叫采茶姑娘一个一个跟你亲嘴，我送一百两银子给你。若你输了，你家后山的柑子园归我，并且，明天开始给我做一年免费的长工。"李文古满口答应了，交代财主原地不动后，信心十足地朝着采茶姑娘走了过去。姑娘们还以为平时乐于助人的李文古今天要来帮忙采茶呢，谁知，李文古板着脸，佯称家里后山的柑子被她们偷摘了，要想清白，一个一个过来嗅，若真有偷吃，嘴上会留下柑子味道。姑娘们为证清白，一个个走上前去伸嘴让李文古查验。此时，站在原地远远望去的李财主，"看到"的一幕幕亲嘴戏让他呆若木鸡，只好服输。

李文古的故事经过各地流传，产生了许多大同小异的不同版本。李文古《百两银子堵亲嘴》故事流传到台湾后，演变成李文古《唼①细妹子》的故事②，讲述李文古与玩伴打赌，自己能和路过的一群女孩亲嘴的故事。李文古佯装自己是柑园主人，借口近日柑园被人偷摘了许多柑子，要检查那群女孩是否偷吃柑子，最好的办法就是让他在嘴边嗅一下，只要没有柑子味，就可还她们清白。那群女孩无奈，只好同意了。从远处看，就好似李文古亲了她们的嘴，也因此赢了打赌。这里，故事主体与大陆客家原乡一样，只是与李文古打赌的对象变了，一个是财主，一个是玩伴。其变异原因有可能是，客家原乡的讲述者比较痛恨财主，而台湾客家地区的讲述者是为了赞颂李文古的聪明智慧。

李文古因秉性聪明，滑稽搞笑，甚至玩世不恭，故意恶作剧，有时在讽刺、捉弄社会权贵势力时契合了老百姓的愿望。李文古传说故事的主题很多，有戏弄吝啬财主的，有嘲弄势利小人的，有捉弄私塾先生的，有讽刺社会不公的，也有展现其文才、机智和游戏人生的。因此，李文古故事像"上夜三斤狗，下夜三伯公"故事一样，能够不分故事主人公原籍，在客家地区广为流传。同一主人公李文古，在各地根据讲述者不同的心态和不同的社会需求下，创造了多种故事。据

---

① 唼：客家话，即"亲"，作动词用，"亲嘴"的意思。
② 转引自吴余镐：《客家李文古故事研究》，五南图书出版股份有限公司（台北），2015，第16页。

台湾李文古故事研究学者吴余镐搜集统计，客家原乡李文古故事有《天正两只屎朏①恁高定定》《李文古食假屎》《么人跌落陂塘》《同逐个细妹子唼嘴》《东西毋记得拿哩》《偷杀鸭》《阿叔过南洋》《尿急有药方》《响屁毋臭》《老叔爱尽盅②》《清明时节两纷纷》《哔叽声其鲶乎》《典出敝乡》《古之人》《劝叔母分阿叔讨细姐》《三日秀才》《巧认秀才娘》《家童仔背磨石》《先生这块好》《毋好空心肚去分人请》《食洗镬水就好》《一孝大餐》《真老乌龟》《巧计赢官司》《整治"清官"》《李文古管无礼》等26则。台湾客家地区流传的李文古故事有《唼细妹子》《牛仔偷食人个禾》《捉黄兔仔》《阿叔分𠊎骗著哩》《作诗对为难先生》《扐冬瓜》《劝叔母分阿叔讨细姐》《讲媒》《请吹笛子来屋下斗热闹》《揣令仔偷骂先生》《阿叔请人客》《左右为难》《无好跟阿叔转外家》《驼背吊直腰》《心肝肚有一息仔凉凉》《害先生跌落屎窟》《分人出卖》《李文古吃假屎》《害同学吃屎》《李文古做媒人公》《苏张联姻》《自家爱用》《掌牛刻仔爱读书》《整治地理先生》《先生杀自家个狗仔》《看手相》《叔母个碗打㞎仔》《食粄仔唔使捡钱》《害人泄尿》《分人报冤仇》《阿憨学精讨晡娘》《过年贴门联》《当归熟地联》《紧写都还有个对子》《黄员外请人客》《有应公食桃仔》《笑谈子孙窝》《李文古诈憨买腌缸》《阿爸先死》《叹买酒》《黄金兔》《捡鱼》《先生的鸭子》等43则。其中台湾流传的《李文古吃假屎》《害先生跌落屎窟》《唼细妹子》《害人泄尿》分别与原乡流传的《李文古食假屎》《么人跌落陂塘》《同逐个细妹子唼嘴》《尿急有药方》相同。

台湾客家关于李文古的传说故事远多于客家原乡，说明这些故事传入台湾后，一些喜好"讲古"的人着意好奇，根据李文古人物性格和特征，有闻加工，无闻虚构，在意想中进一步丰富了李文古的传说故事。

第四节　台湾的客语写作与原乡的《元初一》

台湾客语写作是在台湾客家运动的背景下展开的。在台湾，客家人是仅次于

---

① 屎朏：客家话，指"屁股"。
② 尽盅：客家话，音谐"尽忠"。

福佬人的第二大族群 ^①，但相对于人口数量众多的福佬人来说，台湾客家人是一个弱势群体。台湾客家运动发生之前，客家人的政治、经济、文化教育等社会地位都得不到应有的尊重，客家人的各项权利被台湾当局漠视，一些客家精英也未能发出响亮的声音，整个客家族群 ^② 处于隐性存在状态，而且不断地被边缘化。

一、台湾的客家运动

其时，客家人处在族群发展抉择的十字路口，接受被"福佬"同化，还是奋起抗争？客语面临消亡！客家文化面临消亡！在这种窘境下，毋庸讳言，隐形的台湾客家人"不在沉默中爆发，就在沉默中消亡"。当然，渡台开垦，曾经叱咤风云，与闽南人共同创造了台湾历史的客家人的后裔，不甘先辈被历史遗忘，不甘再寂寞沉沦，最终选择了"爆发"，发出真正属于客家人的声音。自 1987 年底开始，掀起了一场震动台湾社会的客家运动。

1987 年 10 月 25 日，客家子弟筹划成立"客家风云杂志社"，并开始发行《客家风云》杂志，试图经由客家人自己能够掌握的媒体，唤醒客家人的自主性及权力意识，请求客家乡亲觉悟起来，将就要失传的客家母语"捡回来"，并设法使客家歌谣、戏曲、音乐等重要形式的客家声音重新响彻云霄，不要再逆来顺受地让执政当局任意指使安排，成为"末代客裔"。同时，他们也呼吁执政当局及台湾社会的强势及优势族群，以平等方式对待客裔。^③ 由此，台湾客家运动从媒体

---

① 族群，最早是挪威人类学家弗里德里克·巴斯于 1969 年出版的《族群与边界》一书提出的理论概念，也被称为"边界"论。为了便于文化阐释，本书也沿用族群这一概念。

② 对于台湾客家人的"隐性化"，台湾客家学者范振乾分析其表现为：1. 为人父母者，离乡背井，来到都会区，为了谋生，夜以继日地工作，少有时间与子女在一起，子女听父母讲母语的机会自然少，学习母语的机会自然稀少。2. 为人父母者，一天之中大部分时间在工作场所，工作环境使得他们使用普通话或闽南语更为便捷，竟变成一种习惯。因之，有许多客家乡亲便将这种因谋生而养成的语言使用习惯，有意或无意地用普通话或闽南语作为与子女沟通交谈的工具。3. 有许多为人父母的客家乡亲错误地认为，子女幼小时如果使用母语变成习惯，将来在学校便讲不出标准的普通话，将会影响到子女的在校成绩与未来升学，因此在家中拼命地鼓励子女说标准普通话。4. 不论是嫁出去或娶回来，当客家人与非客家人结婚后，有许多夫妻为了便利或省去多学一种语言的麻烦，甚至是为了避免夫妻争吵的困扰，便在自家中使用普通话，或较强势的闽南语，因而使用客语的情形越来越少，终至于无，其子女自然没有学习客家母语的机会。参见徐正光主编：《台湾客家研究概论》，南天书局有限公司（台北），2007，第 423 页注释。

③ 徐正光主编：《台湾客家研究概论》，南天书局有限公司（台北），2007，第 421 页。

着手开始，风云激荡起来，宣传族群正面临存亡时刻的危机观念，并倡导立即采取一切可能的手段，用以抢救族群语言文化。

1988年12月28日，在客家风云杂志社的大力宣传激励和主导之下，客家子弟及支持客家权益运动的各界人士共一万余人，终于齐聚台北，走上街头，游行示威，大声怒吼，要求"还我母语"。台北市中原客家崇正会等岛内27个团体客家乡亲代表作为主力军参与大游行。各界声援的团体，不论其政治立场，均前来共襄盛举，海外客属11个团体代表声援支持"还我母语运动"。此次运动是客家"隐形人"在"沉默中爆发"的结果，给台湾当局造成不小的震撼。

"还我母语运动"开展两年之后，1990年12月1日，台湾客家公共事务协会宣告成立，钟肇政成为创会会长。台湾客家人开始有组织地参与公共事务，结合岛内外客家人，争取客家权益，延续客家文化、语言，推动公共事务，并与各语系族群共同为台湾前途而努力。1991年9月，台湾当局为了回应"还我母语"大游行的诉求，开辟台视、"中视"、"华视"三家电视台的客语新闻时间，从周一至周五，每天上午十点半开始，各有15分钟的客语新闻，但因播出时间滞后，所谓新闻是"旧闻"，内容也和客家文化、社会生活没有直接关联，其实质只是应付回应诉求罢了。

已经被激发自我意识的台湾客家人，不愿善罢甘休，也不满足现状，继续争取更大更多权益。1994年9月18日，台北市设立了全世界第一家客语专业电台——宝岛新声客家电台，由黄子尧先生担任首任台长，开始全天候播放客家节目。不只是用客语介绍新知、评论时事，而且大量播放老山歌、山歌仔、平板、采茶戏、八音、北管大曲等传统客家戏曲歌谣，也用客语说书、说唱，讲传仔，节目接地气，受到听众的热捧。这是台湾客家人终于真正发声的标志。

台湾客家运动的实质就是台湾客家发声运动。从平面的、无声的纸质媒体到立体的、有声的电视台，从走上街头到走上荧屏，台湾客家经历了在台湾从争取话语权到实现话语权的华丽转身。

二、台湾的客语写作

保护台湾客家语言文化是台湾客家运动的核心之一。台湾的客语写作从文学的角度，把客家的声音和心灵世界通过书面雅言传播出去，激活客家语言的实际应用性，这是台湾客家发声运动的另一种重要形式。

客语写作的作品，指"客语文学"，是客家文学的范畴。黄子尧指出，客语文学应包括从客语所表述出来的文化体系以及以客语所代表的一种族群情结之凝聚力，主要表现在写客家人、讲客家话或描述客家风土的关联之上。①所谓客家表述，指创作者用客家生活经验思考，用客语文字来描述，朗读作品也必须使用客家话，表现客家方言的丰富内涵和生动性，展现出客家方言的音韵趣味，写作体裁涵盖小说、散文、诗词、戏剧、童谣、山歌、谚语等文学表达形式。有了客家写作便可以保存大量的客家用语。当然，客家用语的文字化还需要进一步探索，实际使用客语写作者与客家方言学者一起努力，结合科学的语言分析及历史使用的约定俗成，达到客语文字书写的大致规范化。

"还我母语运动"之后，台湾客家族群意识空前高涨，迎来了台湾客语写作的昌盛期。现代客家知识分子与文学作家，开始展开客语文字化、文学化的努力，为客家文学提供了一个良好的写作环境。当客家作家满怀回归客家的情怀，使用客语作为创作工具，善用民间文学素材，使纯正客家文学的面貌更多姿多彩起来。

以台湾客语现代诗创作为例，20世纪80年代末期，许多诗人开始积极投入客家诗创作，客语诗因而得以落实于文字，开启台湾客语诗写作的新局面。台湾客语诗人邱一帆认为，客语书写具有四个方面的特质：一是展现客籍作家的母语认同；二是提升客语使用的功能；三是建构多元主体的台湾语言文学风貌；四是具有无可取代的特性与价值。这也是客语写作的社会价值与文学价值。

台湾现代客籍诗人作家中，杜潘芳格以其"客家女诗人"的身份，率先尝试"客家诗"的试炼。紧接着，以北部客家人为核心的客语诗文创作开始兴起，包括桃园的冯辉岳、刘惠真，新竹的范文芳，苗栗的黄子尧、邱一帆，以及南部客

① 黄子尧:《2015当代客家文学》，台湾客家笔会（台北），内部交流，2015，第55页。

家诗人利玉芳、曾贵海、陈宁贵、钟永丰，东台湾的叶日松等人的作品，陆续以四县客家话、海陆客家话的朗诵发表。具有划时代意义的著作有黄恒秋的《担竿人生》现代诗集、冯辉岳的《第一打鼓》童诗集、范文芳的《头前溪个故事》散文集等，作品数量与质量持续上升。

为激发更多人参与客语写作，培养更多客语作家，在黄子尧等人的积极组织下，台湾客家笔会于 2010 年 11 月成立，以联络客家作家、鼓励客语创作为宗旨，发行纯客语期刊《文学客家》，大力助动"大家来用客话写文学"。《文学客家》首期刊发完全用客家口语写作的创刊词《大家来用客话写文学》，摘录部分如下：

属于客语文学个刊物《文学客家》第一期就爱面世，这系一种追寻也系一种坚持。从客话到文字，从文字到客语文学，从客语文学到客家文学，这系一种追寻，过程之中定著会堵著当多个问题，要看等问题，打合解决个办法，这系一路行下去个文学工作者爱有个坚持。

语言文化系族群个命脉，只有客家人个语言文化继续传扬，就毋使惊无题材，客语文学个创作正有其材料、养分，也正做的延续、创造新生命，客语诗人作家，对客家语言文化个传承有责任也有使命感。只爱客家人个语言文化延续传承，客语文学创作个题材只有愈来愈多、愈来愈大。

……

用较阔个角度来看，使用客话来写作文学，就沟通了客家文化同客家文学的关系，因为客话本身就系客家文化个重要元素，假使做得看著具体个客家文化现象，看透现象背后深层个意义，用具体、形象活泼个形式表现出来，咁样就体现了客家文学个意象，同时也表现了客家文化个意象。

故此，请大家用客话来写，写出优秀个台湾客家文学！

《文学客家》迄今已刊发了近 40 期，是锻炼客语写作的一个极好平台，推出了不少客语佳作和优秀作者。下面介绍台湾部分客语作家和作品。

黄子尧，笔名黄恒秋，1957 年生，苗栗铜锣湾人。1974 年开始创作和发表新诗。1989 年起为争取客家母语尊严，致力于"客语诗"的创作。1991 年出任《客家》杂志主编及台湾客家公共事务协会副秘书长，多次筹办台湾客家文化活

动。他是早期参与客家发声运动的中坚力量之一，也是力推客语写作的著名客家
文学作家和文学理论家。著有诗集《葫芦的心事》《我是鹦鹉》，客语诗《担竿人
生》《见笑花》等。文学论著有《台湾文学与现代诗》《台湾客家文学史概论》《客
家民间文学》等。

黄子尧的客语诗十分口语化、生活化，重视朗诵的韵味，亲切而动人，是台
湾客家语的文学化、艺术化的表现。创作题材也很丰富，包括情诗、现实诗、叙
事诗等，耐人寻味。如代表作《担竿人生》[①]：

一枝担竿，

不长不短个[②] 竹担竿，

毋知挑起几多代人个饭碗，

秤过几多代人煞猛[③] 个斤两。

烧暖个日仔，

辄辄用汗水来洗身，

细赖人[④] 挑担半行半走，

细妹人挑担摇摇摆摆，

一庄过一庄，分人越看越靓。

坏天时，

上崎下崎全系濛纱雨，

着蓑衣，戴笠嫲[⑤]，

紧想镬头[⑥] 无米煮，

紧想寒天畛等来，

一担又一担，挑到世界暗摸摸。

一枝担竿，

---

① 王幼华、莫渝：《重修苗栗县志·文学志》卷二十八，苗栗县政府（苗栗），2004，第456页。
② 个：助词"的"。
③ 煞猛：十分勤苦。
④ 赖人：男人。
⑤ 笠嫲：斗笠。
⑥ 镬头：铁锅。

赚过归屋家个欢欢喜喜,

也识打断变鬼个懒尸人① 脚骨,

一代传一代, 就惊死老络无食②。

这是一首客语书写的叙事诗,描述客家人为了生存,一代又一代过着艰辛的担竿人的生活。诗歌以"担竿"为意象,再现了客家人不管天晴还是下雨,不管男人还是女人,挑担行走天下的生活图景,表现了客家人"煞猛"拼搏,不畏艰辛,吃苦耐劳的"硬颈"精神。

冯岳辉,1949 年生,桃园龙潭人,小学退休教师,是写客语儿童文学的能手,也善于写作客语散文。著有童话集《大王梦》《酒桶山》《老鼠和战车》等,童诗集《大海的幻想》,散文主要有《孤寂的星星》《陋室集》《厅堂里的岁月》《阿公的八角风筝》等。他有感于客家童谣的流失,将多年在乡野采访所得的童谣汇集成册,并于 2002 年出版了《客家童谣大家念》一书,对精选的 100 首客家童谣进行赏析,并探寻其脉络源流,以保护行将失落的客家文化遗产。冯岳辉身体力行地用客语写下许多动人的童诗,结集出版童诗集《第一打鼓》。近年来,仍笔耕不辍,在《文学客家》发表多篇客语童诗,如《火鸡》③:

咕噜噜,

咕噜噜,

火鸡好讲话,

紧讲紧大声,

像同人相骂。

咕噜噜,

咕噜噜,

火鸡好讲话,

讲到面红唧喳,

同人冤家。

---

① 懒尸人:懒惰人。

② 络无食:无法谋生。

③ 邱一帆:《文学客家》,台湾客家笔会(台北),2011 年 9 月第 6 期,第 51 页。

这首童诗用拟人手法，通过想象，启发儿童对火鸡发出"咕噜噜"叫声的好奇心，"咕噜噜"反复吟唱，在和谐的韵律节奏中，透出天真烂漫的童心。又如《冬节》①：

冬节日，拜祖先，

神桌香烟一圈圈，

大家见面笑连连，

讲生理，讲耕田。

细人仔，食粄圆，

一片食一片望过年。

这首诗是描写客家儿童体验民俗节日的欢乐，在冬至节日里，小孩跟着大人拜祖先、食粄圆，渴望早日过大年。诗歌用客家传统的歌谣节律，采用"三、三、七"句式结构，吟唱起来节奏铿锵，勾画出其乐融融的童年世界。成人读之，是美好的回忆，也是眷恋的乡愁。

范文芳，是客语写作的实力派作家，以四县话为创作材料，所写的海陆客语诗歌及散文韵味十足，尤其因其身属"学院派"，具有深厚文学素养。作品《桐花》颇具有怀乡念故的特色②：

三四月间，

油桐开花，

花白如雪。

八九月间，

油桐落叶，

叶黄如土。

阿爸在世，

满山种桐，

桐子商人买。

---

① 邱一帆：《文学客家》，台湾客家笔会（台北），2012 年 3 月第 8 期，第 43 页。
② 黄恒秋：《台湾客家文学史概论》，客家台湾文史工作室（新庄），1998，第 155 页。

阿爸过身①，

满山桐花，

桐花诗人惜。

邱一帆，1971 年生，台湾苗栗县南庄乡人。新竹师范学院初等教育系毕业，并就读语言研究所。受范文芳先生启蒙，投入客语诗的创作，是积极参与客语写作的台湾客家青年才俊。曾获台湾第一届梦花文学奖新诗奖。现为《文学客家》主编。出版有《有影》《田螺》等客语诗集。我们来品读他的诗作《正下班个阿姆》②：

前脚踏入门，

屋家暗摸摸，

看毋著半只人影，

心肝怦怦跳，

正下班个阿姆③；

后脚踏入门，

屋家空荡荡，

见毋著半只魂影，

心肝怦怦飙④，

正下班个阿姆；

毋记得开灯火，

毋记得洗身脚⑤也，

毋记得肚饥饥，

拿起电话，

郎——郎——滚——⑥

---

① 过身：客家话，即"去世"的意思。

② 王幼华、莫渝：《重修苗栗县志·文学志》卷二十八，苗栗县政府（苗栗），2004，第 467 页。

③ 阿姆：母亲。

④ 飙：形容心跳得更急躁。

⑤ 洗身脚：洗澡。

⑥ 郎郎滚：拟声词，电话的响声。

吾尽仔^①有到该^②无？

吾尽仔有到该无？

……

一通又一通，

半夜，

无停。

这首诗通过描述一位"正下班个阿姆"在外辛劳了一整天，回家还要担心孩子安危的焦虑情景。用"心肝怦怦跳""心肝怦怦飙"的心理描写，三个"毋记得"的排比语势，"一通又一通"的不停追问，十分传神地刻画了母亲爱子心切的伟大形象。用客语"踏入""暗摸摸""飙""正下班""毋记得""郎——郎——滚——"诵读，使人物显得更加传神、传情。

三、台湾的客语写作与客家原乡的《元初一》

在谈到客家母语文学的起源时，黄子尧先生认为，台湾最早的客语书写可能出现在清代早期的传统诗社，如龙潭、中坜、苗栗等诗社。日本殖民统治时期，客家山歌唱片上有客语文字。20世纪50年代，外省客家同乡会刊物上少量出现了客家歌词、客家师傅话（谚语）等，但只是少量出现。较多量出现是在1962年创立的《苗友周刊》（后相继更名为《中原周刊》《中原客家》杂志）中，其文章中常有客家诗词、客家歌词、客家师傅话等的介绍。^③

台湾客语写作就是客家口语写作，把日常口头语转换成书面形式的文字表达。这种烙有民间印记的口语入诗，或者说文学作品的口语化，自古有之。

从《诗经》中的"风"，到汉魏时期的乐府民歌，再到中唐以后竹枝词的发展，来自民间的歌谣始终没有离开正统文学视野。从杜甫的"三吏""三别"，到刘禹锡的《竹枝词》，再到白居易的《竹枝》《杨柳枝》《何满子》，这些作品均已

---

① 尽仔：儿子。

② 该：那里。

③ 黄子尧：《2015当代客家文学》，台湾客家笔会（台北），内部交流，2015，第55页。

展露出向民间汲取的养分，具有浓郁的乡土气息和民歌风味。文人士大夫走出书斋，关注民间，或以古乐府形式缘事而发，或以乡间民歌形式放歌抒怀，以质朴语言甚至口语入诗。如刘禹锡的《竹枝词二首》其一：

> 杨柳青青江水平，
>
> 闻郎江上唱歌声。
>
> 东边日出西边雨，
>
> 道是无情却有情。

最后一句用了民歌中最惯用的艺术手法之一——谐音双关，来表现女子对情郎的爱恋之情，语言清新质朴，率真自然。

以白居易、元稹为代表的"元白诗派"，极力主张诗歌创作要通俗浅显，向民歌学习，不依傍古人，"直道当时语"（元稹《酬孝甫见赠十首》之二）。"当时语"就是指时人所说的口语，与古人"雅言"相对。白居易作诗甚至要求老妪能解。惠洪《冷斋夜话》卷一载："白乐天每作诗，问曰解否？妪曰解，则录之；不解，则易之。"此事未必确信，不过，足见"元白"诗人对倡导诗歌创作口语化、通俗化之用心。

晚清著名诗人、外交家黄遵宪，是近代诗界革命的旗手。在其《杂感·大块凿混沌》诗歌中，对一些研经用典、食古不化的俗儒进行批判，指出俗儒"六经字所无，不敢入诗篇"的作诗恶习和弊病，主张"我手写我口"，认为用"流俗语"写作，五千年后也能成为古文佳作。因此，黄遵宪对用"流俗语"口头创作的客家山歌情有独钟，推崇备至，还创作和搜集整理了大量的客家山歌。

尽管中唐元白诗人、晚清黄遵宪倡导用"当时语""流俗语"来写作诗歌，但是他们的诗歌语言多少还是与口语隔了一层，是加工过了的"口语化"。与台湾客语写作完全相同相通的是，在大陆客家原乡流行了约三百年的少儿识字读本《元初一》。

《元初一》原名《一年使用杂字文》，是康熙年间闽西武平袁畲乡人林梁峰所著。因开篇首句就是"元初一，早开门"，所以民间俗称《一年使用杂字文》为《元初一》，简单易记，妇孺皆知，在当地十分流行，也流传于闽西客家各县和粤东、赣南部分地区。著者林梁峰，原名林宝树，清康熙三十八年（1699 年）由举人选授海城知县，因路途遥远，没有赴任①，其生卒年不详。

据林建明先生统计，"上杭马林兰藏本版"的《一年使用杂字文》，木刻本，共 25 页，342 行，每行两句，多为七字句，开头四行和后半部共有 66 个三字句，共 717 句，4755 字，约有 3000 个词语，其中具有客家方言特色的词语 350 个左右。②从全篇词语特色和句子语法特点来看，基本上是用闽西客家话来写作的，通俗易懂。《元初一》曾经是闽西客家儿童的"破蒙"识字读本，也有人把它当字典用，在识字教育和普及客家文化知识与乡土习俗方面起了很大作用。《元初一》的内容相当广泛，按时间顺序从正月初一说到大年三十，几乎说遍了客家岁时节日、婚丧喜庆、生产生活、士农工商、人伦世事、民风民俗等，无所不容，是一幅完整的客家社会生活风俗画卷。下面摘引部分如下：

元初一，早开门。放爆竹，喜气新。

点蜡烛，装香灯。像前拜，烧纸钱。

灯光火，早夜连。蜡烛台，两边排。

香炉内，檀香堆。桌围带，挂起来。

台前供养尽新鲜，汤皮糁饭用油煎。

豆腐糍粑禾米板，碗头盘碟尽齐全。

门冬瓜线红柑子，龙眼荔枝糕饼软。

茶匙茶盏茶壶子，桔饼点茶再食烟。

传盒一座摆开看，拜了新年就出门。

神坛社庙都去拜，祖公堂上贺新年。

无事之时好着棋，围棋象棋有输赢。

戒别纸牌切莫打，送了钱财惹是非。

大细子人好嬉游，双手无闲拍棉球。

① 丘复编纂：《武平县志》（下册），中华民国三十年编修，福建省武平县志编纂委员会整理，内部资料，1986，第 585 页。

② 林建明：《闽西客家话词汇宝库——林梁峰著〈一年使用杂字文〉》，《客家纵横》1994 年 3 月增刊，第 142 页。

或用脚来踢球子，输了他人不知羞。

初三初四拜新年，婿郎男女到家门。

或请新亲来相见，丈人老表及外甥。

猪肉食完并腊鸭，蒸醋鱼冻共三牲。

浸酒开镡用大碗，欢欢喜喜赛哗拳。

大富人家更排场，鲍鱼鼋翼馥馥香。

海参燕窝鸡丝肉，鱿鱼虾米做清汤。

黄螺蛏子拿来炒，蜇皮海带会辣姜。

肉圆包子来凑样，也有酥骨上砂糖。

极好蛹鱼煮豆腐，炆烂猪蹄锡盘张。

闽笋豆芽萝卜线，好贴肝肺猪肚肠。

调羹扰来筷箸夹，大家食得饱非常。

许多花生瓜子壳，厅下地面要扫光。

客人头上戴委帽，身穿袍套阔和长。

绵绸茧绸羊皮袄，汗巾烟袋在身旁。

新衫新裤新帽子，镶鞋缎袜配相当。

衣食两般难记了，略提几件讲别样。

文中"红柑子"、"茶壶子"、"大细子"（小男孩）、"球子"等一些名词，词尾附带一个"子"字，这是客家语中十分常见的特殊构词方式。"婿郎"（女婿）、"鱼冻"（冷冻后的鱼汤汁）、"哗拳"（猜拳）、"萝卜线"（萝卜丝）、"新衫新裤"是客家语特色词汇。"台前供养尽新鲜""肉圆包子来凑样""炆烂猪蹄锡盘张"（张即装）、"调羹扰来筷箸夹"（扰即舀）、"厅下地面要扫光"等句子的语法句式完全是日常口语表达。另外，全文保留了很多随着社会发展被淘汰的词汇，如匏杓（用老匏瓜制成的大勺）、簋箩（笊篱，捞米饭的竹器）、碓（用来舂米或米粉的工具）、烝尝（为祭祖或其他宗族公益活动而置备的地产），这些词语都承载了客家历史文化信息。

《元初一》虽然用客语写作，俗词俚语入文，但表达舒畅，自由无碍，通篇韵文，读来朗朗上口，可见客语写作水平之高。用客家话写作，目的就是使文章通俗易懂，便于儿童学习背诵，识字习文。这种客语写作受到口传文学如山歌、说唱的影响，在当时很流行。如雍正年间永定进士王见川写了《勉学诗》，乾隆年间翰林廖鸿章写了《勉学歌》，民间还流传《勉学诗》《五更读书歌》等，具体诗文内容详见第二章。这些诗歌也是用口语写成，浅显易懂，对激励客家子弟发奋读书发挥了重要作用。

按黄子尧先生的说法，虽然台湾客语写作出现的时间最早可能追溯到清末，但也比客家原乡闽西《元初一》的问世晚了近二百年。因此，大陆原乡的客家方言文学作品，包括山歌、说唱、谚语，和《元初一》《勉学诗》等，对台湾客语写作产生了足够的影响。

当然，传统客语写作大多数是七言诗歌，而今天的台湾客语写作已经从诗歌韵文形式发展为小说、散文、现代诗歌等多种体裁，形式不拘一格，客语表达更加自由烂漫，内容更加丰富多彩。虽然，因为方言的一些局限性，客语写作会碰到用词规范等方面的困难，以及读者识读的困扰，但在台湾一群客语作家的集体努力和探索下，台湾客语文学一定能够走向美好的明天，在文学百花园里吐露芬芳。

第五章
闽台客家建筑文化

建筑是人类发展的产物，反映了人类生活智慧和文化内涵，是人类文明的象征之一，一个时期的建筑风格就代表了那个时代的特定文化。我国的建筑形式丰富多样，建筑文化多姿多彩，融合了传统的天人合一思想、社会伦理观念，以及民族的价值取向、心理需求与审美经验。

客家建筑文化是客家文化的重要组成部分。客家建筑以夯土建筑为主，传承了中原古老的版筑技术。其中以生土为主要材料的土楼建筑，造型各异，举世闻名，是客家民系对中原传统居住文化的传承与创新。明清时期，随着客家人迁徙渡台，客家建筑文化也被传播到台湾客家聚居区。台湾客家民居、楼阁、祠庙等建筑，至今仍然保留了客家原乡的传统风格。

研究闽台客家文化，如果未对闽台客家建筑做一番比较研究，那是件令人遗憾的事。下面，我们就闽台客家建筑做一番巡礼。

第一节　闽台客家民居文化

中国民居建筑形式丰富多样，主要以北京的四合院，内蒙古的蒙古包，北方多地区的窑洞，皖南徽式建筑，云南的"一颗印"、少数民族杆栏式的吊脚楼或竹楼，福建土楼为典型代表。土楼是客家民居的主要样式。神奇的土楼不仅成为客家民居的特定符号，也已然成为客家文化的代名词。

可以说，土楼是中国传统建筑的杰作，是建筑艺苑中的一朵奇葩，是客家人生活的诗篇，是客家文化走向世界的名片。早在 1977 年，著名园林建筑专家、同济大学教授陈从周先生，初到福建永定土楼考察时，看见深山中一座座形状各异、高大挺拔的土楼之后，感叹不已，兴之所至，赋诗一首：

仿佛仙山入梦初，自怜老眼未模糊。

流风已逝宋元画，如此楼台岂易图？

如此画图，对见多识广的建筑专家来说，也是眼界大开，震撼不小。"养在深闺人未识"的土楼，犹如梦中仙境！

土楼与客家命运紧紧相连。当梦幻般的土楼尚未进入你眼帘时，也许，想象中的土楼就是客家人披荆斩棘、开发家园的神秘而动人的故事；当你满足了视觉盛宴而依依惜别土楼之后，也许，土楼就是传说中逢山开路、遇水搭桥的勤劳而坚韧的客家人。

一、闽西客家民居

客家民居的形式也是多样的。大体而言，在闽粤赣客家大本营中，客家民居的主要形式有方形土楼与圆形土楼（以下合称"方圆土楼"）、九天十八井、五凤楼、围屋、四角楼、围龙屋。其中方圆土楼、九天十八井、五凤楼主要分布在客家祖地闽西，围龙屋主要分布在世界客都梅州，防御性极强的围屋、四角楼（四周墙上有枪眼、角楼有炮台）主要分布在赣南及毗邻的广东河源。

自 2008 年"福建土楼"成功申报为"世遗"之后，客家民居建筑受到广泛关注，客家土楼之旅持续升温。游客对土楼的了解基本来自导游的讲解，导游从营销策略角度抓住游客的猎奇心理，大肆渲染土楼的防御功能。笔者不禁要问，相对于四周墙上有枪眼的赣南围屋、四角有炮台的河源四角楼以及邻近的漳州土堡，土楼是否真的具有防御功能？外界对土楼的地方性知识，诸如土楼的民风习俗、土楼的建造背景、土楼的建造技术、土楼的类型、土楼的功能和土楼的分布等，是不甚了解的。论及土楼的功能时，一些所谓的土楼研究专家也经常不假思索地盲从于大众的土楼"防御说"。

有人说土楼是"客家土楼"；有人反对冠以"客家"两字；大多数人认为土

楼只在闽西和闽西南的永定、南靖、华安等县才有；包括一些研究学者在内，认为土楼就是坐落在闽西、闽西南那种特别高大的圆土楼和方土楼。事实上，被联合国教科文组织认定的"福建土楼"是狭义上的土楼，即圆形或方形的纯土木结构的土楼。广义上的土楼，指土木结构或砖与土木混合结构，形制上包括方圆形土楼、不规则形土楼、"九厅十八井"、五凤楼、围屋、围龙屋以及多种形制混合式，除集中分布于闽粤赣客家大本营外，还广泛分布于广西、深圳、香港和四川的客家居住区，类型多样，数量繁多。

（一）土楼与客家建筑

土楼应包括客家的和传自客家的不同时代、各种造型的夯土（或部分夯土）建筑。

从建筑主要用料来看，所谓"土楼"，顾名思义，就是用"土"夯筑成墙的屋宇。此建筑用料之"土"，一般称为"生土"，与"熟土"对称。但仔细推究起来，传统意义上建造的土楼，所用之"土"大有讲究，是经过反复搅拌、发酵而做出来的土，从这点来看，它已经是"熟土"了。

亲历土楼建造的客家人都知道，土楼建筑用土，有"一般用土"与"特殊用土"之分。一般用土，就是闽西大地上普遍可见的山坡红壤土，以含有少许砂石、黏性好的红壤土为佳。特殊用土，由三种主要用料合成，即红壤土、石灰、田垤泥。其中，田垤泥是最为特殊之土。它是取自被浸泡千百年的水田底层的泥土，色泽灰暗，虽黏度不足，晾干即成松散状，但质地坚硬，与富有黏性的红壤土搅拌在一起，黏度、硬度恰到好处，再掺入适量有固定作用的石灰，此三者搅拌在一起，被称为"三合土"。

不管一般用土还是特殊用土，在建造房子前，都要先"做泥"。即把备好的用料浇上适度的水，用锄具不断翻拌，翻拌充分后让其自然发酵一段时间，然后，再翻拌，如此反复多次。用这样"做"出来的泥夯成墙，坚如磐石。当然这样"做泥"必须花费大量时间。因此，客家人建造大土楼，时间长达几年，甚至历经几代人几十年，其中也耗费了不少备泥时间。如永定湖坑振成楼，建造时间为5年；永定抚市永隆昌楼，建造时间长达28年；永定高头承启楼，从明代崇祯年间破土动工，到清代康熙四十八年竣工，历经三代人耗费81年才建造完整。笔者童年居住过的上杭故居"老屋下"建造于清代道光年间，规模宏大，占地面积达8000多平方米，是"九厅十八井"与五凤楼混合的建筑，有主楼、横屋、后楼、附属建筑，及两口半月形水塘，建造时间长达30余年。有关建楼之前的备泥（"做泥"），年少时曾听祖母提及前辈传下的细节：备好的三种用土，堆放在待挖建的水塘位置，每天都有一二十人在高大土堆旁，用锄头一层一层翻锄生泥，另一部分人负责浇水、翻拌。做泥需十分仔细、耐心，也十分费时，如果算上堆放发酵时间，短则三五个月，长则一整年。

永定湖雷镇馥馨楼的土墙夯进"石头"/ 邱立汉摄

　　为增强土楼墙体的坚固性，在夯墙过程中，还会放入一些石块、木条或竹条。放入的木条、竹条，俗称"墙骨"。加入石块使得墙体更加坚硬，放入木条或竹条使得整个墙体具有牵引力，起着防震、抗震作用，如同现代建筑用的钢筋。一些财力雄厚的主家，在做"三合土"的时候，还有特制秘方，即用糯米煮成的汤汁（饭汤）代替普通水，浇土翻拌，大大增强"三合土"的黏稠度。如此夯建而成的土墙，风干之后，宛如铜墙铁壁，而且，随着时间推移，越来越坚硬，风雨难蚀。

　　由上述可知，以传统技艺建造的土楼所用之"土"并非某些专家或网络流传所说的"生土"，而是经过充分发酵，是与"生土"相对而言的"熟土"。当然，随着时代的发展，为了省时省工，20世纪七八十年代以后建造的单家独户的小土楼所用之土，就基本上接近于"生土"，这是因为"做泥"的工序减少，发酵时间短，甚至当天取土翻拌后就夯墙。这样夯建的土墙，风干之后，很容易开裂，经不起风雨、地震等自然灾害的考验，稍有失修漏雨，墙体就会很快崩塌。而用"熟土"夯建的土墙，即使屋宇片瓦不存，在风雨侵蚀下仍然能够屹立几十年甚至上百年不倒。

　　永定客家土楼最早在20世纪50年代就引起了学者的关注①。有关土楼研究的学术成果发表后，引起了国内外建筑学者重视。20世纪80年代后，来自我国上海（同济大学）、台湾和国外的日本、欧美等地的建筑学专家学者陆续前往探访研究。20世纪90年代后兴起了"福建土楼热"，掩映在青山绿水中的神话般的土楼被逐渐揭开了神秘的面纱，从寂寞的山沟走向了繁华的都市，走出了国门，享誉世界。1992年林嘉书等著《客家土楼与客家文化》一书，在土楼建筑及土楼民居与客家人文方面做了广泛而深入的探讨，以扎实的田野调查和翔实的土楼资料，从客家人文角度探秘土楼。而对福建土楼研究用力最多、成果最丰、最为系统的，应数

---

　　①　著名建筑学家刘敦桢先生所著的《中国住宅概说》一书中论述客家住宅时，有提及中国建筑研究室张步骞、朱鸣泉、胡占烈合著的《福建永定县客家住宅》（未刊稿），后来此文在南京工学院学报1957年4月号刊登。从现有掌握的资料看，刘敦桢及张步骞、朱鸣泉、胡占烈等应该是最早对福建客家土楼进行研究的学者。两院院士、清华大学建筑研究所所长吴良镛先生在2003年回忆说："1956年（刘敦桢）已经写完了《中国住宅概说》，1957年初正好我到南京去，他和我说，他去福建看到客家的圆形土楼。"转引自刘敦桢：《中国住宅概说》，百花文艺出版社，2003，第1页。

福建省建筑设计院原院长、首席总建筑师黄汉明先生。他在 20 世纪 80 年代初就对福建土楼进行了研究，先后出版了《福建土楼》《福建传统民居》《客家土楼民居》等书，并于 2009 年再版《福建土楼》，为福建土楼成功申报世界文化遗产做出不可磨灭的贡献。

　　但有关土楼建造是源自客家人还是闽南人，仍有分歧。从建造主体看，客家地区的土楼是客家人建造的，毋庸置疑。但是，地处闽南漳州地区的土楼是哪个民系建造的？到底是闽南人还是客家人建的？黄汉明先生在其《福建土楼》一书中论述了对土楼产生、发展及其成因的一些看法，提出"福建圆楼的根在漳州"[①]的观点，影响不小。他认为，漳州最早建造的土楼是漳浦县绥安镇马坑村的"一德楼"，门额石匾刻"嘉靖戊午年季冬吉立"（1558 年），有明确的建造纪年。而永定虽然有早于"一德楼"建造的土楼，但信息来自族谱[②]，不足为信，从而判定漳州土楼早于永定土楼，进而推断土楼建造根源在漳州[③]；另外，他还从客家人迁徙地域上分析说，"即使在宋元之际，客家人第三次南迁，大多从福建宁化迁到广东梅县，现在梅县也没有这种完全圆形的楼房民舍。因此，圆楼的根不是在江西、广东，而是在福建漳州"[④]。这些论断有明显的漏洞，"土楼根在漳州说"遭到不少客家学者的驳斥。

　　我们可以从土楼拥有者即楼主人来分析土楼的根。从行政划分与所操方言看，位于漳州的南靖、平和、诏安、华安等地，的确是闽南人主要聚居区，但漳州土楼所在地大多是客家人或客家后裔（部分被同化为闽南人）的聚居区。

　　我们以漳州南靖土楼住区梅林、书洋两镇为例。据统计，目前南靖县客家主要聚居地在梅林、书洋两镇，依然保留使用客家方言的梅林镇有 6 个村，书洋镇有 7 个村，共计 4550 户，17326 人。从《南靖梅林磜头苏氏族谱》得知，梅林镇磜头村汕头自然村苏姓开基祖苏兴桥是在清代从闽西永定县古竹移居去的。《南靖县黄氏宗谱》记载，梅林镇梅林村坎头，开基祖黄均得，在元代从永定县湖坑镇奥杳迁

　　① 黄汉明：《福建土楼——中国传统民居的瑰宝》，生活·读书·新知三联书店，2009，第 302—308 页。
　　② 永定区下洋镇初溪村的"集庆楼"，据族谱资料记载，建于明永乐年间（1403—1424 年）。
　　③ 黄汉明：《福建土楼——中国传统民居的瑰宝》，生活·读书·新知三联书店，2009，第 304 页。
　　④ 黄汉明：《福建土楼——中国传统民居的瑰宝》，生活·读书·新知三联书店，2009，第 314 页。

入。南靖县书洋镇上版村田螺坑自然村，开基祖黄百三郎，在明初从永定湖坑镇奥杳迁来。这些土楼村仍然使用客家话。但有不少土楼住区的客家人已经被闽南人同化，不会讲客家话，只讲闽南话。如梅林镇官洋、璞山村，书洋镇书洋坪、枫树坪、奎坑、田治，船场下岭、塘山、上汤、猪仔笼等地简姓家族，除了有限的一小部分老人还能讲客家话，年轻人都已经完全讲闽南话了。但据《长教简氏族谱》载，他们的开基祖简德润，是在明初由永定县洪源迁入的。诏安县秀篆镇龙潭游姓、王姓从明朝永乐年间（1403—1424 年）由福建汀州府迁入开基，他们都是客家人。因游氏开基始祖游念四郎之孙游信忠无子嗣，同来开基的王姓后人王念八就将其子王先益过继给游信忠为子，后来这一脉游姓后裔被称为"王游派"，并于明隆庆六年（1572 年）始建龙潭家庙"盛衍堂"，合祀两姓祖宗。值得注意的是，与永定接壤的上杭县稔田镇的李火德裔孙、游二三郎裔孙迁入的也不在少数，如漳州诏安县秀篆镇的李姓、游姓即迁自上杭稔田镇。其中，有直接迁自上杭稔田者，也有辗转永定再迁入者。

从以上情形来看，与永定毗邻的漳州地区的客家人，因地缘关系多数是由永定迁入，且以永定的金丰片区（高头、湖坑、古竹、陈东、大溪、湖山、岐岭、下洋）为主，迁入时间也远早于漳浦县"一德楼"的建造时间。由此可见，漳州地区的土楼建筑，由闽西客家地区传入，是由迁入当地的客家人建造的，这应该是没有疑问的。

从建造时间看，客家土楼至少可追溯到宋元时期，即客家民系在闽西的形成时期。目前，永定现存最古老且保存完好的土楼是初溪土楼群中的集庆楼，建于明永乐年间（1403—1424 年）。可是，永定湖雷镇下寨村发现了迄今最古老的土楼——馥馨楼，据该村谱籍资料来看，建于公元 769 年。当然，对于这个结论，我们不敢轻信，还有待科学论证。馥馨楼如今只剩下楼前大门墙的下半截及内部几堵危墙，楼内天井及楼外余坪铺卵石地面，天井内有一口还可以饮用的水井，依原土墙增建的老房子还住有一户人家。大门内侧墙中安置一个直径足有 20 厘米粗的门闩。墙体质地异常坚硬，墙体内夯入不少大块的鹅卵石。最为奇特的是，此楼墙脚不是用石头砌成，而是直接夯土墙为墙脚，不畏雨水浸泡，屹立了千百年之久，确实与众不同。从残垣断壁中，足见这栋楼的历史悠久。

永定湖雷镇馥馨楼外景 / 邱立汉摄

"四扇三间"式单家独户的小土楼 / 邱立汉摄

目前最"年轻"的一栋大型圆土楼是坐落于永定初溪的善庆楼，建于 1978 年，墙体粉刷了一层石灰，具有现代气息，与众不同。据此，大型土楼建造时间最晚为 20 世纪 70 年代。之后，土楼建造由大型的家族聚居形式过渡为小型的单家独户居住模式（如上图）。单家独户式的小土楼以"四扇三间"（"四架三间"）为基本架构，小的户型有"单联三间"，大的户型有双联"五扇四间""六扇五间"等。单家独户居住模式的兴起是传统宗族社会制度的土崩瓦解及都市单元式居住模式影响的结果。这种形式的小土楼在 20 世纪七八十年代形成建造高峰。

从建筑造型看，土楼形制依据地理形势、居住习俗、建造主家的地位与财力等主客观条件，因地制宜，因人而异，造型千变万化，千姿百态，充分展现出来客家人的居住智慧和建筑技艺。圆形土楼有单环楼、双环楼、多环楼，有半圆形楼，也有圆形弧度大于或小于 180 度的楼，也有椭圆形楼。方形土楼以正方四角楼为主，还有长方形楼，五角楼、六角楼、八角楼、日字楼、富字楼、凹字楼等。五凤楼按中轴厅堂及横屋的多少分成各种大小不同的类型，如有三堂两横式、三堂四横式、三堂六横式、三堂八横式、两堂两横式、两堂四横式等。"九厅十八井"及围屋的内在建筑结构与五凤楼相似，同样根据中轴线上的厅堂及配置的左右横屋的多少分成不同类型。其中"九厅""十八井"是概数，"九"与"十八"只是泛指多数的意思，"九厅十八井"由厅与天井的多少及分布走向的不同构成各种类型。而围龙屋（围屋）与五凤楼、"九厅十八井"形制同中有异。围龙屋（围屋）左右两边的横屋外围后部呈弧形延伸，并在厅堂后方中轴线上交接，形成整体半月形的外形构造，围龙屋的大小以中轴厅堂、横屋及外围的多少决定。另外还有大量的混合式楼型，如五凤楼与方圆土楼混合，五凤楼与"九厅十八井"混合，五凤楼与围龙屋（围屋）混合，"九厅十八井"与围龙屋（围屋）混合。

一座土楼通常都有上百人居住。客家人要建造如此大型的土楼，主要有几个因素影响。一是聚族而居的习俗。宗族观念浓厚的客家先祖逃离中原，来到闽粤赣的蛮荒之地，从心理安全考虑，他们更加需要凝心聚力，聚族而居，抱团发展，于是大家族聚居一屋便成为习俗。二是宗族社会形态。客家社会是典型的宗族社会。客家人利用宗族管理模式对家族进行管理，一个家族的重大事务由族长在楼内的公厅（祖堂）召集各户家长议定，婚丧喜庆、责罚不肖子孙都在公厅进行。三是风水地势。客家村落四周都是高峻大山，按风水理念，房子应该建在依山傍水之处，若房子建得不够大，会有扛不住煞气之嫌，所以房子越大越好。四是彰显家族荣耀。建大房子是家族综合实力的体现，是光耀门楣的最佳方式之一，所以，或富或贵的大户人家热衷于建大楼，考虑子孙后代都能同住一楼，和睦相处。因此，土楼的功能也就不言而喻了。

（二）圆楼与方楼

永定的圆形、方形土楼最为集中。据不完全统计，现存土楼有 23000 多座。其中保存完好的圆楼有 360 多座，方楼有 4000 多座。最典型的圆土楼有承启楼、振成楼，方土楼有遗经楼。

1. 承启楼

承启楼坐落在龙岩市永定区高头乡高北村，坐北朝南，背靠海拔 800 米的金山，是永定高北土楼群的核心建筑。承启楼始建于明崇祯年间，由该村江姓第十五世祖江集成开建，经过三代人的努力，历时半个世纪，至清康熙四十八年（1709 年）才建成。

承启楼以规模巨大著称。当地有流传一句顺口溜："高四层，楼四圈，上上下下四百间；圆中圆，圈套圈，历经沧桑三百年"，绘声绘色地道出了这座土楼高大宏伟的建构以及悠久的历史。站在承启楼的后山观景台俯瞰，楼前高头溪蜿蜒穿流，左右各有一座建于 20 世纪中期的"世泽楼"和"侨福楼"，在这两座小土楼的衬映之下，显得承启楼这座家族之城更加魁伟，令人叹为观止，难怪它被称为"福建土楼之王"。

承启楼由"四环一祖堂"组成，是土楼中环数最多的楼。若登上外环四楼南面观看，对"高四层，楼四圈""圆中圆，圈套圈"之景象可一览无遗。以最中心的祖堂为圆点，外环、二环、三环、四环依次向中心环聚，层层叠套，可谓是"圆中圆，圈套圈"。承启楼的直径有 73 米，外墙周长 191.5 米，总面积 5376.17 平方米。外环第四层，高 16.4 米，每层 72 个开间，共 288 间。第二环有两层，

每层 40 个开间，共 80 间。第三环仅有一层，有 32 个开间。第四环为回廊，不
设房间。这大小四环仿佛拥卫着圆心上的祖堂，使作为议事公厅的祖堂显得更加
神圣与威严。祖堂为最简易的五凤楼结构，即"四架三间"两堂式，为了与四个
环形风格保持协调，祖堂外围由方变圆，中间天井也顺势变成半月形，这种结构
是极其罕见的。应该注意的是，祖堂并非祠堂，一般供奉观音菩萨，是楼内长辈
议事的公厅，也是家族办理红白喜事的公共活动场所。承启楼的外墙厚实坚固，
外环底层墙厚 1.9 米，从第二层往上，厚度逐渐缩小，顶墙厚度缩至 1.1 米。屋
檐伸出 3 米多，有效地保护了土墙免受雨淋。全楼共有 400 间房，1 个大门和 2
个侧门，4 座楼梯，2 口水井。外环的敞廊宽约 1 米，房间进深 3.6 米，功能设置
合理。第一层较为潮湿，设为厨房、餐厅；第二层比较干燥，是存放粮食的仓库；
第三、四层为卧室。人丁兴旺之时，全楼住有 80 余户、600 多人，是客家聚居模
式——大家族、小社会的一个典型。

承启楼祖堂 / 邱立汉摄

楼内的楹联、匾额文化内涵丰富。大门是一副嵌入"承启"两字的对联："承前祖德勤和俭，启后孙谋读与耕"。第三层大门挂有今人题写的门联："承前启后尽阅人间春色，继往开来饱览世纪风光"，横批"神州第一楼"。楼内有一副堂联值得我们深思："一本所生，亲疏无多，何须待分你我；共楼居住，出入相见，最宜注重人伦"。祖堂门上悬挂一个匾额"笔花庐"，是民国三十一年（1942年）时任国民政府主席林森所题，暗含"妙笔生花"之意。堂顶由外而内依次悬挂的牌匾为"世德书香""兄弟选魁""发扬光大""笔花世第"等。楼内还保存了其他数十个题匾，其中最为珍贵的是承启楼创建者江集成次子江建镛七旬寿辰时，朝中尚书、京城太学士们合赠的雕刻有《郭子仪拜寿图》的楠木寿屏。寿屏巨大，由12扇楠木板连接而成，雕刻面积达15平方米。

承启楼已经成为客家建筑乃至客家文化的一张响亮的名片。1981年上海辞书出版社出版的《中国名胜词典》，列有承启楼条目。1986年4月，中华人民共和国邮电部发行的一套14枚中国民居邮票，其中第13枚福建民居图案就是承启楼。2008年，承启楼被列入《世界遗产名录》。如今，承启楼已经成为中国传统文化的名片，走向世界。

2. 振成楼

振成楼坐落在龙岩市永定区湖坑镇洪坑村。由洪坑清末秀才林氏廿一世祖林鸿超兄弟等人于民国元年（1912年）建造。该楼坐北朝南，占地约5000平方米，由内外两环同心圆组合而成。内环为通廊式，属砖木结构；外环为土木结构，直径57.2米，高19米。

从外部看，振成楼除在主楼两侧多了附属建筑（烟刀厂、林氏蒙学堂）外，与其他圆土楼没有两样。但进入内部看，其结构布局之精巧、装饰之富丽堂皇，是其他土楼不可比肩的。振成楼不仅具有传统客家民居的建筑特点，又有西方建筑的美学风格，是中西合璧的建筑艺术杰作。1995年在美国洛杉矶世界建筑博览会上，振成楼模型与北京天坛模型摆在一起，引起了西方文化界人士的极大反响。

振成楼属于八卦形土楼。其内部结构的独特性也体现于此。楼内按《易经》八卦布局，以青砖防火墙把内外环之间的天井及每层通廊分隔成八段，寓意乾、兑、坤、离、巽、震、艮、坎八卦，每段（每卦）即为一个单元，每段 6 个房间，每个单元关门则自成一个独立院落，开门则全楼单元相通。外环有 184 个房间，内环有 32 间。外环底层与第二层不开窗，底层到第四层功能与其他土楼一样，依次为厨房、粮仓、卧室，底层的内通廊以三合土铺就，第二层以上每层楼板铺以青砖，具有隔音和防火的功能。楼内共有 4 座楼梯，东西两侧分别开一双扇边门出入，两门对称，可直通楼外东西两边的耳房。内环是两层建筑的砖木结构，内有石雕柱脚、木刻门面和琉璃窗户，二楼走廊栏杆是铸铁铸成的有梅兰竹菊图案的栏杆，铁栏杆漆了绿漆。这种令人耳目一新的"洋味"在土楼中是罕见的，是中西合璧的典范。

穿过两环的两重大门，可以看见处于中轴线上核心位置的祖堂。祖堂的正门两边立有四根圆形大石柱。每根柱子周长 1.5 米，高 7 米，是由整条石料制成而非分段衔接，重达万斤，由五六十人合力才能挪动，当时的能工巧匠们是怎样把它立起来的，到现在还是一个谜。祖堂宽敞气派，内可容下 16 张大八仙桌。2000 年，由著名女指挥家郑小瑛指挥的以闽西客家山歌为基调的交响乐诗篇《土楼回响》音乐会在这里举行，年届七旬的客家山歌大王李天生打起竹板唱山歌，这是一场中西合璧的音乐盛会，与振成楼风格相得益彰。

除建筑装饰艺术外，土楼楹联、题匾也引人注目。大门两侧有嵌楼名所作对联"振纲立纪，成德达材"。修身立人，言简意赅。其他楹联有"干国家事，读圣贤书""振刷精神担当宇轴，成些事业垂裕后昆""振作那有闲时，少时庄时老年时，时时须努力；成名原非易事，家事国事天下事，事事要关心""振乃家声，好就孝悌一边做去；成些事业，端从勤俭二字得来"。祖堂大厅墙壁上还有不少名人题字，其中有民国时任总统黎元洪等名人为楼主人题的匾"义行可风""义声载道""里党观型""志洁行芳""承基衍庆"等。

2008 年，有"土楼王子"之称的振成楼被列入《世界遗产名录》。

3. 遗经楼

遗经楼坐落于龙岩市永定高陂镇上洋村，坐南朝北，是目前发现的最高大的方土楼。楼主人叫陈华升，生于 1760 年，早年跟随父亲在广东做生意，后贩卖木材积累了巨大财富，人称"陈百万"。该楼于 1803 年开始兴建，1851 年竣工，历时 48 年，可见其建筑规模之巨大与楼主人财力之雄厚。

永定高陂遗经楼 / 邱立汉摄

遗经楼高大坚固。主楼建筑呈一个"回"字形，主楼外"口"字形分别由五层高的后楼及均为四层齐高的左楼、右楼、前楼构成。里面又有一个带天井的小"口"字形建筑，采用五凤楼结构布局，前后两堂加左右两边厢房，后堂即议事厅堂（祖堂）。主楼前有一宽阔的卵石内坪，内坪左右各建有一座私塾，也是五凤楼结构形式，即"四架三间"，前低后高，内有小天井，自成一体，有宽敞的课室与教师住房。卵石内坪前是遗经楼的外大门，仍然采用五凤楼式的大门楼，独具特色。整体造型布局是突出中轴对称，左右平衡，前低后高，可以说是五凤楼与方楼完美结合的产物。

全楼东西宽 80 米，南北长 140 米，建筑面积 11200 平方米，共有 328 个房间，24 个厅，两口水井，一座花园，一口鱼塘，总占地面积达三万多平方米。主楼承重墙地基深 2 米，宽 1.2 米，用巨型溪石砌成；高出墙面 1 米的石脚也是用巨型溪石砌成；石脚以上 2 米处用石灰、河卵石、细沙夯筑而成；离地面 3 米以上则用三合土、竹条夯筑。回字形主楼的东、西、北三面各有一个大门，门柱为大理石，厚达 20 厘米的松木大门外侧包有一层铁皮，非常结实，可以防匪患。

在总平面上，遗经楼正好是内外两个方形。这两个方形的横、竖任何一座楼，都既可独立又可与其他楼有机地组合为一体。整座楼的开间大小和厅、房、天井的配置复杂多变，有单间的小单元，也有围绕一个大厅有 6 间房、面积达 100 多平方米的大单元。全楼共有 9 座楼梯，其中 6 座与敞廊相接为公梯，后楼三个大单元各有一座楼梯。变化多端的平面，参差有致的楼架，门内有门、楼中有楼，封闭与开敞相结合、三合土地面、卵石天井、精雕石井沿、老黑木栏柱与白壁青瓦，使遗经楼充满动感。①

那这座巨型大楼为什么要叫"遗经楼"呢？这得从其内外大门的对联说起。外大门对联"笔岫屏山，喜见文光万象；豪潭柳瀑，欣看浪击千层"，描绘了楼外恢宏壮观的自然景观，寄寓了楼内人才辈出的美好祝愿。正楼中大门有两副对联，一联为"世德铭朱墨，家风式纪谌"，另一联为"遗谋式谷，经味其庚"，楼名"遗经楼"三个大字就题写在此大门的门额上，苍劲雄浑。前联"朱墨"指朱熹、墨子，"纪谌"指颍川始祖陈实的儿子陈纪、陈谌，史称"难兄难弟"，寓意为陈氏子孙要以朱熹、墨子为道德榜样，继承陈纪与陈谌兄弟和睦相处、同甘共苦的优良家风。"遗"有遗传之意，"经"则指经书，谓留给子孙以经书。楼主陈华升取此楼名，希望楼内子孙人才辈出，以耕读为本，成为德才兼备的人。

（三）"九厅十八井"

汀江中上游有一种普遍可见的合院式平面布局的民居建筑。闽西客家地区通常将这种院落重重、天井繁布的合院式建筑称为"九厅十八井"，"九"和"十八"不是确数，是形容它的厅堂和天井之多。这种建筑形式在我国南方的闽、粤、赣、湘各省均有存在，只不过叫法各不相同而已。如在闽南的泉州民居中称为"九十九间"，而在粤北的始兴民居中称之为"九栋十八厅"。这类民居建筑组合体主要是按照客家原祖籍地北方中原一带的合院建筑形式，结合我国南方多雨潮湿的地理气候环境而构建的，因适应了客家人聚族而居、四世同堂、尊祖敬宗的心理需求而得到广泛应用。

---

① 林嘉书：《土楼与中国传统文化》，上海人民出版社，1995，第 83—85 页。

目前保存最为完好、数量最多的"九厅十八井"建筑在闽西连城县培田村。该村依山傍水，人口千余人，是全为吴姓的客家古村落。这里保存了大量明清时期的建筑，由建筑群组合的村落坐西向东。其中保存完好的有 30 座民居大屋、21 座祠堂、6 处书院、1 条千米古街、2 座牌坊、4 座庵庙道观，大部分为砖木结构。整体建筑群规模宏大、设计精巧、工艺精湛，具有浓郁的客家人文气息，是"九厅十八井"建筑的代表作，被誉为"民间故宫"，号称"福建民居第一村"。

1. 大夫第式的继述堂

培田村规模最大的"九厅十八井"合院式民居建筑当推继述堂。继述堂的名字取自《中庸》，"夫孝者，善继人之志，善述人之事"。主持建造者是吴引斋兄弟俩，其父吴昌同因乐善好施而得朝廷封赐，诰封奉直大夫，晋赐昭武大夫，所以"继述堂"也叫"大夫第"。据《培田吴氏族谱》记载，继述堂"创于甲申（1884 年）之夏，成于甲午（1894 年）之冬，十一年中，经之营之，轮焉奂焉。"历时 11 年建成，它"集十余家之基业，萃十余山之树木，费二三万之巨赀，成百余间之广厦，举先人之有志而未逮者成于一旦"[①]。

继述堂的平面布局规模宏大，占地面积 6900 平方米，有 18 个厅堂、24 个天井、108 个房间。继述堂前的广场当地人称外雨坪，坪边原有半月塘和围墙，现已毁。门楼高大宏伟，门前刻有对联"水如环带山如笔，家有藏书陇有田"，形象地描绘了周边环境之美和主人对耕读文化的追求。主体建筑为四进，过了前厅进入一个大的庭院，庭院两侧隔一花窗墙，墙后各设有一个侧厅堂。

过了大庭院来到挂有"大夫第"牌匾的中厅，经过天井上台阶之后进入大厅。中厅、大厅连成一体，雕梁画栋，婚丧嫁娶、会客、议事往往在这里进行。大厅两侧设主卧房，分成前后间。再过一个天井进入后厅，后厅是主人生活起居的内宅，装饰朴素典雅，空间尺度亲切宜人。后厅之后、围墙之前有一个长方形的天井，栽有花卉盆景，这里的幽静与前厅的喧闹形成一个明显的反差。

在主厅堂两侧安排了横屋，采用的是左边一列、右边三列的不对称布局。因侧天井太长，在其上做了数个过水廊，既解决了交通联系问题，又使侧庭院空间

---

① [清] 吴震涛：《培田吴氏族谱》卷十一《继述堂记》，内部资料，光绪丙午年（1906）。

有了分隔，不至于一览无遗。该宅的主厅堂面东，与之成直角的横屋是南北朝向。虽然四列横屋房间众多，但因朝向好、光线足、空间大，每个独立单元又采用一厅两房的布局，使用起来十分方便。从这里也反映出客家人的智慧，主厅堂华丽高大，既满足了礼仪要求，又照顾到平时居家过日子的使用方便。

连城培田继述堂／邱立汉摄

继述堂的建筑装饰非常精彩，无论是外雨坪中的一对石狮石鼓、两根纹龙旌表，还是门楼燕尾高翘的屋顶、檐下醒目的灰塑，或是厅堂的梁柱、穿顶、窗扇等处，无不精雕细刻。地面为"三合土"，坚固耐久，不易风化，而且防潮、抗磨、耐压，经过近一百余年的风雨侵蚀，至今仍然平整如一块大石板。[①]

2. 围龙屋式的双灼堂

双灼堂在培田古民居中建筑技艺最精湛。它是四进三开间带横屋的对称布局，而且前方后圆的混合平面布局更是别具一格，是"九厅十八井"与"围龙屋"的混合结构。这种前方后圆的混合结构与上杭县稔田镇的李氏大宗祠十分相似。双灼堂建于清后期，占地面积1320平方米。第一进为围墙门楼，大门面北

---

① 戴志坚：《闽台民居建筑的渊源与形态》，人民出版社，2013，第174—176页。

而开，门楼横批"华屋万年"，主人吴华年的名字藏于头尾，内门柱与中门柱刻写了分别嵌入"屋""万""华""年"的两副对联，中门柱对联字迹已模糊不清了，内门联为"屋润小康迎瑞气，万金广厦庇欢颜"。进入门庐，围墙内是一个空旷的河卵石铺成的余坪，可晒谷子，也称禾坪。第二进大门朝东，在双灼堂主体建筑的中轴线上，大门横批"乐善好施"，内门柱与中门柱也刻写了分别嵌入"善""好""乐""施"的两副对联，内门联为"善居室惟怀完美，好读书立志修齐"，中门柱对联为"乐以忘忧满眼风光饶乐□，施于有政一堂孝友验施为"。大门进去是一个中型庭院，庭院两侧对称设有一对侧厅堂，两侧厅堂与庭院之间均有一堵隔墙，布置别致，北面隔墙中间是绿色瓷砖砌成的花窗，花窗上方盖一个飞檐门楼，门楣写"北斗增辉"四个字。与之对称的南面隔墙中间写上"南山毓秀"四个字。这南北两侧的厅堂自成一厅两房带小天井的格局，分别有小门与庭院和横屋相连。过了前厅、中厅、后厅之后进入一个横向庭院，即围龙屋的后龙，后龙设一厅十房，作为杂物间。

连城培田双灼堂 / 邱立汉摄

双灼堂装饰的主要特色有两个：一是建筑装饰精细。厅堂的屏风、窗扇、梁头、雀替等部位都精雕细刻，雕刻的图案惟妙惟肖、含义深刻。尤其是下厅檐屏的 8 块窗扇上，每扇浮雕一个字，连起来为左侧为"孝、悌、忠、信"四字，右侧为"礼、义、廉、耻"四字，突出四维八德，训诫以德治村，以德持家。中堂檐屏左右雕有两幅伦理故事图案。二是屋脊装饰考究。屋脊飞檐高挑，陶饰精细，明墙叠檐三折的曲线，左右有对称昂首吞云的双龙，技艺精湛，令人叹服。

3. 上杭中都存耕堂

存耕堂坐落于上杭县中都镇罗溪村，坐东南朝西北，背山面水。建于清乾隆年间（1736—1795 年），总面积达 1.3 万余平方米，是中都镇现存占地面积最大、保持完好的客家民居。全堂有 180 个房间，9 个大厅，18 个天井，是名副其实的"九厅十八井"形制，闻名遐迩。全屋地面，在当时尚无水泥、瓷砖的情况下，铺上最先进的"三合土"，而楼板上则嵌上陶砖。这里曾住 33 户 130 多人，且谷场、仓库等全设于内，正中大厅，既是食堂，又是会场，"鼎食钟鸣"，颇具气派。

存耕堂属土木结构，砌石为基，夯土为墙，后楼基墙厚 1.5 米，逐层递减。全堂五进四横，逐进增高，遥看栉比鳞次，甚是壮观。

上杭中都存耕堂外景 / 邱立汉摄

第一进为围墙门楼，门坪宽广，可容车马。第二进为下堂，石门框，左右配以对联，联曰："存心淡泊为君子，耕稼畔歌效古人"。第三进为中堂，正面屏风顶端高悬一块匾额，额书"存耕堂"。"存耕"二字传为粤东某名士所书，"堂"字为后人配写。"存耕"寓有"存心积善，留耕子孙"之意。主人之一的何尚文先生寓居台湾后，在花莲县建一新房，取名"存耕筱筑"，意在纪念祖居，不忘故土。

上杭中都存耕堂横屋 / 邱立汉摄

中堂厅面甚宽敞，可摆放十来桌酒席，壁间、木柱上，曾挂满名人书画，今大多散失。独存一副木刻对联，联语是"积善之家，必有余庆；资富能训，惟（唯）以永年"。末行落款处，醒目地写上"芷湾宋湘"字样，下面还刻上古篆体印章，系客家七大诗人之一的宋湘真笔。对此，《人民日报》1996年12月17日曾做过"上杭发现清代客家诗人宋湘遗墨"的专题报道。大厅两旁分别为回厅（厢房），在右回厅二楼壁上，用毛笔写有"某年某月某日太平天国康王在此驻（住）宿"字样，据传为清同治四年五月初二，太平军将领康王汪海洋，曾率部从庐丰横渡汀江，进入中都后，驻节此屋。故何尚文先生在《杭川风土百咏》一书中，有"吾家曾记驻康王，墨迹斑斑尚在墙"之诗句，慑于清朝统治者淫威，在太平军进驻嘉应（今梅州市梅县区松源镇）之后，字迹被抹去，今已无法辨认。

第四进及二排横室，都属于两层楼房，只有最后一栋是一整排的三层楼，站在该楼房前的院落中抬头仰望，只能看到"一线天"，使人有高深莫测之感。整座堂楼，横直有序，持重端庄。每进之间，横楼与正厅之间，都有空院。这些院子里当时栽满奇花异草，有盆景，有植栽，清风吹来，芳香扑鼻。屋檐内外，都用长石条砌边，条条凑紧，院落春深，宛如旧时官家宫殿。

（四）五凤楼

五凤楼土楼，民间无统一名称。广东人称为围龙屋或围屋，闽西上杭、广西及深圳、香港称它为大屋、大楼厦，也有人称它为府第楼。在刘敦桢的《中国住宅概说》一书中，以五凤楼的平面形式，将它归到了"三合院与四合院的混合体住宅"一类之中。① 其实，五凤楼与三合院、四合院是完全不同的模式。日本学者则将其与圆形或方形土楼相对而言，称之为"群体住居"②。这种说法也是不准确的，因为圆形或方形土楼也是群体住宅。许多关于土楼的著述则只言圆形或方形土楼，而根本不涉及五凤楼。五凤楼是土楼之中数量最多、分布最广、文化内涵最丰富的一种。研究土楼如果将五凤楼遗漏，或者未将它作为单独一类来研究，无疑是不全面的。

五凤楼的造型特征主要体现在中轴线上的由敞厅堂、敞廊和天井构成的三位一体的厅井空间。至少有上下两堂，左右有平衡对称的厢房。无论是中轴或横屋，须以"四架三间"为基本构图，横屋以二、四、六对称双数铺排，大门前必有禾坪（禾埕）和半圆形水池。"九天十八井"、围龙屋一般为矮层建筑，而五凤楼整体高大，前低后高、中轴高两横低，门楼及中轴堂屋有飞檐燕尾，气势轩昂，宛如展翅欲飞的凤凰。

五凤楼是府第式建筑。比起圆形或方形土楼来，要光彩多了。因为它不是普通家族能随便兴建，必须是有过科名的书香门第或官宦之家，才有资格建造。据民国期间的永定木匠大师黄坤森讲，大量五凤楼是预先建成的，即把门楼厅廊部分主体先用平檐完工，等家族里的叔伯兄弟或子孙有了科名之后，再加改飞檐，

---

① 刘敦桢：《中国住宅概说》，百花文艺出版社，2003，第169页。
② ［日］茂木计一郎等：《中国民居研究——关于客家的方形、环形土楼》，日本东京住宅综合所研究财团（东京），1989，第121页。

否则会被人检举，就要被拆除问罪。或者有的事先征得同族宗亲中已有科名者的同意，借其科名用于建造，建成后悬匾于厅或在门楼楣额上书"××第"，这种情况很多。常见门楼写有"爱此溪山"或"南峰挹翠"之类的大字，就是属于预先建造的五凤楼。[①]

上杭稔田镇南坑村榕树下老屋厦／邱立汉摄

据实地调查，闽西客家聚居腹地上杭县有传统五凤楼 2000 座以上，永定区有五凤楼 1000 余座，武平、宁化、清流、长汀、连城等几个纯客家县各有五凤楼 1000 多座，新罗区有五凤楼 300 多座。五凤楼在广东省的数量最多，全省有五凤楼 10000 座以上，其中半数见于粤东、粤北。加上江西、广西、湖南等地客家的五凤楼，粗略估计全国共有 25000 多座五凤楼土楼，数量远比圆形或方形两种土楼多。[②]

坐落在永定高陂镇富岭村大塘角的裕隆楼，是五凤楼的典型代表。始建于清

---

① 黄锦彩：《补述一些家乡大楼的实地见闻》，载台北市永定县同乡会编《永定会刊》1938 年第 6 期（台北），内部资料，第 38 页。

② 林嘉书：《土楼与中国传统文化》，上海人民出版社，1995，第 86—87 页。

道光八年（1828 年），道光十四年（1834 年）落成，道光十五年（1835 年）迁居入住。前后历时八年，可见其规模之大。此楼是富岭村王氏十九世、邑庠生王学洲（1731—1799 年）的四房儿孙合建的。因为王学洲去世后，谥号"文翼"，为了纪念他，所以又叫"文翼堂"，正式楼名叫"裕隆楼"。王家在广东佛山做木材生意，发了大财，筹足巨资建成此楼。当时由国学生、八品顶戴王克夫（廿一世，1791—1859 年）和副举人王维两（廿一世，1795—1848 年）主持建造之事。

永定高陂裕隆楼 / 邱立汉摄

　　裕隆楼的布局是最典型的五凤楼"三堂两横"的格局。"三堂"即前堂、中堂、后堂，"两横"即左右两列横楼。后堂为主楼，是一座 5 层（含阁楼）的大楼，中堂是高大宽敞的议事大厅，前堂即入门厅。左右横楼各由 3 座由高到低的楼房组成，分别为上横楼（4 层）、中横楼（4 层）、下横楼（3 层）。左右上横楼各有一个横厅与后堂连接，且各有一扇后门直通主楼背后的面积达 3 亩的半圆形后花园。下横楼又称"学堂楼"，前面有水池、假山、花圃，各有一道侧门，通往水井、猪舍、水圳、碓寮、厕所、浴室、木工房等。横楼歇山顶，由前而后形成三层叠起，与"三堂"叠起的屋顶呼应。大门设在入门厅中轴线正中位置，上面写着"大夫第"三个刚劲大字，大门刻有两副对联，其一为"圣恩天广大，文治日精华"。此楼因出过功名而建成府第式建筑（大夫第），遂言"圣恩天广大"。另一对联为"抱水环山乌巷重开新第宅，敦诗说礼青箱原继旧家风"。上联指王氏子孙开新基不忘祖地建康乌衣巷，下联表明要继承上祖东晋经学家王彪的优良学风。大门两旁各开一个小门，可进入左右横楼。大门坪十分宽阔，照墙外有一个半月形的大水塘，水塘边塍外高耸几对石桅杆，可见王氏家族对功名的重视。全楼占地面积 8000 余平方米，共有 120 个房间、4 个厨房、7 个外门、16 个内门、25 个厅堂，另有 1 口水井，整个外观巍峨、庄重、富丽、雍容。

裕隆楼独具特色，其构造特点是中轴线的前、中、后堂与中轴线两翼的横楼连成一体，前低后高。楼顶歇山从后到前，呈现五个层次，高低错落。飞檐翘角，形如展翅欲飞的凤凰，所以称为"五凤楼"。整座楼构造端庄方正，主次分明，富有宫殿情趣，体现了强烈的宗族等级观念，比一般的方楼更显得气势轩昂、典雅高贵。

裕隆楼的装饰艺术性很强，注重生活与艺术的完美结合。大门门楼、前堂、中堂，可谓是木雕和泥塑艺术的展览馆。屋脊与屋檐不但巍峨壮观，而且雕龙塑凤，寓意"龙凤呈祥"。另外，还有许多表现戏文典故的浮塑，色彩绚丽，形象逼真。门梁、柱子、窗棂、斗拱、屏风等处，皆是镂雕，花样繁复，雕工精巧。那些回绕穿插，工艺精巧，都给人如游龙、似惊鸿的感觉。中堂和前堂两边的窗棂特别能引起人们揣摩的兴趣，那些图案乍看相似，细察却各有不同，或为各种篆字，或是花鸟鱼虫。前门大坪也非同一般，全用小鹅卵石砌成图案，或圆或方，美观和谐地组合在一起。靠近大门的圆形图案，是一个阴阳两仪图。大门门楼的地板、台阶、门框，均用大块的青色花岗岩石条雕砌。"三堂"的天井、通廊则用白色的花岗石条铺砌。据说，因营建耗时长，木匠、石匠都有祖孙三代人接续参与建造。总之，裕隆楼大至楼厅、花园、水池、花圃的布局和构造，小至一石一木的设置与装饰，无不别具匠心，处处闪耀着客家人在建筑艺术上的聪明才智。

裕隆楼的建造还体现了很多科学道理。楼址依山傍水，布局不仅追求美观，更注意卫生舒适。例如，在"三堂"与"两横"之间，主楼与两侧横楼之间，主要建筑与附属建筑之间高低距离的安排，都充分考虑到通风、采光和其他卫生方面的要求。楼内的任何一座楼既是整体的部分，同时又各有相对而言的独立性，楼中任何一个房间、厅堂，无不光线充足，空气清新。另外，用水、排水设施，也考虑得很周详。出入水口都用花石栅栏封砌，防止杂物堵塞。排水阴沟要求清淘沙土方便，还在各沟内放养乌龟充当"清洁工"，利用它们的爬沙本领以时时疏通淤积。楼房土墙全用"三合土"夯成，宽广的中堂大厅，屋顶巨大沉重，却仅以4根大木柱支撑。中堂的地板，是用"三合土"加糖捶打而成，至今仍旧细滑铮亮，光可鉴人。[1]

（四）混合式五凤楼

1. 永隆昌楼

永隆昌楼坐落在永定区抚市镇社前村的低洼地上。其周围几平方千米范围内的民居都是大型方楼与五凤楼，永隆昌楼是其中最大的一座，其规模不亚于遗经楼。如果新、老两座永隆昌楼合为一体，则遗经楼更不可比拟。

永隆昌楼也是方土楼与五凤楼的混合体，即在大方楼中包含五凤楼，兼具五凤楼平面格局和大方楼高层封闭及防卫的特点，新、老两座永隆昌楼不同轴，但相连在一起。新永隆昌楼建于清末，老永隆昌楼早于新永隆昌楼200年建成。居住在永隆昌楼的黄氏一族，是当地望族。老楼的建造过程今已不详，新楼建造包括填垫地基、筑楼外沿河防洪堤道，从开工到竣工，历时28年。

老永隆昌楼占地万余平方米，其结构布局与新楼大同小异。新永隆昌楼长110米，宽70米，占地7700平方米。正楼有五层半，高22米，外围楼高四层半。其他围楼则因配置关系，为两层或三层不等，用作私塾、账房、用人居舍、轿房、马廊、舂米碓米房等。

楼内各种厅堂92个，其中基层厅院38个（含公用厅、神厅、院厅）；正厅2个（左右厢房厢厅及上下回厅，供喜庆宴会及年节祭祀用）；神厅3个（一祀观音，一祀魁星，一祀药王仙师）；院厅33个（内有3个左右廊厅及回厅，其余

---

[1] 王贵垣：《五凤楼的最典型代表——裕隆楼》，新浪博客，http://blog.sina.com.cn/s/blog_4b1e6ef1010140sr.html，2013-01-05。

30 间为厨房或居室）；房间 746 个（含基层居室及楼层居室卧室），其中基层房间 204 个（含三堂屋正楼 8 间，四合方楼 26 间，围楼横舍及环厅房室 170 间），各楼第二层以上 542 间。楼梯一共 144 座。周围大小户门共有 16 个，内长方形正门用花岗石作框柱，楣槛刻 3 副对联，拱形花岗石旁门 3 个，陶砖砌拱形小门 1 个，其余 9 处均为木柱框小门，16 处大小门在环楼中分布，作八角放射状。附属设施除内外两座成"丁"字形防洪堤外，还有建筑物若干座，记账房楼 1 栋（供管理公产公物的先生及执役丁壮居住），轿舍、马廊各 1 间，水井 7 口，晒坪大小 8 处，还有光绪三十二年添建的临江书院。

永定抚市永隆昌楼 / 黄俊拍摄

这座大楼，不但地基宽广，建构完好，而且配套设施也很特别，工程浩大而艰巨。其特色可归纳为三个方面：一是石材多，工程量大。据当地木匠大师黄坤森说，他的先师曾向其讲述参与建造永隆昌楼的过程及艰辛。因是沿溪而建，从填坝筑堤开工到落成后上油漆，共花费 28 年，不但楼东家黄万斗已子孙满堂，白发苍苍，参与其事的工匠也传了两代。其中，打石与积制木材就花了 8 年，从饶平请来打石师傅，他们都带着家眷，在抚溪一住就是十来年，有的就在工地生儿育女。石雕装饰极尽能事，方楼外大门口左右一对大石狮，高与人齐，大厅天井放置 6 座长均丈余的花岗石花架，内外大门石刻门联共有 15 对，各种字体书法兼有，天井及走廊以长条石板做底。二是配套设施好，三堂式五凤楼与大型方土楼结合，外围两、三层的楼高低参差错落，屋内梁柱、屏窗雕饰豪华古雅，精美绝伦。三是每层楼棚板加铺防火地砖。永隆昌楼工程之浩大，堪称永定甚至临近各州县之最。[①]

永隆昌楼外周墙最厚处 1.2 米，为夯土墙，而且其内周墙与间隔也用夯土墙，这大大加强了土楼的稳固性，避免了大多数圆形或方形土楼内墙为木结构易失火的缺陷。但这样就减少了住宅的使用面积，缺乏房间、回廊、天井三位一体的生动气氛，形成较明显的切割状况。

永隆昌楼前后左右高低错落，厅堂、天井、房间、廊道配置不一，变幻莫测，已无原始集体住宅的简单化与均等性，这是家族高度发达的物质、精神文化的集中表现。它是顽强进取、生龙活虎的创造发展本能与根深蒂固的传统礼教及封建伦理的矛盾产物。因而，它既非不可挽救的衰世，也非一派生机勃发的天地。对这种情景，有艺术家给它一个概括：迷宫。这是建筑的迷宫，更是它的创造者心理意识的迷宫。

二、土楼的文化空间

建筑是以空间分割、空间布局为基础的一门艺术。空间的分割与布局并不是随意作为，而是依循"有"与"无"的辩证统一关系和地域居住文化来设计完成的。分割出来的空间，就如地球之空气、人体之经络气脉，看似"无"，而实实在在是"有"的。

《老子》第十一章言："三十辐共一毂，当其无，有车之用。埏埴以为器，当其无，有器之用。凿户牖以为室，当其无，有室之用。"以轮毂、器皿、房屋为例，阐明了虚空的有用之处和"有"与"无"的相互依存关系。土楼中别具匠心的空间布局，如楼内厅堂、天井、廊道及楼外空间，看似空洞无物、虚空的空间，却蕴含了居住人群的传统思想、礼仪规制等富有深厚人文积淀的习俗文化和生活

[①] 黄锦彩：《补述一些家乡大楼的实地见闻》，载台北市永定县同乡会编《永定会刊》1938 年第 6 期（台北），内部资料，第 39 页。

审美习惯。

（一）传统思想的空间展现

自古以来，中国人就有浓厚的空间意识和文化观念，建筑活动始终围绕着"思祖德""重人伦""天人合一"的传统思想进行，十分强调建筑组群的中轴对称模式，合院式、府第式等建筑无不如是。

传统人伦思想可以在中轴对称的建筑里面淋漓尽致地得以实现。中轴对称的建筑以中轴的前、后、左、右四面展开，有东、南、西、北四个不同方位。不同平面、不同方位具有严格的尊卑之别。尊卑序位是朝前面南为尊、朝后面北为卑，朝左面东为尊、朝右面西为卑。这种结构明显的特征就是表现出向心性、匀称性和前低后高、中间高两边低的规律，而在客家民居中最能全面体现这种规律性的建筑便要数五凤楼了。

前面说到五凤楼就是各式土楼中的一种。五凤楼的向心性、对称性与前低后高主次分明的特点，主要表现在以中堂为核心（两堂屋以后堂为核心），所有房间及前后厅堂均围绕中堂；两边横屋也是以中堂为核心，左右匀称分布。不仅左右横屋匀称，以大小厅堂为中心，每个厅两边的房间都是对称布局的。前低后高、中间高两边低是五凤楼的又一大特征。这一切布局不仅是对称均衡、错落有致、层次分明的生活美学经验的结果，也是以血缘文化为核心的传统思想的对象化。客家人固守宗族文化，在聚族而居的生活当中必须严格遵守以血缘文化为核心的礼仪规制，即尊卑有别、长幼有序。中堂也称为公厅，这里既是接待贵宾的场所，也是宗族议事的大厅，在粤东一带称为祖堂，具有祭祀祖宗的功用。可见其地位之尊贵。在分配房间时，按辈分大小、长幼次序依次分配中堂、后堂、前堂的左右（东西）两边房间，然后再分配连接三堂的过廊房间，最后分配左右两边横屋的房间。横屋前后（南北）、左右（东西）的房间的分配也须按照辈分大小、长幼次序来分配。因此，五凤楼的中间屋顶高，两边屋顶底，后面屋顶高，前面屋顶底，看似一个简单的空间构成，实质上充分彰显了尊卑与长幼的秩序。正如有学者说，"整座五凤楼的造型布局本来就是伦理制度、儒家礼教的翻版"[1]。

---

[1] 林嘉书：《土楼与中国传统文化》，上海人民出版社，1995，第140页。

相对于五凤楼而言，圆形土楼更突出其向心性。圆形土楼的中心圆点，就是其核心位置，客家人在此圆点上构建中堂（俗称"祖堂"），是最简易的"四架三间"式五凤楼，功能与五凤楼一致，也是家族荣耀的展示厅，悬挂展示功名、善德荣誉的牌匾。为了突出其核心地位，有些中堂还写上家训族规。祖堂的神圣不仅在于它是族长议事公厅，还在于它是一个教育子孙、责罚不肖子孙的场所。所以，祖堂是土楼家族的精神中心。"圆中圆，圈套圈"的大型圆形土楼以祖堂为核心，内外圆依次向中心环聚，环环相扣，各楼层所有的房间门均朝向祖堂，汇集一点，其向心性极其强烈。祖堂空间看似空空荡荡，其间则凝练了高度的家族权威性。

永定初溪集庆楼内的祖堂 / 邱立汉摄

很多人说，圆形土楼居住模式反映了客家人先进的平等思想，认为他们居住的房间没有尊卑之分。这完全是被表象迷惑了的错误观点。圆形土楼也同样存在中轴对称，以南面大门为起点，穿过中心圆点，延伸到北面外环楼（北楼），构成中轴线。一些环数少或只有一环的圆形土楼，其祖堂直接就设在中轴线北端（北楼），北楼面南为尊，南楼（大门位置）面北为卑，北楼左边朝东房间为尊，右边朝西房间为卑。在分配房间时，同样按照尊卑、长幼依次分配。

传统思想也寄寓在土楼民俗的礼仪规制中。人的一生伴随着生命礼俗而存在，从出生到离世，短短的一生包含了整个礼仪的内容：诞生礼、冠礼、婚礼和葬礼。

7

没有院落、公厅、祖堂的空间，礼仪民俗，尤其是传承完好的古代中原繁文缛节的婚丧礼仪就根本无法完成。因此，土楼空间也承载着民俗礼仪的文化。

客家人的住宅讲究"有天有地"，住在大楼内能与天地自然融合在一起，其对象化的空间模式就是天井的设置。天井的作用，在客家人看来，就不是简单的采光了。住在大楼里，抬头可以仰望日月星辰，低头可以俯察地理，接通地气。大门闭合，在楼内通过天井这个特殊空间，仍然觉得个体存在于天地之间。在客家人风水观念中，水是财的象征，一般五凤楼前有半月形的水池，以达到聚气储财的目的。在下雨时，雨水能汇集于中央的天井，暗合了肥水不外流的传统观念。

（二）淳朴民风的载体

民居建筑是为人们提供日常生活起居之用，让人们拥有领域感，从而感觉生活是稳定的、安全的。房间的私密性不仅让人感到更加安全，还使人具有充分的独立性和自主性，这是民居建筑赋予的普遍功能。

但是，聚族而居的客家建筑除重视个体的私密性外，更加强调的是集体的公共性和开放性。大型的土楼民居建筑均配置有广阔的公共空间，就公共空间的呈现来说，土楼民居建筑的空间可以划分为私密的、半开放的和全开放的三类。

各种客家土楼的房间有一个共同点，就是一个房间只有一个房门。不仅是一间一门，就连从一个房间进入另一个房间的套间形式，在土楼几乎也是见不到的。特殊情况下，如某些中堂或后堂左右正统间因进深过长要分割成两间，又无法分别安门出入，那么其外间就不会作为卧室。一间一进的卧房给个人生活以最大限度的独立自由，就是用人的房间也是这样。但漳州沿海闽南方言民系的传统民居并非如此。那种封闭式的一厅两房即"四架三间"住宅，其厅也在中间，但不是敞厅，它是全宅唯一的出入口，厅两边的房间房门就开向中厅，房门还常常是无门板的敞开口；有的房间隔为两间时，不向中厅各开一门，而是两间共用一个通向中厅的房门，两间之间的门洞也多是不加门板的。这样的生活情形和家庭气氛，就与客家土楼的情况大为不同了。①

独立自由的私密空间有利于个人情感宣泄和心理调适，自然构成心理保护空间。

① 林嘉书：《土楼与中国传统文化》，上海人民出版社，1995，第142页。

不过，聚族而居的土楼更多体现出群居社会性的特点，"社会群体中的人都有渴望交往的心理，在空间设计中要提供一种能刺激'人看人'的心理需求的空间，并且处于空间中的人对他人的活动总具有好奇心"①。土楼的空间设计巧妙地抓住了"人看人"的心理需求，也很有必要抓住这个心理空间对众多的族人进行言传身教，达到宗族伦理教育的目的。半开放的空间和全开放的空间均能发挥如此作用。

土楼的厨房、餐厅，从使用权限看是属于一家一户的，但客家人视之为半开放的空间。他们可以不经主人同意随意进出他人的厨房、餐厅，喝茶聊天，甚至一起饮酒作乐，相互打成一片，其乐融融，如同自己家里一样亲切，但一切必须以尊重主人为前提，不可肆意妄为。客家人活泼开朗、热情大方性格的形成与此有相当密切的关系。

如果在厨房、餐厅的活动是"人看人"的一种形式，那么，置于大庭广众之下的完全开放性的公共空间则更是如此，可以最大限度地满足族人的好奇心。比如，族人违反族规，在祖堂接受族长公开的责罚时，其他人出于"好奇心"而围观，围观本身就是一个接受族规教育的过程。在这样的公共空间获得的"围观"教育，是一种非日常的、有限度的惩罚性教育。楼内的更多教育是常态化的、无限度的，比如，邻里家长大声呼喊小孩晨起，或厉声敦促小孩改正缺点，或督促子女勤奋读书，或催促家人出门劳动等，这种教育往往还伴随着家长不厌其烦地拿别家典型做比较。在环环相通、户户相连的开放空间内，"人看人"的日常教育，同样满足每个受教育者的好奇心，这种情形在"山寨之城"的土楼内无处不在，可以说，一家训儿，百家受教。在耳濡目染的公众教化下，土楼里的客家人也就养成了勤劳朴实、拼搏进取的良好品质。

土楼内公共空间（如祖堂、公厅、廊道、天井）的设计，满足了客家人举行各种民俗活动的需要，这些民俗活动包括祭祀、年节习俗、生命礼俗、婚丧大事和各种庆典。住着几百人的大土楼里，一年到头，各种活动少则十几场，多则几十场，需要的大量劳力和物资，全部依靠邻里之间的无偿帮工和借用。这种互助精神，以及祭祀活动中表现出敬祖思宗的恩谢、对天地自然（天神、土地神）的

---

① 顾琛等：《节奏空间探究》，湖北人民出版社，2012，第67页。

敬畏，各种礼仪习俗中对传统仪式的尊崇，都在影响着一代又一代的土楼人，从而形成古朴淳厚的土楼民风。

开放式的廊道设计，使得每家每户极易串联起来，尤其到了年节时间的亲戚往来，左邻右舍都表现出异常的热情好客，拿出半个主人的姿态非得加入敬酒行列，让客人吃得"又醉又饱"，尽兴而归。若是新姑爷来到，则被闹腾得非醉倒不可。这也是土楼空间产生的群体聚集效应，绝非今天"老死不相往来"的单家独户、闭合式的单元房所能企及。

开放式的土楼空间为客家民俗活动提供了展演的舞台，传统仪式和传统教育在这里延续，为日常交往，处理和谐的人际关系创造了条件，也是客家淳朴民风的载体。

（三）土楼的和谐世界

有人在参观完承启楼、振成楼后，称赞道："客家土楼是中华文化瑰宝，是大家庭小社会和谐相处的典范"，并嘱咐客家乡亲"一定要把老祖宗留下的这份珍贵遗产保护好，传承好，运用好"。

这些称赞之辞中，最为经典之处就是，土楼"是大家庭小社会和谐相处的典范"。确实，如此庞大的家族犹如一个小社会，聚居在一起，能和谐相处，实属罕见！这种相处模式就像土楼的建筑艺术特征一样，是独一无二、堪称典范的！

巨大土楼里的客家人能够做到和谐相处，其实没有惊天的奥秘，不过就是遵循传统文化里老祖宗反复提倡的"道"而已，也就是"天人合一"的思想。唯有如此，才能真正做到人与自然的和谐统一，人与人、人与社会的和谐共处，构建土楼的和谐世界。

1. 人与自然的和谐

人与自然的和谐，可以追溯到古老的"天人合一"哲学命题。汉代董仲舒在复兴儒学、独尊儒术的思想背景下提出了这个命题。其实，"天人合一"的文化内涵在先秦儒家、道家思想中已经有所阐释。儒家经典《礼记·中庸》说："诚者，天之道也；诚之者，人之道也。"诚实是天地之大道，即根本规律；诚实，是做人的根本原则。这里蕴含了人的行为必须符合天道的精神，天人须合一。《易经》

的哲学核心思想之一是强调"天、地、人"三才之道，人居天地之中央，必须上法天，下法地。《乾卦》曰："天行健，君子以自强不息。"《坤卦》曰："地势坤，君子以厚德载物。"阐明了君子要效法天地，顺应天道，像上天一样周流不息、无私奉献，如大地一般承载万物、厚德包容。老子则明确指出了"人法地，地法天，天法道，道法自然"的天人统一关系。庄子在《庄子·达生》中提出"天地者，万物之父母也"，与老子的"一生二，二生三，三生万物"相呼应，认为人是自然的一部分，应该要顺应自然，返归自然，达到"万物与我为一"的精神境界。

从土楼建筑看，客家人的"天人合一"思想观念根深蒂固，无处不在，已经深入日常生活起居之中。在土楼的前坪（禾坪）、天井经常会看到有用鹅卵石铺设而成的八卦图像，最让人惊讶的是，连住宅设计也用《易经》的八卦理念。如著名的振成楼，外圈与内圈、中厅分两个阶段建造，其中外圈由高头乡高北村闻名遐迩的泥匠师傅江达宋设计承建，外圈为八卦式布局，楼房成辐射状八等分，每等分六间起脚为一卦，每卦之间筑了隔火墙。1929 年，振成楼遭人为放火，结果大火只烧了四个点火卦区，四卦区燃尽之后就熄灭了，内圈更是完好无损。诏安县官陂乡大边村有一座土楼，名叫"在田楼"，是圆形土楼中直径最大（94.5 米）的一座，也是最大型的八卦土楼。主楼分为 8 大部分，每卦演为八卦 8 开间，全楼合六十四卦 64 个开间，与标准八卦推演完全一样。与主楼相连的内环平房也分为八大卦，每卦 5 间，合 40 间。这内环平房八大卦分别属于主楼八卦，共为一大单元。这是客家人把"天人合一"的思想巧妙地融合到八卦土楼里。

土楼建造离不开风水学，即古人所说的"堪舆术"。风水学是"天地人三才""天人合一"及八卦乾坤的外在体现。依据风水思想对土楼进行选址、确定坐向都是依循"天人合一"、顺应自然、人与自然和谐的法则。风与水是流动变化的，合理流动变化的风水能够营造一个生生不息的气场，人顺应好风好水则盛，逆之则衰。

处在大山中的客家人代代因袭前辈经验，总是根据自然形势，把土楼建在依山傍水的适当位置。这样，不仅可以让人置身于青山绿水的优美画图中，更为重要的是，还可以形成良好的风水气场。其中住宅最佳坐向是"左青龙，右白虎，前朱雀，后玄武"，即房子的左面为东，右面为西，前面为南，后面为北，简而言之，就是"坐北朝南"。坐北依山，则冬天不受寒冷的北风吹袭；朝南傍水，则进入炎热的夏天之际，前堂门窗打开，室内尽纳习习凉风，居住区域的湿热瘴气、污气还可以通过屋前流水蒸气带走，形成良好的空气循环，有效减少疾病发生。华安县仙都镇"二宜楼"就是这方面的杰作。此楼前厅屏柱上一副朱漆对联："依杯石为屏，四峰拱峙集邃阁；对龟山作案，二水漾洄萃高楼"，说的就是二宜楼依山傍水，背后层峦叠嶂，往左右两边蜿蜒而行，如护气之两翼，正面是两条清澈的小溪于楼前交汇后往西南流去，因此，楼主人以"二宜"寓意宜山宜水、宜家宜室、宜内宜外、宜兄宜弟、宜子宜孙、宜文宜武。

当然，因受地理条件的局限，人为营造有利的风水也是客家人的拿手本领。如虽依山但未傍到流水，则在土楼周边开挖一条水圳，从别处引水从门前过，或者在楼前挖一口半月形的水塘，注水为池，池水必须是流动的活水。房子的背后若缺乏依靠的大山，则在后面种植树木，待到树木成林，郁郁葱葱之后，形如一座小山，成为阻挡北风的人工掩体。若无法改变不利形势的，则通过其他手段进行补救。比如，屋顶安置驱邪镇煞的石狮，墙面嵌入"泰山石敢当"的镇符，室内设杨公先师神位，或者干脆另建改变朝向的外门楼。当然，这其中也含有封建迷信的成分，但从环境心理学的角度去解释又有其合理性。

总之，客家人接受传统的"天人合一"观念，认识到人生活在天地之际，"性本爱丘山"，居住在山水之间，日常生息能够顺应自然，顺应四时之变化，和合春生、夏长、秋收、冬藏的天地规律，就能体态安和、身心健康。

人与自然的和谐还体现在土楼建造用料上。土楼的建造是远古农耕社会遗留下来的原始习俗。所需的土、木均是因地制宜，就地取材，所用木料构建的拼接不用一枚铁钉，全用卯榫。因此，土楼来自自然，同时也最终返归自然。因为，土楼崩塌后，土墙为泥，朽木腐烂，必将融入泥土。这种原始的建造习俗，就是最大限度地保护了自然，保护了生态。让自然能够循环发展。众所周知，人们步入工业化时代后，建筑材料摒弃纯天然的土木，而大量使用水泥、钢铁、塑料管道等材料，造成自然生态循环链条的严重破坏，甚至永远无法修复。更让环保人士警觉到的是，这些建筑废弃物，给自然造成了严重污染。

工业化时代以后，人类的欲望不断膨胀，最终导致自然受到威胁，人类生存受到威胁。这背离了中国传统的"天人合一"思想，违背了人的道德原则，丧失了人的自然本性。老子提出"绝圣弃智"的极端想法，实际上是表达了对人类欲望的膨胀、自然被破坏、人类相互杀伐的担忧。

2. 人与人、人与社会的和谐

客家民居是开放与封闭的统一体。屋外封闭是聚族而居的结果，楼内开放是和睦相处的典范。闽南民居与客家民居"两者在外观造型上有许多相似之处，最大的差别在于闽南土楼主要采用单元式平面布局，客家土楼主要采用通廊式平面布局"①。客家土楼通廊式平面布局是呈开放状态的，楼内户户相通，家家相连，十分开放。整座土楼只要外大门一关，就是一个与外界完全隔离的封闭的整体。闽南土楼单元式平面布局是呈封闭状态的，每个单元单独门户，每户不相连。这是闽南地区的客家人或客家后裔（闽南人）根据闽南当地的居住习俗对客家土楼进行改建的结果，也是客家土楼文化随着族群迁徙而发生变迁的反映。

居住的开放性，带来管理的难度，几百人聚居一起，对楼内伦理秩序更是一个挑战。如果没有传统文化中的伦理精神来维系，要实现土楼内部的人际和谐，几乎是不可能的。

居住不仅要选择良好的风水，还有选择与有仁德的人为邻。孔子说："里仁为美。择不处仁，焉得知？"认为选择有仁德的人一起居住的人，才是有智慧的人。在儒家看来，"仁"是天人关系的核心，是符合天道的个体精神的内在体现，"礼"是人与人之间交往处世的外在表现。

客家人能够在土楼里和谐相处，其奥妙之处在于贯彻"里仁为美"，遵循"天人合一"中的"天之道""人之道"。客家人在建筑装修、室内设计之时就已经全盘考虑了对族人进行和谐处世的教育，在土楼内外随处可见以"仁""礼"为基本内涵的文化布局。下面我们一起来看这副土楼楹联：

　　一本所生，亲疏无多，何必待分你我；

---

① 戴志坚：《闽台民居建筑的渊源与形态》，人民出版社，2013，第78页。

　　共楼居住，出入相见，最宜注重人伦。

　　这是永定承启楼的厅堂联。承启楼之规模，前文已详述，仅从其能容纳600人居住就足见其巨大。日本东京艺术大学茂木计一郎对其楼之大、人之稠，赞叹不已，说简直是"家族城寨"（家族之城）。从建造设计规模开始，就必须先考虑楼内住户饱和之时，怎么处理人际关系？这个问题引起江氏主人高度重视。于是，就有了上面这副对联。上联告知楼内子孙"血缘"相同，都是"一本所生"，不管血缘亲疏，都是同一个祖宗，也就是说，都是自己人，不必区分你我。在精神上、物质上，共同享受祖宗遗留下来的财富，有祖宗福德，有土楼房舍，可以互通有无，不要过于计较。下联着重强调居住"人伦"。共楼居住，必须遵守"人伦"，按照一定礼仪规范约束每位族人，使得尊卑得体、长幼有序，知廉耻、守孝悌、行礼让。这是承启楼刻在庄严的厅堂柱上的家训，也是族规。"承先人遗训，启后辈良规"，后人如此效法，代代相传，必然形成良好的家风，以致楼内和谐之风永驻。

　　以楹联形式对楼内族人进行伦理道德教育的现象，在客家土楼民居中十分普遍，类似的对联不胜枚举。如，永定湖坑洪坑村福欲楼，大门左右门扇直接书写"由义""居仁"四字，构成最短小精辟的联句。内心要存放仁，做事要依循义。这是直接引用孟子之语"居仁由义，大人之事备矣"。而"行仁义事，存忠孝心"的堂联或柱联，在客家民居及祠堂内十分常见。下面再集中列举几例。

　　永定湖坑"振成楼"联：

　　振纲立纪，成德达材。

　　振乃家声，好就孝悌一边做去；成些事业，端从勤俭二字得来。

　　永定初溪"集庆楼"联：

　　集益鸣谦德，庆余积美征。

　　永定古竹"居源楼"联：

　　居安由德种，源本在修身。

　　永定高陂"存德堂"联：

　　存恕施仁遵古训，德才全备振家声。

　　永定陈东"尚兴楼"联：

尚善如水，崇慈似春，厚德人家耕读绍祖；

兴诗敬贤，立礼尊圣，痫书子弟翰墨传家。

永定湖坑"裕德楼"联：

裕国足民，忠臣即是孝子；德全道备，修身可以齐家。

以上联句内容重在详述个人以"仁""德"修身。个人修身，重在推己及人，达到"老吾老以及人之老，幼吾幼以及人之幼"的境界。

土楼是一个"大家庭、小社会"，宛如一个城寨，每个人必须学会为人处世的本领，进退自如的社会交往能力，才能在楼内的"社会"立足，真正实现家族和睦，社会和谐。其实，客家人为人处世的"大道"也蕴含土楼之中了。

若我们在高处俯瞰圆形大土楼，可以清晰地看到，圆中圆、圈套圈之中，在圆楼中心位置，还有一个小方楼，这个小方楼属于五凤楼中最小的一种形制——"四架三间"式，被通称为"祖堂"，是大楼内最核心的区域，最神圣的地方。这是由它的特殊功能决定的。"祖堂"一般是族人议事的场所，处理族人矛盾纠纷，责罚族人，也是办理红白喜事的公共空间，但与祭祀祖宗无关，不供奉祖牌。但闽西连城的"祖堂"与粤东一带的五凤楼"祖堂"一样可以供奉祖宗神位，另外增加"祠堂"之功能，这种特例有待另外专门研究。从建筑形态看，圆中有方，方圆浑然一体。不过，就在这方圆之中寓有"大道"，寓意天圆地方、方圆并济。人置身楼中央，抬头仰望天空，四周观望一圈，蓝天白云都在这个土楼圆圈内，再低头俯瞰地面，"祖堂"及堂内天井，怎么看都是方的。大型五凤楼、"九厅十八井"、围屋（围龙屋）都是"圆包方"，因为，这些房子的前面是半月形的水塘，后面是半月形的围楼，或花台（化胎），整体形成一个椭圆形，中间是呈方形的厅堂及横屋。突显出巧妙的天、地、人三才组合，也即"天人合一"的哲学思想。

无独有偶，在土楼中五凤楼、"九厅十八井"、围屋的窗户多见一种特殊造型的窗户，外方内圆，嵌入墙土的窗框是方形的，中心镂空观景通气的是呈圆形的，人透过窗户看见的外面的天空同样是圆形的。这种"方圆合一"的美学原理来自中国哲学之源——阴阳思想。天为阳，地为阴。男为阳，女为阴。方为阳，圆为阴。方为壮美、刚强、进取、进攻，圆为优美、柔弱、退隐、退让。阴阳思想，表现在为人处世上，就是要阴阳调和，方圆并济，刚柔相推，进退自如。客家人能够按照方圆合一的美学原理、阴阳调和的处世方法去面对生活，积累前辈的生活智慧，传承祖宗总结的精辟之言，如"得饶人处且饶人""让人三分，海阔天空"等，生活就能和谐、美满、幸福。

淳厚朴质的土楼民风，也是土楼和谐的一面。热情好客是土楼客家人淳朴之风的显著特点。土楼客家人的热情好客主要表现在两个方面：一是对自家及邻里的亲朋好友的热情，二是对外来陌生人的热情。

客家人住在深山，生活向来简朴，崇尚勤俭，居家过着粗茶淡饭的日子。家里蓄养的鸡、鸭等家禽，以及大瓮里腌放的咸蛋，不是逢年过节一般是舍不得吃的，而是留来"防人客"。一旦有客人到来，毫不吝啬地拿这些"防人客"的"好料"来应急招待。斟上满满的一大碗家酿米酒，非得让客人喝到东倒西歪，酣醉而归。邻里客人来到，则捧上一壶酒，有条件的话，再炒上一碟小菜，也要让客人尝尝自家一杯"淡酒"（谦辞）。客家人对路过门前的陌生人也十分热情。来到大门前吆喝买卖的外地生意人，如卖缸补缸的，卖锅补锅的，他们挑着沉重的货担，大汗淋漓，这时，主人会热情招呼他们进去喝茶歇脚，倘若碰上吃饭时间，主人还会热情邀请他们一起吃饭，这就是客家人所说的"逢茶喝茶，逢饭吃饭"。

随着经济的发展和社会的演进，新媒体已经全方位、无死角地触及农村，冲破了传统的壁垒，都市化的、现代化的、多元化的价值观念和社会观念消解了保留千百年的"老传统"，世外桃源般的客家古村落里那种好客、淳朴的古风已经逐渐被吹散，取而代之的是"不要和陌生人说话"。我们在惋惜的同时，也应对此进行深思！

三、台湾客家民居建筑

台湾客家建筑与台湾闽南民系和台湾少数民族的民居建筑显然不同。与习惯穿原乡的蓝布衣衫和喜好吃原乡的客家菜肴一样，台湾客家人住的房子最大限度地保留了原乡的风貌，这主要来自先辈们对客家原乡的眷恋和对原乡民居建筑的模仿。客家原乡民居建筑的代表作品当属永定的客家土楼、梅县的客家围龙屋和闽西的"九厅十八井"。① 因台湾特殊的地理气候条件以及家族规模的缩小，移垦台湾的客家先辈们没有选择大型的客家方形、圆形土楼，而选择了规模可大可小，可以灵活扩建的围龙屋、"九厅十八井"（五凤楼）作为建筑样式。诚然，随着宗族力量的削弱和社会的变迁，以及不同民系的交融发展下，台湾客家建筑文化也在发生变化。

（一）台湾客家民居建筑特点

台湾的客家人聚居地区形成东、西、南、北分散的局面。东部为花莲，中部为东势，南部包括高雄、屏东，北部包括桃园、新竹与苗栗。这些地区多接近山区，不靠海，自成一种较封闭的状况，相对也保留了较多的传统文化。在民居建筑上，有着独特的建筑观念和建筑风格，并反映在建筑材料、平面布局、屋身高度、屋顶形式与屋脊线条等方面。

屏东六堆一带的客家民居，有以"夥房"称谓；台中石岗、东势、苗栗一带的客家民居，则以"伙房"称呼。对于两个名词的解释，"伙"指的是共灶起火，同在一处做事的人，"夥"指的是众多人在一起合作。这样说来两个称谓好像没有什么差别，只是地方性的习惯用法。进一步观察，住在这些房子里面的人，同为血缘宗族的亲人，为祖父母、伯叔阿姨、堂兄弟姊妹，大家共同生活在一起，共产共业，也曾经共灶吃大锅饭，家族聚居一堂，大家围住在共同的院子里，里面有厅堂、卧房、厨房、牲栏、仓储空间及禾坪等。台中石岗乡梅子村的刘家伙房主人，就这样说："我们这座伙房，二堂四横，外面再加一圈围屋，四周围再用竹围圈绕起来。"这简单地概括了刘家伙房就是大陆客家原乡五凤楼与围龙屋的混合结构。同时，这么有领域感、所有权概念的空间陈述，也说明伙房（夥房）是大家族居住单位，并涵盖大大小小具有不同使用功能的空间。

1. 台湾南北客家民居的差异

台湾南北两地的客家人虽然祖籍相同，都来自嘉应州、惠州及汀州，但是渡台百年之后，由于交通隔绝、地理与社会等因素，逐渐形成了南北的差异。不但客家话语音有些不同，而且民居建筑的形成与风格发展也有各自的地域特色。

---

① 戴志坚:《闽台民居建筑的渊源与形态》，人民出版社，2013，第 154 页。

在地理因素方面，北部的桃园、新竹、苗栗与南部的高雄、屏东，气候、水文、生态有较大不同。北部多雨潮湿，南部炎热干燥。因此北部民居以砖造为主，南部以土造、木造为多；北部屋顶多用硬山式，南部多用悬山式，以增加遮阳防热的功能。南部平原受台风侵袭的频率高，屋顶的坡度较缓；北部山区有山为屏障，屋顶的坡度较陡，以利于排雨水。北部地区湿冷的丘陵适合种茶，农宅前的禾坪（晒谷场）面积较小；南部高雄、屏东一带的稻米每年两熟至三熟，禾坪面积较大，但两地都采用中轴左右对称。

在社会因素方面，台湾北部的客家民居长期受到毗邻的漳州人或泉州人影响，已有变化发展的现象；而南部民居身处较完整的客家文化圈里，外来影响较弱，保存了较多大陆原乡嘉应州、惠州一带建筑的特征。在闽南、闽西，永定的客家人与南靖的漳州人相邻而居，有些地方甚至是混居而不可分的。在台湾也有相同情形，北部客家村庄多与漳州人相邻，互相影响不可避免。如桃园的漳州人与客家人居住地相近，建筑材料与风格也相似。台湾的李乾朗教授通过调查台湾数百座民居建筑实例，发现一个重要现象，即建筑年代在清末至 20 世纪初的客家民居建筑，建筑材料与细部造型受到闽南人的影响，特别是受漳州建筑的影响。如桃园的客家民居建筑普遍用红砖，屋脊燕尾也接近漳州建筑样式。

在平面布局上，南北最大的差异在于北部采用"五间见光"，南部则用"五间廊厅"之制。所谓"五间见光"，指的是三合院的正堂左起第五间与右起第五间分别与左右横屋（护室或厢房）相衔接之处呈 90 度直角相接，但故意向外偏三尺或五尺宽，以便增辟一窗，引光线进入正堂内的巷道。这种做法在台湾闽南式民居极为常见。

所谓"五间廊厅"，指的是横屋不直接触及正堂，在两者相交成 90 度之处让出一个走廊，其空间性质介于廊与厅，故谓之廊厅，闽南人称之为"过水廊"或"过水亭"，意指它具有挡雨的功能。台湾南部客家民居喜用这种五间廊厅的平面格局。①

---

① 李乾朗：《台湾客家民居特质浅析》，载《台湾传统建筑匠艺四辑》，燕楼古建筑出版社（台北），2001，第 55—57 页。

2. 以"包""从""围"看台湾客家民居的地域性展现

如何类分客家建筑？早在 20 世纪 70 年代，刘敦桢的《中国住宅概说》里就介绍过客家原乡闽西永定三堂二横式住宅的"围房""围屋"。台湾《"中央研究院"民族所集刊》第 49 期，关华山的《台湾传统民宅所表现的空间观念》一文里，提到"本省民宅之平面其内外空间层次还出现'围房'的做法，可与福建客家民宅横堂制的围房相比拟。只是前者一层高，平面凹形；后者却高数层，呈弧形。客家民宅的围房意在防御……"，这是对空间形式在功能意义上的省思。民居建筑组群，在屋后形成围蔽式的包拢，广东潮汕民居称"后包"，将连贯的左右横屋与堂屋形成直角正交的围蔽式处理，称"从厝"，它会在正立面兼夹"过水廊"，作成整体造型，使整座建筑组群宏大。同样手法，粤东把整座建筑组群称为"围垅（龙）屋"，闽西、深圳称为"围屋"。

下面我们来具体看看台湾各地客家民居形制。

（1）北台湾的"包"

北台湾的客家地域，一般只以模糊的桃园、新竹、苗栗做讨论。

a. 桃园县的客家民居

桃园县的客家民居中，祖祠或宗祠喜用包夹式的"双堂屋"，为"口"字形的房屋，新屋范姜祖堂的两侧"从厝"则紧贴着双堂屋部分。就民居来说，喜欢用"五见光"的正面表达，它是将正身堂屋与横屋交接时，故意在三开间堂屋外，再露出部分第四间、第五间，可是却不露出任何开口部分的"门"，于是"内廊道"成为桃园民居的特色，加上较高的屋身，形成防御性的组合。

b. 新竹县的客家民居

新竹县的客家民居可以概分成凤山溪以北及以南两种。凤山溪以北，包括新丰、竹北、湖口、新埔、关西等地的客家民居，喜欢用"包"与"从"来处理，横屋部分会形成"包"夹式，两翼横屋会往外延伸，形成从属性，正面容易形成"五见光"。湖口与新埔两地出现很多的两重外墙的围蔽。凤山溪以南，包括穹林、竹东、横山、北埔、峨眉等地的客家民居，喜欢用小型"冂"作成包夹，规模较小，可是围聚性加强，它们还在横屋形成"包围"状的横屋院，穹林、北埔与宝山还出现两重外围墙，穹林、竹东、峨眉有在堂屋两侧作成"从厝"，穹林一带还有围屋状的形制。

c.苗栗县的客家民居

苗栗县的客家民居，其形制为简单的"冂"形组合，但有一宽敞的内院，它是由正堂与横屋的前檐廊（皆有两根柱子形成柱列）作包夹，在转角处形成"转间"，它有封闭的墙体，有门道进出，屋顶有"落鹅"提供转接的过渡空间，它也可以与"大灶脚"混用，是一种简单的"厝包"处理手法，这是一种特色。狮潭、三湾、三义、造桥、卓兰一带的河源空间比较窄小，民居内外有作成两重外围墙者，集中在海线与苗栗河谷平原，有通宵、竹南、后龙、苑里、造桥、苗栗、头屋等地，甚至也有在横屋形成对围式的"横屋院"，在卓兰、公馆、苗栗、西湖都可以看到，更多地集中在靠山地区。

(2) 台中县市的"围"与"包"

台中县市的客家族群，可以概分成两大群：一是山城的石冈乡、东势镇的"纯客"；二是神冈、大雅、潭子，以及台中市的北屯、西屯等地的诏安客家或平和客家，也即是"福佬客"族群。这个区域的客家民居的形制与空间造型可以进一步分成四个类别。

a.石冈、东势的"围"

中部山城一带的客家民居，地方父老习惯称"大伙房"，它的形制是透过既有的堂屋、左右横屋去围组，再在原刺竹围内，框圈成方或圆的"围屋"，然其整体空间表现形式在不同地区有细微的差异，形成石冈一带的后圆弧，东势南北郊的前后圆弧，以及东势东郊中科一带的方形围聚式等三种形态。

b.台中市西屯区一带的"围"

台中市西屯区一带，包括黎明新村附近，以及西屯路周围，甚至中山高大雅交流道附近，出现有诏安客家人、平和客家人的围拢式群聚型住宅群，正中央的堂屋、横屋周边，有稍微零乱的圆弧状建筑，由内往外两圈作成"环套"，也是围拢式的住宅群。

c.台中市西屯张廖家庙的"包"

台中市西屯区西平里西安街张廖家庙承佑堂，为一封闭形的"三堂二过水一后围屋"的建筑组合，是为漳州府诏安县官陂蓝田楼的"福佬客"民居。

d. 北台中平原诏安客家的"包"与"围"

北台中平原的神冈、大雅、潭子，有许多诏安客家与广东客家聚集，包括有名的筱云山庄吕宅、摘星山庄林宅、神冈社口大宅第、大雅谦兴堂等，皆是一"四"造型作正堂与横屋的围聚，内院的横屋前，再用一道围墙与堂屋隔开，然后借堂屋前的凹寿面出入口进出，形成封闭性的宅邸，配合外围的"大"门楼，以及竹围圈界，成为最好的防御性大宅子。

（3）彰化县与南投县的"从"

彰化县的客家族群，已经"福佬"化，一般习惯称之为"福佬客"，集中在东南半壁。其民居的特色是将正堂与横屋作成围组形制，平原一带习惯利用直角正交的"包"，将堂屋与横屋围组成"厝包"，再于大厅前作一轩亭。此封闭式的做法集中在永靖、社头、埔心、田中等地。也有在内院做出外廊，集中在竹塘、田尾、溪洲等地。山麓地带会依山而建，并向左右两个方向发展"护龙群"向外拉开，是为"从厝"的扩张。

南投县的客家族群，其民居形制类似彰化县靠山麓地带的做法，以堂屋为核心（有分开的神明厅与祖先厅），再向两侧拉开"护龙群"，也是用"从厝"的处理。

（4）南台湾的"从"与"围"

高屏一带的南部客家民居有三类，内埔一带的"围"，六堆其他地区的"包"与"从"，高雄大寮、冈山、台南县的"从"。详述如下：

a. 台南县，高雄县大寮、冈山的"从"

以台南县楠西乡鹿陶洋江家来说，其前后的三大进，左右的十三条"护龙"，这样的"从厝"处理，再借周边的植栽包围，是聚族而居的防御手法。高雄大寮、冈山也有类似手法。

b. 屏东内埔的"围"

屏东六堆一带的内埔，民居建筑有正堂、横屋的包围，再于屋后（部分有在屋前）形成圆弧形条状建筑的"围"，而且可能有一圈、两圈、三圈，是为"围"。

c.屏东六堆其他地区的"包"与"从"

屏东六堆内埔有圆弧状围拢屋之外，其他包括内埔、竹田、麟洛、美浓、万峦、佳冬等地，皆有以核心区的"口"字形，向外形成"Π"形的包围，其外侧还会出现长二三百米的长条形横屋从属核心区，原乡的客家人形象地称其为左右"伸手"。

台湾美浓的钟氏夥房颖川堂 / 邱立汉摄

3.台湾客家民居建筑重视风水

比较台湾的客家建筑与闽南建筑，客家人更加重视建筑风水学。客家人自中原数次大迁徙，当他们在定居南方闽、粤与赣三省交界地带的山谷时，耕读成为传家的精神。闽西、粤东一带地形复杂，除了崇山峻岭之外还布满了溪谷，这种地形原本就很适合风水寻龙点穴理论的实践。为求功名利禄以出人头地，风水之说特别深入人心也是自然的。因此望族富户及士大夫阶层的宅第无不遵照风水理论，而平民百姓则采取随遇而安的态度，得到庇荫之所即可满足。

除传承大陆客家原乡的建筑风水传统外，台湾的地理条件、传统伦理思想和农业生产也是台湾客家人特别重视风水的原因。台湾沿海通商口岸如基隆、淡水、新竹、梧栖、鹿港、北港、台南及高雄等港口，历来为闽南移民所控制，客家人多定居内陆地区，从事农耕，因此客家村庄基本上是一种农业经济的社会，农业生产与土地形成密不可分的关系。台湾客家人对土地依然有浓厚的安土重迁的情结，这可从清代的义民与抗日义军历史中得到验证。清光绪二十一年（1895年），台湾被割让给日本时，组织抗日义军的有不少客家领袖，重大的战役多发生在客家地区，义军中甚至出现了妇女，这都是客家人与其所开垦的土地有着深厚情感所致。

据李乾朗教授的调查，客家人的住宅与聚落呈现共同的设计与规划理念。体现在民居建筑方面有下列特点：

其一，三合院多为农宅，四合院多为士绅住宅。四合院包围内院，这与居住者要求私密性有关。

其二，当人丁兴旺时，多采用增建左右横屋解决住房问题。为了实际用途，并符合双伸手环抱的风水理论，常有外横屋的长度长于内横屋的做法，使禾坪构成凸字形的空间。

其三，禾坪之前凿水塘，正堂背后有小丘或树丛，符合"前水为镜，后山为屏"的空间概念，其实是源于"负阴抱阳"与"引水界气"的风水理论。

其四，房屋四周的排水道，从后流向禾坪两侧再汇聚入池。池形多辟为半月形，象征环带之水。按风水中讲，水流出的方向据说有求财或求丁的区别。为使天地之间的气能贯通，院子地面常铺卵石以利于渗水。

在村庄聚落方面，客家村庄呈现下列特点：

其一，村落以祠堂或地方守护神为中心，神明较少，不像闽南人所崇祀的神主多达十多种。客家神明保留只供牌位，不重汉人古老的塑像传统。

其二，村落四周建伯公庙（土地公庙），具有镇守四方的象征意义。客家的伯公庙只置后土石碑，不一定供奉塑像，这也是遵从古制。

其三，台湾客家常在村落一角择良址建"惜字炉"，定时焚烧字纸，以示对造字神仓颉的尊敬，求得地方繁荣、人才辈出。如今台湾的龙潭、佳冬、新埤皆可见之。①

---

① 李乾朗：《台湾客家民居特质浅析》，载《台湾传统建筑匠艺四辑》，燕楼古建筑出版社（台北），2001，第59—61页。

（二）台湾客家民居建筑实例

1. 彰化永靖陈厝余三馆

永靖余三馆为潮州饶平客家人陈氏后裔陈有光所建，建于清光绪十五年（1889年），不过实际的建筑年代可能更早。清光绪年间，陈有光由捐纳获得"贡元"的荣衔，在祖堂基础上扩建住宅，取名"创垂堂"。现正厅内悬有清朝同治十二年（1873年）所立贡元牌匾。这幢建筑在格局上和细节部分表现都很有特色，是台湾古建筑中的重要代表作之一。

余三馆为单进四护龙的三合院建筑，有独立的三开间门楼。整座宅第有内外两层的围墙围护，颇具特色。内护龙左右对称，以矮墙围出正堂前的内庭，正堂前是歇山式的轩亭。外护龙比内护龙长，伸到外墙旁，因此所形成的外庭就显得宽大多了。一般的台湾民居，只有在正堂才设置独立的厅，两侧厢房顶多只是对称而已。该宅的内护龙却设有厅，为一明二暗形式，且其入口有檐柱，呈现出一个完整的正面，有点类似孔庙中的东西庑。正堂前带轩亭的做法也是其显著的特色。轩亭由四根梭柱支撑，歇山屋顶由四架卷棚顶屋面构成。宅主虽获有功名，但仍作马背式屋脊，这是清末的特殊现象。

该宅的细节部分处理得很有特色。上下收分的梭柱比例匀称，这可能是同类的民居中最优秀的。轩亭的木架结构角隅处，有丰富的雕饰，但却出现横拱，这是台湾木作斗拱中较特殊的例子。木雕艺术主要集中在梁架和门窗上，雕琢风格纤巧细腻。彩画的画法多样，其中浮塑彩画为全台罕见。斗砌墙以红砖与青砖混合，具有粤东风格。内庭的隔墙前面嵌上绿釉花砖，后面叠砌砖花，颇有创意。[①]

2. 云林斗六吴宅

该宅为清末斗六秀才吴克明所建，约建于光绪十五年（1889年）前后。日本殖民时期，因部分朽毁才改建为西式风格建筑，但仍将原有的木雕构件嵌入砖墙，形成非常特殊的混合建筑。

该宅坐北朝南，为三落式。大门为台湾民居中唯一的重檐歇山式三开间门，因上下檐的距离太短，中间以砖块花砌成通风孔，下檐的垂脊直接顶住上檐的角

---

① 李乾朗：《台湾建筑史》，雄狮图书股份有限公司（台北），1979，第180页。

隅飞檐，屋檐下有西式的线脚装饰，此为广东匠师的作品。第二进也是三开间的独立建筑，前有长方形的轩亭，两侧有护龙，中间以拱门式"过水"连接。厅堂虽为三开间，但没有用隔扇门分隔，因此内部连成一个大空间，显得异常开阔。居中的明间安放神龛，并配置太师椅，两旁的"次间"另有家具摆饰。这样豪华的客厅，在台湾并不多见。最具特色的是轩亭上的木架出挑结构，其复杂有如藻井。经改建后加入的西式拱圈及柱子均用洗石子，做工很精细，柱身有凹槽，柱头颇复杂，为中西合璧的建筑。第三进原为木造两层楼，现已改为水泥构造。

住宅的东侧建有花园，园内有一幢日式建筑，旁边辟有水池，并设曲桥，可能都是日本殖民时期后添建的。住宅的西侧有日本殖民时期建的红砖洋楼，格局亦中亦西，有部分走廊的栏杆用中轴建筑改建时所遗下的窗棂做成。红砖洋楼的西侧墙外另有一座宏伟的文艺复兴式洋楼，附建有薄壳式屋顶的小亭。

现在的结构体均以砖墙承重，外面粉白灰，所有的木雕及梁架仅仅是挂上去而已，对比很强烈，另有一种美感。另外，两侧护龙的前端各自有小厅堂，为主人日常读书养性之所，其空间布局非常合适，是本宅最为成功之处。[1]

3. 屏东佳冬萧宅

萧家的祖先萧达梅是清代自嘉应州渡海来台的客家人。萧家因经商致富，是屏东佳冬的大族。清光绪初年，萧光明购地营建萧家宅邸。其位置在佳冬的市中心，前面有溪水环绕，形势优美。原有四进，后来人口增加，遂增建第五进，是台湾较为少见的五进大厝。

萧宅正面为五开间，中央及两侧都设出入口。第一进为门厅，有四扇屏门及石雕窗（石雕窗通常多用于寺庙）。第一进屋顶在日本殖民时期整修时被改建成西式的山形檐墙。第二进为大厅，第一进与第二进之间有两道高墙连接，并各开有八角门。第二、三进之间有过廊连接，也开八角门。第三、四进之间的院落较狭窄，也有过廊衔接，但空间封闭，只对内庭开放，用矮墙巧妙地隔出内外。最后的第四、五进之间又有大庭院，这个庭院既没有过廊也没有高墙，就像一个晒谷场。

---

[1] 李乾朗：《台湾建筑史》，雄狮图书股份有限公司（台北），1979，第181页。

　　在这五个院落的外围有深长的护龙，在右侧又延伸出外护龙。两侧的护龙也开有几处进出口，屋脊全为马背式，整座宅邸的屋面随着地形的升高起伏变化，屋脊自前向后逐渐增高，这是客家民居五凤楼屋面组合上"步步升高"的做法。装饰及细节部分朴实简单，唯一较华丽的只是门厅及第四进的祖厅。室内陈设简单，色彩以朱、黑为主。房间的门口挂竹帘，这是高雄、屏东一带客家住宅的习惯做法。

台湾美浓新建的客家民居 / 邱立汉摄

　　虽然该宅的进深达五进之多，但内部空间的组织却极为成功。每一院落的形态及空间都不一样，第一进显得最低矮，第四进最高。庭院从第一进起逐渐减缩封闭，至第四进的专供祭祀的空间几乎全部封闭，进入第五进时又重新获得宽敞的大空间。这种层次分明、节奏有变化的空间组织，是萧宅最突出的特点。[①]

　　在台湾客家民居实例中，像永定一样的高大圆形、方形土楼已经不见了。取而代之的是像彰化永靖陈厝余三馆、云林斗六吴宅、屏东佳冬萧宅一样的民居建筑，这种民居建筑在客家原乡对应的就是五凤楼式的围屋。不管是从闽西间接传

_____

① 李乾朗:《台湾建筑史》，雄狮图书股份有限公司（台北），1979，第189页。

承,还是从粤东客家直接模仿过去,都已经不是原乡模样了,而是根据台湾当地特点进行了因地制宜的改变,有些局部建筑风格被闽南化,甚至被西化。

台湾学者陈板、李允斐也通过大量的田野调查,对台湾北部、中部、南部台湾客家地区建筑的地域特色进行了详细的比较。[①] 为了全面详尽地呈现台湾北、中、南部客家民居建筑风格的差异,以及与大陆原乡民居建筑的渊源关系,摘录有关建筑元素列表比较,见表5-1。

表5-1　台湾客家民居建筑与大陆原乡民居建筑风格比较[②]

比较类别	台湾北部	台湾中部	台湾南部	大陆原乡
大环境	普遍散居,多数以竹林或果林作为建筑物的屏障,桃园台地还经常可见灌溉用的大埤塘。	出现集居现象,如东势的下城,至今仍可清楚地看见该聚落以日升、月恒两个栅门保护城内住户生命财产的安全,而其他的村落多半仍是散居形式。	多数集居,栅门随处可见。槟榔、烟草等热带植被的地景也与北部大相径庭。	多数为依山而建的家族聚居式的大宅。以封闭式的方、圆土楼或有围墙保护的五凤楼、围屋形式呈现。
屋顶	相当程度地传达了空间的人伦尊卑位序关系,以屋顶的高低说明居住其下的主人的身份和地位。屋瓦多使用红瓦。	空间的人伦尊卑位序开始模糊。红瓦、黑瓦间用。正身与横屋相接处出现"转沟"构造,但多为"单沟"。	仅在正身的"厅下"及左右两"房"共计三间所在的部分有象征性抬高,其余正身部分连横屋在内都没有明显的位序表现。黑瓦。正身与横屋相连接处,以特殊的"转沟"法处理,而且多"双沟"构造。	方、圆土楼屋顶无高低之分,但以祖堂左右两边为尊位;五凤楼、围屋是府第式结构,均有明显的尊卑位序,中间正身(堂屋)高,左右横屋低,前堂低、后堂高。过座(廊)与横屋连接处有"转沟"。黑瓦。

① 陈板、李允斐:《日久他乡是故乡——台湾客家建筑初探》,载徐正光主编《徘徊于族群与现实之间:客家社会与文化》,正中书局(台北),1995,第36—42页。
② 此表中,"台湾北部""台湾中部""台湾南部"内容摘录自陈板、李允斐前书,"大陆原乡"内容为笔者增加,以更直观地呈现两岸客家民居建筑的异同及渊源关系。"大陆原乡"的民居建筑以韩江上游,即汀江、梅江流域的客家建筑为代表。

续表

比较类别	台湾北部	台湾中部	台湾南部	大陆原乡
屋脊	翘鹅（翘尾、尖栋、燕尾）式屋脊不只在公厅（祠堂、家庙）使用，还普遍用在一般民宅之上。此外，北部的传统匠师还对屋顶构筑法很讲究，栋头的鹅头、屋栋、马背做工细腻。	部分人认为翘鹅式屋脊只适用于庙宇。	多半认为翘鹅式屋脊不该用于民房，即使使用也小得不像个燕尾。多半使用日式"鬼瓦"作为屋脊的收头，屋脊的厚度极薄。	屋脊常见翘鹅装饰，府第式民居屋脊凤尾凌空高高翘起。住宅门楼最为讲究，有的重檐燕尾，有的饰以鲤鱼翘鹅。祠堂更为精美繁复。
斗拱、屋架	较繁复、细腻。	间或有较简化的处理手法。	多数仅有功能性的构架，装饰少。即使在较多装饰的家庙或祠堂，其细腻程度也还不如中北部。另，苗栗一带因日本殖民期间的大地震之故损毁，重建的建筑物多为日式构架。	较繁复、细腻。
墙面	以红砖墙为主，间或于局部出现白粉壁。	红砖墙与白墙各居其半，亦有日式雨淋板构造。	以白粉墙为主，或用青（黑）砖与红砖杂用，亦可见纯用黑砖者。	土墙或青砖墙，围龙屋多为白粉墙壁。
山墙	北部、中部有多种防水处理，穿瓦杉木用于较重要的墙面，茅草则用于家禽、家畜所居的空间。	仅见于粉壁。		多见于梅州围龙屋，白粉山墙。
墙基	北部、中部普通人家多用卵石，较讲究的人家则使用石板。		仅在视觉效果上画出墙面与墙基之分。	方、圆土楼用大石块砌墙基；五凤楼、"九厅十八井"用卵石或青砖砌墙基。
地板	北部、中部经常可见卵石地面与石板地面。		仅佳冬、新埤一带有若干建筑可以看到不同于中北部的石材之石地板的使用。	厅堂为三合土地板，天井为卵石地面或青砖，屋檐铺石条或青砖。

比较类别		台湾北部	台湾中部	台湾南部	大陆原乡
厅下（中堂）	平面格局	面对天井或禾埕的"厅下"，对墙开窗设门。	除台中西屯廖屋之外，其余多半和北部相同。	两堂以上夥房之"厅下"，面对天井"中庭"处为没有墙也没有门窗的"开敞"式。	五凤楼、"九厅十八井"的厅堂一般为上、下两堂（两进）或上、中、下三堂（三进）。下堂（一进）面对余坪（禾埕）开窗设门，中堂、上堂均为面对天井的敞厅。
	堂号与郡号	中北部地区多使用记录家族荣誉或事迹的"堂号"，自右至左依序书写。		多使用纪念早期祖宗发祥地的"郡号"，书写时将"堂"字置于正中央。	一般出现在祠堂、家庙。"堂号""郡号"经常同时使用。
	栋对	空间的使用上，"厅下"在北部虽然是仪式性空间，但也是生活的重心。	有少部分民居将生活重心移至横屋的南北厅，并出现南部"廊"的雏形，但却没有一个明确的名称。	六堆地区的客家建筑，在"厅下"的栋对（中脊梁）下常有一对长二十余字的"栋对"。上联通常描写原乡宗族源流发展脉络，下联则描写来台开基垦拓情形。南部"厅下"为一清楚之仪式空间，生活性的活动多半移往正身与横屋的独特"相接法"所产生的独创性空间"廊"之中。	中堂（"厅下"）既是仪式性空间也是生活空间的重心。而中堂栋对较少见，一般见于祠堂、家庙，字数也在十几字以上。上联通常描写原乡宗族源流发展脉络，下联则描写迁入开基繁衍情形。

续表

比较类别		台湾北部	台湾中部	台湾南部	大陆原乡
信仰	土地伯公	南北客家人共同的土地信仰。但崇拜的形式各有不同，中北部的伯公已出现庙宇型。		大部分为坟墓型。以六堆开基伯公为代表。	大多数为简陋的神坛型。
	祖先	不管北部、中部还是南部，将"家神牌""祖牌"（闽南人称"公妈牌"）置于厅下的正中央神桌上，如有祀神（观音娘或妈祖婆）多半奉在左首（近年来有愈来愈多的中北部客家建筑将神位置于中央，而将"家神牌""祖牌"置于神位右首）。			汀江流域祖先神祖牌一般供奉在祠堂家庙，住家大多供奉观音神位。梅江流域除祠堂家庙供奉神祖牌外，住家也有供奉祖牌现象。
	土地龙神	形制较为简单，只设香案。	有部分地区已不祀龙神。田野中了解到不祀龙神的原因有：附近的人（闽南人）不拜，或不知龙神为何物。	南部龙神处理得较为复杂，通常在"家神牌""祖牌"神桌下方安置极正式的香案，还在两旁配上对联，甚至还有开往"化胎"的"龙门"。	形制较为简单，只在上厅（上堂）观音香案下或左侧门（若有开设通往"化胎"的门）后设龙神位。
	天神	设在外门框上，凹寿型房舍的左墙上或左围墙上。		祀在厅下檐下（檐头、步口）正中央，禾厅（禾埕、禾坪）靠近厅下处，或禾厅正中央，或禾厅的外缘，而且多半设在中轴线上。	神桌设于上堂（厅）檐口正中央，或设于上堂楼厅廊道正中央。
化胎①		多见于伯公庙，一般住宅少见。	零星可见。	普遍可见。	一般在祠堂家庙和五凤楼、"九厅十八井"、围屋等住宅多见。

---

① 是客家民居、祠堂后面（中轴线末端）空地隆起的部分，接纳后山来龙于此，有化合天地灵气、孕育生命之义。此地一般需要裸露泥地，不能用水泥硬化。

内廊式与外廊式	多为内廊式。日常生活可以在室内解决。因为内廊式的缘故，儿童的空间体验几乎可以扩及整栋夥房。不出屋门便互通有无。	内外廊相混合，间或有些纯外廊的夥房。	几乎都是外廊式。但有极少部分有中北部南迁的所谓"台北客"与被客家化的"福佬"的"客福佬"的夥房会出现内廊式的空间安排。	开放型的内通廊式。每户均可相通。

从表 5-1 中可以看出，台湾客家民居建筑整体上与大陆原乡差异不大，其中北部建筑更具中原特色。从表中的"大环境""屋顶""屋脊""斗拱、屋架"4 项看，北部的客家建筑与原乡接近，南部客家建筑在斗拱以下诸项与较原乡接近，中部地区几乎恰好居于其间。

（三）台湾客家民居的乡愁

台湾客家由闽粤客家人在明清时期渡台开发而形成。因此，闽西、闽西南、粤东成为台湾客家的祖籍地，是台湾客家的原乡。台湾客家的衣食住行仍旧保留了原乡习俗，以物质形态存在的客家民居，是原乡凝固的音符，散发出一股浓浓的乡愁味道。

"君到小人国，应看永定楼。圆寨模型好，乡愁愁不愁？"这是祖籍永定的台湾客家人参观桃园"小人国"主题公园后的题诗。这首诗简练地勾画了祖籍永定的台湾客家人看到"小人国"中的永定土楼模型后，心中泛起的乡愁，这是客家人对故土的眷恋，也是漂泊异乡的客家人难以泯灭的原乡情结。

时代在发展，社会在进步。渡台垦殖的台湾客家人的居住文化也在不断变迁，从台湾不同时代的客家山歌中可以真切地感受到。

一庄穷来催过穷，歇介穿凿杆盖荣；

手捡勺嫲借米煮，上借下借借唔通。

这是首台湾六堆的山歌。六堆各乡初开垦时，百废待兴，无暇讲究住屋的营造。为解决"住"的问题，很多就地取材，用竹子和茅草，选个近水源又干燥的地方搭寮的民居，叫"穿凿屋"。这种房子虽然凉爽通风，极适合在亚热带的台湾南部居住，只可惜耐久性差，也容易躲藏蛇鼠之类。后来开垦渐渐安定，经济改善了，就出现了瓦屋：

> 先做瓦屋实在新，一日无扫上泥尘；
>
> 阿妹生来三弦样，一日无弹就走音。

好几幢瓦屋即成三合院或四合院：

> 石灰粉壁砂对砂，正身横屋妹屋家；
>
> 阿哥上下进来嬲，做便槟榔泡便茶。

当时没有钢筋水泥，材料以石灰混砂为多。其格局为正厅和两边横屋。正厅里摆有祖先的牌位，这里是过年过节祭祀之所，婚丧喜庆也在厅堂举行仪式。"三想妹子到厅堂，向天拜天闹洋洋。两人双双来拜祖，恰似金菊对芙蓉。"厅堂与横屋中间为"禾坪"，"初三初四烂禾坪"，顾名思义就是晒谷场，它不仅在农忙时是晒农作物的场地，也是孩子们嬉笑追逐的运动场。

台湾工商业发达之后，经济迅速发展，乡村的生活条件大幅度改善，于是楼房出现了：

> 新起高楼样样新，砖壁铝门铁钢筋；
>
> 山明水秀地基好，代代子孙出高人。

有了钱，就想要盖楼房，建材也比较耐用，于是大家把厅堂的祖先牌位迎回各自的新居，过年过节时不再听到彼此吆喝祭拜的声音，也看不到禾坪中一二十人拈香同时祭拜的场面了。[①]

台湾的客家人在度过了艰难的创业期之后，随着人丁兴旺，也开始兴建起原乡那种既安全又能容纳众多族人一起居住的大型民居，其建筑形制基本来源于原乡。如六堆内埔的曾屋，被认为"是台湾客家人的建筑中规模最大也最具'原乡'味的'围龙屋'"。据研究，这座宅院的主人曾任六堆第六任大总理，家世显赫。曾屋地理位置居于六堆的中心，建造时应是想模仿原乡建成多达三圈的围龙屋，但三圈圆弧都没有像原乡那样完整，原因是匠人"忘了"原乡的建筑形制。此外，还有内埔黄屋、六堆高树简屋、台中西屯体源堂廖屋、东势地区围龙屋群、花莲钟屋等大型民居，都是仿照原乡围龙屋建造的，只是由于种种原因，有的造

---

① 彭素枝：《台湾六堆客家山歌研究》，文津出版社（台北），2003，第139页。

得像一些，有的造得不完全像罢了。

其中台中西屯体源堂廖屋，大概是台湾现存形制最为完整的一间围龙屋。台湾客家建筑研究学者陈板、李允斐认为，"这么完整的'原乡'式建筑，如果不是异乎寻常的刻意，是极不容易在他乡重现的"①。通过对廖屋主人的调查得知，当年的主人（现在主人的祖父）曾为了建造这栋房子特意回到祖国大陆去"画图回来"。

民居是文化的空间，也是记忆的空间。到台湾垦殖开基的客家人把原乡记忆的空间——民居建筑带到台湾，化为无尽的乡愁，希望后代子孙永远生活在祖先的记忆空间里，生活在剪不断、理还乱的乡愁里。

第二节　闽台客家祠庙文化

客家人传承了中原"敬天法祖"的传统文化。在历经坎坷的历史大迁徙之后，来到当时还是瘴疠肆虐的蛮荒之地，客家先辈似乎更需要寻求神灵的庇护，对祖宗之神、天地自然之神、护佑一方百姓的人物神，都寄予极大的期许。

客家地区的土地伯公之神，无处不在，有的在田间以一块石头简易垒之，有的在路旁砌成一个一米见方的神坛。在台湾，客家聚居区的开基土地伯公，把持水口、守护乡里的土地伯公，显得更为重要，地位比在原乡高出一等，形制由小神坛演化为宽大的形似墓地的大神坛，乃至建庙供奉。客家人对神灵的崇拜，最终体现在供奉神灵的载体——祠堂庙宇之上。下面主要阐述闽台客家的祠庙建筑文化。

宗祠是宗族社会发展的产物。宗祠一旦建立，能够大大凝聚宗族力量，在对祖先的祭拜、缅怀过程中完成对宗族形象的塑造，并对宗族延续的持续性起着重要的作用，如人口增长，伦理教育，科考功名，赈灾救济等。建立宗祠，不仅具有慎终追远、敬宗睦族的深刻意涵，还能促进宗族发展的长远利益。因此，高度重视建祠也就不难理解了。《嘉应州志》"风俗"条记载：

---

① 陈板、李允斐：《日久他乡是故乡——台湾客家建筑初探》，载徐正光主编《徘徊于族群与现实之间：客家社会与文化》，正中书局（台北），1995，第46—47页。

民重建祠，多置祭田。岁收其入祭祀之外，其用有三：朔日进子弟于祠，以课文试童子者，助以卷金；列胶庠者，助以膏火；及科岁用度，捷秋榜，赴礼闱者，助以路费。年登六十者，祭则颁以肉，岁给以米。有贫困残疾者，论其家口给谷。无力婚嫁丧葬者，亦量给焉。遇大荒，则又计丁发粟。可谓敦睦宗族矣。①

闽台客家地区，乃至整个客家区域，宗祠的建筑文化及其发挥的作用各地大同小异。在客家原乡，我们以闽西上杭"李氏大宗祠"为典型代表。

一、李氏大宗祠

（一）李氏大宗祠概况及宗亲组织

李氏大宗祠（火德公总祠）坐落于福建省上杭县稔田镇官田村，是李火德裔孙为祭祀入闽始祖火德公而捐资兴建的祖祠。因其规模宏大，宗祠文化在全球客家首屈一指，被誉为"客家第一祠"。

李火德（1206—1292 年），宋朝举人，壬辰科进士，历任教谕、知县、通判、太守、节度使等职，因避兵乱，由宁化石壁迁居上杭胜运里丰朗（今稔田镇丰朗村）开基，生三男（三一郎、三二郎、三三郎），均外迁发展繁衍。相传李火德终老后，众子孙扶柩还山，途中晴空万里，骤然风雨交加，电闪雷鸣，停棺处突然陷落，形成一汪湖水，风水师称为"螃蟹游湖"，意示日后任其子孙外迁五湖四海，定然兴旺发达。其后裔遍布福建、广东、广西、江西等 13 省及港澳台地区，远播东南亚地区及日本、韩国、美国、英国、法国、德国等二十几个国家，有千万之众。

据《李火德公族谱》（2004 年版）收录的《李氏建祠序》和《惇叙堂记》记载，因每年春分日，远近各地的火德公裔孙云集到上杭胜运里丰朗祖坟祭拜火德公，他们或租住荒屋，或寄住客馆，带来诸多不便。于是，清道光十六年（1836年），由永定湖坑火德公裔孙、辛卯科举人李梦兰倡议修建合祭祀、食宿于一体的大型宗祠，方便各支裔孙分祭于坟茔、合食于庙宇，既可供奉列祖列宗神位，

---

① [清] 吴宗焯修、温仲和纂：光绪《嘉应州志》，载《中国方志丛书》，成文出版社（台北），1968，第 128 页。

又能为族人提供食宿，既敬祖追远，又和睦宗族，达到团聚宗族目的。宗祠地址经李梦兰与族中贤达选定于离祖坟数里、水抱山环的官田下村赛大丘。李氏大宗祠坐北朝南，前低后高，前方后圆，三堂四横，第三堂背后还有五方龙神（金、木、水、火、土）、化胎及半圆形围屋，位于围屋中央即中轴线上的最后端是一个敞厅，供奉了后土福德正神，是一座典型的混合型五凤楼。建筑规模宏大，占地面积 5600 多平方米，其中有 3 个大厅，26 个客厅，104 个住房。历时 3 年，耗银 2 万余两建成。门前筑一半月形水塘，正面设有五孔大门，正中大门是用石柱和石板砌成的牌坊式门楼，门楼上方竖着一块刻有皇封"恩荣"二字的长方形石板，其下横梁上刻有"李氏大宗祠"五个大字。另外东西两边各有两孔大门，内厢为圆大门，外厢为耳大门，左右对称，庄重肃穆，甚为壮观。

李氏大宗祠雄伟的门楼 / 邱立汉摄

　　李氏大宗祠具有丰富的宗祠文化。门联、柱联、堂联总共加起来有 13 对。入门抬头便见大门石柱左右镌刻一联"丞相将军府，忠臣孝子门"，寓意后世子孙要努力进取，走"修身、齐家、治国、平天下"的儒家大道，出则为将，入则为相，在家为孝子，入朝为忠臣。大门外两侧书写一联"登祠思祖德，入庙念宗功"，缅怀感念之意不言自明。

走入正大门，迎面便是一排耀眼夺目的雕花木屏，祠内有 11 对石圆柱联：

门内屏柱：惟动念遹追来孝，斯升堂克享厥亲。

庭前回柱：三堂瑞霭荣花萼，万丈文光射斗牛。

庭前檐柱：萃我宗支莫非父兄子弟，念兹桑梓何分远迩亲疏。

中堂前柱：惇宗祖而建庙堂恍睹声音笑貌，叙人伦以集子姓恒怀爱敬尊亲。

中堂栋柱：肇基址于琴岗唐宋元明世推望族，溯渊源于柱史帝王师相代有伟人。

中堂屏柱：溯发祥于石壁积厚流光应推百世不祧之祖，肇禋祀于杭川敬宗收族无忝一本所生之人。

中堂回柱：鬼神惟克诚是享，黍稷以明德为馨。

中堂檐柱：尧舜之道孝悌而已矣，宗庙之礼玉帛云乎哉。

后堂前柱：历多年而建庙知祖泽犹新式焕龙门规矩，合数省以敦伦愿孝思不匮光昭鹿洞楷模。

后堂中柱：数十世宗支蕃衍统闽粤江浙以率祖率亲大敞朱轮辉甲第，几百年景运宏开历宋元明清而肯堂肯构遥迎紫气炳辰垣。

后堂座柱：星耀紫微之垣审枢辅而定中居正为穆为昭洋洋乎在其左右，龙蟠杭永之界会阴阳而毓秀钟英俾昌俾炽振振兮宜尔子孙。

后堂栋壁：祖庙敞官田美奂美轮百代人文看炳蔚，宗功追丰郎序昭序穆万年俎豆荐馨香。

此外，中堂左右墙壁上书写了"忠廉""孝节"四个笔力苍劲的大字。让人观后顿觉庄严肃穆，也可见李氏族规家训中的道德观念。后堂左右两个侧门顶上分别书写"僾见""忾闻"四字，表示对先人的思念。

李氏大宗祠内景 / 邱立汉

　　李氏大宗祠是古典庙堂建筑与客家民居的完美结合，虽经历了近二百年风雨，至今仍保存完好。这与李氏宗亲的积极保护和修缮是分不开的。李氏大宗祠前后共经过两次大维修。第一次是 1909 年，由上杭庐丰火德裔孙李永久担任总理事，组织官田李氏宗亲中的能工巧匠进行维修。第二次是在 1984 年。由于建造时间久，没人管理，祖公神牌被拆，楼棚门窗被破坏，屋顶漏雨、桁角腐蛀、墙垣倾斜，整个祠宇破烂不堪，面临崩塌。为此，官田李氏裔孙李瑞球、李万昂、李凤辉、李义林、李寿阶等人联名向省内外李氏宗亲发出修祠倡议，得到积极响应，乐助捐资，当年 10 月动工进行修缮。宗祠所在地官田村李氏宗亲均是入闽始祖李火德的后裔，对李氏大宗祠有着责无旁贷的护祠、修祠义务。他们自觉推选本村德高望重的李氏宗亲对祖祠进行长期的义务看管，以尽忠孝。

　　李氏大宗祠在第二次维护修葺一新后，官田李氏宗亲推选了李万凤、李祥顺、李弼清、李善应等多人组成宗祠管理小组，负责管理祠堂、接待各地前来寻根谒祖的宗亲。从此，官田李氏宗亲以李氏大宗祠为平台，逐渐形成了以宗祠管理小组为中心的宗亲管理组织，负责收集保管族谱，整理族史，联系海内外宗亲回祖地祭祀，帮助外来宗亲寻根、对接族谱，为保护和宣传祖地客家文化发挥了重要作用。

（二）李氏大宗祠是宣传客家文化的阵地之一

李氏大宗祠于 1990 年 5 月被批准为县级文物保护单位，1996 年被列为省级文物保护单位。为了加强宗祠文物保护，增进联系海内外宗亲，李氏大宗祠正式成立了由稔田镇李氏宗亲组成的管理委员会，设顾问若干，主任 1 人，副主任 2 人，委员若干，分设联络组、接待组、后勤组、宣传组、财务组等，负责对外联络宗亲，接待日常来访客人，还负责宗祠文物资料的整理，宗祠文物的保护、管理与对外宣传。

随着李氏大宗祠对外影响的扩大，近年来，每年前来寻根谒祖、旅游观光和考察研究的人络绎不绝。据管委会 2010 年统计，自 2001 年至 2010 年 6 月，仅前来寻根谒祖的李氏宗亲多达 282105 人，其中台湾地区 26941 人，国外 2876 人。并且吸引了日本横滨国立大学田村忠禧教授、法国远东学院劳格文博士及国内一大批历史学、人类学、建筑学、客家学研究人员前去考察研究。

李氏大宗祠是当地对外开放的窗口、联系台湾同胞的纽带、连接四海的桥梁，也是文化旅游观光的景点、宣传客家祖地文化的阵地。近年来，李氏大宗祠管委会对传播李氏宗族文化和客家祖地文化做了大量的工作，综述如下：

1. 编辑刊印《李氏简报》，宣传李氏宗族文化，让客家文化走向世界。

为了大力宣扬省级文物保护单位李氏大宗祠的文化价值，宣传李氏宗族文化，弘扬客家精神，加强海内外宗亲联谊，让更多的李火德后裔了解入闽始祖火德公的开基创业历史和祖地文化，引导和激励更多的李火德后裔回乡寻根谒祖，搭建海内外宗亲交流平台，增进宗亲互访，自 1998 年来，李氏大宗祠管委会编辑刊印了《李氏简报》。刊载主要内容是宣传李火德及其后裔的名人轶事和李氏大宗祠文化内涵，研讨血缘文化、谱牒文化，展示祖地人文景观，报道族中动态，歌颂祖德宗功。其中祭祖综述与简讯、领导视察快讯、宗亲解囊捐助公益、诗词颂扬唱和等，激发了海内外宗亲对祖地的高度热情。《李火德文化初探》、《李氏贤才初探》（连载十期）、《闽南李氏渊源》、《火德后裔在江西万载的发展和影响》、

《火德公生卒探究》和《崛起的客家祖地》《打好客家牌，唱响主旋律》等文章影响颇大。《李氏简报》每年不定期刊印 4 期，每期 1000 余份，寄送给海内外李火德裔孙宗亲组织或宗亲贤达。在经费自筹下，现已累计刊印 80 多期，8 万余份。

李氏大宗祠管委会还编印了《李氏大宗祠》画册 3 期共 5000 本，内容丰富，图文并茂；录制宣传光碟 12 种 2600 余片；编印《李氏大宗祠文史概观》《李氏大宗祠和火德公陵园简介》《李姓趣闻》和《诗词汇编》等族史资料。

2. 举办大型的庆典活动和李氏文化研讨会，弘扬客家祖地文化。

1992 年以来，李氏大宗祠管委会为扩大始祖火德公宗族文化影响力，深化李火德文化研究，举办了多次大型庆典活动和文化研讨会。

（1）1992 年 12 月，举行"火德公诞辰 808 周年纪念"活动，海外及国内各省李氏后裔代表参加；

（2）1996 年 12 月，召开"建祠 160 周年暨首届李火德文化研讨会"；

（3）2004 年 12 月，举行"李火德诞辰暨《李火德族谱》首发庆典"；

（4）2006 年 3 月，诏安县秀篆镇李火德文化研讨分会率部分会员与总祠李火德文化研讨会会员座谈；

（5）2008 年 11 月，李氏大宗祠主办"第二届李氏文化论坛上杭峰会"；

（6）2009 年 10 月，举行"李火德与世界客家族群文化研讨会暨宗亲捐建工程庆典"。

3. 组织每年的特大型宗亲春祭活动和公祭活动，传承客家祭祀习俗和传统精神。

每年春分是李氏大宗祠管委会最忙的时节。古代祭祀分春秋两祭，因火德公后裔远播各地，限于路途遥远，多数宗亲无法一年两次奔祭，而是相对集中于春分回祖地祭祀。所以，每年春分祭祖时，人满为患，管委会必须提前召开迎亲接待筹备会，做好周全的计划和预案，请求政府协助，做好安保措施，要花费大量人力、物力组织实施。近十年来，春分当日祭祀规模均达万人以上。以 2012 年 3 月 20 日春祭为例，各地百人以上的团队有 15 个，50 人以上的有 18 个，20 人以上的有 46 个，总人数达 16358 人。各地宗亲从春分日子时开始在祖祠排队有序祭拜，人流不停涌向祖祠，场面壮观。此外，李氏大宗祠自1995年成立祭祖基金会以来，每年由全体管委会成员代表基金会全体宗亲会员及当年寄来代祭费的宗亲不定期举行一次公祭，到火德太公、伍陈太婆及三一郎公、三二郎公、三三郎公墓地扫墓和祭拜。公祭意义重大，告知今人，无论何时何地都要不忘根本，不忘祖宗，饮水思源。

4. 组织民俗歌舞活动：木偶戏、船灯戏、舞狮、山歌演唱、十番音乐，传承客家民间艺能活动。

每年的春分祭祖日也是客家民俗歌舞的集中会演日。这一天及前后的日子里，李氏大宗祠管委会组织当地客家民俗歌舞表演，有木偶戏、船灯戏、舞狮、山歌演唱、十番音乐等客家传统民间演艺。上杭是客家木偶戏（旧称傀儡戏）的发祥地，演出与客家人的庙会、打醮、祖祠兴建与祭拜等民间信仰习俗结合在一起。船灯戏与客家人通过水路近赴集市，远到州县，涉水之艰险有关。舞狮是客家人逢年节时的演出，有瑞狮拜年，逗狮表演，幽默诙谐。客家武术表演更是精湛叫绝。客家山歌独唱优美动听，对唱则尽展歌手智慧。十番音乐是客家民间音乐，深受人们喜爱。这些演出场面人山人海，热闹非凡，其中木偶戏常常日夜连续演出长达十几天的传本剧。为增加祭祖氛围，不少外地宗亲不顾路途辛劳，也要带去演出团队。如广西贺州市宗亲带去客家民间绝技"上刀山"表演，广东紫金县龙窝黄洞宗亲带去双狮、单狮、小狮表演，福建永定县洪山中村宗亲带去舞蹈、相声、鼓乐、汉剧演唱等文艺表演，广东兴宁宗亲带去四只瑞狮表演，连城县揭乐宗亲带去十番乐队表演。

5. 组织修编、收藏族谱，保护客家谱籍资料，传承客家谱牒文化。

李氏大宗祠管委会重视谱籍资料的整理和保护，专门成立族谱编委会，在清代先贤编写的《李氏惇叙堂祠谱》的基础上，再根据各地分支族谱，五次续写族谱。1989年续写了《李氏史记》；1995年修编《李氏族谱》；1998年再版《李氏族谱》；2004年又再修编《李火德公族谱》；2009年，为使族谱更加准确、规范，聘请了广东、福建、广西、湖南、贵州、四川等六省热衷族谱事业的宗亲贤士为顾问，对族谱进行第五次更大规模修编，编成《李氏族谱——火德公宗系》，并且五次向各地宗亲发送共 12000 套，对宗亲普及族史、牢记族史起到巨大作用。另外，管委会还通过宗亲互访和邮电通联方式广泛收集各地族谱，现宗祠资料室收藏了各地宗亲族谱 232 套，318 册。

6. 积极保护和宣传李氏大宗祠。

李氏大宗祠是全球李火德千万裔孙的朝圣中心，也是具有客家文化丰富内涵的物质文化遗产。不仅因其建造年代久远，也是保护、传承和传播客家文化的良好的文化空间。宗祠大门及堂内 11 对大圆石柱，均保留有建祠时镌刻的对联，中厅两边墙壁上写有"忠孝廉节"四个大字，中厅木板屏风上刻有明代天顺年间上杭儒学教谕季远撰写的"李氏火德公传"，正厅的上空悬挂刻有"惇叙堂"三字的巨大横匾，三个大厅的两边回廊挂满了各地裔孙前来寻根谒祖时敬献的横匾或横联，书写了诸如"海外思源""赤字楷模""恒怀祖德"等忠孝之言。李氏大宗祠是客家习俗、客家文化的物质载体。可以说，宗祠留得住，客家敬祖追宗、敦睦族亲的精神及客家习俗活动就留得住。所以，保护就是最大的传承。对李氏大宗祠的保护除前两次大维修外，因永定县棉花滩水电站建设，宗祠地处库区涉淹区，宗祠管委会研究决定向各地宗亲发出防护问题征求报告，并最终形成共识，选取合理方案做到防患于未然。

为了进一步宣传好李氏大宗祠文化，宗祠管委会先后积极配合中央电视台、福建东南电视台、龙岩电视台等客家文化栏目组录制专题片，还不定期组织有关李氏大宗祠文化主题的书画比赛，向各地宗亲发出征稿函，入选作品在宗祠内展出。经过李氏宗亲的共同努力，配合文化部门积极申报更高级别的文物保护单位，李氏大宗祠于 2013 年 5 月成功跃升为国家级重点文物保护单位。

7. 积极赴各地参加李氏宗亲活动和客属会议，宣传李氏大宗祠文化，增进客家文化交流。

自 2000 年以来，李氏大宗祠管委会组织和承办了多次宗亲交流会，并派出管委会人员参加全国李氏文化研讨会、香港崇正总会成立 80 周年庆典活动、全球客属促进中国和平统一大会和世界客属恳亲大会等一系列有重要影响的李氏文化研讨会或国际客家组织会议。

　　另外，2004 年 12 月，李氏大宗祠管委会向海内外宗亲发起倡议，在李氏大宗祠成立"李火德裔孙联谊总会"，各地成立分会或联络处，旨在加强联谊，慎终追远，敬祖念先，敦亲睦族，弘扬李氏文化。

　　可见，李氏大宗祠不仅在客家祠庙建筑上具有代表性的意义，在承载客家文化与传播姓氏文化和客家文化上也同样具有代表性的意义。

二、台湾客家祠堂

　　客家人渡台后，仍然保留了聚族而居的特点，但因来自同一原乡的客家人居住相对分散，嘉应、潮州、海陆丰、汀州、闽南等不同客家语言地区的客家人杂居一起，同时，他们渡台垦殖艰辛，生活不像原乡那么安逸，经常面临当地少数民族的冲击和闽南人的侵扰，迁徙频繁。相比客家原乡，他们人丁不旺，财力不济。客观上，台湾客家人已经不具备条件建立像李氏大宗祠一样规模宏大的祠堂了。不少祠堂就是姓氏住宅，正厅就是供奉祖宗神牌的祖堂。这种特性更多是保留了粤东客家民居的习惯。

　　新竹县新埔镇上枋寮刘宅，是刘家来台开基祖第十一世刘瑞阁之妻詹氏，于乾隆二十年（1755 年）携刘延转、刘延臼、刘延楹等三个儿子，由广东饶平县杨康乡渡海来台，长子刘延转于同治年间仿照原乡兴建的一座四合院。当时只有前后二进建筑较为考究，后进行多次修建，扩建了灵塔（祖塔），作为安放先祖骨骸之用。因其规模庞大，形貌古朴，且兼具三合院与四合院配置的合院住宅特色，于 1984 年被台湾当局列为三级古迹保护。

　　新埔刘宅整体建筑的虚实空间，以及厅堂房间的用途，主要以公厅（正厅）神龛的中央位置为基准，两边房舍作均衡发展的安排。即空间意涵越近中轴为尊为亲，反之则卑则疏。刘宅三合院多层横屋与门厅围成的禾坪，是因农事需求而发展出此种生活空间的配置形态，但也呈现此宅院具有地方大宅的宏伟气势。①

　　新埔刘宅的后堂明间设置公厅（正厅），厅正中以大神龛供奉历代祖先牌位，神龛底下设有土地龙神牌位。左边神龛则供奉"桃园三结义"绘像；右边神龛目

---

　　① 邱荣裕：《台湾客家民间信仰研究》，翰芦图书出版有限公司（台北），2014，第 143—146 页。

前则是供奉原乡饶平杨康宗亲所赠送的"源远流长"的锦旗。从左右神龛所供奉的对象不同于一般客家公厅摆设的神祇（左供奉观世音菩萨、右供奉土地福神），可以说明新埔刘宅的族长期望后裔子孙祭祀时不仅要追思历代祖先，也要效法刘氏前人金兰结义的精神，同时不忘大陆原乡刘氏宗亲的血脉源流。借着在厅堂的祭祀活动，将祖先崇拜以及儒家忠孝思想以潜移默化的方式，在家族后裔中传承，这点与原乡的宗祠意涵是吻合的。

另外，从刘宅神龛祖先牌位的安置，可以说明其家族属于典型传统中国社会的父系家族。在牌位关系上，其亲属的世系路线是单系的，只以父系一方为主，因此只祭拜自己的祖先。对于祖先的祭祀，一般人相信祖先可以保佑子孙，但若有违礼也会惩罚子孙。

这种祖先崇拜的信仰，促使供奉祖先牌位的神龛均设置在宅院明间正厅最为尊崇的建筑空间处。"公厅"建筑空间安排的目的，是方便在实际生活中进行"孝道"的表现，不仅对现存长辈要做到"生事之以礼"，也对去世祖先做到"死祀之以礼"，呈现出中原文化祖先崇拜、慎终追远的特质。

此刘宅公厅（祠堂）文化与原乡李氏大宗祠最大的相同之处，是整座宅院前、后两堂有丰富的楹联和其他文饰。

1. 前堂正门

门楣：铁汉家声

门联：自昔家风宗渡虎，于今门第挹雕龙。

左右门扇：加冠晋禄

左右窗额：竹苞松茂，和风细雨。

2. 前堂左侧门

门楣：艮山居室

门联：艮山坤朝呈瑞色，山环水绕起祥云。

3. 前堂右侧门

门楣：青藜庐舍

门联：青云连步安居乐，藜大胜宵吉宅光。

4.前堂厅内

左侧门楣：四壁清风

右侧门楣：一轮明月

左右墙壁联：赖祖宗积德累仁以有今日，愿孙子立名砥行勿坠先猷。

5.后堂

门柱联：世号五忠光世第，家传七业振家声。

6.后堂正厅

门楣：蔡照堂

门联：彭城衍派家声旧，禄阁传经世德新。

左侧窗额：竹报

右侧窗额：平安

左侧厢房门楣：礼门

右侧厢房门楣：义路

7.后堂厅内

内门额：箕畴五福

左侧门额：龙飞

右侧门额：凤舞

左侧门扇：和气致祥

右侧门扇：地灵人杰

8.后堂正厅神龛

神龛上额：天禄流芳

神龛对联：天降人才称渡虎，禄承世德庆雕龙。

挂匾：克绳祖武①

从上述刘宅的对联与文饰的悬挂与安置的文化内涵来说，与原乡祠堂文化一样。首先，从各式楹联的布局看，尽力利用一切可以利用的空间，如门柱、廊柱、门楣、门额、门扇、窗额、墙壁、屏柱等，进行镌刻或书写对联。其次，各式楹

---

① 邱荣裕：《台湾客家民间信仰研究》，翰芦图书出版有限公司（台北），2014，第143—146页。

联的内容都是从祖源、祖德、家声、积德、立名、礼义等处着笔，具有慎终追远、饮水思源、尊祖敬宗、睦宗收族和修身、齐家、处世等中原传统文化内涵，体现客家文化中强烈的宗族精神。

与原乡祠堂完全不一样的是，刘宅祠堂后山增建了"祖塔"。刘宅先祖到台湾超过两百年，历代祖先散葬各地，每逢清明时节各房子孙奔走各地祭祀祖坟耗时费事，况且又担心年久失修且无子嗣的先祖坟墓有荒废的可能。因此，其第十九世族人刘天桢率先于1958年提议共建灵塔，作为安放保存先祖骨骸之用，使远居他方的裔孙无后顾之忧。经向族人发起，两年后，在刘宅后山麓，建成可以容纳720灵位的祖塔，以瑞阁夫妇为主位。以后因实际需求而扩建，但仍不敷使用，于1983年亲族大会中议决迁建祖塔，聘请堪舆师选定刘宅公厅后山吉地，修建瑞阁园灵塔（祖塔）。

有关刘氏祖塔瑞阁园建筑的嵌匾、对联内容，摘录如下。

1. 嵌匾：

彭城渊派、陶唐遗泽、慎终追远

东江刘扬康、瑞阁园、忠、孝

2. 对联：

天禄仰先贤俎豆馨怀祖德，地灵启后桂兰馥郁振家声。

要好儿孙须从尊祖敬宗起，欲光门第还是读书积德来。

秋霜春露怀先泽，霞蔚云蒸启后人。

新埔开基地灵人杰，彭城遗泽源远流长。

立身承庭训，扬名念祖恩。

瑞阁园祖塔最引人注目的是入口处的左边墙壁内侧有大理石雕刻的刘氏宗族"历代迁徙图略"，从第一代唐尧时代太始祖监明公所在的山西临汾为起点，在中国地图上将历代迁徙的时间与地点逐一注明，最后到158代台湾枋寮开基祖学悟公为止。[1] 这为刘氏后裔子孙提供了追念祖先迁徙足迹的便利，是一个极好的范例。

---

① 邱荣裕：《台湾客家民间信仰研究》，翰芦图书出版有限公司（台北），2014，第148页。

刘宅祖塔建立之后，立即为其他宗族仿效，这是台湾客家社会文化变迁的一个缩影。但是，刘家后裔还是坚守原乡客家的一条原则，即"迁居他乡立业者不得另立祖牌奉祀"。因此，刘家后裔祭祀祖先必须返回新埔刘家老宅。就如台湾客家人寻根谒祖，哪怕再遥远也要漂洋过海回祖地闽粤原乡祭祖，是一样的道理。

在南台湾客家聚落中，还有一座蕴含丰富的客家老建筑——六堆万峦五沟水刘氏宗祠，它位于屏东县万峦乡五沟水西盛路70号。

五沟水聚落内，客家古屋林立，加上东港溪与佳平溪流域形成一片丰饶的土地，五沟水以刘、林、吴三姓氏聚集形成村落，同姓合建夥房。因刘氏人口最多，在五沟水聚落内有许多"彭城堂"的刘氏夥房，皆是刘氏宗祠派下的族姓。构成聚落的大部分建筑都是民居，其主要形式为合院式（围屋）建筑，基本单元为三开间之正身，然后根据家族人口多少确定正身堂屋进数及两侧横屋（护龙）的横数。由于受到土地和经济条件影响，其规模有相当大的差异，然而其建筑类型都属于合院式（围屋）格局，显然是受到了"人"与"自然"合一的原乡文化影响。

五沟水聚落内还有十余座祠庙建筑。共有一座刘氏宗祠、一座忠勇祠、六座伯公祠和三间庙宇，其中"开庄大伯公祠""开基伯公祠"属于全村客家文化和信仰中心，而刘氏宗祠则是客家文化内涵的集中展示。

刘氏宗祠位于村落西南方的入口处，始建于清朝同治三年（1864年），规模宏伟，属于"两堂四横"式客家围屋。刘氏后裔有获朝廷"贡生"科名，堂前高挂进士牌匾，村人也称其为"进士第"。祠堂屋脊也有配以燕尾造型，燕尾线条明亮优雅翘起，脊背饰以雕花。原只有正身堂屋及左右两横屋，后来重修时，在左右横屋前各增建两个门楼，即"重光楼""然藜阁"，以及外横屋和花园，以巴洛克风格装饰的围墙与凉亭，整体建筑显得更加气派，也彰显了刘氏族人的财力和权势。

横屋与三开间的正屋分离，绕到后面形成一个"∏"形包围正屋，其形制非常讲究尊卑，从门楼、内埕（禾坪）、正厅、化胎，到围屋的闲间之轴线，严格对称；屋顶则以正厅最高，后堂次之；横屋则以三开间为一单元，朝外逐一下降。两侧横屋均有私厅，与正屋之间空间较小，是平时纳凉的好地方。

在空间格局的安排上，刘氏宗祠地势前低后高，明堂宽阔，祠堂后面树木围绕，在风水形法中，是"前敞后实，环抱围护"，宜藏风聚齐。而其前面有一弯环抱之"玉带水"，主"气""财"，前朱雀，后玄武，是绝佳的风水宝地。

最能让人驻足凝思的是宗祠的文饰，即门、匾、墙上各式门楣横额及对联。大门楼横额四个大字"刘氏宗祠"，左右对联为"金精常照阁，铁汉尚名楼"，运用了刘氏先贤典故。题写在大门两侧浮雕和画像上的一副对联为"一等人忠臣孝子，二件事读书耕田"，此副对联在客家原乡广为流传，客家人祖祖辈辈守护的忠孝伦理观和晴耕雨读的进取精神也原汁原味、不折不扣地延续到了台湾，这充分体现了闽台客家文化精神的传承。门楼背面悬挂一横匾，"大乙重光"，蓝底金字，典故出自刘向。刘向勤于研究经典史籍，焚膏继晷。有一天太乙真人路过，见刘向黑夜埋首于案上苦读，又家徒四壁，老人手持青藜杖，吹出枝头火照着，教给他许多古书，两人相知相惜，后来太乙真人送刘向"太乙真人"的匾额，要他的后代能好好效法他那勤学及做事的精神，所以"大乙重光"是要劝勉族人向先祖学习勤学精神。正堂（第一进前堂）大门上悬挂横匾"彭城堂"，红底金字，表明刘氏郡望彭城（今江苏省徐州市铜山区）。横匾四个角落的彩绘画了蝴蝶，"蝶"与"耋"谐音，有久远、长寿之意。堂号上方有"交趾烧"，人物栩栩如生，是文工、武王取天下的故事。正堂门联是"卯金启瑞，乙火腾辉"，是对"刘"的文字学解释，即"刘，杀也，从金，刀声"。东汉流行谶纬学，故有人持"卯金刀"说，将刘字解为"东卯西金，从东方王于西方也"。大厅前两边的柱联为"忍是积德门，善为传家宝"，两窗旁的对联分别是"诘诚宗支宜肃睦，叮咛众志要贤良"，"处事谦恭礼克尽，居家孝悌顺当全"。从内容可知，台湾客家人传承了客家原乡崇文重教的精神，仍然注重家风家训，强调居家处世的规范。这点在祠内彩绘、浮雕上有形象的表达。例如"舜耕于历山图""苏武牧羊图""杨正跪地图""韩信与张良图"，分别教育刘氏后人要传承耕读，守节为国，做事要走正道坦途，能忍方能成大事等。

宗祠内匾文《天下第一家"百岁堂"》是一则教导家族和谐为主旨的训文，内容摘录如下：

天祝其希，地祝其希，帝祝其希，家内老少亦祝其希！父为宰相，子为宰相，孙为宰相，如我富不如我贵，如我贵不如我父子公孙三及第，如我父子公孙三及第不如我五代夫妻百岁齐。

把家庭和睦、康乐长寿放在第一，重于功名富贵。祠内另有开基祖刘伟芳立的十条规约，要求刘氏子孙要慈爱、思源、尊祖，如第一条：

从此兄弟叔侄共体祖宗慈爱之心，常切木本水源之念，凡到祠内必先尊祖……

横屋左边门楼"重光楼"门联为"重登前人沾帝德，光荣后裔报宗功"，横屋右边门楼"然藜阁"门联为"然灯照耀金精府，藜火呈祥铁汉家"。①

横屋至今尚有刘氏住户，门联张贴了红纸书写的春联："彭泽长沾康乐福，城池巩固太平春"，这无不体现了刘氏家族文化的旺盛生命力。

因地理差异，台湾东北角的客家祠堂建筑与台湾西海岸的客家祠堂也存在区别。为了抵御台风，当地客家祠堂不再用传统的土木结构，也没有过渡到砖瓦房，而是直接建造能够抵御强台风的石头房，这一点和闽南沿海地区的房子构造相似。不过，台湾东北角的客家祠堂在形制上还保留了原乡风格，祠堂最显著的客家特征，就是传承使用了"堂号"。

东北角客家所建祠堂，以鱼桁吕氏"孝思堂"最具代表性。但鱼桁这一带客家人已经不会说客家话了，只是先辈会讲客家话而已。据鱼桁吕松田说，祖祠内供奉的"大牌"（祖宗昭穆神牌）是渡台祖十一世志广公等自原乡携来供奉的神主牌位。

依据古代族谱记载及祖传惯例，吕氏祠堂内与墓碑上的堂号并不都一样。祖祠"大牌"上书写的是"河东堂"，墓碑刻写的是福建地望"诏安"或"诏邑"。由此可知，鱼桁吕氏为诏安客家。又由于吕氏浙江开基为祖谦，世居浙江金华，故而在祠堂正厅主堂中央的大横匾上书写了"派衍金华"四字。

孝思堂开基时期辟建草房祖屋，到后来改建为石造宗祠，成为典型的东北沿海建筑。虽然，墙体为石砌，外墙用混凝土加厚，大厅屋顶改铺琉璃瓦面，屋脊

---

① 杨裕富、苏秀梅、陈吾昌、邱盈豪：《屏东县万峦五沟水之刘氏宗公祠风水调查分析》，http://vohakka.com/html/201609/1632.html；刘氏宗亲总会：《刘氏宗祠建筑特色堪称一绝》，搜狐网，https://www.sohu.com/a/259437482754528，2018-10-14。

增加剪黏与贴上瓷砖，横屋及屋后墙壁均贴上方格瓷砖，但形制上，与客家伙房一样，与原乡的最简易的"四架三间"五凤楼相似，中间主厅堂，两边延伸厢房，外围左右两边为护龙，即横屋，仍然具有浓郁的客家风格。[①]

三、闽台定光佛庙

客家定光古佛信仰源自闽西武平。定光古佛俗姓郑，俗名自严，福建同安（今属泉州）人。公元 934 年，自严 11 岁时恳求出家，依本郡建兴寺契缘法师席下，后游豫章过庐陵，契悟于西峰园净大师。公元 964 年，自严到汀州武平县，驻锡岩前镇南安岩，百姓为其后建"定光庵"。定光古佛生前多次作法利民，灭度后，屡屡显灵，护境安民，朝廷屡封累赐号至"定光圆应普慈通圣大师"八字。北宋大中祥符四年（1011 年）赐额"均庆院"，南宋绍定三年（1230 年）朝廷赐匾额"定光院"。

宋代，定光古佛在福建影响颇深，一时鼎盛到"七闽香火，家以为祖"的局面。在客家地区影响更深远，不仅是闽西及周边粤东、赣南地区客家人的保护神，也是台湾客家人的保护神。在闽西，供奉定光古佛的寺庙建筑以武平县岩前镇定光祖庙"均庆院"、永定区金沙乡定光佛庙"金谷寺"为典型代表。台湾则以彰化定光庙、台北鄞山寺为典型代表。

---

① 廖伦光：《东北角客家调查记事》，台北县客家事务局（台北），2009，第 90—92 页。

武平岩前定光祖庙均庆院 / 邱立汉摄

　　武平县岩前镇定光祖庙"均庆院"（定光院）历经明万历元年、清乾隆十六年两次重建。整体为单厅三开间土木结构，倚南安岩而建，前有"玉带"之水绕庙而过。寺庙屋面为三重檐歇山顶，每层重檐左右两端翘角飞檐，最顶层是斗拱式歇山顶，屋脊饰以两只相望的泥塑祥龙，大厅门前依屋廊搭建轩亭，凸出屋檐，檐口两柱支撑亭面，高于主宇第一层屋面，使得屋面层次错落有致，两边翘角飞檐，气势轩昂。内厅入口处设有栅栏，大厅即为主殿，主殿由8根大木圆柱支撑，中间4根，前后各2根，厅堂宽阔，前后通透。主祀弥勒菩萨，定光古佛依旧俗在南安岩内供奉。武平县政府积极助力修缮，2010年3月，进行为期三个月的全面修缮。建筑基本保留原貌。在主殿左右两边新建钟楼、鼓楼两座。

　　永定区金沙乡定光佛庙"金谷寺"，位于金沙乡西田村。金沙处于永定、上杭两县接壤处，是两县官员、商贾、游民走卒往来的必经通道，因寺里定光菩萨颇为灵验，前来祈福的人络绎不绝，成为闻名遐迩的佛教胜地。

　　金谷寺始建于南宋景定元年（1260年），坐北朝南，砖木结构，占地面积1000余平方米，主体建筑由上厅、下厅、天井、通廊、两侧厢房、左右两护龙横屋及横屋各一天井组成，下厅大门前是河卵石铺成的内埕（禾坪），四周围墙，东面入口为门楼，寺前有半亩水塘，寺后为绵延峦峰，实际上是典型的"两堂两横式"五凤楼，一座风水极佳的四合院庭院式建筑。上厅（主厅）重檐歇山顶，下厅歇山顶，全部建筑均为抬梁式构架。正门翘角飞檐，恰似展翅高飞的凤凰。石头雕刻的楼门框上，赫然镌刻三个镏金大字"金谷寺"，古朴端庄。大门镌刻对联："引慈云于西极，注法雨以东岳"。

金谷寺建成后，寺内供奉定光古佛。1951 年，金谷寺佛像因火灾全部被烧毁，后来作为办学场所，设立金沙公学，1961 年被评为省级文物保护单位。现已经恢复历史原貌，香火重新鼎盛起来。明清时期，西田村张氏子孙渡台谋生，也把定光古佛信仰带到了台湾。据考证，台湾彰化定光庙就是金沙张氏移居台湾后，仿效"金谷寺"的建筑样式而建。2007 年 2 月，台湾海峡两岸合作发展基金会董事长张世良先生率"台闽宗教文化参访团"到访金沙，拜谒祖庙。

永定金沙乡定光佛庙金谷寺 / 邱立汉摄

彰化定光佛庙创于清朝乾隆二十六年（1761 年），是由永定县籍的士民及北路总兵张世英等鸠金公建，初名"定光庵"，又称"汀州会馆"，供奉汀州守护神定光佛，初始建筑规模与格局已经不清楚。历经嘉庆、道光、咸丰年间诸次修建，庙貌壮丽，占地面积广大，建筑规模成为"两进两廊左右厢房"的格局，并正名为"定光佛庙"。

　　日本殖民时期，辟建道路，该庙之三川殿、左右过廊及庙房等被拆除，原三川殿部分改建为二至三层的街屋店面，成为现在定光佛庙的格局。日本占据台湾之后，闽台居民不能自由往来，且该庙左右两边厢房已被拆除，丧失了会馆功能，成为纯粹的寺庙。庙的主神位为定光古佛，左右从祀两佛童，陪祀李老君、城隍爷、福德爷及妈祖，右侧另设报祠，祭祀捐建该庙历来有功信士，设有"汀州八邑倡议捐绅士缘首董事禄位"之长生牌位。

　　台湾光复后，历经多次小规模的整修，仅存三开间单进之主殿、右侧堂及天井。主殿及天井收纳在一组平行的山墙中，在主殿前步口两侧开有左右圆拱门以接过水廊及右侧堂，金炉侧设置在左过水廊旁。右厢房紧邻右侧堂，目前是供庙祝住宿之用。

彰化的定光佛庙左侧面 / 邱立汉摄

　　定光佛庙正殿定光佛座上方横挂上书"济汀渡海"的牌匾，青蓝底金字红色边，清乾隆三十八年（1773年）龙岗（汀州永定区）进士沈鸿儒立。正殿栋梁正中横挂翰林院编修永定巫宜福题写的黑底金字的横匾"智通无碍"，立于清道光五年（1825 年），黑底金字。定光佛龛前木楹联为"定危有赖推移力，光被无暂造化心"，这是彰化黄倬其于 1907 年赠书。另一联为道光十四年（1834 年）彰化府令书写的对联："是有定识拨救众生，放大光明普照东海"。殿左天上圣母神龛上方挂两牌匾，内为"昙光普照"，嘉庆十八年重修庙宇时由鄞江众信士合立；外为"西来花雨"，由协镇北路副总兵张世英于清乾隆二十七年（1762 年）立。右侧福德正神神龛上方也挂两匾，内为"瀛屿光天"，由台湾府诸罗县儒学训导钟灵耀于乾隆三十六年（1771 年）立；外为"光被四表"，由北协右营守备杭川（上杭）黄正蕃题。其他屏联、柱联还有 6 对。

殿内木雕精致，正殿梁柱为五斗拱架构，左边斗拱上雕刻灵虎、灵芝、吉鸟，右边斗拱上雕刻祥龙、仙鹤、喜鹊，横梁左右两端雀替（插角）雕刻为精美的"鲤鱼化龙"，定光佛龛正上方木屏雕饰精美的"仙鹤祥集""岁朝清供""荷塘清趣""凤凰来朝"等图案。

彰化定光佛庙是台湾地区第一座定光佛庙，创建至今已有两百多年的历史，具有汀州移民来台开垦的特殊意义，加上其建筑仍然保存道光年间的木架构原貌，于 1985 年被台湾地区列为第三级古迹。

坐落在台北淡水的鄞山寺，兴建于清道光三年（1823 年），由永定金沙罗可斌、罗可荣兄弟献地，永定张鸣冈等汀众捐资公建，一些热心人士还施田以充经费。寺内主祀汀州客家人的保护神定光古佛，兼具会馆功能。

据寺内写于 1996 年的"鄞山寺修建记事"载：

本寺面积壹仟七百余平，坐东朝西，面呈七包三格局，通面宽七间，包夹中轴主体之三间，前后二殿以二廊连接，正殿前后左右出过水廊，连通护室，护室前后亦接过水门，可独立出入。寺前禾埕有半月池，寺后以本地石材砌成之花台，构成左右对称，前低后高，十分严谨之格局。本寺始建于清道光三年，后历经道光四年、道光二十三年、1996 年之局部整修……

鄞山寺建筑风格是典型的大陆原乡"两堂两横式"围屋样式，比武平岩前"均庆寺"、永定金沙"金谷寺"更加雄伟壮观。

台北淡水的鄞山寺 / 邱立汉

　　鄞山寺是台湾清代中期寺庙的典型代表，尤其是传统客家古建筑风格最完整的代表作。鄞山寺目前仍然保持一百多年前的原貌，燕尾式屋脊曲线向上飞扬，构成一组丰富的天际线景观，屋脊泥塑及剪黏精美可见。泥塑多为人物，剪黏则多为花草主题，丰富了屋脊上的装饰。鄞山寺格局平整，两殿两廊两护龙，构成四合院平面，围出天井的空间，气氛幽雅。柱子主要分布在中央建筑中，并分为三款，反映不同的尊卑等级。寺中的栋梁，屋架采用"二通三瓜""二通五瓜""迭斗"等手法，是台湾传统建筑常见的基本形式，结构简明而不复杂，并且高度适中，便于观察。较为特殊的一点是将主神定光古佛的事迹融入雕塑中，处处显示了工匠的巧手慧心。泥塑的定光佛软身神像，神态安详庄严，栩栩如生。软身神像的做法是以木料做出有关节的骨架，再敷上灰泥而成。这尊神像据说是从福建武平县岩前祖庙中迎去的，十分珍贵。

　　一些研究认为，鄞山寺建造之初并非寺庙，而是接待汀州客来台的临时落脚之处，即是临时旅馆，具有会馆的功能。鄞山寺建造之后，确实起着接待汀人、救济汀人的会馆作用。关于此，嵌于主殿左边过水郎墙上的"鄞山寺石碑记"有如是记载：

本年二月二十七日，据监生苏瑞图、江对墀、江万和、徐炳升、江节和、江超、江化霖、胡重光、游正春、练应龙禀称，昔汀人在沪街后庄仔内，于道光三年建造庙宇，名为"鄞山寺"，供奉定光古佛，为汀人会馆。

此碑于同治十二年三月二十九日由给董事苏子发立。可见，该寺建立之初就是供奉定光古佛的庙宇，只是兼具会馆之用。

第三节　闽台客家楼阁文化

楼阁是中国建筑文化中的一大特色，受历代封建文人士大夫们的以文会友、登高赋诗及弦歌和唱雅趣的影响发展而来。古代以"滕王阁""岳阳楼""黄鹤楼""蓬莱阁"四大楼阁最为有名。闽西客家楼阁亭台十分丰富，楼阁文化也具有深刻的传统文化烙印。据《临汀志》记载，宋代汀州城内有"雅歌楼"，为文人士大夫提供弦歌欢唱之处。

上杭蛟洋镇文昌阁／邱立汉摄

闽西大地风俗朴厚，崇文重家之风浓厚，大多数的楼阁祀奉主管地方文风昌盛的仓颉、文昌帝君、孔子先师等，也有不少祀奉关帝老爷、天后娘娘、黄老先师等。比较有影响的楼阁有上杭蛟洋的文昌阁、永定西陂的天后宫、连城璧洲的文昌阁、长汀县城云骧阁、上杭中都云霄阁等，这些楼阁具有历史久、体格大、楼层高，以及祀奉神灵多的特点。

　　下面我们以永定西陂天后①宫土楼塔为例。

　　西陂天后宫土楼塔在闽西永定县高陂乡西陂村，与大方土楼"遗经楼"隔溪相望。它是一个八卦形土楼塔与五凤楼组合的建筑群。

永定西陂天后宫 / 邱立汉摄

　　据调查，闽西龙岩市内共有 400 余座天后宫②，建筑形制以单体楼塔式及平层两进三开间为主。唯永定西陂天后宫规模宏大，形制独特，以主体塔楼与五凤楼结合配套建筑而成，始建于明嘉靖二十一年（1542 年），主塔于明万历元年（1573 年）建成，全部工程告竣于清康熙三年（1664 年）。天后宫坐东南朝西北，前为五凤楼的两堂两横平房建筑，在五凤楼后堂，即天后宫的第三进厅堂位置建立楼塔，楼塔底层大厅供奉天后娘娘（妈祖）神像，紧连楼塔后面即天后宫的东南面建有登云馆。登云馆是旧时会文讲学场所，曾用作西陂村小学学堂。楼塔共七层，

---

　　①　天后，即妈祖，原名林默娘，是海上保护神，祖庙在莆田湄洲岛，客家地区亦广为信奉。

　　②　张开龙：《闽西妈祖文化》，九州出版社，2012，第 9 页。

高 30 多米，下半部为方形，上半部为八卦形，总占地面积 6400 平方米，建筑面积 4000 平方米，除塔楼外，有 36 间五凤楼平房。

建造这座土楼塔的，是当地望族林氏家族。在建筑技艺上，要建成七层 30 多米高的土楼塔确实是一个很了不起的工程。土楼塔的建筑价值在于其高超的夯土技术达到了令人不可思议的程度：塔体底层开版夯土墙厚度为 1.1 米，一直夯到第三层超过 20 米高之后，第四层开始改为砖墙。目前已知的客家土楼夯土墙最高者未超过 25 米，20 米以上的高层土楼实物，底墙厚度都在 1.5 米至 2 米，而且往往还是干夯或湿夯三合土，到第二层高度才改一般夯土。西陂天后宫土楼塔的三层土墙之上还有四层十几米高的墙体。据说当年是为加快建造速度，减少投工，也减少塔体总重量，才改夯土墙为砌砖墙。土墙体坚韧结实，400 多年来经受过包括 6 级地震在内的考验，仍然安稳无损，墙体不见裂缝或剥脱的痕迹，可见夯土墙技艺之高超。

与土楼塔配置的五凤楼的下堂处，建有一个永久性的戏台。这戏台在下堂正中位置上，面向中堂敞厅，台高在大门楣之上，在南、北厅位置建有与戏台同高的观戏台。戏台的木构极尽精巧，台顶中央有穹隆形的藻井，镶嵌结构复杂的木格图并经彩漆，起到提拾和聚集演唱声音的作用，同时又把声音均匀有效地向观众方向反射扩传出去，这个设计在乡间戏台里是难得一见的。戏台后屏中央画一幅仕女采菊团扇图，梅花鹿伴随其间，团扇四周画了四只蝙蝠环绕，寓意为福禄满堂。屏柱对联引自王勃的《滕王阁序》诗语："爽籁发而清风生，纤歌凝而白云遏。"横匾写"钧天雅奏"四个镏金大字，后屏左右门楣上分别写"情歌""妙舞"。台口柱头又有戏联："一派是西河，潺潺声杂管弦曲；七层朝北斗，叠叠影随文武班"，横额镌刻四个大字"和声鸣盛"，苍劲有力。

西陂天后宫内陪祀了财王菩萨、土地尊神、关圣帝君等，这是客家人多神信仰的习俗。其中，让人印象最为深刻的是以崇尚读书、文明的神明最多。楼塔的三层供奉文昌帝君雕像，四层供奉魁星雕像，五层供奉仓颉先师木神主牌。楼塔后面的登云馆内还有孔庙，供奉孔子像。整座天后宫体现出浓郁的崇文重教风尚。

西陂天后宫因其历史悠久，结构奇特，装饰精巧，文化内蕴丰富，于 2006

年被国务院列为第六批全国重点文物保护单位，终年海内外游客不断。

而像如此庞大高耸的楼阁在台湾十分少见，这是由于台湾的特殊地理风貌决定的。台风的肆虐及长年海风的侵蚀，砖木、土木一类的高大楼阁自然不适宜建造。

台湾美浓的惜字亭 / 邱立汉摄

闽西客家楼阁普遍供奉了文昌帝君神、魁星神，因此，楼阁文化也是客家人崇文重教、耕读为本的传统文化组成部分。规模宏大的楼阁在台湾客家地区虽然不多见，但客家庄普遍建立了具有崇文重教象征意义的"敬字塔"，传承了大陆原乡客家人"重文教""敬文字""惜字纸"的美俗。

敬字塔一般高不过四五米，低矮的两米左右，以六角形为主，至少有三层，底层为基座，第二层为化字纸的炉膛，第三层为装饰设计之需，高度略高于下两层，整体就是一个缩微版的楼阁式建筑。底层一般供奉有仓颉或孔子神位，炉门有门联和横额，门联内容均与崇文重教有关，横额书写"惜字亭""圣迹塔"或"敬字塔"。其中以高层六角重檐、顶层为攒尖顶并装置葫芦刹为佳。台湾敬字塔星罗棋布于各个客家庄，现在仍然保存完好的有屏东美浓惜字亭、佳冬萧宅圣迹亭、桃园龙潭圣迹亭、大溪连座山圣迹亭、新北兴直堡明志书院敬文亭、新庄文昌祠惜字亭等。

《渡台悲歌》^① 歌词全文

劝君切莫过台湾，台湾亲像鬼门关；百侪入门百鬼缠，喊生喊死又样般。

来到台湾无路行，左弯右弯千万难；头前学老隔牛栏，一半潮州一半泉。

毋知某人系某姓，样知生番也熟番；生番歕到牛窝坪，专杀人头带入山。

带入山中食粟酒，食酒唱歌喜欢欢；也有熟番知人性，来来去去歕对山。

学老头家一般型，相打相斗尽野蛮；台湾头路微末做，空手空脚耐做田。

客头嘴讲台湾好，肯来就会出头天；千个客头千代绝，乌心只想乌心钱。

几多苦汉卖家园，骗到厥爸会发癫；选择良时又吉日，出门离别泪涟涟。

离开原乡抢坐船，漂流过海爱占先；直到梅江转潮州，每日五百出头钱。

一昼一夜翻过天，来到柘林港口边；上得小船寻店歕，客头又去讲船钱。

一人船银一箍半，两人名下赚三元；各侪现金交过手，钱银无交莫上船。

大船还要港口等，一等好风二等天；等到大家苦煎煎，等到船开又无钱。

转去押当换银钱，卖男卖女真可怜；衫裤被骨卖净净，几多冤枉又枉冤。

撑船漂浮天连海，船肚受苦苦难言；晕船呕出青黄胆，东横西翘病一边。

顺风相送算命靓，三日两夜到台员；爬下大船小船接，一人又爱两百钱。

少欠银两莫上坎，家眷作当企船沿；走上坎顶正知惨，面前茅屋千百间。

暂借亲戚歕一夜，超过三夜就变面；天光拔航寻头路，看系零工也长年。

① 黄恒秋：《台湾客家文学史概论》，客家台湾文史工作室（新庄），1998，第181—187页。整首178句，1246字。

可此原乡卖牛牯，任人择择又选选；后生壮旺千箍银，一月人工一银钱。

四拾以外出头岁，一年堪领五花边；吊个眠帐像烂布，睡个眠床僺有栏。

暗晡无鞋打赤脚，想要出屋半朝难；无床无帐分蚊咬，杆草烂布准被毯。

做得一身衫裤换，又要做帐补被单；年头算去年尾来，去去来来算不完。

若有爱走被作当，再做一年十二圆；年三十日人祭祖，心肚想起刀割般。

上无亲人下无戚，留都头家食年饭；一口年饭一目汁，流到那年转唐山？

初一翶到初四日，扣除人工钱一半；抢人不过者般型，台湾人心忐可叹。

人讲台湾出米谷，屙脓滑痢撮花眼；一碗净饭百粒米，半碗番薯大大圆。

番薯三餐九隔一，煮汤四日三日饼；台湾番薯食一月，当过唐山食半年。

头餐食过毋盼得，又想留来第二餐；火油炒菜真享福，想食咸鱼等过年。

总有臭馊脯咸菜，每日三餐两大盘；想要出街食酒肉，出过后世转唐山。

鸡啼起身做到暗，无力没气吞口澜；一年三百六十日，日日拼命拼不完。

落霜落雪风台雨，头晕脑偏毋敢懒；手脚无力放闲翶，扣闲扣翶无工钱。

拼生拼死来做事，行路就还打脚偏；换衫自家鸡啼洗，著烂穿空夜补连。

自家上山砍柴卖，一日算来无百钱；木秤百斤钱一百，碛到肩头痛又弯。

除掉三餐粮米食，存下仅可买截烟；奈何又著同人做，又著同人做长年。

唐山一年三摆紧，台湾日日紧煎煎；睡到子时下四刻，米槌春臼在垄间。

三人春臼三斗米，就喊食饭扛菜盘；秀薯忐烧难如嗦，样般吞得落喉㙟。

食得急来惊烧死，食得慢来难遘班；出门看路就无到，脚趾踢到血涟涟。

朝朝日日都共样，卖命赚人几拾钱；一年人工钱两百，明知死路也行前。

抽藤做料当壮民，自家头颅送入山；遇到生番铳一响，燃时死在树林边。

走前来到头斩去，无头鬼魅落阴间；不管男人也妇女，每年千万闯入山。

千错万错该当日，不好信人过台湾；李陵误入单于国，心怀长念汉江山。

倕今在此也共心，乌发变成白发年；心中爱转无路费，眼看一年又一年。

屋家父母年岁老，早暗悲嗷泪涟涟；旧年来信火烧死，归心像箭一般般。

假使父母寒饿死，赚银百万心不仁；人生辛苦微末处，哪识看人赚银还？

人想赚银三五百，再加一年都还难；归家讲到台湾好，毋输媒人想骗钱。

拜托叔侄并亲戚，切莫信人过台湾；系有子弟要来信，打死连棍豁路边。

一纸书音句句实，并无半句系虚言。

《台湾番薯哥歌》^① 歌词全文

休劝诸亲来台湾，　台湾头路甚艰难，　台湾世界纷纷乱，　分明不比我唐山。

客头都说台湾好，　赚银如水一般般，　朋友亲戚都去来，　船银花边四两三。

分明两两是实价，　客头赚了二两三，　亦有卖了田园地，　亦有卖了松柏山。

就拿衣衫出门去，　心想赚银弯弯两，　一别父母并兄弟，　二别妻儿隔两邻。

三别宗族并朋友，　四别坟墓并岗山，　父母再三多嘱咐，　我儿正去两三年。

为人须当守本分，　戒酒除花莫赌钱，　叮咛言语说不尽，　即时分别泪涟涟。

强硬心肠就来去，　行了几日到松源，　六月^②来到东都墟，　半月来到席湖营。

湖营过去金鸡岭，　挑箱担笼实难行，　一月来到小陶店，　客头请船乱纷纷。

船钱多少无定价，　十个客人荫一名，　水路行程多凶险，　鹅叫一声十八滩。

五日水路永安县，　水手撑船叫艰难，　换船搭渡到南台，　一共船钱四百三。

南台过去乌龙江，　乌龙过去甚艰难，　渡资加减由他算，　撑过前头兰圃岭。

十日来到砂榕地，　客头寻屋乱翻翻，　几多歇在宫庙里，　几多住在斋公庵。

又无床时又无帐，　听见蚊虫苦青天，　乌蝇狗虱官蝉恶，　日夜无眠真可怜。

不知何日开船去，　一月半月真难堪，　柴米用秤真是贵，　一斤柴米十二三。

米价一斤廿五六，　本地所食番薯饭，　等船不开日多久，　几多卖了衣和衫。

几多典了男和女，　几多当了钗和簪，　自古在家千日好，　今日方知出路难。

此时思想回头转，　来路遥远无船钱，　有日洋船开水路，　大家欢喜笑连连。

---

① 黄荣洛:《台湾客家传统山歌词》(第2版)，新竹县文化局（新竹县竹北市），2002，第27—29页。整首256句，1792字。

② 六月，应该是六日之误。

不知船中多艰苦，禁在船中如牛栏，不见乌鸦野兽走，只见水浪白如山。
无水食时口无泉，忽然吐出几多痰，刑船刑得十分苦，茶水如金一般般。
不会食时不会坐，又被虱麻咬万口，不知船行几日到，一日一夜见玉山。
看见玉山台湾地，彼时到岸叫上山，不顾流水和深浅，如痴如醉走上山。
就寻亲戚来探问，哀求房屋歇一晚，求亲托戚引生理，百件生理百般难。
早知今日多磨苦，当初不该来台湾，不然天时不然地，总骂客头死万千。
三街六巷人混杂，一半漳州一半泉，台湾生理日日市，百物高价倍唐山。
台湾买卖是学老，大家贸易笑连连，恰似鸭子入麻园，买卖生理不识话，
一色名为银一毫，当我唐山六十文，花边台湾使不得，来往只使佛头银。
广人买卖实稀少，往来只是卖柴担，卖柴籴米养家眷，锄地种圃无日闲。
锄种无闲由自可，几多深山又惊番，生番出来无么事，只要头颅入内山。
不唱锄种多凶险，且唱台湾个耕田，台湾耕田是何样，浸种落秧系隔年。
台湾耕田甚艰苦，缺少手脚请长年，请个长年非小可，每年工银廿二三。
做着长年无容易，浸种犁耙百事能，农工百件晓挥发，园头圃尾要周全。
正二月来就莳插，割耙辘轴闹喧天，犁田耖地长年事，零工脱秧并莳田。
台湾零工是何样，恰似牛驴一般般，鸡啼出门黄昏转，三冬插割是他碌。
春季莳田由自可，六月收割真可怜，三餐食饭打蜂样，箸碗一放就到田。
秋季莳田如春季，秋禾插后不行前，三季工银亦非少，每人算来七八元。
算来赚钱都是好，除了花费无赚钱，不唱零工生赚事，且唱台湾六月天。
六月收割甚风光，各庄妇女闹连天，听见田中谷桶响，胭脂水粉涂面肿。
手拿笔兰禾槌棍，开眉笑眼笑连连，田中零工称师阜，笔兰凳仔列两边。
手执禾槌微微笑，恰如玉女降下凡，巧言花语来讲唱，弄得零工喜欢天。
三手禾排打一下，就丢阿妹笔兰前，丢下禾查换眼箭，零工瞧若当神仙。
此时零工多畅意，不顾头家个本钱，十石谷田割七石，三石蚀妹笔兰边。
到嫖花街是柳巷，正是风花雪月天，那有鲜鱼猫不食，洞宾看见心亦生。
日夜来往如夫妇，胜似桃源洞里仙，父母叮咛都忘记，不想唐山一片天。
可惜花娇和幼女，芒头为屏草为颠，田中风吹和日晒，任人拐骗任人缠。

同郎早暗随歌转，抛头露面不值钱，不唱风花雪月事，唱个零工好可怜。
年少力强赚钱好，交游花街快活仙，使银如使泥沙土，不知后来更艰难。
有日腐疮疾病至，无钱拆药正知难，爱请先生来调治，手中动起无分钱。
求亲托戚难生借，哀朋靠友借无钱，朋友虽有不敢到，六亲虽多不行前。
亦有病得几日好，亦有病得一半年，若无亲兄并胞弟，扛在禾寮草埔边。
恰似六畜疮瘟气，或生或死命由天，此时自坐追想起，眼中流出泪涟涟。
一来想起无伙食，二来想起无文钱，三来想起无自唱，四想高堂变白发。
五想妻儿隔海边，这苦困苦何日了，爱转唐山无文钱，此时思想多么苦。
来悔当初亦已晚，台湾世界真牢狱，禁死唐山万万年，奉劝你人好坚守。
积少成多就成钱，托赖天神想保佑，无生疾病得安康，或去佣工或生理。
或招伙计作菜园，日积月累成多少，或多或少转唐山，父母妻儿重相会。
花有重开月再圆，丢下世情休要唱，来唱台湾衙门前，台湾衙门甚异样。
府县分司分几班，各班白役有百处，出入行仪似官员，民间争闻难靠许。
衙门正是生阎君，有银系凶能化吉，无钱冤上又加冤，欲去上司伸一状，
怎耐衙门隔海边，本地官府如畏虎，无钱罗仆烂如棉，台湾居住茅寮屋。
各庄人孤兼姓草，本姓人多欺小姓，庄庄姓姓亦有然，可惜小姓真受气。
被人欺负实可怜，要举状词伸冤枉，台湾官府非青天，不如回唐耕好田。
半年辛苦半年闲，自有自无免烦恼，家贫家富得安然，如自台湾受人气。
纵然富贵亦枉然，此书原来大概说，细微曲节未周全，若问此书何人造，
台湾君子造一篇，朋友亲戚读此书，传与唐山说知录，题台湾番薯哥歌。

参考文献

一、古籍

[明] 黄仲昭修纂，福建省地方志编纂委员会旧志整理组：《八闽通志》，载福建省地方志编纂委员会编《福建地方志丛刊》，福建人民出版社，1990，第48页。

[清] 曾曰瑛、李绂等修纂：乾隆《汀州府志》，载《中国方志丛书》，成文出版社（台北），1967。

伍炜、王见川编纂：乾隆《永定县志》（影印本），载故宫博物院编《故宫珍本丛刊》第122册之《福建州府县志》第3册（共4册），海南出版社，2001。

沈成国总纂：乾隆《上杭县志》（影印本），载故宫博物院编《故宫珍本丛刊》第122册，海南出版社，2001。

[清] 黄钊：《石窟一徵》，载广东省地方志办公室辑《广东历代方志集成》卷四〇《潮州府部》，岭南美术出版社，2009。

李世熊编纂：同治《宁化县志》（影印本），成文出版社（台北），1967。

[清] 吴宗焯修、温仲和纂：光绪《嘉应州志》，载《中国方志丛书》，成文出版社（台北），1968。

丘复编纂：《武平县志》（全三册），中华民国三十年编修，福建省武平县志编纂委员会整理，内部资料，1986。

陈一堃修、邓光瀛纂：民国《连城县志》（影印本），载《中国方志丛书》，成文出版社（台北），1975。

丘复编纂：民国《上杭县志》，上杭启文书局，1938。

刘炽超修、温廷敬等纂：《民国新修大埔县志》（民国三十二年铅印本），载《中国地方志集成·广东府县志辑》卷 22，上海书店，2003。

永定县地方志编纂委员会编：《永定县志》，中国科学技术出版社，1994。

[清] 周钟瑄修：康熙《诸罗县志》，载周宪文等编《台湾文献史料丛刊》（影印本）第一辑第 12 册，人民日报出版社，2009。

[清] 陈文达修：康熙《台湾县志》，载周宪文等编《台湾文献史料丛刊》（影印本）第二辑第 30 册，人民日报出版社，2009。

[清] 王必昌修：乾隆《重修台湾县志》，载周宪文等编《台湾文献史料丛刊》（影印本）第二辑第 31 册，人民日报出版社，2009。

[清] 王瑛曾修：《重修凤山县志》，载周宪文等编《台湾文献史料丛刊》（影印本）第一辑第 13 册，人民日报出版社，2009。

[清] 蒋毓英等撰：《台湾府志·三种》（上、中、下，影印本），中华书局，1985。

尹章义、阎万清主撰：《泰山志》，泰山乡公所（新北），内部印行，1994。

王幼华、莫渝：《重修苗栗县志》，苗栗县政府（苗栗），2004。

[清] 蓝鼎元：《平台纪略》，载周宪文等编《台湾文献史料丛刊》（影印本）第七辑第 126 册，人民日报出版社，2009。

[清] 蓝鼎元：《东征集》，载周宪文等编《台湾文献史料丛刊》（影印本）第七辑第 126 册，人民日报出版社，2009。

[清] 黄叔璥：《台海使槎录》，载周宪文等编《台湾文献史料丛刊》（影印本）第二辑第 21 册，人民日报出版社，2009。

夏德义：《台湾教育碑记》，载周宪文等编《台湾文献史料丛刊》（影印本）第九辑第 175 册，人民日报出版社，2009。

临时台湾土地调查局编：《台湾土地惯行一斑》，临时台湾土地调查局（台北），1905。

二、专著

罗香林：《客家源流考》（影印本），中国华侨出版社，1989。

罗香林：《客家研究导论》（影印本），上海文艺出版社，1992。

钱热储：《汉剧提纲》，汕头印务铸字局，1933。

萧遥天：《潮州戏剧音乐志》，天风出版公司（槟城），1985。

郑振铎：《中国俗文学史》，东方出版社，1996。

钟敬文：《钟敬文民间文学论集》，上海文艺出版社，1985。

钟敬文：《民俗学概论》（第二版），高等教育出版社，2010。

北京大学《荀子》注释组：《荀子新注》，中华书局，1979。

孙殿起、雷梦水、叶祖孚：《台湾风土杂咏》，时事出版社，1984。

中国艺术研究院曲艺研究所：《说唱艺术简史》，文化艺术出版社，1988。

刘登翰等：《台湾文学史》（上卷），海峡文艺出版，1991。

林嘉书：《土楼与中国传统文化》，上海人民出版社，1995。

王远廷：《闽西汉剧史》，海潮摄影艺术出版社，1996。

杨彦杰：《闽西客家宗族社会研究》，香港国际客家学会、海外华人资料研究中心、法国远东学院（香港），1996。

王耀华：《客家艺能文化》，福建教育出版社，1997。

罗可群：《广东客家文学史》，广东人民出版社，2000。

王卓模：《闽西汉剧与客家音乐研究》，燕山出版社，2000。

刘敦祯：《中国住宅概说》，百花文艺出版社，2003。

陈孔立：《清代台湾移民社会研究》，九州出版社，2003。

刘大可：《闽台地域社会与族群文化新探》，方志出版社，2004。

朱双一：《闽台文学的文化亲缘》，福建人民出版社，2005。

张佑周：《客家祖地闽西》，作家出版社，2005。

李荀华等：《广东戏剧发展史》，中国戏剧出版社，2005。

严雅英：《闽台客家血缘关系》，作家出版社，2006。

胡大新：《永定客家土楼研究》，中央文献出版社，2006。

黄玉英：《江西客家民歌研究》，中国文联出版社，2006。

刘善群：《客家与石壁史论》，方志出版社，2007。

谢重光：《福建客家》，广西师范大学出版社，2007。

刘大可：《田野中的地域社会与文化》，民族出版社，2006。

严雅英：《客家族谱研究》，黑龙江人民出版社，2007。

刘大可：《闽台地域人群与民间信仰研究》，海风出版社，2008。

陈志勇：《广东汉剧研究》，中山大学出版社，2009。

刘海燕、郭丹：《闽台客家宗教与文化》，福建人民出版社，2009。

黄汉明：《福建土楼——中国传统民居的瑰宝》，生活·读书·新知三联书店，2009。

苏振旺、何志溪编：《闽西民间故事选》，华艺出版社，2009。

叶明生、梁伦拥主编：《上杭木偶戏与白砂田公会研究文集》，海潮摄影艺术出版社，2010。

顾琛等：《节奏空间探究》，湖北人民出版社，2012。

陈厦生主编：《定光古佛文化研究》，社会科学文献出版社，2012。

两岸客家文化研究院编：《永定客家台湾缘》，中国评论学术出版社（香港），2012。

谢重光：《闽台客家社会与文化》，人民出版社，2013。

戴志坚：《闽台民居建筑的渊源与形态》，人民出版社，2013。

陈耕：《闽台民间戏曲的传承与变迁》，人民出版社，2013。

林晓平：《客家民间信仰与民俗文化》，中国社会科学出版社，2012。

刘小新：《文化同根：闽台文渊》，社会科学文献出版社，2015。

何志溪：《闽西山歌·歌谣选》，鹭江出版社，2011。

胡梦赢：《永同胡氏族谱》，石印版，1924。

袁克吾：《台湾》（油印本），厦门大学编印，1951。

闽西戏剧史资料汇编（第一集），内部印刷，1983。

永定县民间文学集成编委会：《中国歌谣集成·永定县分卷》，内部资料，1992。

温带权：《梅县丙村镇志》，梅县丙村镇志编辑部，内部资料，1993。

武平县民间文学集成编委会：《中国歌谣集成·武平县分卷》，内部资料，1993。

王卓模：《闽西汉剧散论》，内部印刷，1993。

龙岩地区民间文学集成编委会：《中国歌谣集成·龙岩地区分卷》，内部资料，1993。

上杭县文化体育出版局：《古邑风情：上杭民歌、故事、谚语精选》，内部资料，2006。

上杭丘氏源流研究会：《上杭丘氏三五郎公世系研究文献资料汇编》，2007。

闽西客家联谊会、龙岩市政协文史和学习委：《定光古佛与客家民间信仰》，内部发行，2008。

火德公宗系编辑委员会、李氏大宗祠管委会：《李氏族谱——火德公宗系》，内部资料，2009。

丘昌泰：《台湾客家》，广西师范大学出版社，2011。

钟宁平等：《宁化民间戏曲》，内部印刷，2012。

李永华、李天生：《客家山歌诗选》，福建省永定县文化体育局，内部资料，2013。

三、涉台资料

连横：《台湾通史》，台湾商务印书馆（台北），1983。

陈运栋：《客家人》（第五版），联亚出版社（台北），1983。

钟壬寿：《六堆客家乡土志》，长青出版社（屏东），1973。

李乾朗：《台湾建筑史》，雄狮图书股份有限公司（台北），1979。

吴美云：《台湾的客家人（专集）》，《汉声》1989年第23期（台北）。

黄荣洛：《渡台悲歌：台湾的开拓与抗争史话》，台原出版社（台北），1991。

台湾客家公共事务协会编：《台湾客家人新论》，台原出版社（台北），1993。

徐正光主编：《徘徊于族群与现实之间：客家社会与文化》，正中书局（台北），1995。

黄恒秋：《台湾客家文学史概论》，客家台湾文史工作室（新庄），1998。

邓荣坤：《客家歌谣与俚语》，武陵出版有限公司（台北），1999。

刘月还：《台湾的客家族群与信仰》，常民文化出版（台北），1999。

邱慧龄：《茶山曲未央：台湾客家戏》，商周编辑顾问股份有限公司（台北），2000。

刘月还：《台湾的客家人》，常民文化出版（台北），2000。

黄荣洛：《台湾客家传统山歌词》（第 2 版），新竹县文化局（新竹县竹北市），2002。

冯辉岳：《客家童谣大家念：客家童谣 100 赏析》，武陵出版有限公司（台北），2002。

谢一如、徐进尧：《台湾客家三脚采茶戏与客家采茶大戏》，新竹县文化局（新竹县竹北市），2002。

黄子尧：《客家民间文学》，客家台湾文史工作室（新庄），2003。

彭素枝：《台湾六堆客家山歌研究》，文津出版社（台北），2003。

冯辉岳：《客家谣谚赏析》，武陵出版有限公司（台北），2004。

郑荣兴：《台湾客家音乐》，晨星出版有限公司（台中），2004。

陈芳：《台湾传统戏曲》，台湾学生书局有限公司（台北），2004。

范姜灯钦：《台湾客家民间传说之研究》，文津出版社（台北），2005。

蔡欣欣：《台湾戏曲研究成果述论（1945—2001）》，"国家出版社"（台北），2005。

苏秀婷：《台湾客家改良戏之研究》，文津出版社（台北），2005。

廖伦光：《台北县汀州客寻踪》，台北县政府文化局（台北），2006。

徐正光主编：《台湾客家研究概论》，南天书局有限公司（台北），2007。

林鹤宜：《从田野出发：历史视角下的台湾戏曲》，稻香出版社（台北），2007。

叶明生：《宗教与戏剧研究丛稿》，"国家出版社"（台北），2008。

萧盛和：《右堆美浓的形成与发展》，文津出版社（台北），2009。

廖伦光：《东北角客家调查记事》，台北县客家事务局（台北），2009。

黄子尧：《客家山歌 200 首》，客家台湾文史工作室（新庄），2010。

李梁淑：《客家歌谣文化与艺术论集》，天空数位图书有限公司（台中），2010。

段馨君：《戏剧与客家》，书林出版公司（台北），2012。

邱荣裕：《台湾客家民间信仰研究》，翰芦图书出版有限公司（台北），2014。

杨宝莲：《概说台湾客家劝世文》，万卷楼图书股份有限公司（台北），2014。

黄菊芳：《台湾客家民间叙事文学——以渡台悲歌与渡子歌为例》，南天书局有限公司（台北），2014。

林鹤宜：《台湾戏剧史》（增修版），台大出版中心（台北），2015。

吴余镐：《客家李文古故事研究》，五南图书出版股份有限公司（台北），2015。

徐胜一：《气候与人文——历史气候、郑和航海、客家文化》，台湾师范大学地理学系（台北），2016。

黄锦彩：《补述一些家乡大楼的实地见闻》，载台北市永定县同乡会编《永定会刊》1938 年第 6 期（台北），内部资料。

台北市永定县同乡会编：《永定会刊》（台北），内部资料，2013 年第 36 期。

[英] 必麒麟：《发现老台湾》，陈逸君译，台原出版社（台北），1995。

[日] 片冈岩：《台湾风俗志》，陈金田译，台湾日日新闻报社（台北），1921。

[日] 伊能嘉矩：《台湾文化志》，台湾省文献委员会编译、印制（南投），1985。

魏炳煌：《魏氏迁台史略》，载台北市永定县同乡会编《永定会刊》2013 年第 36 期（台北），内部资料。

徐胜一、范明焕、韦烟灶：《梅县经连城至福州渡台的一条特殊客家移民路线——＜台湾番薯哥歌＞的诠释》，载徐胜一《气候与人文——历史气候、郑和航海、客家文化》，台湾师范大学地理学系（台北），2016。

陈汉光：《"日据"时期台湾汉族祖籍调查》，台湾师范大学历史所硕士论文（台北），2003。

邱玉珠：《屏东县长治乡德荣村之拓垦家族与聚落发展之研究》，高雄师范大学客家文化研究所硕士论文（高雄），2008。

陈板、李允斐：《日久他乡是故乡——台湾客家建筑初探》，载徐正光主编《徘徊于族群与现实之间：客家社会与文化》，正中书局（台北），1995。

许秀霞：《美浓土地公信仰初探》，《台湾文献》1997年3月第48卷第1期（台北）。

李乾朗：《台湾客家民居特质浅析》，载《台湾传统建筑匠艺四辑》，燕楼古建筑出版社（台北），2001。

邱国源：《美浓客家尝会之起源与变易》，载《第一届客家学术研讨会论文集》，美和技术学院（屏东），2002。

吕锤宽：《北管戏》，载陈芳主编《台湾传统戏曲》，台湾学生书局（台北），2004。

四、期刊论文

钟敬文：《歌谣的一种表现法：双关语》，载钟敬文《钟敬文民间文学论集》，上海文艺出版社，1985。

董晓萍：《民俗学的一半是文学》，载严优主编《华丽之伤》，中国文史出版社，2011。

吴伯雄：《期待永定成为两岸客家文化交流重镇》，载两岸客家文化研究院编《永定客家台湾缘·序一》，中国学术评论出版社（香港），2012。

谢重光：《明末清初客家、福佬移民台湾的几个问题》，《嘉应学院学报》2012年第6期。

杨彦杰：《淡水鄞山寺与台湾的汀州客家移民》，《福建省社会主义学院学报》2001年第3期。

刘大可：《闽台客家定光古佛信仰的圣迹崇拜——基于武平县的田野调查研究》，《福州大学学报》（哲学社会科学版）2009 年第 9 期。

周建新：《客家学的知识体系与理论进路》，《中国社会科学报》2017 年 7 月 28 日，第 5 版。

黎传绪：《中国说唱之祖新探——〈荀子·成相篇〉在中国说唱文学史的价值和地位》，《江西社会科学》2004 年第 3 期。

杨宝雄：《客家童谣的意识形态功能——对贺州客家童谣〈月光光〉的文化解读》，《贺州学院学报》2008 年第 1 期。

陈珣瑛、刘宏伟：《开台祖先崇拜与家族意象确立——以台湾中部客家移民族谱为例》，《赣南师范学院学报》2008 年第 2 期。

陈志勇：《钱热储和肖遥天的外江戏研究》，《韩山师范学院报》2009 年第 4 期。

梁利忠、梁伦拥：《水竹洋"田公堂"与傀儡戏》，载叶明生、梁伦拥主编《上杭木偶戏与白砂田公会研究文集》，海潮摄影艺术出版社，2010。

蓝天：《钟理和创作中的客家文化情怀》，《广东社会科学》2010 年第 3 期。

鲍震培：《瞽蒙与"成相"——说唱文学探源》，《文学与文化》2012 年第 4 期。

邱立汉：《客家地区畲族的族群意识流变及与客家的内在关系》，《赣南师范学院学报》2013 年第 4 期。

邱立汉：《永定中川华侨的宗族意识与爱国思想》，载世界客属第 26 届恳亲大会组委会主编《世界客属第 26 届恳亲大会国际客家文化学术研讨会论文集》，香港日月星出版社（香港），2013。

邱立汉：《上杭县稔田镇的"敬字塔"》，《闽西日报》2015 年 9 月 26 日，第四版。

周晓平：《民俗视域下客家人的血泪"过番谣"——兼论黄公度的"过番诗"》，《客家研究辑刊》2016 年第 1 期。

江文明：《经德堂里屏风美》，《闽西日报》2016 年 8 月 29 日，第四版。

赵澄清：《广东木偶》，载广东省戏剧研究室主编《广东省戏曲与曲艺》，内部印刷，1980。

王培宁:《写在墙壁上的戏史资料——连城罗坊古戏台调查笔记》,载《闽西戏剧史资料汇编第一集》,内部印刷,1983。

黄金隆、卢友杰:《永定木偶戏的演变》,载龙岩地区《闽西戏剧志》编辑部编《闽西戏剧史资料汇编》第九集,内部印刷,1986。

梁伦拥:《一次台湾民间文化大餐——记福建田公信俗文化参访团赴台湾参访纪实》,闽西上杭白砂镇水竹洋村木偶文化展板资料,2012。

王贵垣:《五凤楼的最典型代表——裕隆楼》,新浪博客,http://blog.sina.com.cn/s/blog_4b1e6ef1010140sr.html,2013-01-05。

[日] 山口县造:《客家与中国革命》,载《外国学者对客家人的评价》,客家世界网,http://www.kjsj.com/html/3689/3689.html,2013-11-12。

杨裕富、苏秀梅、陈吾昌、邱盈豪:《屏东县万峦五沟水之刘氏宗公祠风水调查分析》,http://vohakka.com/html/201609/1632.html。

刘氏宗亲总会:《刘氏宗祠建筑特色堪称一绝》,http://www.weixinnu.com/tag_article/80139725。

[清] 沈葆桢:《福建台湾奏折·台北拟建一府三县折》,读书网,http://www.dushu.com/guoxue/102755/1093334.html。

后　记

　　坦白地说，在我上大学之前，我跟我们周边乡镇的人一样，不知道自己是客家人，也就不知道有"客家文化"这一概念。后来涉足客家文化研究，已经是很晚的事了。

　　2008年9月，我们院的张佑周教授刚从人文与教育学院院长职务上退下来，转任为福建省高校人文社科研究基地客家学研究中心主任。学校没有给研究中心配备专职人员，而研究中心的工作又必须开展起来，张教授就要我兼任研究中心的办公室主任一职，其实就是干点杂活，打打下手。我是张教授的学生，不便推辞。走马上任之后，就忙活起来，购置研究中心办公设备，购买书架，整理客家文化书籍。很快，研究中心正式"营业"了，但很少有人光顾，偶尔我进去"独守空房"时，闲得无聊就随手拿起书架上的客家书籍翻阅，这一阅，才知道客家文化研究竟有如此丰富的矿藏。

　　不过，我当时还是无心去做客家研究。新转为教学岗位，疲于应付备课、上课，开好题的硕士学位论文还搁在一边呢，2009年4月，老天爷又赐我一份大礼，泓儿诞生，超龄老爸的我整天沉浸在欢喜之中。

　　直至2010年，张老师收到河源市发出的第二十三届世界客属恳亲大会国际客家文化学术研讨会的邀请函，欲邀我结伴同行，便鼓励和催促我写一篇论文同去参会。可是，写什么呢？撰写理论文章嘛，驾驭不了，探析客家事象呢，了解不够。犯难之际，正是教还不满周岁的儿子讲客家话之时，有感于对在城市化进程中客家话传承的忧虑，于是，就从这个问题入手，选定了三所城区小学，展开问卷调查，最后撰写出一篇小论文——《浅析城市化进程中客家话的消亡危机及其应对措施》，并向大会学术组投稿。投出不久，竟然收到了回音，拙作入选！对刚来客家学术圈试水的我来说，那种喜悦之情，难以言表。开会报到时，材料袋里有一本刚刚出版的足有两厘米厚的论文集，我捧在手上，论文集散发出浓浓的油墨香。浏览了一下目录之后便翻看后记，得知大会学术组收到来自海内外的学术论文1000多篇，而入选的只有113篇。这给了我很大的鼓舞和信心！从此，凡是有客家文化研讨会，都撰文跟张老师一起参加。以文会友，认识了不少客家学研究学界大佬。在多次参加客家学术会议的学习与交流中，更加坚定了我从事客家学研究的信念。

可是，我的学术底子薄，科研起步晚，要想取得成绩，唯有加倍学习，以勤补拙，"人一能之，己百之；人十能之，己千之"。就这样，无论寒暑，无论节假，做好学校工作之余，就宅在家中书房，阅读资料，敲击键盘，已然沦落为"科研狗"。所幸"天道"果能"酬勤"。近年来，在客家学研究上取得了进步，从教育厅课题到省社科课题立项，从2018年3月教育部课题结项再到同年6月获得国家社科课题立项，研究对象无不与客家相关。

本书就是2015年教育部课题"闽台客家文化亲缘关系研究"的结题成果。课题以闽台客家亲缘关系角度切入研究，原因是多方面的。首先，"两岸一家亲"，让我感同身受。童年时，听过祖母讲家乡"过番人"的番背（台湾）故事。但那些故事大多模糊不清了，只依稀记得祖母所讲的"过番人"是指新中国成立前夕从家乡渡台的人。长大后，常参与正月由新丁头（前一年最早出生的男丁）组织的祭拜众祖活动，村里族长们总是带着几分自豪的语气介绍：杭城斤半具，开基祖三五郎公生十子，以伯七郎公为盛，伯七郎公生三子，以继龙公为盛，继龙公生三子，太婆韩氏携三子到本村开基，以我们村一世祖惟长公为盛，各派枝繁叶茂，外迁裔孙众多，其中辗转迁徙台湾的裔孙多达二三十万。从1992年开始，村里常有台湾宗亲回祖籍地寻根谒祖，宗亲们慷慨解囊，捐资助学，还出资修造"寻根路"，让我感动不已。其次，两岸和平统一面临诸多挑战，台湾"台独"分子的"文化台独"动作愈演愈烈，企图割断两岸文化脐带，我们应该充分挖掘、深入论述两岸渊源关系。再次，在 2014 年参与学校筹建闽台客家研究院时，有幸赴台访问了台湾联合大学、高雄师范大学、屏东科技大学等高校的客家研究院所，调研了台北永定同乡会、淡水鄞山寺、美浓客家聚落及台北客家博物馆，2015 年再次赴台做客家文化学术交流及调研，除了感受良多外，还收集到大量台湾客家资料，为本课题研究创造了条件。

借本书出版之机，我要特别感谢客家文化研究的引路人张佑周恩师，在我尚未进入客家研究领域时，张老师经常带我参加各种客家学术研讨会，近至闽粤赣，远涉昆明、北京（北大）、成都参加各类客家学术交流会，在火车上、宾馆里经常听老师讲客家文化研究历史和他自己独特的见解。张老师的勉励和指导，让我最终走上了这条道路。

也特别感谢郭丹恩师，郭老师是我 2017 年进入福建师范大学文学院攻读高校在职硕士学位时的导师。在榕读书期间，我经常到郭老师家里听他耳提面命，郭老师曾抱出一大堆他读研究生时做的读书笔记，告诉我做学问首先要做到勤奋。在郭老师的谆谆教导和悉心指导下，我的硕士论文得以顺利完成，并为以后的学术研究奠定了基础。郭老师在我后来的学术路上还一直关爱我，勉励我前行。记得在 2013 年我获得了省社科课题项目立项，郭老师得知非常高兴，第一个打电话告诉我好消息。

同时，我也要感谢一路帮助我、陪伴我学术成长的所有老师、同事、朋友！感谢我的家人！年届古稀的母亲，依然用她勤劳的双手，为我们全家做好强大的后勤保障，解除了我的后顾之忧。妻子虽然异地工作，但每当她回到家里，总是设法做出色香味俱全的一桌饭菜来犒劳我，并分去辅导儿子功课的事务。感谢九州出版社，特别感谢编辑部的郭荣荣主任，她为此书的顺利出版付出了辛勤汗水！

2019 年 5 月于新罗凤凰苑